KB193854

대중독재와 여성

동원과 해방의 기로에서

대중독재와 여성

동원과 해방의 기로에서

비교역사문화연구소 기획 | 임지현 ·염운옥 엮음

휴머니스트

대중독재의 역사

대중독재 공동 연구 프로젝트가 시작된 지 7년의 세월이 지났다. 대중독재 개념의 맹아라고 할 수 있는 〈일상적 파시즘의 코드 읽기〉와 〈파시즘의 진지전과 합의독재〉라는 에세이를 계간 《당대비평》에 발표한 것이 각각 1999년과 2000년이니, 이때부터 따지면 10년이라는 세월이 훌쩍 지난 셈이다. 법과 제도적 차원의 민주화만으로는 부족하다는 소박한 문제제기에서 출발한 '일상적 파시즘'의 거친 생각들은 민주주의의 과거와 현재, 그리고 미래를 넘나드는 논쟁의 장을 거치면서 많이 다듬어졌다. 개발독재와 그에 저항한 민주화운동, 그리고 미래의 바람직한 민주주의는 무엇인가 하는 문제는 사실상 그리 단순한 문제는 아니었다. 대중독재 프로젝트는 이와 같은 현실의 고민을 학문적으로 가다듬고 정립하려는 시도에서 시작되었다. 파시즘적 독재의 기억과 포스트파시즘의 현실이 몸에 각인된 그리고 남과 북에서 각각 우파독재와 좌파독재를 두루 경험한 한국의 연구자들이 독재에 대한 나름대로의 패러다임을 제시하지 못한다면 학문적 직무 유기가 아닌가 하는 생각도 있었다.

'일상적 파시즘' 논쟁은 '파시즘의 진지전'에 이르러 곧 한반도의 남쪽과 북쪽을 넘어서 구소련의 스탈린주의와 독일의 나치즘, 이탈리아의 파시즘, 제국 일본의 총력전체제 등 20세기의 독재 체제를 어떻게 볼 것인가 하는 논쟁으로 이어졌다. 20세기의 세계를 흔든 이 그로테스크한 독재 체제들은 악마적 광기에 사로잡힌 한 독재자가 대중에게 최면을 걸어 만든 정치적 병리현상이 아니었다. 제1차 세계대전 이후 새로 탄생한 22개가 넘는 유럽의 신헌법들은 모두 '인민' 혹은 '국민'에게 주권이 있음을 선언했으며, 파시즘과 나치즘, 스탈린 체제는 최고 주권을 가진 '인민'이나 '국민'의 승인과 동의 없이는 성립하기 어려운 것이었다. 파시즘 일반은 유럽인에게 생소한 예외적 정치현상이 아니라 많은 유럽인이 공유하는 인종주의적이고 민족주의적인 복지사회의 비전을 극단까지 밀고 나간 결과였다. 요컨대 파시즘은 '밑으로부터의 독재'였던 것이다.

'밑으로부터의 독재'라는 관점에서 보면 악마적 지배 권력의 억압성과 수탈성을 강조하고, 선량한 민중의 고통과 저항을 권력의 대립항으로 설정하는 소박한 악마론(demonology)적 코드는 문제의 핵심을 비껴간다. 권력과 민중, 억압과 순응, 동의와 저항, 독재와 민주주의 등의 단순한 이항대립적 회로판으로는 근대 권력의 헤게모니적 복합성을 이해하기 어렵다. 권력이 행사하는 지배 헤게모니에 대한 대중의 다양한 반응 역시 이 단순한 이분법으로는 파악할 수 없다. 저항이 지배에 종속되고, 반대로 지배가 저항을 내재하는 복잡한 대중독재의 현실 속에서 대중의 존재방식은 정치적 실천의 경험적 범주로서의 동의와 체제 작동원리로서의 합의, 일상생활에서의 비순응적 저항(Resistenz)과 체제 전복적 정치 저항(Widerstand), 실존적 저항과 이데올로기적 저항 등 다층적인 모습을 드러낸다. 권력과 역사적 행위자들이 맺고 있는 이 복수적 관계들은 권력에 대한 이항대립적 '악마론'이나 민중은 저항과 투쟁의 주체이자 순결한 희생자라는 '숭고한 민중주의'로 파악할 수 있는 것은 아니다. 돌이켜보면 대중독재의 문제제기는 상당히 상식적인 것이 아니었나 생각된다.

그러나 개발독재의 긴 터널을 벗어나 이제 막 민주주의를 향해 첫발을 내

딛은 한국의 지식사회에서 대중독재의 문제제기는 정서적으로 받아들이기 힘든 면도 있지 않았나 싶다. 경제성장의 기치 아래 마구잡이로 인권을 유린한 개발독재의 주역들은 물론이고, 광주민주화운동의 학살 주역들에 대한 사법적 처리가 유야무야된 상황에서 독재 체제에 대한 대중의 동의를 논한다는 발상 자체가 이미 개발독재를 정당화하는 논리로 곡해되기도 했다. 그러나 독재와 학살의 주역에 대한 미온적 사법 처리를 비판하는 목소리가 커져가는 가운데 국민의 정부는 박정희 대통령 기념관 프로젝트를 발표하고, 다양한 여론 조사들은 박정희 대통령과 개발독재에 대한 한국 사회의 기억이 상당히 긍정적임을 드러냈다. 이는 피랍자가 납치범에게 안도감과 친근감을 느낀다는 스톡홀름 신드롬으로 간단히 차치될 수 있는 문제는 아니었다. 개발독재의 국가 권력에 억압과 고통을 받으면서 그에 저항한 시민사회가 그 시대를 따뜻하게 기억한다는 이 역설은 독재에 대한 '악마론'이나 숭고한 민중주의의 시각으로는 결코 이해할 수 없는 것이었다. 기억의 정치학은 이렇게 불쑥 대중독재의 논의에 끼어들었다.[1]

급변하는 한국의 역동적 정치 현실에서 추진력을 얻고, 지난 수십 년 간 축적된 구미의 풍부한 연구 업적을 자양분 삼아 대중독재 프로젝트는 학술진흥재단의 지원 아래 2002년 12월부터 2008년 8월까지 6년에 걸쳐 발전해왔다. 연 인원 50명이 넘는 국내외 전문가들이 참가하는 각종 학술대회와 세미나를 통해 기존의 서구 중심적 파시즘 연구를 동아시아의 역사로 끌어들이면서, 대중독재 프로젝트는 20세기 독재에 대한 명실상부한 트랜스내셔널 연구 프로젝트로 성장해왔다. 영국의 팔그레이브(Palgrave) 출판사에서 20세

---

1) 대중독재에 대한 국내의 논쟁에 대해서는 임지현·김용우 엮음, 《대중독재 2: 정치 종교와 헤게모니》, 책세상, 2005. 3부 '한국의 대중독재 논쟁-진보 담론인가 보수 담론인가'를 보라. 해외의 논의에 대해서는 영국, 독일, 일본, 스웨덴, 우크라이나 등에서 소개된 논의들을 보라.

기 독재의 트랜스내셔널 연구 패러다임으로, 4권의 대중독재(mass dictatorship) 시리즈 총서를 출간하게 된 것도 한국의 인문학계로서는 소중한 성과라고 생각한다. 이 《대중독재와 여성(Gender Politics and Mass Dictatorship: Global Perspective)》은 휴머니스트와 팔그레이브에서 동시 출간하여 한국과 세계의 독자들에게 시차 없이 대중독재의 연구 성과를 소개한다는 데 나름의 의미가 있다.

대중독재 프로젝트는 지난 6년간 해마다 독자적인 소주제를 중심으로 진행되어왔다. 2003년 첫해의 주제는 '강제와 동의 사이에서'라는 제목 아래 연구사를 집중적으로 검토하는 것이었다. 20세기 독재 체제에 대한 악마론적 시각에서 벗어나 대중의 지지와 동의를 결사적으로 구한 '밑으로부터의 독재'라는 시선에 초점을 맞추었다. 이 연구 성과는 2004년 4월 《대중독재 1: 강제와 동의 사이에서》라는 제목으로 책세상 출판사에서 출간되었으며, 영국의 독재 연구 전문잡지인 《Totalitarian Movements and Political Religions》(이하 TMPR로 약칭)에서는 대중독재 테제를 소개하는 글을 게재하여 새로운 패러다임의 가능성을 탐색했다.[2] 2004년 2년차의 소주제는 '정치 종교와 헤게모니'였다. 이 연구들은 정치의 신성화와 미학화라는 두 키워드를 중심으로 파시스트 미학이 대중에게 갖는 호소력과 조국과 민족 같은 세속적 실재에 종교적 신성을 부여함으로써 작동되는 헤게모니에 초점을 맞추었다. 이 연구 성과들은 국내에서는 역시 책세상에서 2005년 가을 《대중독재 2: 정치 종교와 헤게모니》라는 단행본으로 출간되었으며, 해외에서는 역시 TMPR이 임지현과 피터 램버트(Peter Lambert)를 초청 편집인으로 'political religions and sacralization of politics'라는 제목의 특집호(Vol.6,

---

2) Jie-Hyun Lim, "Historiographical Perspecitives on 'Mass Dictatorship", *Totalitarian Movements and Political Religions*, 6, no.3, (Dec. 2005).

December, 2005)를 발간했다.

이 두 해의 연구는 소수의 악마 같은 독재자와 그 측근들이 대중에게 최면을 걸어 그로테스크한 독재 체제를 밀고 나갔다는 기존의 악마론적이고 도덕주의적 해석에 제동을 걸고, 왜 대중이 그렇게 나쁜 체제를 지지하고 동의했는가 하는 문제를 제기하는 데 일차적인 목적이 있었다. '위로부터의 독재'로부터 '아래로부터의 독재'로 시각의 전환을 촉구한 것이었다. 그러나 역설적이게도 '아래로부터의 독재'를 드러내고자 했던 대중독재 연구가 '위로부터의 시선'에 함몰된 것은 아닌가 하는 위구심을 떨치기 힘들었다. '아래로부터의 독재'라는 성격을 이해하기 위해서는 대중독재에 대한 밑으로부터의 지지와 동의의 양상을 밝히는 것이 먼저 필요했다. 그 첫 단계로서 독재 권력이 어떻게 헤게모니를 생산, 유지했으며, 그것이 대중에게 얼마나 깊이 침투했는가 하는 문제 설정이 불가피했다. 그것은 결국 권력의 관점에서 위로부터 다시 대중독재를 보는 것은 아닌가 하는 비판을 불러일으켰다. '아래로부터의 독재'를 이해하기 위해 '위로부터의 시각'에 의존하는 이 역설을 어떻게 풀 것인가 하는 것은 당시로서는 정말 심각한 문제였다.

대중독재 프로젝트가 '대중의 욕망과 미망'을 3년차 소주제로 잡은 것도 이러한 역설의 돌파구를 찾기 위한 시도였다. 역사적 행위자로서의 대중이 독재 권력에 보낸 동의와 저항, 순응과 투쟁, 열정과 냉담은 서로 모순되거나 적대적인 행동양식이라기보다는 그때그때 맥락에 따라 대중이 주어진 조건 속에서 자신의 방식대로 세상을 전유하는 다양한 방식이라는 '일상사'의 시각과 방법론은 소중한 돌파구였다. 일상사의 개척자라고 할 수 있는 알프 뤼트케 등의 독일 일상사 연구자들이 대중독재 프로젝트에 적극적으로 참가하기 시작한 것도 3년차부터였다. 이 연구 성과는 《대중독재 3: 일상의 욕망과 미망》이라는 제목으로 역시 책세상에서 출간되었으며, 현재 팔그레이브의 대중독재 시리즈 세 번째 권으로 알프 뤼트케를 중심으로 편집 작업이 한

창 진행 중이다.

휴머니스트에서 선보이는 《대중독재와 여성》은 4년차 과제인 '동원과 해방의 기로에서'의 연구 성과를 한데 묶은 것이다. 역사 행위자로서의 대중이 세상을 전유하는 방식에 대한 일상사의 문제의식과 맞닿는 면이 많다. 이 책은 여성의 역사적 이미지가 무기력하고 수동적인 독재의 희생자에서 적극적이고 능동적인 역사의 행위자로 바뀌어야 한다는 전제에서 출발하고 있다. 역사적 행위자로서의 여성에 주목한다는 것은 남성 중심의 젠더 식민주의적 시선에서 벗어나 여성의 행위주체성을 복원하는 것이기도 하다. 만들어진 주체로서 여성들이 대중독재의 동원 체제에 동원되는 현상을 직시하면서도 권력의 동원 논리를 전유하여 자아실현의 계기로 삼으려는 역사적 행위자로서의 여성들의 모순적인 삶의 궤적을 대중독재와 젠더정치라는 틀 안에서 충실하게 추적하는 것이 이 연구의 목적이다.

연구의 5년차 과제인 '대중독재와 근대성'과 6년차 과제인 '기억의 정치학'은 한글판과 영어판 편집 작업이 각각 휴머니스트와 팔그레이브에서 진행 중에 있다. 5년차 '대중독재와 근대성' 연구는 서구식 민주주의는 정상적 근대화의 길로 보는 대신 대중독재 체제를 전근대적 역사적 잔재물 혹은 근대로부터의 일탈로 간주하는 독재와 민주주의의 이분법적 시선에 담긴 서구 중심주의를 비판하고, 전지구적 근대성이 실현되는 역사적 트랙 속에서 대중독재를 바라보려는 시도이다. 프로젝트의 총결산이라고 할 수 있는 6년차 '기억의 정치학'은 역사적 시기와 정치적 주체에 따라 달라지는 대중독재에 대한 각각의 사회적 기억이 갖는 정치적 함의를 추적한다. 대중독재에 대한 사회적 기억은 누가 옳게 기억하는가 하는 실증주의적 진실 게임이 아니라 과거를 만드는 정치적 게임인 것이다. "과거는 끊임없이 변하기 때문에 미래보다 더 예측하기 힘들다"는 구소련 지식인들의 불평이 그들만의 특수한 불평이라고 생각하면 큰 오산이다.

대중독재 연구의 역사는 6년차 과제인 '기억의 정치학'이 출간되어 국내외 연구자들에게 회자될 때 좀더 합당한 평가가 이루어질 것이다. 그러나 독재에 대한 사회적 기억은 끊임없이 새로 만들어지기 때문에 세월을 기다린다고 해서 완결된 평가가 가능한 것은 아니다. 또 대중독재 프로젝트는 이제 비교역사문화연구소의 품을 떠났지만, 외국의 다른 참가자들에 의해 계승되고 있다. 2010년 가을에는 스웨덴의 룬드(Lund)대학에서 제7차 대중독재 국제학술대회가 개최될 예정이다. 그 다음에는 '역사 정책'이라는 주제 아래 대중독재의 그리고 대중독재에 대한 역사 정책을 연구 과제로 웨일스의 에버리스웨드대학에서 8차 학술대회가 준비 중에 있다.

　이러한 작업이 일단락된다고 해도 아마 우리는 여전히 더 많은 질문에 시달릴 것이다. 답을 찾으면 찾을수록 질문이 더 많아지는 인문학의 운명적 역설에서 대중독재라고 예외일 수는 없기 때문이다. 그럼에도 끊임없이 답을 구하고 또 더 많은 질문을 던지는 작업은 이제 더 이상 대중독재 프로젝트에 참가한 연구자들만의 몫이 아니라 독자 모두의 몫이기도 하다.

2010년 1월 임지현 쓰다

차례

자발적 동원과
자기실현 사이에서

임지현

한양대학교 사학과 교수이며, 비교역사문화연구소 소장. 저서로는 《적대적 공범자들》, 《바르샤바에서 보낸 편지》, 《민족주의는 반역이다》 등이 있으며, 《근대의 국경 역사의 변경》, 《국사의 신화를 넘어서》, 《우리 안의 파시즘》 등을 엮었다. 현재 '트랜스내셔널 인문학' 프로젝트를 진행 중이다.

염운옥

이화여대 지구사연구소 연구교수. 영국의 우생학과 모성주의를 주제로 박사 학위를 받았고, 우생학의 역사와 여성사를 연구해왔다. 저서로는 《생명에도 계급이 있는가?: 유전자 정치와 영국의 우생학》이 있으며, 공저로는 《기억과 몸》, 《일상 속의 몸》 등이 있다.

트랜스내셔널 역사의 관점에서 대중독재와 여성의 관계에 대한 연구사를 보면, 각각의 사례가 갖는 역사적 개별성을 넘어서는 일정한 경향성이 존재한다. 과도한 일반화를 무릅쓰고 이야기한다면 무기력하고 수동적인 희생자에서 적극적이고 능동적인 행위자로 여성의 역사적 이미지가 바뀌고 있다는 것이다. 역사적 행위자로서의 여성에 주목한다는 것은 남성 중심의 젠더 식민주의적 시선에서 벗어나 여성의 행위주체성을 복원하는 것이기도 하다. 독재 체제의 여성을 무기력한 희생자에서 역사적 행위자로 재구성하는 연구 경향의 변화는 우선 인식론적으로 바람직하다고 생각된다.

　역사적 행위자로서 여성의 행위주체성을 복원하는 순간 정치적 당혹감을 떨쳐버리기 어렵다. 그 인식론적 정당성에도 불구하고 독재 체제 아래에서 여성의 정치적 존재성은 독재의 무고한 희생자에서 적극적 공범자 혹은 최소한 소극적 동조자로 뒤바뀌게 된다. 그 결과 인식론적으로 행위주체성을 회복하는 순간 여성은 정치적으로 독재의 공범자 또는 암묵적 지지자라는 의심에서 자유롭지 못하다. 여성 역시 대중의 자발적 지지와 참여의 대중독재 체제를 구축하는 정치적 주체로 등장하는 것이다. 대중독재와 젠더정치를 다루는 이 책의 일차적인 목표는 젠더화된 시민들을 동원하여 자발적 동원 체제를 구축하는 데 젠더의 역할은 무엇이며, 또 그것이 작동하는 방식은 무엇인가를 파헤치는 데 있다.

　그러나 남성이든 여성이든 젠더화된 시민들이라고 해서 모두 위로부터의

'주체 만들기'에 조건반사적으로 종속되는 것은 아니다. 역사적 행위자인 한 이들 동원된 자아들은 위로부터의 '주체 만들기' 과정을 나름대로 전유하면서 자아실현의 계기로 반전시키려는 노력을 멈추지 않기 때문이다. 만들어진 주체로서 대중독재의 자발적 동원 체제를 구축함과 동시에 권력의 주체 만들기 과정을 전유하여 자아실현의 계기로 삼으려는 역사적 행위자들의 모순적이고 중층적인 삶의 궤적은 독재와 민주주의, 제국과 식민지, 남성과 여성, 제2차 세계대전 이전과 이후, 좌파독재와 우파독재의 경계를 넘나들며 폭넓은 영역에서 관찰할 수 있다. 이 책은 '자기 동원'과 '자아실현'의 양극에서 끊임없이 동요하면서 대중독재의 정치적 기획에 갇히기를 거부하는 젠더화된 동시에 젠더적 경계를 넘어서려는 대중의 게걸음을 전지구적 차원에서 비교사적으로 검토하는 데 그 궁극적인 목적이 있다.

이 책에 실린 대부분의 논문들은 주로 독재 체제 아래의 여성들을 다루고 있지만, 단지 여성의 역사를 쓰는 것이 이 책의 목적은 아니다. 또한 남성 중심의 역사적 서사에 여성들의 삶의 흔적을 더하려는 것은 더더욱 아니다. 얼마나 효과적일지는 모르겠지만, 이 책의 기획 의도는 성의 차이를 어떻게 인식하는가에 따라 사회적 관계를 구성하는 방식이 달라진다는 관점에서 대중독재에 대한 젠더사적 분석을 시도한다는 데 있다. 더 구체적으로는 남성 대 여성, 공과 사, 페미니즘과 반(反)페미니즘, 가해자와 희생자, 독재와 민주 등의 관습적 이분법을 해체하고, 젠더 정체성이 계급이나 인종, 민족 정체성 등과의 상호작용 속에서 어떻게 형성되는가를 전지구적 규모의 폭넓은 비교사적 관점에서 파헤치고자 하는 것이다. 그 기저에는 전체주의 패러다임이든 마르크스주의 패러다임이든 관습적 이분법에 입각한 역사적 설명이 보통 사람들에게서 행위주체성을 박탈하고, 위로부터의 주체화 과정을 마치 역사적 사실처럼 재현하는 것이 아닌가 하는 의심이 깔려 있다.

대중독재 아래에서 끊임없이 동요하며 정치적 기획에서 벗어나고자 부단히 노력했던 '작은 사람들'은 행위의 대상이자 주체이기도 했다. 이들의 빼앗긴 주체성을 복원하고 이론화하기 위해서는 기존의 관습적 이분법과는 다른 새로운 범주들과 개념적 틀이 요구된다. 젠더정치를 통해 시민들은 국가적 기획에 동원, 통제하려는 권력의 요청에 부응하면서도 자발적 동원 체제를 자신의 욕망을 충족시키기 위한 기제로 전유하려는 노력 간의 미묘한 긴장이 잘 포착될 때, 독재 체제든 민주주의든 근대적 주체의 형성과 정체성의 정치에 대한 복합적 이해와 그것을 넘어설 수 있는 가능성을 엿볼 수 있다. 물론 모든 시민들이 동등한 기회와 위치를 갖지는 못했다. 어떤 사람들은 더 자유로웠고, 또 어떤 사람들은 더 구속당했다. 그래서 어떤 주민들은 위로부터의 주체화 과정에 더 종속적이었고, 어떤 주민 집단은 자아실현을 위한 전유에 뛰어나기도 했다. 이러한 차이를 낳은 이유도 다양했다.

젠더정치에 국한해본다면 남성과 여성의 성별 분업에 대한 전통적 생각이나 관습들이 각 나라마다 서로 다른 젠더정치의 양상을 낳기도 했다. 국가 권력의 대상인 동시에 주체적 행위자였던 젠더화된 개개인들이 국가 권력 또는 다른 행위 주체들과 맺고 있는 정치적·사회적 관계들, 젠더화된 시민들 상호간에 벌어지는 정치적 역관계, 젠더화된 시민과 이들을 동원하려는 국가 사이의 협상과 긴장 등 복합적인 그림들을 젠더라는 초점을 통해 이해하고자 하는 것이 이 책의 목적이기도 하다. 이 목적이 얼마나 잘 실현될지는 자신이 없다. 그러나 이러한 목적을 공유하는 바탕 위에서 이 책에 실린 글들을 읽는다면 저자와 독자 혹은 편집자와 독자들 사이에 더 생산적인 독서가 가능하지 않을까라고 생각한다. 이러한 전제 위에서 이 책에 실린 18편의 글들을 간단히 살펴보도록 하겠다.

대중독재와 젠더정치

케빈 패스모어는 정치종교론의 비판을 통해 파시즘 연구에서 이론과 역사

사이의 간극을 지적하고 있다. 젠더관계를 고려하지 않은 기존의 파시즘 이론은 단지 여성을 제외했기 때문이 아니라 사회와 인간을 보는 방법론의 면에서 취약성을 드러냈다. 패스모어는 귀스타브 르 봉의 집단 심리학, 프로이트의 정신분석, 뒤르켐의 사회학과 정치종교론 등이 엘리트와 대중이라는 젠더화된 이분법을 가정하며, 결과적으로 구조와 주체의 이분법을 전제하고 있다고 논했다. 따라서 정치종교론을 비롯한 파시즘 이론들이 범하기 쉬운 오류는 소수의 남성 엘리트에게 역사적 책임을 지우고, 다수의 남성을 무분별하고 지배받기 원하는 대중으로 전락시키는 것이다. 이렇게 남성 추종자들은 여성화되고 여성들 역시 망각의 영역으로 잊혀져갔다. 여성사와 젠더사의 시각은 엘리트와 대중, 관찰자와 연구 대상의 이분법을 넘어 파시즘을 달리 개념화하고 파시즘을 다양한 역사적 맥락에서 전개되는 결코 통일적이지 않은 실천으로 인식하게 해준다.

클라우디아 쿤츠는 가부장주의의 극단적인 사례인 나치즘 치하에서 여성들은 '제물'이 되었다는 나치 독일의 젠더 문제에 대한 전통적인 견해에 의문을 제시하고 있다. 또한 페미니스트들도 여성을 나치즘의 희생자나 나치즘에 저항한 영웅으로 묘사하려고 했다는 점에서 전통적인 견해에서 온전히 벗어나지는 못한 것으로 보인다. 이러한 시각들은 냉전기에 재(再)활성화된 가부장주의에 의해 강화되었다. 그러나 탈냉전기의 문화는 희생자와 학살자의 전통적 이분법을 현저하게 약화시켰다. 쿤츠는 나치즘 치하의 독일 여성을 단순히 수동적이고 무역사적인 존재로 보는 것에 반대하고, 여성이 나치즘에 연루된 다양한 방식들을 탐색하면서 여성이 보여준 능동성과 주체성에 새로이 주목했다. 나치 독일의 생명정치(biopolitics)와 소비주의 문화가 여성을 포함한 독일인 개개인의 능동성과 주체성을 확장시킴과 동시에 그들을 모순에 빠뜨리는 독특한 역학을 보여주었다는 분석은 흥미롭다. 나치즘의 생명정치가 인종적 타자를 배제하도록 독일인들을 '정치화'시켰다면, 소비주의 문화는 여가와 오락, 소유에 대한 갈망을 증진시켜 독일인들을 오히려 '탈정치화'시켰다는 것이다.

알프 뤼트케의 논문은 나치 시기를 거쳐 동독 시기에 이르기까지 다양한 매체에 등장하는 근육질의 날씬한 젊은 남성의 몸을 분석하고 있다. 1900년 전후 시작된 장기적인 경향의 공통점은 승리하는 무적의 구원자로서의 남성 영웅과 악과 죄의 표상으로서의 타자의 모습을 끊임없이 형상화한다는 것이다. 비록 남성과 여성의 실질적인 상호관계는 반드시 스테레오 타입을 따르지는 않았지만, 남성성의 이미지는 남성은 공적인 영역에 존재하는 반면, 여성은 사적인 영역에 가두는 엄격한 젠더 분리의 기저 위에서 작동했다. 1920년대부터 본격적으로 등장한 우생학의 인종주의적 프로젝트는 우파와 좌파가 공유한 것으로, 양자에게 우월한 인종의 시각적 이미지는 매우 유사했다. 전후 동독에서는 폐허 속에서 재건을 위해 일하는 여성의 모습이 부각되기도 했지만, 생산과 평화, 번영을 담지한 것은 남성의 몸이었다. 동독 체제가 안정화된 이후에는 번영을 향유하는 건장하고 배 나온 남성의 이미지가 등장하기도 했다. 이는 체제 정상화의 상징인 동시에 체제에 대한 불만으로 해석될 수 있다. 동독 남성들은 뚱뚱한 술배를 반(半)공적인 영역에서 거침없이 드러냄으로써 자신들이 당이나 국가의 정치보다는 사적인 즐거움에만 관심이 있음을 보여주고 있다.

동원하는 권력과 협상하는 주체들 : 좌파독재

박원용의 논문은 사회주의 체제 러시아로 이주한 미국인 여성 메리 레더(Mary M. Leder)의 삶을 통해 스탈린 체제 러시아 여성들의 일상적 삶의 모습을 복원하고 있다. 레더는 미국인 이주 노동자로서 코뮤날카라는 공동주택에 살면서 소비에트 신여성으로 변모하기 위해 노력했다. 이는 레더의 삶이 1930년대 러시아 여성들과 마찬가지로 스탈린 시대에 여전히 남아 있는 여성으로서의 이중적 부담과 구세대와의 갈등을 피할 수 없었음을 의미한다. 레더는 유대인으로서의 자기 정체성이 초래하는 한계로 인해 당원 자격을 얻는 데 실패하고 결국 미국으로 귀향했다. 레더의 삶은 스탈린 시대 여성들이 겪을 수 있는 다양한 경험의 집합체였다. 또한 더 나은 미래에 대한 희망과 확신이 무너졌을 때 체제 내부에서 일어날 수 있는 도전의 양상을 간접적으로 예시하고 있는 것이기도 하다.

이종훈은 소비에트 역사에서 이른바 '사회주의 건설' 시대인 1930년대의 여성 젠더 이미지 분석을 통해 스탈린주의 대중독재의 근대성을 규명하고자 했다. 구체적으로는 이미지 분석을 통해 지배 권력이 여성에게 근대성의 가치를 내면화시키고 동의를 이끌어내는 방식에 주목했다. 1930년대는 소비에트 사회에서 여성 이미지가 본격적으로 전면에 대두한 시기이다. 여기에는 공업화를 비롯한 근대적 프로젝트를 추진하려는 권력의 욕망이 배어 있었다. 즉 스탈린 독재는 여성이야말로 지난날 가장 낙후되고, 가장 심하게 억압받던 존재였기 때문에 그 변모를 이미지화함으로써 소비에트 사회의 진보와 발전을 입증하려고 했다.

카렌 페트로네의 논문은 상반되는 두 해석 사이에서 균형점을 찾는 해석을 시도하고 있다. 한편의 해석은 소비에트 권력이 여성들이 어머니가 되도록 권장함과 동시에 지금까지 남성 독점적인 영역에 진출하여 트랙터 운전자, 산업 역군, 비행 조종사, 운동선수, 저격수가 되도록 장려하기도 했다는 점을 강조하고 있다. 반면, 다른 연구자들은 이데올로기와 여성 해방의 담론이 여성 착취의 현실을 바꾸기에는 무기력했고, 오히려 은폐했다고 보았다. 이들은 여성의 다양한 사회적 역할이 해방이라기보다는 오히려 '여성 착취 영역'의 확대로 간주되어야 한다고 보았다. 그러나 페트로네는 두 해석이 자신의 입장을 후자, 즉 서방측의 자유주의 시각으로 규정하면서도 중요한 것은 '자기실현'이냐 '착취'냐의 이분법이 아니라, 스탈린 시대를 살았던 소비에트 여성들의 구체적 삶과 사례 속에서 양극 사이에 존재하는 복합적이고 중층적인 성격을 규명해야 한다고 주장하고 있다.

미하엘 쇤할스의 주된 관심사는 물리적인 폭력이 아닌 언어폭력이다. 언어폭력은 눈으로 볼 수는 없지만 감정이나 영혼에 상처를 주는 행위이다. 문화혁명 시기 가장 대중적인 매체였던 대자보는 전략적으로 채택된 언어들, 마오주의자들이 '전투적인 화법'이라고 부르던 공격적인 언어들로 쓰여졌다. 이 글에서는 성(性)과 관련한 민감한 주제들이 대자보에 어떻게 나타났으며, 그러한 구절들이 사람들을 어떻게 능동적인 정치 행위로 이끌었는지에 대해 살펴보았다. 우선 '계급의 적'으로 비난받은 남성들과 그들의 성적 행동(남성 계급 영웅들은 희한하게도 언제나 성적 무능력자들이다!)에 대한 상투적인 언급들을 소개하고, 관련된 배경에 대해 짚어보았다. 또한 마찬가지 방식으로 정치, 섹슈얼리티, 그리고 혁명적·반혁명적 여성들에 대해서도 살펴보았다.

마고자타 마주렉은 폴란드 우지에서 1970년과 1980년에서 81년에 벌어진 여성노동자 봉기를 통해 여성들의 이중적 정체성과 저항의 역동성을 살펴보았다. 여성들이 압도적으로 많은 작업현장에서 소비자와 생산자의 역할은 밀접하게 얽혀 있고, 거기서 개별 소비자의 관심은 공적인 것이 되고 집단적 행동이 가능해진다. 그러므로 공장은 일상적 불만과 사회적 불만의 조직화된 표현 사이를 매개하는 공간이었다. 폴란드 여성 섬유노동자들은 생산자이자 소비자로서 '생존의 젠더'와 '저항의 젠더'를 결합함으로써 사회주의 '복지국가'를 시험대에 올려놓았고, 그 결과 폴란드 현실 사회주의의 정통성을 상실하는 데 일조했다.

동원하는 권력과 협상하는 주체들 : 우파독재

김용우의 논문은 이탈리아 파시스트 여성에 대해 살펴보고 있다. 흔히 여성에 관한 이탈리아 파시즘의 태도는 "모범적인 아내와 어머니"라는 구호로 집약되지만, 시점과 상황에 따라 파시즘이 여성을 향해 던지는 담론은 달랐다는 점에 주목할 필요가 있다. 특히 에티오피아 침공 전후의 전시 체제에서 여성에게 공적 역할을 부여하는 방향으로 선회하고 있었다. 이 글에서 중요한 점은 파시즘의 기획을 이탈리아 여성들은 어떻게 수용하고 전유했는지를 살펴보는 것이다. 이런 의미에서 '라틴 페미니스트'라고 자처하며 파시즘과 페미니즘을 결합하려 했던 테레자 라브리올라(Teresa Labriola)의 경우와 몰락하는 파시즘과 무솔리니를 위해 전쟁터로 뛰어든 여성지원부대(SAF)의 젊은 파시스트 여성 전사들의 예는 흥미롭다.

고원은 기존의 독일 점령기 프랑스 여성과 관련한 연구가 주로 당시 지배 정권이었던 비시 정부의 가족과 여성 정책을 중심으로 논의되어왔음을 지적하고, 여성에 대한 연구는 여성들의 실제적인 삶과 그들이 경험한 구체적인 현실을 중심으로 이루어져야 함을 주장하고 있다. 그는 독일 점령이라는 특수한 상황 속에서 점령자 독일 병사와 피점령자 프랑스 여성의 뒤얽힌 삶의 관계를 짚어보고, 이러한 관계들이 다시 비시 정부의 정책에 어떤 영향을 미쳤는지에 대해 고찰하고 있다. 정부의 정책과 독일 점령의 특수성, 그리고 여성들의 삶, 이 세 가지 요소들이 어떻게 맞물려 점령 공간이라는 역사적 상황을 만들어냈는지를 구체적으로 살펴보는 작업은 당시 프랑스 사회를 협력 대 저항의 이분법으로 바라보는 기존의 시각을 넘어서는 것이다.

염운옥은 영국파시스트연합에 참여한 여성 파시스트 활동가들을 페미니즘과 파시즘의 이중적 정체성 사이에서 방황하는 존재로 분석하고 있다. 메리 리처드슨(Mary Richardson)과 같은 제1세대 여성 파시스트는 전투적 참정권 운동의 유산을 안고 파시즘에 투신했다. 리처드슨은 평등파 페미니즘 담론을 파시즘에 접목하고자 했으나 양자 사이에서 갈등하다가 일찍이 파시즘의 무대에서 사라지고 말았다. 제2세대 여성 파시스트 올리브 호크스(Olive

Hawks)와 앤 브록 그릭스(Ann Brock Griggs)는 모성주의 페미니즘의 담론을 파시즘과 조화시키고자 했다. 영국에서는 파시즘이 정권을 장악하는 데 실패했기 때문에 파시스트의 페미니즘이 독자적인 여성 정책으로 실현될 공간이 존재할 수 없었다. 따라서 영국파시스트연합의 여성들에게 파시즘과 페미니즘의 결합은 여성 주체의 세력화를 위한 현실적인 선택이었다. 그러나 이는 여성에게 권력을 부여하는 동시에 여성의 평등 요구를 부정하는 '양날의 칼'이었다.

황보영조는 1934년에서 1977년까지 존속한 스페인 팔랑헤당 여성단의 정체성 문제에 대해 살펴보고 있다. 여성단을 분석하는 데 지양해야 할 것은 좌우의 이분법적 시각이다. 대신 여성단 간부와 평단원, 계층과 지역, 그리고 교육 수준에 따른 다양한 경험을 고려했다. 여성단이 추구한 여성성은 좌파들이 지적한 대로 전통적 의미의 스페인 여성, 순종형 여성, 가내 여성이었다. 그러나 그렇다고 해서 이는 소녀들의 자발성, 창조성, 주도성을 말살하고, 위선적이고 무지하고 교양 없는 사람을 양산하기 위한 것은 아니었다. 다음으로 사회 정의와 관련해서 일단 이데올로기 차원에서는 그것을 좌익이나 우익의 길이 아닌 제3의 정치적 대안의 길로 삼은 것으로 보인다. 프랑코 체제와의 협력 문제와 관련해서는 가내 여성 이데올로기나 여성 노동과 여성 스포츠에 대한 견해 모두 체제의 안정화에 이바지했다.

장문석은 파시스트 이탈리아의 젠더 문제에 대한 미국의 역사가 빅토리아 데 그라치아(Victoria de Grazia)의 선구적 연구에 초점을 맞추면서, 파시스트 이탈리아에서 소비주의와 전체주의가 공존하고 갈등하는 양상들을 세밀히 검토하고 있다. 파시즘이 열어놓은 '근대성'의 기회 공간들은 소비주의와 전체주의의 매트릭스 위에서 전개되었다. '어머니-아내'와 '여성-병사'로 요약되는 파시즘 특유의 여성 이미지가 형성되고, 여성을 동원하고 조직하는 과정에서 여성들이 파시즘의 젠더정치를 전유한 다양한 방식과 이를 통한 여성 주체성의 형성 과정을 분석함으로써 공적인 것과 사적인 것 혹은 전통적인 것과 근대적인 것을 융합시키고자 했던 이탈리아 파시즘의 모순적인 성격이 드러나게 된다.

이학수는 비시 정권의 여성 정책을 선언이나 법령에서 찾기보다 실제 당시에 존재했던 여성 단체들의 활동과 여성들의 구체적인 삶을 재현한 뒤 이를 젠더 프리즘을 통해 여성과 독재 정권과의 관계를 재해석하고 있다. 비시 정권 시기의 여성들이 사회 참여 활동 과정에서 일부가 부분적으로 정권 지지와 정권 저항이라는 양면을 체험했음을 보여준다. 하지만 근본적으로는 비시 정권의 대여성 정책은 반여성주의에 입각했으며, 비시 정권에 참여한 여성들은 여성의 권리 신장이나 여성의 해방과는 거리가 먼 보수적이고 가부장적인 사고에서 벗어나지 못하고 있었다. 비시 정권의 반여성주의와 그 결과들은 복잡하고 모순적이기까지 하다. 비시 정권기에 일부 여성 지도자들의 활동이 시민의식의 성장과 여성의 자립심에 기여했고, 여성 해방으로 나아가는 길을 열어준 것은 사실이지만 그것은 지극히 제한적이었다.

제국의 남성성과 국민이 된 여성

안연선은 일본제국 군대의 군인들이 '총력전'을 수행하기 위한 병사로서 재사회화되는 방식을 통해 전체주의 체제 아래에서 젠더정치가 성 정체성, 민족 정체성, 성을 어떤 방식으로 재구성하여 체제 내로 편입시키는가를 검토하고 있다. 남성 지배적 제도인 군대에서의 일상생활은 남성성을 훈육하고 조장하는 과정이었으며, 이러한 군인들의 남성성의 재사회화에 위안부가 이용되었다. 군대 내 재사회화 과정에서 강화된 공격성과 복종이라는 양극단 사이에 존재하는 모순과 긴장은 위안부제도를 통해 상쇄되었다. 특히 군인들을 상사와 군 당국에게는 복종적이고, 적에게는 더욱 공격적이 되게 하기 위해서 군위안부를 제도화하기도 했다.

마이클 김은 20세기 전쟁이 젠더정치에 미친 역설적인 영향이라는 맥락에서 식민지 조선의 젠더정치의 역사에 대해 고찰하고 있다. 여성들은 전쟁기간 동안 공적 임무를 띠고 전선에 파견된 남성들 대신 노동력을 제공해야 하는 경우가 늘어남에 따라 종종 새로운 사회적 역할에 뛰어들게 되었다. 제2차 중일전쟁 발발 후 식민지 조선의 젠더정치 역시 유사한 양상을 보인다. 조선 여성들은 공장에 들어가고, 일본 제국군으로 징병된 조선 군인의 어머니와 아내로 그들의 임무를 이행함으로써 일제에 대한 충성을 요구받았다. 또한 조선 여성들에게는 남성들이 멀리 출병해 있는 동안 후방 전선을 지원하기 위해 결성된 각종 단체들에 적극적인 참여가 장려되었다. 식민지 후기 남성 중심의 공적 담론은 가부장적 젠더 역할을 강화시켰지만, 전시 동원에 참여한 여성들에게 청중들 앞에서 연설하거나 신문과 잡지 지상에서 징병에 대한 토론을 하는 등 하나의 기회로 작용했다.

김상수의 논문은 영국의 예를 통해 독재와 민주주의를 근대 식민지와 제국의 정치와 연결짓는 시선을 제공하고 있다. 즉 독재와 민주주의의 차이는 선악의 근원적인 차이라기보다는 보유한 식민지 규모의 차이에서 찾는 것이 타당하다는 것이다. 영국은 식민지인들에게서 '타자화'의 대상을 쉽게 찾을 수 있었던 반면, 나치 독일이나 파시스트 이탈리아는 타자화의 대상을 유대인이나 집시와 같은 '내부의 적'으로부터 찾아내야 했다. 독일과 이탈리아에서 젠더 담론이 독재 정권 유지에 핵심적인 역할을 했듯이 영국에서는 이러한 담론이 의회민주주의와 제국 유지에 결정적인 역할을 했다. 구체적인 분석에서는 1920년대 잉글랜드의 초등학교에서 '반장제도'가 어떤 방식을 통해 운영되었는지를 살펴봄으로써 영국의 엘리트 교육에서 남성성의 함양이 매우 중요한 위치를 차지하고 있었음을 밝히고 있다. 반장제도는 표면적으로는 자발적이고 민주적으로 운영되는 엘리트 양육 수단으로서 독일의 유소년 교화 프로그램과는 완전히 다른 성격의 것처럼 보였다. 하지만 실제로는 특권층의 권위에 대한 복종을 강조하고, 퍼블릭 스쿨의 제국주의적 성격을 공유하는 것이었기 때문에 영국인들이 어린 시절부터 제국의 지배자로서 차별과 억압을 자연스럽게 내면화하는 데 큰 기여를 했다.

이 책에 실린 18편의 글은 모두 2006년 7월 5일에서 7일에 걸쳐 "대중독재와 젠더정치"라는 제목 아래 강원도 평창에서 열린 제4차 대중독재 국제학술대회에서 발표되었거나, 2007년 2월 21일 대구대학에서 비교역사문화연구소와 대구사학회가 공동으로 개최한 학술대회 '대중독재와 젠더정치'에서 발표된 것들이다. 두 학술대회에 참가해 활발한 토론과 날카로운 비판을 통해 논의를 풍성하게 해준 많은 발표자들과 토론자들, 한국 학계의 문제의식이 국경을 넘어 20세기 독재에 대한 학문적 아젠더로 자리잡을 수 있도록 '대중독재' 프로젝트를 지원해준 학술진흥재단, 대중독재 프로젝트의 공동연구원들, 비교역사문화연구소의 여러 스태프들에게 감사드린다. 대중독재 시리즈 4권이 되는 이 책부터는 휴머니스트 출판사가 출판의 수고를 맡게 되었다. 선완규 주간을 비롯한 휴머니스트 식구들에게도 감사드린다.

2010년 2월
임지현, 염운옥

I

대중독재와 젠더정치

파시즘 이론:
여성사와 젠더사의 시각에서

케빈 패스모어

번역 : 염운옥

케빈 패스모어

영국 카디프대학교 역사학 교수. 저서로는 *Women, Gender and Fascism in Europe, 1919-45*; *Fascism: A Very Short Introduction, From Liberalism to Fascism: The Right in a French Province, 1928-1939* 등이 있다.

1. 젠더사를 통한 파시즘 이론의 모색

제2의 페미니즘 물결이 기성학계에 도전장을 내민 지 40년이 지나도록 파시즘 이론가들은 여성사나 젠더사를 진지하게 받아들이지 않았다. 이러한 무관심은 파시즘 이론가들의 잘못만은 아니다. 여성사가와 젠더사가 역시 자신들의 작업이 분석 범주로서 파시즘에 대해 어떤 함의를 갖는지 체계화하지 못한 채, 파시즘 연구를 남성 주체를 보편화시키는 실증주의 모델로 보았다. 또 어떤 경우 파시즘 이론의 여성사와 젠더사의 무시는 역사 연구에 생소하기 때문에 발생하기도 했다. 사료의 검토는 차치하더라도 파시즘 운동이나 정권에 대한 기존 연구도 훑어보지 않고, 추상 수준이 같은 다른 모델과의 대화만을 통해 추상화 모델을 발견하기란 쉽지 않다.

어떤 학자들은 무솔리니를 인용하는 대신 나치즘의 성격에 대한 에르네스토 라클라우(Ernesto Laclau)나 니코스 풀란차스(Nicos Poulantzas)의 논의를 손쉽게 인용하기도 한다. 물론 이론가들도 역사 연구를 읽는다. 그러나 흔히 이론가들은 역사 연구를 사회과학의 이론적 해석을 위한 재료로 간주하고, 단지 '세부적인 역사적 사실'만을 발견할 뿐이다. 파시즘 이론가들은 여성사와 젠더사의 성과에 무지할 뿐만 아니라 역사 연구에 내재된 이론적 가설조차 모르는 듯하다.

필자가 보기에 파시즘 이론은 여성사나 젠더사로부터 배운 것이 많지 않다. 논점을 벗어나기는 하지만 여성사와 젠더사 역시 마찬가지이다. 파시즘에서 여성이나 젠더에 대한 연구도 파시즘의 본질에 대해 진지하게 성찰해

야 하기 때문이다. 다시 논점으로 돌아가보자. 파시즘 이론에서 젠더관계를
고려하는 것은 환영할 만한 일이지만, 젠더관계를 이해한다고 해서 파시즘
이론이 보다 '완벽'해지는 것은 아니다. 오히려 젠더사의 비판적 방법은 파
시즘 이론의 역사적 성격을 이해할 수 있게 해준다. 따라서 젠더관계를 고
려하지 않는 파시즘 이론의 취약성은 단지 여성을 제외했다는 사실 때문이
아니라 사회의 본성과 인간학의 방법론에 대한 기본 가설 때문에 생기는 것
이다.

이 글에서는 우선 모델-형성 접근법의 지적 기원을 파시즘과 근대 이데올
로기를 배태한 동일한 지적 매트릭스 위에서 검토하고자 한다. 특히 정치종
교론이 공산주의나 다른 근본주의에도 적용가능한 방법론이라는 점을 염두
에 두고, 파시즘에 대한 정치종교론적 접근법의 기원과 성격에 초점을 맞추
었다. 정치종교론에 주목하는 이유는 정치종교론이 오늘날 학계에서 중요한
위치를 차지하고 있으며, 파시즘 이론과 사회과학이나 정치학 이론의 다양
한 경향들과 연결되기 때문이다.

필자는 정치종교론이나 이와 관련된 이론들이 엘리트와 대중이라는 젠더
화된 이분법을 가정하며, 결과적으로 구조와 주체의 이분법을 전제하고 있
다고 논할 것이다. 따라서 소수의 남성 엘리트에게 역사적 책임을 지우고,
다수의 남성을 무분별하고 기껏해야 지배받기를 원하는 대중으로 전락시킨
다. 이렇게 남성 추종자들은 여성화되고, 여성은 개념적 망각의 영역으로 편
입된다. 엘리트와 대중의 이분법과 관련된 또 다른 구분은 합리적이고 과학
적인 관찰자와 그 연구 대상이라는 이분법이다. 역사 방법론의 예로서 여성
사와 젠더사는 파시즘을 달리 개념화하는 데 도움이 되며, 파시즘의 '이론'
이라는 관념을 다시 사고하게 할 것이다.

2. 정치종교론의 젠더화된 계보

정치종교 개념을 다시 유행시키는 데 가장 공헌한 학자는 에밀리오 젠틸레(Emilio Gentile)이다. 그는 정치종교가 지상의 운동이나 정권이 성스러운 지위를 요구할 때 등장한다고 보았다. 카리스마 넘치는 지도자와 공동체, 성직자, 사도, 예배, 숭배의식 등과 같은 종교적 외피를 뒤집어쓴 세속 운동은 '새로운 인간'을 창조하는 '인간혁명'을 통해 개인과 대중을 만들려고 했다. 정치종교로서의 파시즘은 역사를 선악의 투쟁으로 해석하기 때문에 자신의 반대자에게 인내심을 발휘하지 않는다. 이런 이데올로기는 '집단적 트라우마' 시기에 등장하기 쉽다. 특히 소위 전통과 근대의 전환기가 가장 심각한 때이다. 트라우마는 정신적 동요와 불안, 즉 '아노미' 상태를 유발하고, 이로 인해 대중은 심리적 대체물로서 종교에서 안정을 찾게 된다. 진정한 종교는 근대화의 물결 속에서 이미 사라져버려 간명한 설명을 구하는 대중의 요구에 답할 수 없게 되었다.[1]

정치종교 이론은 전체주의론에 많은 빚을 지고 있다. 전체주의론 역시 파시즘을 포괄적이고 메시아적이며 유토피아적인 기획의 전파를 통해 사회를 재구성하려는 혁명적 시도로 파악한다. 또한 전체주의론은 지배 이데올로기의 확산, 인구 통제, 의식을 통해 대중이 '종교적' 이데올로기를 '내면화'하는 과정을 강조하기도 한다.[2] 그러나 두 가지 측면에서 정치종교론의 접근

---

1) Emilio Gentile, "The sacralisation of politics: Definitions, interpretations and reflections on the question of secular religion and totalitarianism", *Totalitarian Movements and Political Religions*, 1, (2000), pp.18-55; Emilio Gentile, *The Sacralization of Politics in Fascist Italy*, trans. Keith Botsford, (Cambridge, Mass.: Harvard University Press, 1996); For a summary of the debates surrounding political religions theory, see Ulrike Ehret, "Understanding the popular appeal of Fascism, National Socialism and communism: The revival of totalitarianism theory and political religion", *History Compass*, 5, (2007), pp.1236-1267.

은 선행 이론과는 차이가 있다. 정치종교론은 전체주의 기획이 '실천'의 면에서 부분적인 성공을 거두는 데 그쳤다는 점을 강조하고 있다. 정치종교론은 전체주의 이데올로기가 위로부터 주어졌을 뿐만 아니라 대중으로부터 자발적으로 생성되었다고 주장한다.[3] 이러한 정식화는 하향식 역사 해석과는 구별된다. 그리고 젠틸레는 정치종교가 격변의 시대에 종교적 설명을 구하는 대중의 요구에서 나왔다고 주장한다. 사실 정치종교론에서 대중은 위로부터 조작의 필요성에 의해 정의되고 있다.

젠틸레는 틀림없이 이러한 해석이 잘못되었다고 주장할 것이며, 이것이 그가 원하는 식의 해석이 아니라는 점은 인정할 수밖에 없을 것이다. 그러나 비판적 방법의 핵심은 저자조차 의식하지 못하고 있지만, 저자의 본래 의도에서 벗어나게 만드는 숨은 논의 구조를 해명하는 것이다. 젠틸레는 자신의 이론은 발견 도구에 불과하며, 파시즘을 완전하게 설명할 수 없다고 주장한다. 이런 목적을 의심할 이유는 없다. 그러나 젠틸레의 논증은 끊임없이 목적에서 벗어나며, 때로는 노골적인 본질주의로 귀결되기도 한다. 예를 들어 그는 국가사회주의가 부르주아 스테레오 타입으로부터 '새로운 인간'을 구성했다는 조지 모스(George Mosse)의 매우 역사적이며, 비(非)본질주의적인 주장을 파시즘의 '본질'에 대한 오해에서 비롯된 것이라고 거부했다.[4] 카렐 플레시니(Karel Plessini)가 주장한 파시즘의 본질과 부르주아 남성의 체면이라는 역사적 우연성의 이분법만큼 정치종교론의 이론적 한계를 명백하게 보

2) Carl J. Friedrich, Z. Brezezinski, *Totalitarian Dictatorship and Autocracy*, (Cambridge: Cambridge University Press, 1956).

3) Gentile, "The sacralisation of politics", p.29.

4) Emilio Gentile, "A provisional dwelling: Origin and development of the concept of fascism in Mosse's historiography", *What History Tells - George L. Mosse and the Culture of Modern Europe* Stanley G. Payne, David J. Sorkin, John S. Tortorice, (Madsison: University of Wisconsin Press, 2000), pp.41-109.

여주는 예는 없을 것이다.[5]

이제 젠틸레의 논의 구조를 해명하는 대신 근대 인간과학이 등장한 지적 배경에 대해 이야기해보자. 19세기에서 20세기 전환기에 등장한 사회학·정치학·역사학·심리학 분야는 과학적이라고 자부했다. 이들 새로운 학문 영역은 스스로를 당대의 열정이나 편견으로부터 분리하고자 했다. 신학문의 옹호자들은 기존 '과학'의 연역법을 거부했고, 자신들의 이론은 관찰 가능한 사실로부터 나온다고 주장했다. 또한 노골적인 인종적·젠더적 스테레오 타입을 벗어던졌다. 그러나 시대적 편견은 쉽게 버릴 수 있는 것이 아니었다.

귀스타브 르 봉(Gustave Le Bon)과 '집단심리학'의 유령은 세기말 출몰했으나 아직까지 퇴치되지 않고 있다. 고전적 연구 《대중심리》에서 르 봉은 군중은 부분의 합계 이상이라고 논했다. 그는 군중을 신체기관 간의 위계질서가 확립되지 않고, 대뇌가 아니라 척수의 지배를 받는 원시적 형태의 유기체적 현상으로 묘사했다. 원시인이 지닌 격세유전의 본능이 군중의 특징이다.[6] 군중의 히스테리 발작은 전통적 질서가 붕괴하고 원자적인 대중사회가 도래한 것에 기인한다. 무의식과 최면의 작용에 대한 초기 이론에 근거해 르 봉은 군중은 이미지로 사고하고, 따라서 최면술에 취약하다고 논했다. 그는 혁명적 군중을 두려워했으며, '설득'의 기술을 합리적으로 사용할 수 있는 엘리트가 인종적으로 정의된 군중의 분별력을 보다 안전한 민족주의적 방향으로 전환할 수 있다고 믿었다.[7]

집단심리학에서 군중과 여성을 나란히 놓는 유비는 분명하게 드러난다. 요동하는 자궁이 뇌를 지배하기 때문에 여성의 뇌는 불안정하다. 따라서 여성이 비합리적이라는 견해는 당시의 상식이었다.[8] 르 봉은 다음과 같이 이

5) See also Karel Plessini, "The Nazi as the "ideal bourgeois" Respectability and Nazism in the Work of George L. Mosse", *Totalitarian Movements and Political Religions*, 5, no.2, (2004), pp.226-242.
6) Gustave Le Bon, *La Psychologie des foules*, 2 ed., (Paris: Alcan, 1896), p.39.

야기했다.

군중에서 두드러지는 충동, 성급함, 이성 능력의 부재, 판단력과 비판 정신
의 결여, 과장된 감정과 같은 특징은 진화의 열등한 단계에 속하는 존재들,
예를 들면 여성, 야만인, 어린이에게서도 보인다.[9]

여기서 우리는 정치종교론의 가정을 언뜻 발견할 수 있다. 정치종교론은
종교에 대한 본능적 욕구를 지닌 수동적·비합리적인 대중과 능동적·합리적
인 정치종교의 창시자를 암묵적으로 구분한다. 젠틸레는 드러내놓고 르 봉
을 파시즘의 창시자이며, 정치종교론의 선구자로 인용하고 있다.[10] 이러한
잠재적인 모순은 파시즘 이론가들 사이에서 광범위하게 공유되고 있다. 르
봉이 '대중사회'의 위험을 **인식했다**는 근거 없는 주장에서 이런 모순은 분명
하게 알 수 있으며, 이런 주장은 대중이 조작에 취약하다는 가정을 드러내는
것이다.

따라서 마이클 버레이(Michael Burleigh)는 엘리트에 비해 대중은 '종말론적
혁명의 환상'을 버리지 못하며, '교육받지 못한 사람들'은 대항–엘리트
(counter-elites) 조작에 취약하다고 주장했다.[11] 그렇다고 버레이가 정치종교

---

7) Craig McPhail, *Far from the Madding Crowd*, (New York: Aldine de Gruyter, 1991), xix-xxx;
   Robert Nye, "Introduction to the Transaction edition", Gustave Le Bon, *The Crowd* (New
   Brunswick and London: Transaction, 1997); Robert Nye, *The Origins of Crowd Psychology-
   Gustave Le Bon and the Crisis of Mass Democracy in the Third Republic*, (London, Beverley Hills:
   Sage, 1975), pp.67-78; Daniel Pick, *Faces of Degeneration - A European Disorder, c. 1848-c.
   1918*, (Cambridge: Cambridge University Press, 1989).
8) Annelise Maugue, *L'identité masculine en crise au tournant du siècle*, (Paris: Rivages, 1987).
9) Gustave Le Bon, *The Crowd*, (New Brunswick, London: Transaction, 1997), p.56.
10) Emilio Gentile, "Fascism as a political religion", *Journal of Contemporary History*, 25, (1990),
    pp.229-251.

론의 전형적인 이론가는 아니지만, 그는 '데카당스'를 역사적으로 구성하는 **신념**이라기보다는 객관적인 범주로 파악했다. 그는 현대사회를 르 봉류의 집단심리학을 연상시키는 어조로 묘사했다. 버레이는 자유주의와 사회주의를 결합하고 지적 입장을 도덕적 근거로 판단하며, '원자론적 다원주의와 다문화주의는 지나치다고 생각하는 사람들'을 위해 글을 쓴다고 주장했다. 그는 '시민종교'를 공통의 기독교 전통에 대한 호소로 보며 옹호하고 있다.[12] 르 봉처럼 그는 대중의 비합리성을 자유주의적 보수주의 방향에서 해석하고자 한다.

보다 전형적인 예는 집단심리학의 영향이 암시적으로 나타나는 경우이다. 예를 들면 제임스 그레거(A. James Gregor)는 세기말 이탈리아 지식인에 의한 르 봉과 파레토 사상 수용은 이들 지식인이 '농촌 주민과 새로 형성된 도시 주민으로 구성되는 대중의 비합리성과 감수성을 **의식**하고 있었기 때문이라고 설명하고 있다. 그레거는 대중은 사상적 원인이나 물질적 원인 때문이 아니라 아노미 상태를 겪고 있었기 때문에 마르크시즘으로 기울었다고 한다. 그는 르 봉의 '모방' 같은 집단심리학 용어를 현대사회학 용어인 '사회화'로 번역한다.[13] 사회화 개념은 에밀 뒤르켐과 S. 프로이트에서 이 개념을 끌어낸 미국의 사회학자 텔컷 파슨스(Talcott Parsons)에 의해 사회과학에서 보편화되었다.[14]

사실 위대한 사회학자인 뒤르켐과 집단심리학의 관계는 다소 모호하다. 뒤르켐은 인종적 결정론을 거부하는 대신 기능주의 사회학을 정교화했다. 그러나 기능주의 사회학에서는 사회적 '몸'의 필요가 구성 '기관'의 기능을

---

11) Michael Burleigh, *Earthly Powers-The Conflict Between Religion and Politics from the French Revolution to the Great War*, (London: Harper Perrenial, 2006).

12) *Ibid.*, pp.1-17.

13) A. James Gregor, *The Ideology of Fascism-The Rationale of Totalitarianism*, (New York: Free Press, 1969), p.55. My emphasis.

14) Talcott Parsons, "Superego and the theory of social systems", *Psychiatry*, 15, (1952), pp.15-24.

결정한다. 사실상 뒤르켐은 여성에 대해 이야기할 때 기능주의로부터 생물학적 결정론으로 슬쩍 이동하기도 했다. 다시 한 번 강조하지만 편견 이상의 것이 문제이다. 뒤르켐의 사회학은 구조상 젠더화되어 있다. 그는 종교적인 전통사회로부터 합리적이고 전문화된 근대사회로의 이행이라는 보편적인 역사적 과정을 가정했다. 이러한 서사는 사회가 여성적-감정적 단계에서 남성적-합리적 단계로 이행한다는 의미에서 젠더화되어 있다.

르 봉의 뒤를 따라 뒤르켐은 '기능적으로 유용한' 성별에 따른 공적-사적 노동 분업은 근대화와 더불어 등장했다고 논했다. 왜 노동 분업에서 여성이 주로 가사노동을 담당했는가의 원인을 설명하는 데 뒤르켐은 낡은 편견에 의존했다. 그는 여성은 '문명화 과정에 덜 관련되어' 있었다고 주장하면서, 파리에 거주하는 여성의 뇌는 뉴칼레도니아 여성의 뇌보다 결코 크지 않다는 취지로 르 봉을 인용했다.[15] 여성은 남성과 같은 방식으로 근대화되지 않았기 때문에 이성을 통해 지식을 습득할 수 없었다. 대신 여성은 반복적인 종교의식을 통해 지식을 '내면화'했다. 여성은 세계를 인식하는 수단으로 종교에 대한 욕구를 가지고 있다는 것이다. 게다가 뒤르켐은 《사회생활의 기본 형태들》에서 사회적 합의가 신화나 종교적 신념의 의례화된 전달을 통해 형성되는 데 관심을 가지고, 대중은 종교에 대한 '여성적' 요구를 타고났다는 가정에 암묵적으로 의존하고 있다.

뒤르켐의 대중에 대한 불신은 전통적인 집단의식의 붕괴가 고립감과 불안감이라는 아노미를 유발한다는 신념에서도 분명히 드러나 있다. 사실 이러

---

15) Emile Durkheim, *De la division du travail social*, (Paris: F. Alcan, 1893), pp.20-21; Howard I Kushner, "Durkheim and the Immunity of Women to Suicide", *Emile Durkheim-Le Suicide-One Hundred Years Later*, David Lester, (Philidelphia: The Charles Press, 1994), pp.205-223, 211-212; Jennifer Lehmann, "Durkheim's response to feminism", *Sociological Theory*, 8, (1990), pp.163-187.

한 우려는 뒤르켐이 저술 활동을 할 당시에는 일반적인 것이었다. 자유주의자로서 뒤르켐은 점차 복잡해지는 노동 분업이 개인이 '스스로에게 주인이 되는' 의미에서 '개인에 대한 숭배'라는 새로운 현상을 낳을 것이라고 낙관했다. 그리고 자녀를 많이 둔 농촌의 가부장적 가족은 개인주의의 과도한 전개에 대항하는 최상의 보루라고 주장했다.[16] 기능주의자로서 뒤르켐은 사회적 선은 여성의 이해관계가 어떤 것이든지 가족의 신성불가침성을 명령한다고 주장했다. 따라서 그는 상호 동의에 의한 이혼에 반대했다.[17]

뒤르켐은 대중이 여성적 특성을 갖는다고 서술하기도 했다. '이성 숭배'의 사도라는 평판이 모순어법은 아니지만, 당시 시대의 맥락에서는 뒤르켐을 그렇게 부를 만했다. 게다가 뒤르켐의 이론을 정치종교론의 선구로 보는 것은 쉬운 일이었다. 1926년 뒤르켐의 제자 마르셀 모스(Marcel Mauss)는 한 편지에서 다음과 같이 썼다.

> 뒤르켐과 추종자들은 확신하건대 집단표상이론의 선구자였다. 더 이상 중세적이지 않은 근대사회가 마치 어린아이 같은 오스트레일리아인이 하듯 춤추고 몸짓하는 것은 예상하기 어렵다. 원시 상태로의 회귀가 우리의 목적은 아니었다. 우리는 군중에 대한 몇 가지 암시를 하는 데 만족했고, 이는 중요했다. 우리는 개인이 자신이 딛고 서 있는 터전을 발견함으로써 개인의 자유와 자립, 개성, 비판 정신을 살찌울 수 있다고 증명하는 데 만족했다. 궁극적으로 우리는 이런 예외적인 새로운 수단을 염두에 두지 않았다.[18]

---

16) Kushner, "Durkheim and the Immunity of Women", pp.205-209.

17) Jean Elisabeth Pedersen, "Sexual politics in Comte and Durkheim: Feminism, history, and the French sociological tradition", *Signs-Journal of Women in Culture and Society*, 27, (2001), pp.229-263.

18) Letter of Marcel Mauss to S. Ranulf, 6 November 1926, quoted in François Chaubet, *Histoire intellectuelle de l'Entre-Deux-Guerres*, (Paris: Nouveau Monde, 2006).

사실 뒤르켐은 훗날 정치종교론에서 사용하는 많은 개념들을 체계화했다. 예를 들면 야만에서 문명으로의 이동, 아노미, 의식을 통한 내면화 같은 것들이다. 버레이는 뒤르켐의 개념을 만족스럽게 인용했다.[19)]

앞의 인용문에서 모스는 대중의 행동을 '원시인'이나 '어린아이의 행동'과 같이 노골적으로 동일시했다. 버레이의 군중에 대한 견해는 르 봉과 거의 비슷하다. 여성에 대해 언급하지는 않았지만, 모스 역시 대중의 특성을 관습적으로 여성적인 것에 속한다고 보았다. 정치종교론이 인용하는 막스 베버 (Max Weber)의 이론에서도 비슷하게 젠더화된 구조를 발견할 수 있다. 르 봉, 모스카(Mosca), 파레토(Pareto)와 마찬가지로 베버도 가족에서 국가에 이르기까지 모든 사회집단은 필연적으로 지도자와 대중으로 나뉜다고 믿었다. 베버는 사회적 행동 이론을 엘리트에게만 적용했으며, 대중은 합리적이고 목적지향적인 활동 능력이 없다고 믿었다. 이렇게 대중은 사회학의 영역 밖으로 밀려났고, 르 봉의 군중심리학과 같은 분야에서 연구되었다.

파시즘 연구에서 매우 영향력 있는 베버의 카리스마적 권위 개념은 엘리트와 대중 사이의 근본적인 구별과 관련해 이해되어야 할 것이다. 베버는 카리스마를 성적 해방을 통한 여성성의 부활로 보았고, 종교적 성령 체험과 연결시켰다. 베버의 이런 종교적 체험은 남성의 엄격한 합리성을 약화시킨다. 또한 베버는 카리스마적 권위를 군중의 감정적 폭발에서 생겨나는 것으로 보았다. 지도자와 추종자 사이의 유대관계, 소위 '카리스마적 공동체'는 매우 친밀한 것이었다.[20)]

---

19) Burleigh, *Earthly Powers*, pp.1-17.
20) Peter Baehr, "The 'masses' in Weber's political sociology", *Economy and Society*, 19, (1990), pp.242-265; Terry R. Kandal, *The Woman Question in Classical Sociology*, (Miami: Florida International University Press, 1988), pp.126-156; Arthur Mitzman, *The Iron Cage-An Historical Interpretation of Max Weber*, (Piscataway: Transaction, 1985), pp.302-304.

베버와 뒤르켐은 악의적인 대항–엘리트가 종교적 성향의 여성화된 대중을 조작하는 것을 두려워했다. 따라서 베버와 뒤르켐의 사회학은 하향식 역사 해석을 하게 되었다. 동시에 전체주의 이데올로기는 아래로부터 유래했다는 정치종교론의 뿌리를 파헤치기 위해서는 프로이트를 살펴보아야 한다. 집단심리학으로 잘못 번역되어 있는 대중심리학에 대한 프로이트의 저작은 르 봉에게 빚지고 있는 부분이 많다. 프로이트는 르 봉이 군중에 대한 전통적 견해를 체계화하고 있다고 정확하게 지적했지만, 무의식의 중요성을 지적했다는 점은 자신의 공적으로 돌리기도 했다. 프로이트의 진정한 공헌은 군중들 사이, 그리고 군중과 지도자 사이의 리비도적 유대를 보여주었다는 점이다.[21] 프로이트는 대중을 인종적으로 미개하고 어린아이 같다고 보았으나 대중을 여성적이라고 언급하지는 않았다. 그럼에도 불구하고 대중에 대한 프로이트의 견해는 활동적인 여성의 사회적 행위 능력에 대한 그의 악명 높은 비관적 견해와 밀접한 관련이 있었다.

프로이트는 개인과 사회의 발전 과정과 나란히 익숙한 젠더화된 문명화 과정을 가정했다.[22] 비록 그의 정신분석학 이론이 진보의 기원이 요컨대 남성의 생물학에 있다고 말하지 못하게 만들기는 했지만, 프로이트는 남성의 활동성은 수동적인 난자에 비해 정력적인 정자 때문이라고 했다.[23] 개인의 발전 과정과 마찬가지로 문명은 '지성의 힘을 우세하게 해 지성이 본능을 제어'하도록 만든다. 그럼에도 불구하고 라마르크주의자로서 프로이트는 과거

21) Sigmund Freud, *Group Psychology and the Analysis of the Ego*, trans. James Strachey (London: Bantam Classic, 1960), p.18; Paul Roazen, *Freud-Political and Social Thought*, (London: Hogarth, 1969), pp.218-232. My argument is closest to Philip Rieff, *Freud-The Mind of the Moralist*, (London: Gollancz, 1958), pp.220-256; Philip Rieff, "The origins of Freud's political psychology", *Journal of the History of Ideas*, 17, (1956), pp.235-249.

22) Sigmund Freud, "Why War?", *New Commonwealth*, (1934), pp.9-19.

23) Sigmund Freud, "Femininity", *Freud on Women*, Elisabeth Young-Bruehl, (London: Vintage, 2002), pp.342-362.

사회의 잔여물이 무의식 속에 남아 일정한 조건 아래에서 트라우마로 나타난다고 보았다.[24] 종종 이러한 부활은 남성적 형태를 띠었다.

프로이트는 〈왜 전쟁인가?〉라는 논문에서 원시인은 죽음의 충동, 사리사욕, 살인의 쾌락에 지배당한다고 논했다. 시간이 흐름에 따라 인간은 자신의 행동을 '이상적 자아(ego-ideal, 초자아superego의 개념적 선조)'에 대항하는 것으로 보기 시작했다. 문명의 구속은 사회보다 국가에서 약하게 작용하는데, 문명의 구속이 제거되면 전사의 잔인함이 남게 된다.[25] 프로이트는 현대전이 '옛 이상에 따른 영웅적 행위의 여지를 주지 않는다'고 한탄했다. 현대전은 인간을 '자신의 남성성을 부끄러워할' 상황에 놓이게 한다는 것이다.[26]

또한 프로이트는 문명의 구속력 제거가 르 봉이 말한 군중의 행동을 낳는다고 보았다. 대중심리학에 관한 논문에서 프로이트는 《토템과 터부》에서의 논의로 되돌아갔다. 그는 《토템과 터부》에서 원시사회는 힘센 수컷이 지배하는 무리로 구성되어 있다는 다윈의 논지를 전개했다. 프로이트에 있어서 가부장은 모든 여성을 독점하고, 다른 수컷들이 성욕을 충족시키는 행위를 금지한다. 사실상 지도자만이 온전히 수컷이 될 수 있으며, 무리의 수컷이나 암컷 등 다른 구성원의 에로틱한 충동은 서로를 향하거나 가부장을 향한다. 여전히 라마르크주의자로서 프로이트는 원시부족 단계의 억압된 기억이 다음 세대로 전달되고, 그 결과 충동과 감정에 치우친 군중 행동이 억압에서 풀려나게 된다고 믿었다.[27] 더구나 최면술이 "주체의 내면에서 낡은 유산을 깨어나게 한다"고 주장했다. 또한 "따라서 깨어나는 것은 탁월하고 위험한

---

24) Freud, "Why War?", 18. My emphasis.
25) Sigmund Freud, "Thoughts for the times on war and death", *The Standard Edition of the Complete Psychological Works of Sigmund Freud*, (London: Vintage, 1957), pp.275-288; Freud, "Why War?", pp.17-18.
26) Freud, "Why War?"
27) Freud, *Group Psychology and the Analysis of the Ego*, pp.69-71.

인격이며, 오로지 수동적-피학적 음란증의 태도만이 가능하고, 의지는 여기에 굴복한다……"라고 덧붙였다.

프로이트는 집단의 지도자는 여전히 공포의 대상인 태초의 아버지이며, 집단은 무제한적 힘에 의해 통치되기를 바란다고 결론지었다. 집단은 권위를 향한 극단적인 열정을 보인다. 르 봉의 표현을 빌리자면 "집단은 복종의 열정을 갖는다." 프로이트 용어로 말하면 군중은 가부장의 의지를 이상적 자아로 대체한다. 르 봉이 경고했듯이 군중으로서 인간은 개인으로서는 받아들일 수 없는 행동을 한다. 그럼에도 불구하고 프로이트는 군중 속에서 잠재적 선의 가능성을 보았다. 동료 집단과의 동일시에 의한 성적 충동의 승화는 문명으로 가는 첫 단계를 나타낸다. 왜냐하면 성적 충동의 승화는 지도자의 사랑을 다른 동료들과 나누어 갖기 위해 성적 욕구의 즉각적인 만족을 억압하는 것이기 때문이다.[28]

프로이트의 집단심리학은 여성 개인의 발달 이론과도 연결된다. 프로이트는 페니스가 없는 여성은 어머니를 증오하고 아버지에 대한 충동을 갖게 된다고 주장했다. 게다가 페니스의 부재는 여성에게 거세 공포를 면제해주고, 아버지와의 동일시라는 금지된 충동을 극복하지 못하게 만든다. 따라서 군중과 마찬가지로 여성의 이상적 자아나 정의감은 발육하지 못하는 것이다.[29] 여성은 군중과 마찬가지로 남성의 지도 없이는 견디지 못한다. 여성과 마찬가지로 군중은 순응과 지배를 요구하며 최면술에 취약하다. 군중의 수동성은 감정의 분출과 연결된다. 군중은 '충동적이고 변화무쌍하며 성미가 급해' 단지 단순하고 과장된 행동만을 할 수 있을 뿐이다. 프로이트에 의하면

---

28) *Ibid.*, pp.75-76.
29) Sigmund Freud, "The dissolution of the Oedipus complex", *The Standard Edition of the Complete Psychological Works of Sigmund Freud*, (London: Vintage, 1924), pp.173-182; Freud, "Femininity", p.345, 351-362.

군중은 본능에 의해 지배되며, 본능은 이드(id)의 영역이다. 따라서 본능은 항상 반복적인 행동을 일으키며, 본능과 자아(ego)의 합리적 행동은 대조를 이룬다.[30]

뒤르켐과 베버의 이론은 파시즘이 등장하기 이전에 전개되었다. 대중심리학에 대한 프로이트의 관심은 의심할 여지없이 전쟁과 혁명에 영향을 받았지만, 이론의 많은 요소들은 1914년 이전에 이미 만들어졌다. 파시즘을 발달된 정치종교와 유사한 것으로 보는 해석이 양차대전의 전간기 동안 유행했지만, 뒤르켐과 베버, 프로이트의 이론을 나치즘에 대한 정합적 설명과 결합시킨 것은 탤컷 파슨스였다. 파슨스는 일련의 논문에서 탈(脫)나치화 프로그램의 가이드라인을 제공하고자 했는데, 이 논문들에서 그는 20세기 후반 사회학의 주요 용어들을 개념화했다.

파슨스의 나치즘 해석은 정치종교론의 해석보다 더 사회학적으로 보인다. 왜냐하면 그는 나치즘의 뿌리는 베르사유 조약의 가혹함과 바이마르공화국의 관대한 복지 체계를 폐지하려는 기업가들의 동기에 있다는 마르크스주의적 견해를 수용했기 때문이다. 그러나 나치즘은 근본적으로 새로운 형태의 사회에 대한 열망을 표현함으로써 서구적 발전의 주된 경로에서 이탈하고자 했다.[31] 나치즘은 '보통사람들'인 다수 대중을 대의를 향한 열정으로 사로잡았던 혁명적 대중운동이었다. 파슨스는 계속해서 "나치즘은 비록 기본적인 지향은 정치적이었지만, 역사상의 위대한 종교운동과 공통점을 가지고 있다. 그리고 이 사실은 나치즘은 기원과 성격에 대한 사회학적 분석의 가이드를 제공해준다"고 했다.[32] 파슨스는 "종교적 개종운동은 뒤르켐이 넓게 '아

---

30) Anthony Storr, *Freud-A Very Short Introduction*, (Oxford: Oxford University Press, 2001), pp.64-65.

31) Talcott Parsons, "Democracy and social structure in pre-Nazi society", *Talcott Parsons on National Socialism*, Uta Gerhardt, (New York: Aldine de Gruyter, 1993), pp.225-242.

노미'라고 불렸던 사회적 무질서의 상황에서 전개되기 쉬웠다"고도 했다.

이러한 상태는 어느 사회도 피해갈 수 없는 합리화·근대화의 필연적 결과이다. 아노미는 특히 독일에서 뚜렷하게 나타났다. 이는 독일의 산업화가 이례적으로 급속하게 전개되었고, 이 때문에 독일의 노동운동은 종교뿐만 아니라 특히 전통에 대해 적대적이었기 때문이다.[33] 아노미는 동요, 우유부단, 마비 상태, 즉 '과잉 결정된' 증오와 헌신, 광신을 초래한다.[34] 이러한 파슨스의 나치 대중에 대한 설명은 명시적으로 젠더화되어 있지는 않으나 르 봉의 설명과 근본적으로 다르지 않았다. 아노미는 대중이 '정력적인 단결 정신으로 강력한 권위에 복종함으로써' 집단에 가담하기 쉽게 만든다는 파슨스의 주장은 르 봉이나 프로이트와 크게 다르지 않은 것이다.[35]

파슨스가 국가사회주의의 근본주의를 특정 집단과 동일시한 것은 이론의 젠더화된 구조를 드러내는 것이다. 우선 프러시아 귀족과 귀족을 모방한 부르주아는 근대화에 저항했다. 귀족은 인간의 가치를 아메리카식 '성공의 낭만화'처럼 기능적 효용이 아니라 신분에 의해 결정되는 것으로 보았다. 남성의 여성에 대한 관계에도 같은 설명을 적용할 수 있다. 낭만적 사랑이 아니라 신분이 결혼과 가족생활을 지배하며, 상층의 독일 남성은 여성에 대한 낭만적 애정을 '유약하고 나약하다'고 보았다. 직업과 가족관계에서 낭만적 충동의 탈출구를 찾지 못했기 때문에 독일 남성들은 낭만주의를 외부로 돌려 민족주의와 비현실적인 유토피아에서 찾으려고 노력했다.

또한 그들은 낭만적 욕구를 남성 집단의 교제에서 추구했는데, 전선의 동

32) Talcott Parsons, "Some sociological aspects of fascist movements", *Talcott Parsons on National Socialism*, Uta Gerhardt, (New York: Aldine de Gruyter, 1993), pp.203-218, 234.

33) *Ibid.*, pp.213-214.

34) *Ibid.*, pp.204-205.

35) *Ibid.*, p.207.

지애는 최상의 형태였다. 파슨스는 명시적으로 나치즘을 여성적이라고 젠더화하지는 않았지만, 양성의 엄격한 분리라는 독일 문화에서 남성들의 우정이라는 강렬한 감정과 '저변에 흐르는 동성애 성향'을 발견했다.[36] 이런 언급은 아마도 동성애를 유약함과 연결시키는 스테레오 타입적 사고의 맥락에서 이해할 수 있을 것이다. 파슨스는 나치즘을 본질적으로 운명론적 운동이라고 보았다. 파슨스의 이런 해석에는 자유민주주의적 정치 집단의 목적지향적 행동을 나치즘의 대척점으로 보는 견해가 숨어 있다.

만일 국가사회주의가 여성화된 남성을 동원했다면 여성은 어디에 방치했는가? 파슨스는 독일 남성의 신분의식은 남성을 "권위주의적이고 여성을 지배하도록 했으며, 여성은 순종적이기를 기대했다"라고 논했다. 부르주아 여성은 대체로 주부로부터 해방된 여성과 대조를 이룬다. 부르주아의 결혼에 낭만적 사랑은 존재하지 않기 때문에 주부에게서 '성적 매력'이나 다른 매력을 찾아볼 수 없다. 여성은 사랑이 아닌 남편의 지위에 매력을 느낀다.[37] 독일 여성이 순종적이라는 파슨스의 견해를 감안한다면, 여성들이 특히 국가사회주의의 호소에 취약했다는 그의 판단은 놀라운 사실이 아니다. 앞에서 살펴본 것과 같이 파슨스는 수동성을 이상화하는 종교적 근본주의운동의 한 형태로 나치즘의 특징을 설명했다.

그는 나치즘에 매혹된 여성들에 대한 경험적 증거를 가지고 있지 않았다. 다만, 젊은이나 하층 중간계급과 마찬가지로 여성들은 불완전하게 근대화되었다는 확신으로부터 결론을 끌어냈을 뿐이다. 따라서 여성들은 아노미나 근본주의적 전통에 영향받기 쉽다. 더구나 독일 여성들은 적극적으로 순종을 갈망했다. "독일 여성들의 관점에서 보면 영웅적인 이상은 남성에 대한

---

36) Talcott Parsons, "Age and sex structure", *American Sociological Review*, 7, (1942), pp.604-616; Parsons, "Democracy and social structure in pre-Nazi society", p.234.

37) Parsons, "Democracy and social structure in pre-Nazi society", pp.232-233.

그녀들의 낭만적 이상화를 동원할 수 있다. 이런 이상화에서 남성은 전사와 같은 여성이 할 수 없는 역할에 적합하기 때문에 양성의 역할 구분에 잘 들어맞는다."[38] 파슨스는 여성은 남성의 지도력에 굶주렸기 때문에 파시스트 군중 속에 자신을 내던진다는 견해에 이르렀다. 게다가 그는 가족을 계약에 기반을 둔 것으로 보았음에도 불구하고, 가족이 모든 사회집단을 통제하는 법에 종속된다고 보았다. 그는 남성의 '지도적 역할'이 가족을 포함한 모든 소규모 집단에서 자연적으로 발생한다고 보았다. 파슨스의 이러한 아이디어는 베버로부터 나온 것이다.[39]

3. 정치종교론과 젠더사

앞에서 언급한 뒤르켐, 베버, 파슨스의 이론은 1950년대 이후 파시즘 연구에 폭넓은 영향을 미쳤다. 파슨스의 파시즘 해석은 1960년대 프리츠 피셔(Fritz Fischer)의 동세대 역사가들이 제기한 독일사의 **특수한 길**(Sonderweg)을 예고하는 것이었다.[40] 비슷하게 젠더화된 가정을 한나 아렌트(Hannah Arendt)에서 카를 프리드리히(Carl J. Friedrich)에 이르는 전체주의의 유형학에서도 찾아볼 수 있다. 파시즘에 대한 마르크스주의적 해석도 예외는 아니다. 이론들 간에는 많은 차이점이 존재한다. 어떤 이론은 파슨스와 같이 파시즘을 근대 세계의 가능성을 받아들이기를 거부하는 남자답지 못한 반응으

---

38) *Ibid.*, p.240.

39) Talcott Parsons and Robert F. Bales, *Family Socialization and Interaction Process*, (London: Routledge and Kegan Paul, 1956), pp.3-33. On Parsons' view of Weber and the structure of social groups, see Talcott Parsons, "Max Weber and the Contemporary Political Crisis", *Review of Politics*, 4, (1942), pp.61-76, 156-172.

40) Fritz Stern, *The Politics of Cultural Despair-A Study in the Rise of the Germanic Ideology*, (Berkeley: University of California Press, 1961).

로 해석하기도 한다. 그레거와 같은 이론가는 파시즘을 불완전하게 근대화된 사회에 대한 남성적인 반동으로 보았다. 어떤 이론은 종교적 이데올로기를 낳은 사회적 조건에 주목하고, 또 다른 이론은 이데올로기의 성격 자체에 관심을 두기도 한다. 어떠한 경우이든 전통과 근대성, 진보, 아노미, 엘리트, 대중, 사회화, 내면화 등과 같은 개념이 사용된다.

한편, 인간과학에는 다른 대안적 전통이 존재한다. 1970년대 이래 사회학 연구는 군중은 아노미로 엄청나게 고통받고 있기 때문에 정치적·사회적 운동의 참가자와 비참가자는 구분할 수 없음을 보여주었다. 개인은 군중 속에서 광기를 띠지 않는다. 군중은 집단적 어리석음에 의해 참가하지 않는다. 군중 속에서 이례적인 일이 발생할 때는 몇몇 개인만이 연루되어 있을 뿐이다. 또한 이 연구는 개인의 '태도'나 '본능'에 대해 안다고 해서 다른 상황에서 행동이 예측가능하지 않다는 사실을 보여주고 있다.[41]

파시즘을 이해하는 데에는 이런 종류의 작업이 이론의 전개와 함께 유용하다. 필자는 다른 논문에서 파시즘 이론은 종종 반대되는 주장에도 불구하고 발견적 범주를 제공해야 한다는 주장으로부터 정의상 특징이 운동의 '핵심'을 실제로 구성한다는 가정으로 전이되었다고 언급했다.[42] 우리는 정치종교 개념 자체부터 파시즘의 정의를 역사화할 필요가 있다. 우선 우리는 파시즘 지도자들이 정치종교의 사제 외에도 다른 역할을 했다는 사실을 받아들여야 한다. 그리고 종교의 사제인 한 지도자들은 역사적으로 특수한 방식으로 신앙을 이해했다. 오히려 우리는 참가자들에게 종교가 무엇을 의미했는지 물어보아야 하며, 서로 다른 의미들이 경쟁했다는 점을 인정해야 한다.

정치종교론이 근거하고 있는 잘못된 가정과 단절이 필요한데, 이를 위해

---

41) McPhail, *Far from the Madding Crowd*, xxi-xxii, pp.43-60.
42) Kevin Passmore, "The essence of fascism", *Erwägen Wissen Ethik*, 15, (2004), pp.403-405.

서는 대안적인 지적 전통에 의존할 수 있다. 구조와 행위자를 동전의 양면으로 보는 사회학자 앤서니 기든스(Anthony Giddens)의 견해를 예로 들 수 있다.[43] 미하일 바흐친(Mikhail Bakhtin)의 문예 이론으로부터 텍스트는 불균등한 대화에 의해 구조화되어 있다는 관념을 가져올 수도 있다. 생물학적 성과 젠더의 이항대립을 깨뜨리기 위해 토릴 모이(Toril Moi)가 시몬 드 보부아르(Simone de Beauvoir)의 실존주의를 이용하는 방식 또한 유용하다.[44] 특히 우리에게 필요한 것은 엘리트와 대중의 관념을 문제화하고 역사화하는 것이다. 엘리트나 대중이 이성이나 비이성을 독점하지 않는다는 사실을 인정해야만 한다. 사회가 권력 불평등으로부터 자유로운 것은 아니지만, 사실 엘리트와 대중이라는 관념 자체가 역사적 구성물이다. 조심스럽게 역사적 행위자가 사용 가능한 사회적·문화적 자본의 다양성을 검토해야 할 것이다.

이 글에서는 또 다른 추상적 모델이나 '발견적 개념'을 전개하려는 것이 아니라 오히려 역사적 접근법의 이점을 제시하고자 한다. 필자의 연구 분야인 프랑스사에서 불의 십자가(the Croix de Feu)와 프랑스 사회당(Parti Social Français: PSF) 여성들의 예를 통해 다음과 같은 논점을 강조하고자 한다. 우선 정치종교론 개념의 타당성을 부정하지 않는 것이다. 오히려 정치종교론이 앞에서 언급한 사회학적 전통과 결별하고 역사화할 필요가 있다고 본다. 두 번째로 역사적 접근을 옹호하기는 하지만 많은 역사가들이 진정한 분석을 하는 대신 무반성적으로 내면화나 아노미 같은 개념을 사용하고 있음을 인정한다. 이러한 지적인 차이는 분야를 관통한다.

---

43) Anthony Giddens, *The Constitution of Society-Outline of the Theory of Structuration*, (Cambridge: Polity Press, 1986).

44) Toril Moi, *What is a Woman and Other Essays*, (Oxford: Oxford university Press, 1999).

4. 불의 십자가와 프랑스 사회당의 여성

1927년에 설립된 불의 십자가는 1934년 2월 6일 '파시스트 봉기' 이후 75만 명으로 당원수가 증가했다. 1936년 6월 새로 선출된 인민전선 정부가 불의 십자가를 해산하자, 프랑스 사회당으로 명칭을 바꾸었고 그 후 더 많은 지지자가 가입했다. 불의 십자가가 파시스트인지의 여부에 대해서는 역사 해석상 논란이 있다. 불의 십자가의 '본질'이나 '핵심'을 해명하는 논쟁은 비생산적이라고 말할 수 있다. 그러나 이런 식의 접근방법은 잃는 것 외에도 얻는 것이 많다고 생각한다. 불의 십자가와 PSF는 대중 동원, 실제적·잠재적 폭력의 사용을 통한 새로운 사회, 새로운 인간의 창조를 추구했다. 그럼에도 불구하고 PSF의 형성으로 운동은 보다 보수적이 되었지만, 민주적이지는 않아도 합법적인 방향으로 전개되었다.[45] 운동의 독창성은 불의 십자가 10만 명, PSF 40만 명 등 많은 수의 여성들을 포섭했다는 사실에 있었다.[46]

불의 십자가와 PSF의 여성들은 정치종교에서 성찬을 받는 신도들이었다고 인정하는 것에서 설명해보자. 이 운동의 이데올로기는 가톨릭 종교의 세속화된 형태로 볼 수 있다. 지도자 프랑수아 드 라 로크(François de La Rocque) 대령은 가톨릭 예배를 시도했다고 할 수 있다. 그는 가톨릭을 자신이 민족과 동일시했던 '신비스런 불의 십자가'라는 대상의 한 요소로 보았다. 라 로크가 주장하기를 운동의 첫 번째 목표는 국가라는 거대한 수레바퀴 위에 '오직 민족정신으로 살아 숨쉬는 인간'을 올려놓는 것이다. 그는 지지자들이 "신자

---

45) Michel Dobry, *Le mythe de l'allergie française au fascisme*, (Paris: Albin Michel, 2003); Kevin Passmore, "The Croix de Feu: Bonapartism, national-populism, or fascism?", *French History*, 9, (1995), pp.67-92.

46) Kevin Passmore, ""Planting the tricolor in the citadels of communism": Women's social action in the Croix de Feu and Parti social français", *Journal of Modern History*, 71, (1999), pp.814-851.

처럼 신앙심이 깊다"고 말했다. "애국심, 청렴결백함, 열광적인 훈련, 죽음에 대한 숭배, 자녀에 대한 열정적인 은혜에서 누가 우리를 이기겠는가"라고 물었다.[47] 불의 십자가는 파시즘 독재의 모든 장치를 도입했다. 대중 집회에서 충직한 당원들은 카리스마 넘치는 지도자와 친교를 맺었다. 남녀는 교회에 서처럼 당의 모임에서도 따로 앉았다. 남성과 여성 모두 지도자와 신비로운 유대감을 나타냈으며, 파시스트식 경례를 하기도 했다.

라 로크의 저서는 성경과 같은 권위를 가졌다. 바흐친의 표현에 의하면 라 로크의 책은 '권위적 담론(authoritative discourse)'으로, 다른 담론으로부터 독립된 자율적인 위상을 갖는다. 여타 담론들은 규약에 간섭하거나 바꿀 권리가 없으며, 권위적 담론을 참조, 인용, 해석하고 적용할 뿐이다. 불의 십자가와 PSF의 여성들이 라 로크를 대하는 방식은 다음과 같은 당의 어린이 캠프 모니터 요원 심사 질문에 잘 나타나 있다. "당신은 강좌에서 배운 원리대로 운영되는 어린이 캠프가 PSF가 묘사하는 민족 개량에 공헌할 수 있다고 생각하는가?"[48] 정답은 "네, 그렇다"였을 것이다.

이론상 교회와 유사한 구조, '강철' 같으며 '숭고한' 운동의 원리는 불의 십자가와 PSF 내에서 여성들의 종속적 위치를 공고하게 만들었다. 군국주의 적 성격 역시 마찬가지였다. 불의 십자가와 PSF의 핵심은 '진정한 베테랑' 들로 참호에서 적어도 6개월 이상을 보낸 이들이었다. 베테랑은 전간기 정 치종교를 배태한 매트릭스라고 간주되는 제1차 세계대전의 유사 종교적 문 화를 공산주의에 대항하는 민족 투쟁으로 변질시켰다.[49] 천년 왕국적 종말 론을 지닌 이러한 문화, 선악의 투쟁, 적의 야만화는 민족의 활력소인 병사

47) François La Rocque, *Service Public*, (Paris: Grasset, 1934), p.222, 269, 271.

48) Archives nationales (AN) Fonds La Rocque 451 AP 174, Hirsch to de Préval, (9 July, 1937).

49) Stéphane Audoin-Rouzeau and Annette Becker, *1914-1918, retrouver la guerre*, (Paris: Gallimard, 2000).

들이 아내와 어머니와 여자 형제를 위해 싸운다는 신념을 통해 만들어졌다. 이제 젊은 세대 남성이 주축이 된 베테랑은 공산주의로부터 가족을 수호할 것이다. 이러한 고도의 의무감은 여성은 주로 사적 영역, 즉 자녀를 기르는 가정을 책임져야 한다는 통념을 강화시켰다. 결국 공적-사적 영역 구분이 운동 내에서 재생산되어 남성은 정치적 부문에 속하게 된 반면, 여성은 사회적 부문에 속하게 되었다.

불의 십자가와 PSF의 공식 담론에서 여성은 수동적 피조물이며, 이성보다는 감정에 좌우된다고 보았다. 그러나 역사가들의 분석은 이러한 스테레오타입에 한정되어서는 안 된다. 우선 당의 담론은 겉으로 권위를 갖는 것처럼 보이지만 실제로는 모순적이었다. 이상사회나 유토피아는 정치종교 이론이 가정하고 있듯이 추상적인 관념이 아니라 모순을 안고 있는 기존의 관념에서 배태되는 것이다. 바흐친의 용어에 의하면 다언어적(heteroglottic)이란 복수의 목소리를 갖는 것으로, 여성도 여기에 해당된다. 불의 십자가와 PSF는 당대의 다른 운동들과 마찬가지로 파시즘 운동과 지도자와 민족을 위해 헌신하는 '새로운 여성'을 창조하고자 했다. 더구나 불의 십자가와 PSF 여성 지도자들의 머릿속은 텅 비어 있어서 정치종교의 고위 성직자들이 간명한 사상을 반복적인 의례를 통해 주입하는 대로 모두 흡수하는 상태가 아니었다. 여성들은 매우 구체적인 생각과 아젠다, 그리고 자신의 사회적·문화적 자본을 지니고 불의 십자가와 PSF에 참가했다.

불의 십자가와 PSF는 이탈리아와 독일의 파시스트와 마찬가지로 여성은 가족에 봉사함으로써 민족을 위해 봉사할 수 있다고 믿었다. 또한 여성은 다양한 활동을 통해 사회 평화의 열쇠를 쥐고 있다고 믿었다. 사업가와 정치가는 오랫동안 여성의 자선 활동을 계급투쟁을 약화시키는 데 이용하고자 했다. 이러한 노력은 1917년에서 1920년의 파업에서 두드러지게 나타났다. 파업 직후 거대 기업은 가족수당 기금의 촘촘한 그물망을 만들었다. 1930년부터 운영되는 국가 주도의 복지 입법과 경쟁하면서 가족수당은 점차 다양한 복지 혜택으로 확대되었다.[50] 복지를 추진하는 남성과 실행에 옮기는 여성이라는 구도는 여성의 본성과 조화를 이루는 것으로 여겨졌다. 사회복지 활동은 모성을 노동계급 가족에게 확대하는 것이었다.[51] 그런데 이런 활동은 잠재적 모순을 안고 있었다. 역사가들은 종종 파시스트가 가정의 중요성을 설교하면서 동시에 여성을 가정 밖으로 동원했다는 사실을 언급해왔다. 사실상 불의 십자가와 PSF는 가정에 머물러 있는 여성들을 비난했다. 한 활동가는 가정생활에 싫증난 기혼여성들에게 자발적 사회 활동이라는 '위대하고 아름다운 임무'에 참여함으로써 사회 평화에 봉사하라고 요구하기도 했다.[52]

여성들은 종교적 내용을 포함한 '공식 이데올로기'를 자신들의 목적에 맞게 변형시켰다. 1920년대에는 '천직'이라는 명칭으로 알 수 있는 종교적 성격을 해치지 않은 채 사회사업의 전문화가 일어났다. 여성들은 1920년대에 만들어진 국가와 사적 복지 단체에 고용되었다. 가톨릭의 젊은 여성들은 국가를 위해 일했고, 때로는 사회주의 윤리를 공유하지 않아도 사회주의 단체를 위해 일했다. 가톨릭 여성들은 명시적으로 종교적 사고방식을 고수했다. 훈련 과정에서 사회복지사들은 결핵, 매독, 알코올중독 같은 사회 문제의 원인에 대한 유전결정론적이며, 인종주의적인 견해를 받아들였다. 이러한 견해는 르 봉 같은 사상가들도 거부하지 않았을 것이다. 그들은 사회 문제는 방향이 잘못 설정된 자선과 같은 행위를 통해서는 '완화될' 수 없다고 주장했다. 이는 과학적 지식을 필요로 하는 기술적 문제라는 것이다.

또한 이 문제는 가족의 유전에 의한 것이기 때문에 해결은 여성의 손에 맡

---

50) Susan Pedersen, *Family, Dependence, and the Origins of Welfare State: Britain and France, 1914-1945*, (Cambridge: Cambridge university Press, 1995).

51) Passmore, "Planting the tricolor."

52) *Le Flambeau*, (9 January 1937).

겨졌다. 여성들만이 구제할 가치가 있는 빈민과 그렇지 않은 빈민을 구별하는 데 필요한 감수성과 기술을 결합시킬 수 있었다. 전문 지식을 갖춘 여성들만이 숨겨진 불행의 원인을 추적할 수 있었다. 이러한 신념으로 인해 불의 십자가와 PSF의 여성 활동가들은 남성 회원과 갈등을 빚게 되었다. 여성들은 남성들이 구호품을 무차별적으로 분배하고, '전문 걸인'을 도와주며, 구호를 협소한 정치적 의미로 이용한다고 비난했다. 불의 십자가와 PSF의 남성들은 이미 당에 가입된 자들에게만 혜택을 줌으로써 구호를 기존의 정치적 관계를 강화시키는 데 이용하는 것처럼 보였다. 대조적으로 여성들은 운동의 범위를 넘어 구호를 확대하고자 했다. 불의 십자가와 PSF의 여성 지도자 프레발(Mme de Préval)은 그녀의 동기는 '불의 십자가의 정신'이며, 사회 사업과 구호 대상의 정치적 견해가 무엇인지 모른다고 주장했다.

전문화가 종교적 동기를 몰아내지는 않았다. 보니 스미스(Bonnie Smith)가 보여주듯이 자선 활동에 참가한 가톨릭 여성들은 남성 중심의 물질주의와 이기심에 의해 타락한 세상을 구원하는 데 헌신한다고 생각했다. 그녀들은 남성의 심적 변화를 정치적 혁신의 전제 조건으로 보았다.[53] 1930년대에 불의 십자가와 PSF에 참가한 다수의 여성들이 가톨릭 행동(Catholic Action) 단체에 관련되어 있었기 때문에 이러한 도덕적·종교적 목적은 더욱 강화되었다. 가톨릭 행동을 통해 교회는 가톨릭 정치 정당으로 가톨릭을 수호한다는 기존의 전략을 버린 대신 사회, 특히 '내부의' 프롤레타리아의 재-기독교화를 추구했다. 가톨릭은 명백히 모순되어 보이는 두 가지 방법을 통해 이를 추구했는데, 두 가지 방법 모두에 대해 남성 가톨릭 신도들은 우려의 목소리를 높였다.

---

53) Bonnie Smith, *Ladies of the Leisure Class-the Bourgeoisie of Northern France in the Nineteenth Century*, (Princeton: Princeton University Press, 1981).

한편, 여성 가톨릭 신도들은 어떤 환경에 처해 있더라도 가톨릭 신앙을 '실천함'으로써 개종할 수 있었다. 남성 신도들과 일부 여성들은 여성들이 이렇게 과도한 신앙심을 보이는 것은 '합리적'인 남성에 대한 교회의 호소력을 저하시키고 온건한 공화주의자로부터의 양보를 얻어낼 기회를 막는다고 우려했다.[54] 반면, 세속화 경향은 가톨릭이 사회 문제를 실제로 해결할 능력이 있음을 증명함으로써 프롤레타리아를 개종시킬 수 있다는 믿음에서 나타났다. 더구나 가톨릭 행동의 여성들은 가톨릭 여성으로서 사회에 개입했기 때문에 교회나 남성 정치 지도자들의 직접적인 지도로부터 자유로웠다. 불의 십자가와 PSF에서 이러한 신념은 불의 십자가와 PSF가 정치에 직접 참여하지 않고 오랜 기간 동안 도덕적 준비 과정을 거친 후에야 권력을 잡을 수 있다는 신념으로 변화되었다. 여성부의 지도자는 물질적 필요로 인해 애국심을 가장하게 된다는 이유로 사회복지사들에게 당원 모집을 위해 구호를 베푸는 행위를 금지했다. 그녀들은 본보기로서 가톨릭 행동에서 빌려온 아이디어를 세속화시킨 프로퍼갠더를 고안해냈다. 따라서 여성들은 정치적인 것을 사회적·도덕적·종교적 언어로 재정의했다.[55]

대조적으로 남성 활동가들은 프랑스가 재생하기 위해서는 우선 권력 획득과 '정치적 청소'가 필요하다고 믿었다. 남성 활동가들 또한 종교적 범주를 이용해 사회적 갈등이 도덕혁명을 통해 해결되기를 원했다. 그러나 남성들의 도덕혁명은 민족을 위한 베테랑의 '희생'에 의해 시작되는 것이었다. 군사적인 자기 과시는 이러한 연대감을 주입하기 위해 고안되었다. 여성들은 공개적으로 베테랑의 지위에 대항하지는 않았으나 민족을 재생시키는 베테랑 정신에 대해서는 회의를 품었다. 따라서 여성들은 베테랑이 아닌 당원들

---

54) Susan Whitney, "Gender, class and generation in interwar French Catholicism: The case of the Jeunesse ouvrière chrétienne féminine", *Journal of Family History*, 26, (2001), pp.480-507.
55) Passmore, "Planting the tricolor", p.848.

이 사회복지사 신청서를 심사할 수 있도록 요구했다.[56] 당시 라 로크는 점차 여성들의 입장에 호감을 보였으며, 당 내부에서 여성들의 영향력은 커져갔다. PSF가 형태를 갖춰감에 따라 준군사적인 과시와 과장된 행동에 의존하는 빈도는 점차 줄어들었고, 보다 사교적인 형태를 띠게 되었다. 많은 남성 활동가들이 독일의 포로수용소에 억류되었던 전쟁 기간 동안 당에 남아 있던 남성들은 여성들의 "치맛바람에 당이 좌우된다"고 불평했다.[57]

따라서 불의 십자가와 PSF는 사회 평화와 프롤레타리아 민족으로의 재통합이라는 운동의 목적을 위해 여성을 동원했다. 여성 동원의 목적은 종교적이었으며, 그 이상이기도 했다. 불의 십자가와 PSF는 의도치 않게 종교적 담론이나 전문가 중심주의 담론의 형태를 띤 행동주의를 동원했으며, 이는 운동의 공식 담론과 반드시 일치하는 것은 아니었다. 여성들은 이 분야에서 자신들에게 열린 기회를 확대하고, 사회를 자신들의 이미지대로 도덕적으로 만들려는 행동을 통해 역사적으로 중요한 노력을 시도했다. 사실상 여성들은 운동의 정의를 둘러싸고 남성 활동가들과 경쟁했다.

5. 젠더사와 파시즘 이론의 재발견

다양한 지방사 연구, 전기, 특수 영역의 연구들과 함께 여성사 젠더사의 세심한 연구로 인해 파시스트 운동 가담자들의 아젠다에 대한 다각도의 조명이 가능해졌다. 참가 동기는 종종 종교적 충동을 포함했기 때문에 종교적 동기에 대한 고려는 수단을 정당화하기 위해 목적을 이용하는 파시스트의 가공할 능력을 이해하는 데 도움이 된다. 그러나 종교 사상은 '이용 가능한

---

56) AN 451 AP 83, rapport de Mme Gouin, April 1936.
57) Jacques Nobécourt, *Le Colonel de La Rocque, ou les pièges du nationalisme chrétien*, (Paris: Le Seuil, 1996), 1089, no.54.

각본'이었고, 이는 역사적인 맥락에 따라 이용될 뿐이었다. 우리는 파시스트의 행동을 단순히 종교적 차원으로부터 연역할 수는 없다.

지금까지의 연구는 단지 '경험적'인 것은 아니다. 불의 십자가와 PSF의 케이스 스터디를 통해 보여주었듯이 필자의 연구는 파시즘 연구가 의존하고 있는 정치종교론적 접근과는 근본적인 범주에서 서로 다르다. 케이스 스터디가 주는 교훈은 파시스트 운동에 참여한 사람 사이에는 많은 불일치가 존재했다는 사실이다. 다른 분야의 연구도 같은 사실을 증명하고 있다.[58] 파시즘을 한데 묶어주는 본질은 존재하지 않았다. 파시스트들이 같은 언어를 사용한다고 해도 그들 스스로에 대해 그리고 선전하는 대상에 대해서는 서로 다른 것을 의미했다. 파시즘 이론은 파시스트 운동의 다양성을 어떻게 해석할지 분투해왔다. 그리고 대체로 이 문제를 파시즘 운동의 여러 요소들을 '핵심적'인 요소와 '맥락상' 혹은 '전술적'인 요소로 구별함으로써 해결하고자 했다. 그러나 우리가 파시즘에 대한 어떤 정의를 실재로, 즉 역사적인 것으로 파악하지 않는 한 정의를 판단하는 방법은 존재하지 않는다. 필자가 이 글의 전반부에서 논의한 파시즘 이론들 역시 마찬가지이다. 대부분의 이론들은 정치종교를 파시즘의 핵심으로 만들기 위해서 진보와 대중 심리에 대한 젠더화된 이해를 하고 있었다.

만약 파시즘의 '핵심'이 존재하지 않는다면 파시즘을 이론화하려는 연구자들에게 무엇이 남아 있는가? 필자의 관심은 두 가지로 국한된다. 첫 번째, 파시즘 일반이란 미리 존재하는 것이 아니라 해석을 기다리는 것이다. 이는 세계를 해석하는 하나의 방법이다. 포함하는 동시에 배제하는 개념 정의를 위한 선택의 문제이며, 우리의 선택은 장점과 단점을 모두 갖게 마련이다.

---

58) Neil Gregor, "Nazism-A political religion?", *Nazism, War, and Genocide*, Neil Gregor, (Exeter: University of Exeter Press, 2005), pp.1-21.

따라서 파시즘 운동을 해석하는 다른 방법이 있다면 이것도 역시 파시즘이라고 규정해야 할 것이다. 파시즘은 공산주의가 될 수도 있고, 정치종교가될 수도 있다. 그러나 그렇다고 해서 어떤 해석이든 가능하다든가, 의미 있는 분석이 불가능하다는 것은 아니다. 단지 해석의 목적이 무엇인지에 따라 개념들이 상대적일 수 있음을 인정해야 할 것이다. 두 번째, 동일한 운동에 참여한다는 결심이야말로 파시스트들을 하나로 묶어주었다고 할 수 있다. 파시스트들은 경합하는 이데올로기에 대항함으로써 자신들을 규정했다. 파시즘은 파시즘과 다른 것이기도 했기 때문에 파시즘은 모든 대립적 이데올로기들과 공통점을 가지고 있었다. 파시즘의 역사는 다양한 맥락 속에서 대립되는 운동에 반대하기도 하고 제휴하기도 하는 결코 통일적이지 않은 실천을 통해 전개되었다.

나치 독일에서의
행위 주체, 젠더, 인종

클라우디아 콘츠

번역 : 장문석

클라우디아 콘츠

미국 듀크대학교 역사학 교수. 파시즘 연구에 젠더의 시각을 도입한 선구적 연구 업적을 남겼으며, 최근에는 무슬림 여성의 히잡을 둘러싼 논쟁과 인종적 공포에 대해 연구하고 있다. 주요 저서로는 *Mothers in the Fatherland: Women, the Family, and Nazi Politics, The Nazi Conscience* 등이 있다.

1. 나치 치하 여성 주체의 연구를 열며

나치 국가는 남성의 관심사였으나, 1936년 한 학자의 말과 같이 "흙은 식량을 제공하고 남성은 역사를 만들며, 여성은 인구를 생산한다"는 의미에서 여성과 무관하지는 않았다. 1945년 이후 수십 년 간 연합국 측과 독일 측의 주류 학계는 남성이 역사를 만들고, 여성이 아이를 생산한다는 견해를 공유했던 것으로 보인다. 그럼에도 1970년대와 80년대에 여성사가들―이들은 주류 역사가들로부터 대개 무시당했는데―은 독일 여성들이 나치 치하에서 사실은 결정적인 역할을 수행했다는 것을 알게 되었다. 그리고 그들이 제기한 문제들은 역사가들이 그때까지 나치 독일의 역사를 파악해온 방식 자체를 바꾸어놓는 데 기여했다. 제3제국에 대한 이와 같은 새로운 패러다임은 전체주의론에 기초한 전통적인 분석을 거부하고, 대중독재는 물론 대중 민주주의까지 포함하는 새로운 비교사적 분석의 틀을 제시했다.

이 글에서 필자는 이와 같은 역사 서술상의 거대한 전환에 내재하는 네 가지 국면을 토론해볼 것이다. 첫째, 행위 주체와 주변화된 여성 연구에 대한 주류 학계의 이해방식에 냉전이 미친 영향, 둘째, 제3제국에 대한 새로운 이해방식이 등장하게 된 탈냉전기의 공적 문화, 셋째, 여성, 젠더, 그리고 나치 역사에서 두 개의 주요 하위 영역이라고 할 만한 생명정치(biopolitics)와 소비주의(consumerism)의 인과성에 대한 최근 학문 연구의 영향, 넷째, 대중독재라고 하는 한층 광범위한 시각에 대한 최근 학문 연구의 기여 등이 바로 그것이다.

2. 냉전기 주류 및 비주류의 역사 쓰기

냉전기 동안 하나의 중요한 방법론적 논쟁이 벌어졌다. 히틀러 주변의 엘리트 집단 속에서 행위 주체의 문제를 찾는 역사가들(의도주의자로 불리는)과 대규모의 관료적·경제적 구조에 주목하는 역사가들(기능주의자 혹은 구조주의자로 불리는) 사이에서 벌어진 논쟁이 바로 그것이다.[1] 나치 학살자들을 권력에 집착한 정신병자로 묘사하는 천편일률적인 시각에 맞서 이 학자들은 권력의 수뇌들에 대한 냉철한 전기를 쓰거나 정부, 군대, 정당에 대한 연구서들을 내놓았다. '전체주의적'이라는 용어—제2차 세계대전 전야에 피터 드러커(Peter Drucker)가 사용한—가 무려 500권을 상회하는 서적들(월드캣 WorldCat에서 내가 마지막으로 검색해본 바에 따르면)에서 핵심적인 분석 패러다임을 제공한 표준적인 해석적 수식어로 자리잡았다.

그리고 '세뇌'로 간주된 선전이 강조됨으로써 보통의 독일인들에게서 자율성과 능동성이 제거되었다. 이러한 방식으로 쓰인 역사, 즉 나치즘의 지지자들을 미혹당하거나 생각이 없는 자들, 또는 그 둘 다인 사람들로 묘사하는 역사에서 남성들이 그 정도라면 하물며 여성들은 어떠하겠는가 하는 방식으로 역사적 주체로서의 여성들이 시야에서 사라진 것은 결코 놀랄 만한 일이 아니다. 물론 극소수의 사람들이 전시의 잔혹 행위에 주목하기는 했으나, 그들도 직접 학살을 저지른 이들이 새디스트들을 무감각하게 만들었고, 간접적으로 학살을 방조한 협력자들은 전체주의 체제에서 '톱니바퀴의 이'에 불과한 존재였다고 가정했다.

1950년대에 사회이론가들은 《회색 플란넬 양복의 사나이(The Man in the

---

1) 의미심장하게도 독일 밖으로 이주한 역사가들(조지 모스, 프리츠 스턴, 피터 게이 등)과 생존한 학자들(요제프 불프, 레옹 폴리아코프, H. A. 아들러 등)은 의도주의적인 입장과 기능주의적 입장을 모두 거부하면서 나치에 기꺼이 협력한 주체들을 형성하는 과정에서 문화가 수행한 역할을 강조했다.

Grey Flannel Suit)》,《1984년》,《조직인(The Organization Man)》,《자유로부터의 도피(Escape from Freedom)》와 같은 베스트셀러(민주주의에 대해 쓴 것들이지만 기본적으로는 전체주의의 공포에 의해 영감을 받아 쓴 것들)에서 묘사된 것과 같이 '대중사회의 인간(mass man)'에 대해 경고했다. 나치, 구소련, 중국 공산주의 독재들은 일종의 악몽으로 여겨졌다. 이러한 시각은 프리츠 랑(Fritz Lang)이 1926년에 제작한 영화 〈메트로폴리스(Metropolis)〉에서 탁월하게 표현되었다. 1945년 이후 공산주의에 대항한 전쟁을 수행하기 위해 독일을 점령한 연합국 당국자들은 자동인형이 아니라 강한 독일인을 원했다. 그리하여 연합국 측은 왕년의 나치들을 새로운 국가에 받아들이면서 전쟁과 패전으로 망신창이가 된 독일인들을 다시금 남성화하기 위해 고안한 프로그램을 가동시켰다.[2]

남성화된 독일인들에 대해 우려한 사회과학자들은 젠더 문제와 관련한 인습적인 가치들이 자연적이라는 것에 별다른 이의를 제기하지 않을 듯싶었다. 이런 환경에서라면 가정주부가 자연스럽게, 다시 말해 변함없고 수동적이며 무역사적인 존재로 보이기 마련이었다. 남성성이 위험에 빠지면서 여성성이 시간을 초월해 있는 것으로 보인 꼴이다. 이 시기 동안 주류 역사가들은 제3제국에 대한 여성들의 기여를 알려주는 정보에 주목하게 만들 문제들을 전혀 제기하지 않았기 때문에 문서고의 사료들에 관심을 두지 않았다. '대중사회의 인간'이 사회과학자들의 관심의 초점이 되면서 여성이 시야에서 사라지게 된 것은 그다지 놀랄 일이 아니다.

그럼에도 1970년대 후반 학계 주변에서 여성사를 연구한 역사가들이 시민적 용기의 귀감이 될 만한 역할 모델을 제공한 여성 저항운동가들의 전기

---

2) Robert G. Moeller, ed., *West Germany under Construction-Politics, Society, and Culture in the Adenauer Era, Social History, Popular Culture, and Politics in Germany,* (Ann Arbor: University of Michigan Press, 1997).

를 집필했다. 또한 같은 시기 몇몇 여성 생존자들은 자신들의 비망록을 쓰기 시작했다. 많은 페미니스트들에게 나치 독일은 여성들이 능동적으로 행동할 수 없게 만든 대표적인 가부장제의 극단적인 사례이기도 했다. 이러한 패러 다임에 대한 도전은 여성을 희생자, 즉 '제물(Opfer)'뿐만 아니라 학살자, 다시 말해 '범죄자(TäterInnen)'로 본 페미니스트 지식인들로부터 나왔다.

스위스의 심리학자 크리스티나 튀르머-로르(Christina Thürmer-Rohr)는 〈기만에서 실망으로〉라는 중요한 논문에서 나치 독일에서 여성들은 희생자였다는 전통적인 견해에 도전했다. 그녀는 여성의 바람직한 역할 모델을 탐색하는 대신 여성을 희생자나 영웅으로 간주하는 "그들의 과거에 대한 무역사적이고 현재주의적이며 일회적인 의식"을 파기하라고 페미니스트들에게 조언했다. 비록 페미니스트들이 여성들이 어찌할 수 없었던 나치 체제의 범죄로 여성들에 대한 비난을 주저할지라도 그녀는 여성들의 능동성을 식별해내야 한다고 역설했다. 왜 일군의 여성들이 다른 여성들을 탄압하기 위해 권력의 남성 수뇌들과 협력했는가 하는 수수께끼는 지난 30년 동안 논쟁이 되어왔다.[3] 그럼에도 튀르머-로르는 여성이 쓸모없는 존재라는 가정 위에 세워진 여성의 과거에 대한 설명이 정확하지도, 유용하지도 않다고 믿었기 때문에 여성이 희생자라는 신화와 여성이 특별한 여성적 가치를 소유하고 있다는 환상을 공격할 수 있었다.

물론 그렇다고 해서 여성이 '강제수용소라는 치명적인 유산'과 동일시되는 것은 아니지만, 여성은 평등을 위한 투쟁에서 적절한 전략을 발전시키기 위해 능동성의 문제를 제기해야만 한다는 것이다. 즉 여성은 나치 가부장제의 '꼭두각시 인형'이 아니라 나치에 분명히 기여했다는 것이다. 그녀는 페

---

3) Claudia Card, "Women, Evil, and Grey Zones", *Metaphilosophy*, 31, no.5, (2000); Christina Thürmer-Rohr, "Aus Der Täuschung in Die Ent-Täuschung", *Beiträge zur Feministischen Theorie und Praxis*, 8, (1983), pp.11-23.

66 | 대중독재와 여성

미니스트 역사가들에게 '강한 여성과 단호한 저항 투사'를 탐색하는 일을 중지하고, '남성 없는 문화에서의 여성 연대성'이라는 신화를 잊으라고 권고했다. "우리가 여성적인 행위와 여성적인 존재를 이해하려는 습관에 빠질 때, 우리는 스스로를 차별하는 꼴이다." 또한 그녀는 여성은 "남성이 행위하고 여성은 따라한다는 식의 이데올로기"를 수용할 수 없다고 주장하기도 했다. 즉 심리학자 카린 발저-빈트하우스(Karin Walser-Windhaus)의 표현에 의하면 여성들은 여성으로 태어났다는 이유만으로 결백을 주장할 수 없다는 것이다[4](이 대목에서 첨언하자면 1930년대 후반에 태어난 헬무트 슈뢰더Helmut Schröder와 같은 정치가들도 그때는 자신들이 너무 어렸기 때문에 나치즘에 대해서는 결백하다고 주장한 바 있다).

1980년대의 희생자-학살자 논쟁은 역사가들이 제3제국에 대한 여성의 참여라는 문제를 해석할 수 있는 틀을 제공했다. 모든 역사가가 튀르머-로르의 주장에 동의한 것은 아니었다. 예를 들어 기젤라 보크(Gisela Bock)는 강제 불임 조치에 대한 그녀의 자료를 심리학자 마거릿 미처리히(Margaret Mitscherlich)의 반유대주의 식별법과 '남성의 질병'으로서의 여성 혐오증이라는 패러다임 안에서 해석했다. 그 결과 보크는 강제로 불임 시술을 당한 여성들 중 1%만이 사망한 사실을 의도되지 않은 수술의 결과라기보다는 '계획적이고 의도적인 대량학살'로 보았다.

더 나아가 보크는 1989년에 《아버지 나라의 어머니들(Mothers in the Fatherland)》에 대한 서평에서 자신의 견해를 상세히 밝혔다. 종족적인 독일의 여성들이 남녀차별적인 체제에 의해 불임 시술을 당하거나 학대받았다는 점에서, 그리고 아내들과 어머니들이 자신들의 가정 안에서만 간신히 인간적 가치를 유지할 수 있었다는 점에서 보크는 정치적·인종적으로 나치 사회

---

4) Karin Windhaus-Walser, "Gnade Der Weiblichen Geburt?", *Feministische Studien*, 6, (1988).

로부터 추방당한 존재라고 볼 수 없는 여성들이 나치 범죄에 대해 책임을 면할 수 없다는 필자의 명제를 반박하기도 했다.[5] 비록 나치의 정책이 사적인 '여성의' 영역을 변형시켰고, 그와 동시에 그러한 영역 안에서 활동하는 여성들이 어떤 능동성의 행사를 가능하게 했다고 주장하는 것이 비논리적으로 보일지도 모르지만 사실 이것이야말로 정확히 억압이 작동한 방식이다. 보통의 여성들은 인종적이고(이거나) 젠더적인 박해의 수혜자들(과 때때로 촉진자들)이었을 뿐만 아니라 여성 혐오증의 희생자일 수도 있었다.

안젤리카 에빙하우스(Angelika Ebbinghaus)는 자신의 논문집《제물과 범죄자(Opfer und Täterinnen)》에서 여성의 역사적 능동성과 시기 구분에서의 모호성을 포착했다. 그는 이 책에서 국가가 인정한 범죄에서 여성이 수행한 역할에 관한 자료들과 바이마르, 나치, 서독 사이의 역사적 연속성을 서술하고 있다. 페미니스트들은 다른 논문집, 특히《딸들의 문제(Daughters' Question)》에서 나치즘의 여성 참여에 대한 연구를 수행했으며, 능동성과 공모에 대한 새로운 이해에 도달했다.[6] 특히 영미권의 맥락에서 많은 역사가들은《제물과 범죄자》를 둘러싼 논쟁과 엘리트나 거대 국가 및 경제 구조에 초점을 맞추는 기성 주류 역사에 의해 공히 은폐되어온 (계급은 물론이거니와) 종족, 연

---

5) Gisela Bock, "Die Frauen und der Nationalsozialismus", *GG*, 15, no.4 (1989); pp.563-579; Helga Schubert, *Judasfrauen*, (Frankfurt a.M.: Aufbau-Verlag, 1990); Atina Grossmann, "Feminist Debates", *Gender & History*, 3, no.3 (1991); pp.350-358; Adelheid von Saldern, "Victims or Perpetrators", *Nazism and German Society*, David Crewed ed., (London, Routledge, 1994), pp.141-166; "Unterschiedlich weit entfernt von den Zentren der Macht", Conversation/essay, *Mittelweg 36*, 6, (April/May1997), pp.5-16; Iris Schröder, Review, *Feministische Studien*, 20, no.2 (2002): pp.329-331.

6) Angelika Ebbinghaus, ed., *Opfer und Täterinnen*, (Nördlingen: 1987); Lerke Gravenhorst, Carmen Tatschmurat, eds., *Töchter-Fragen: NS-Frauen-Geschichte*, (Freiburg: Deutsche Erstveroffentlichung edition, 1990); Uta Schmidt, "Wohin mit unserer gemeinsamen Betroffenheit?", *Weiblichkeit in geschichtler Perspektive-Fallstudien und Reflexionen zu Grundproblemen der historischen Frauenforschung*, Ursula Becher, Jörn Büsen, eds., (Frankfurt a.M.: Suhrkamp, 1988), pp.502-516.

령, 젠더를 가로지르는 미묘한 권력의 계층화를 분석하는 데 유용할 뿐만 아니라, 정체성 형성과 주체성을 고찰하는 데도 유용한 탈구조주의적 접근법을 발견했다.[7]

1970년대 후반 및 80년대의 사회사가, 구술사가, 일상사가들은 1980년대의 다양한 경제적·사회적 역할의 견지에서 여성들에 대한 연구를 수행하여 주류 학계로부터 인정을 받았다. 여성사 관련 서적들을 출간한 언론과 이 서적들을 구입한 독자들에 힘입어 나치 독일 치하 여성의 역사 또한 생동감 넘치는 여성사의 하위 분야로 자리잡았다. 몇몇 학자들은 여성 강제수용소 생존자들의 증언에 의해 그들의 경험에 대한 자료를 편찬했고, 일부 다른 학자들은 여성들의 '여성적' 사회화로 인해 여성들이 인상적인 방식으로 생존할 수 있었다고 주장했다.[8] 경험적 조사를 통해 노동자로서, 어머니로서, 아내로서, 종교 활동가로서, 나치당원으로서 활동한 여성들에 대한 일반 연구들이 생산되었다. 비록 어떤 여성 나치도 (심지어 제국 여성 총통이었던 게르트루트 숄츠-클링크Gertrud Scholtz-Klink조차도) 나치 국가 안에서 강력한 지위를 차지하지 못한 것이 명백하지만, 자기 상관의 비호를 받았던 여성들은 권력 위계의 하위에 있었던 사람들에 대해 주목할 만한 영향력을 행사했다.

따라서 주로 냉전의 주된 해석적 패러다임 밖에서 작업한 여성사가들은 한양대학교 비교역사문화연구소(RICH)가 주최한 국제학술회의의 소개말과 같이 "대중독재 치하의 여성들이 단순히 수동적 희생자나 능동적 공모자로 간주되는 한 젠더정치가 제기한 역사적 문제들은 적절하게 답변될 수 없다"

7) Jane Caplan, "Post modernism, Poststructuralism"; Isabel V. Hull, "Feminist and Gender History", *CEH*, 22, no.3-4, (1989), pp.260-301; Hannah Schissler, *Geschlechterverhältnisse im historischen Wandel*, (Frankfurt a.M.: Campus Fachbuch, 1993); Ute Daniel, "Clio unter Kulturschock", *Geschichte in Wissenschaft und Unterricht*, 48, (1997), pp.195-217.

8) Joan Ringelheim, "The Split between Gender and the Holocaust, *Women in the Holocaust*, Lenore Weitzman and Dalia Ofer, eds., (New Haven: Yale University Press, 1998).

는 점을 깨달았다. 이러한 통찰을 통해 역사 연구의 관심은 나치 엘리트들과 익명의 사회 구조로부터 종래에 생각한 것보다 더 많은 자율성을 행사한 보통의 독일인들로 옮겨졌다. 이러한 통찰로부터 1990년대 역사학계를 지배한 새로운 방향성이 예기되었다.

3. 새로운 역사적 사고를 위한 촉매제로서 탈냉전의 공적 문화

비록 특정 학문 분야 안에서의 변형이 종종 (미셸 푸코, 주디스 버틀러, 피에르 부르디외와 같은 지식인들의 영향력처럼) 학계의 광범위한 유행으로 유발될지라도 역사가들 역시 공적 문화에서의 변형에 반응한다. 1980년대 후반과 90년대의 '언어로의 전환'과 같은 이론적 발전에 따라 독일 공적 문화에서의 네 가지 유행은 나치 독일에 대한 학문 연구에서 행위 주체, 인과성, 그리고 역사적 변화의 새로운 개념들을 수반했다.

첫째, 배낭여행, 인터넷, 전문 잡지들의 양산으로 학문적 교환이 국제적 규모에서 용이해짐에 따라 하부 구조 자체가 바뀌었다. 둘째, 책임성, 유죄 판결, 보상, 정의에 대한 기억 논쟁이 1990년대의 새로운 연구에 영감을 주었다. 제2차 세계대전에서 기억할 만한 주요 전환점에 대해 빠짐없이 개최되는 일체의 50주년 기념행사들은 참전 용사와 시민과 학자들 사이의 논쟁을 야기했고, 이 논쟁은 언론의 관심을 끌기에 충분했다. 게다가 나치 치하에서 몰수된 재산, 상환, 희생자의 은행 계좌, 지급되지 못한 보험금, 기업 수익 등에 대한 법적 분쟁이 공개되면서 조성된 '기억의 붐'은 나치즘 치하의 개인적 경험에 대한 관심을 촉발시켰다. 전쟁 범죄 재판의 대미는 항상 유죄 선고를 받은 개인들이 스포트라이트를 받는 것으로 장식되었다. 우리나라의 '위안부들'과 발칸전쟁의 강간 피해자들의 증언만 보더라도 독일 병사들의 성적 잔학 행위가 단지 부작용으로 과소평가되어서는 안 된다는 것이 명백하다. 헬케 잔더(Helke Sander)의 영화 〈해방자와 피해방자(BeFreier und BeFreite)〉(1992)는 구소련 병사들에 의해 강간당한 독일 여성들에 대한 침묵을 뒤흔들었다. 또 다른 영화 〈거대한 침묵(Das Grosse Schweigen)〉(1995)에서 카롤리네 폰 데어 탄(Caroline von der Tann)과 마렌 니마이어(Maren Niemeyer)는 동부전선에서 독일 군부에 의해 조직된 강제 매춘을 고발했다.

셋째, 예전의 공산권 유럽에 소장된 1차 사료들이 갑자기 쏟아져 나오면서 진정한 의미의 문서고 연구가 성행했고, 그에 따라 통념이 수정되기 시작했다. 역사가들은 예전에는 무관심했던 일기와 편지들을 찾기 시작했다. 또한 그들은 독일 점령 아래에 있던 특정 관청, 수용소, 군부대, 게토, 도시 등에서 자행된 학살 과정에 대한 증거를 찾기 위해 새로 문을 연 문서고들을 자세히 조사했다. 은행 및 기업들도 자신들의 문서고를 조사, 연구에 개방하기도 했다.

울리히 허버트(Ulrich Herbert)도 "홀로코스트학의 식상하고 경직된 용어들을 팽개치고 심기일전하여 문서고로 뛰어들자"라고 연구자들을 독려하면서 새로운 시대의 도래를 알렸다.[9] 그럼에도 허버트 자신의 연구는 이러한 새로운 경험주의가 반드시 여성 혹은 젠더를 강조하는 것은 아님을 상기시키고 있다. 젠더 문제에 관심을 갖는 경험론자들에게 친위대 '혈통공동체(Sippengemeinschaft)'에 소속된 여성들에 대한 구드룬 슈바르츠(Gudrun Schwarz)의 선도적인 연구는 문서고 기록들을 어떻게 해석해야 하는지에 대한 개념적인 길잡이가 될 만하다.[10]

---

9) Ulrich Herbert, ed., "Foreword", *National Socialist extermination policies*, (New York: Berghahn Books, 2000), p.*vii*.
10) Schwarz article in Karin Hausen, ed., *Frauen Suchen Ihre Geschichte-Historische Studien Zum 19. Und 20. Jahrbundert*, (München: C.H.Beck, 1983); Gudrun Schwarz, *Eine Frauan Seiner Seite-Ehefrauen in Der "SS-Sippengemeinschaft"*, (Hamburg: Hamburger Edition, 1997).

마지막으로 부수적인 문화 변동이 모호성에 대한 사람들의 인내심을 키워주었다. 귄터 그라스(Günther Grass)는 노벨상 수상 연설에서 전쟁 직전에 태어난 독일인들은 "절대적인 것, 이데올로기적인 흑백을 거부하는 사람들이다. 의심과 회의주의가 우리의 대부모이다"라고 하는 감수성을 묘사한 바 있다. 그리고 그는 자신의 소설 《게걸음(Crabwalk)》에서 희생자−학살자의 이분법을 포착했는데, 이 소설은 영광스러운 나치 여객선과 전쟁 말기 이 여객선의 참혹한 침몰에 관한 이야기이다. 제3제국에 대한 공적인 망각을 깨뜨린 1990년대의 몇몇 영화들은 여성 캐릭터에 초점을 맞추었다. 그 중 미하엘 페어회벤(Michael Verhoeven)의 〈더걸(Nasty Girl)〉(1992)은 자신이 사는 마을의 모든 어른들이 나치에 협력했음을 보여주는 한 십대 소녀에 관한 이야기이다. 막스 파버뵉(Max Färberböck)의 〈에이미와 재규어(Aimée and Jaguar)〉(1999)는 나치 장교 아내와 수용소를 탈출하는 유대인 여성 사이의 사랑과 이별을 그린 영화이다. 대니 카운츠(Danny Kauntz)의 〈블라인드 스폿(Blind Spot)〉(2003)은 나치즘에 대한 히틀러 개인 비서의 성찰에 초점을 맞추고 있다. 〈쉰들러 리스트(Schindler's List)〉와 〈피아니스트(Pianist)〉처럼 이 영화들도 대중독재 치하의 일상적 삶의 '회색 지대'를 포착하고 있다. 이 영화들에 따르면 희생자와 학살자는 종종 한 개인 안에서 공존할 수 있었다.

4. 여성들과 젠더─주체성과 인과성

"구조는 살인하지 않는다. 살인하는 것은 개인이다."[11] 이 단순명쾌한 진술은 1990년대에 이루어진 해석적 '전환(Wende)'을 잘 요약하고 있다. 한때

---

11) Klaus-Michael Mallmann, "Die Sicherheitspolizei", *Die Täter der Shoah-Fanatische Nationalsozialisten Oder Ganz Normale Deutsche?*, Gerhard Paul, ed., (Göttingen: Wallstein, 2002), pp.109-131, 인용문은 125쪽.

우아하게 찬미된 전체주의와 구조주의 같은 거시 수준의 구축물들은 이제 단순하게 보인다. 학자들의 시각이 권좌의 엘리트와 비인격적인 제도적 구조로부터 벗어나면서 보통의 독일인 남성과 여성들이 관심의 초점이 되고 있다. 나치의 역사가 인기를 끌고 새로 이용할 수 있는 자료 시장이 활성화되면서 예전에는 학자들이 의미 있다고 여기지 않았던 주제들에 대한 전문적인 연구들이 여기저기서 나타나고 있다. 보고 읽을 수 있는 텍스트를 꼼꼼하게 독해함으로써 젠더를 연구하는 역사가들은 정체성과 민중 문화와의 관계 속에서 권력이 어떻게 작동하는지를 식별해낼 수 있게 되었다.

구술사가들은 한 마을, 한 작업장, 한 조직에 집중하면서 역사와 기억을 상호 구성적인 것으로 파악했다. 또 문서고 직원들과 관리, 역사가들이 협력하여 개인의 기억에 대한 풍부한 정보를 생산해냈다. 예를 들어 "결국 나는 내 기억을 보관할 곳을 가지고 있다"라든가, "당시 어떤 일이 벌어졌는가?"와 같은 정보 제공자들의 말을 그대로 인용한 책의 제목들이 보여주듯이 말이다. 하나의 주제에 초점을 맞춰 집중하여 작업함으로써 저자들은 나치 독일의 여성 작곡가들에 대한 연구에서부터 1933년 이전 나치당 소속 여성들에 대한 역사에 이르기까지 많은 책들에서 미묘한 뉘앙스와 생생한 육성을 포착할 수 있게 되었다.[12]

여러 학술회의와 웹사이트, 그리고 논문집에 힘입어 수많은 전문 연구의 저자들은 대중독재의 상이한 민족적 경험과 독일-오스트리아의 맥락에서

12) Bea Dörr, Gerrit Kaschuba, Susanne Maurer, eds., *Endlich habe ich einen Platz für meine Erinnerun gengefunden*, (Herbolzheim: Centaurus Verlagsgesellschaft mbH, 2000); Ursula Bernhold, Almut Setje-Eilers, Uta Fleischmann, *Ist denn da was gewesen?*, (Oldenbourg: Isensee, 1996); Claudia Friedel, *Komponierende Frauen-Komponierende Frauen im Dritten Reich*, (Hamburg: Lit, 1995); Hans-Jürgen Arendt, Sabine Hering, Leonie Wagner, eds., *Nationalsozialistische Frauenpolitik vor 1933-Dokumentation*, (Frankfurt a.M.: Dipa-Verlag, 1995); Andrew Stuart Bergerson, *Ordinary Germans in Extraordinary Times-The Nazi Revolution in Hildesheim*, (Bloomington: Indiana University Press, 2004).

확인할 수 있는 남성과 여성의 주체성을 비교사적으로 사고할 수 있게 되었다. 연대기적인 비교는 새로운 통찰을 제공하기도 했다. 1933년에서 1945년이 '장기 지속(la longue durée)'됨에 따라 1933년에서 1945년이라는 날카로운 경계는 허물어지고, 대신 1929년, 1934년, 1939년, 1942년, 1948년이 핵심적인 전환점으로 부각되었다.

비르테 쿤드루스(Birthe Kundrus)는 자신의 걸작 《전사들의 아내(Warriors' Wives)》에서 제1차 세계대전을 제2차 세계대전을 해석하는 토대로 삼고 있다. 독일 종족의 디아스포라에 대한 연구인 《외국의 고향(The Heimat Abroad)》이라는 논문집의 기고자들은 시간과 지리를 거슬러 독일 종족들(Volksdeutsche)의 궤적을 추적하기도 한다. 요양원 여성들에 대한 크리스티네 에켈만(Christine Eckelmann)의 연구와 나치 담론에서 여성적인 것에 대한 게랄디네 호란(Geraldine Horan)의 설명은 바이마르와의 (불)연속성을 중심 주제로 삼고 있다. 또 다른 논문집 《은폐된 연속성: 바이마르 공화국, 나치즘, 1950년대 사이의 여성상》의 기고자들은 시간을 거슬러 올라가서 개신교 여성들의 삶 사이의 연속성을 추적하기도 한다.[13]

최근의 많은 연구들은 '인종적 수배자들'에 맞선 집단적인 젠더와 종족적 정체성의 형성을 탐구하고 있다. 역사가들은 인종적이고 젠더화된 위계를 당연시하는 대신 이제 남성 '아리안'의 오만이 어떻게 병적인 인종주의를 심화시켰는지, 그리고 박해받은 소수의 성과 폭력에 대한 경험은 물론 독일인들의 경험을 어떻게 형성했는지를 묻고 있다. 또한 그들은 나치의 교리와 1980년대에 통용된 안정된 '현실' 사이의 모순을 추적하는 대신 젠더에 고유한 사회적 규범과 문화적 기대가 어떻게 정체성과 경험을 구성했는지를 이해하는 데 더 많은 관심을 가지고 있다.

교조적인 냉전기 역사학에 따르면 나치즘은 노르베르트 엘리아스(Norbert Elias)가 '탈문명화' 과정이라고 불렀던 것의 야만적인 일부였다. 그러나

1980년대 후반에 그에 맞선 대항 담론이 등장하여 홀로코스트를 인간사회의 완전무결함에 대한 계몽사상가들의 '오만함'과 더불어 시작된 합리성의 황폐한 흔적으로 설명하는 더 오랜 전통을 부활시켰다.[14] 과연 나치즘은 '종족체(Volkskörper)'를 청소하려는 유토피아적인 전망을 드러냈고, 이 목표를 이루기 위한 프로그램들은 남성과 여성에 대해 상이한 결과를 가져왔다. 두 개의 매우 다른 주제에 대한 연구가 이 대목에서 드러난다. 하나는 '종족공동체(Volksgemeinschaft)'의 건강, 출산, 복지를 향상시키기 위한 프로그램이며, 다른 하나는 '행복한 삶'에 대한 독일인들의 기대를 충족시켜주기 위해 소비수준을 유지하는 프로그램이다.

1) 생체 권력, 여성, 젠더

역사가들은 미셸 푸코가 '생체 권력'이라고 명명한 것을 조사하면서 국가 주도의 건강관리, 자료 수집, 행위 규제, 외과 수술 안에서 젠더가 작동하고

13) Birthe Kundrus, *Kriegerfrauen-Familienpolitik Und Geschlechterverhältnisse Im Ersten Und Zweiten Weltkrieg*, 32, *Hamburger Beiträge Zur Sozial- Und Zeitgeschichte*, (Hamburg: Christians, 1995); Martha Mamozai, ed., *Herrenmenschen-Frauen Im Deutschen Kolonialismus*, (Reinbek: Rowohlt, 1982); Lora Wildenthal, *German Women for Empire, 1884-1945-Politics, History, and Culture,* (Durham: Duke University Press, 2001); Krista O'Donnell, Nancy Ruth Reagin, Renate Bridenthal, *The Heimat Abroad-The Boundaries of Germanness, Social History, Popular Culture, and Politics in Germany,* (Ann Arbor: The University of Michigan Press, 2005); Christine Eckelmann, *Ärztinnen in Der Weimarer Zeit Und Im Nationalsozialismus-Eine Untersuchung Über Den Bund Deutscher Ärztinnen,* (Wermelskirchen: WFT Verlag för Wissenschaft Forschung und Technik, 1992); Geraldine Horan, *Mothers, Warriors, Guardians of the Soul-Female Discourse in National Socialism, 1924-1934,* 68, *Studia Linguistica Germanica,* (Berlin: W. de Gruyter, 2003); Barbara Determann, Ulrike Hammer, and Doron Kiesel, *Verdeckte Überlieferungen-Weiblichkeitsbilder Zwischen Weimarer Republik, Nationalsozialismus Und Fünfziger Jahren,* Verein Frauenmuseum Frankfurt a.M. ed., 68, *Arnoldshainer Texte,* (Frankfurt a.M.: Haag + Herchen, 1991), Ursula Flossmann, *Nationalsozialistische Spuren Im Recht-Ausgewählte Stolpersteine Für Ein Selbstbestimmtes Frauenleben,* (Linz: Rudolf Trauner, 1999).
14) Enzo Traverso, *Origins of Nazi Violence,* (New York: The New Press, 2003), pp.35-45.

있음을 확인할 수 있다.[15] 나치 지배가 안정화되어감에 따라 독일인들은 간섭 국가의 정책에 더 많이 노출되었고, 그 정도는 젠더, 종족, 세대에 따라 다양했다. 또한 '사적' 영역이 얼마나 많은 구멍이 뚫려 있었는지도 명백해졌다. 가브리엘레 차르노프스키(Gabriele Czarnowsky)는 법률과 국가 감시, 공적 조사가 '위험군'으로 간주된 사람들뿐만 아니라 보통 시민들에게도 영향을 미친 방식을 제시했다. 아네트 팀(Annette Timm)은 성병 퇴치를 위한 공공 건강 캠페인의 기록을 이용하면서 공공선의 이름으로 여성과 남성의 개인적 선택을 제한하려는 기제가 작동했음을 확인했다.[16] 클라우디아 쇼프만(Claudia Schoppmann)과 귄터 그라우(Günther Grau)는 여성동성애자와 남성동성애자에 대한 성적 억압의 충격에 대해 추적했고, 페트라 푹스(Petra Fuchs)는 바이마르와 나치 체제의 정책 기조 아래에서 신체장애자들의 운명을 분석했다. 강제로 불임 시술된 개별 여성들에 대해 페트라 카나펠(Petra Kannappel)과 베티나 밥(Bettina Bab)이 쓴 역사는 '무가치한 자들'로 분류된 개별 아리안들에 대한 우리의 이해를 풍부하게 해주기도 한다.[17]

젠더에 대한 사회사 연구들은 문화적 장소를 재구성하고 광범위한 구조적 흐름을 제시한다. 쿤드루스는 병사들의 아내에게 정숙할 것을 훈계하는 규

15) Edward Ross Dickinson, "Biopolitics, Fascism, Democracy", *CEH*, 37, no.1, (2004): pp.1-48; Kathleen Canning, "The Body as Method"?, *Gender & History*, 11, no.3, (1999), pp.499-513.
16) Gabriele Czarnowski, *Das kontrollierte Paar-Ehe-und Sexualpolitik im Nationalsozialismus*, (Weinheim: Deutscher Studien Verlag, 1991); Annette F. Timm, "Sex with a purpose", *Sexuality and German Fascism*, Dagmar Herzog, ed., (New York: Berghahn Books, 2002), pp.223-255.
17) Claudia Schoppmann and Günther Grau, eds., *Hidden Holocaust? Gay and Lesbian Persecution in Germany 1933-45*, (Chicago: Routledge, 1995); Petra Fuchs, "*Körperbehinderte*", *zwischen Selbstaufgabe und Emanzipation*, (Neuwied: Luchterhand, 2001); Petra Kannappel, *Die Behandlung von Frauen im nationalsozialistischen Familienrecht*, (Darmstadt: Hessische Kommission Darmstadt, 1999); Bettina Bab, "Im falschen Momentlautgelacht", *BfIP*, 18, (1995): pp.33-42.

범 문헌에 비추어 성관계를 금지당한 여성들의 기록을 해석했다. 독일의 군사력을 위해 병사들의 사기가 얼마나 중요했는지를 이해하면서 몇몇 역사가들은 후방의 여성들에 대한 토론을 하기 위해 '방관자 알기'라는 용어를 사용하기도 한다. 알렉산드라 피렘벨(Alexandra Przyrembel)은 비유대인 여성과 성관계를 했다고 고발당한 2,000명의 유대인 남성들(처벌받지 않은)에 대한 경찰 기록을 분석했으며, 또한 '인종적 배신'에 대한 패닉을 확산시킨 상대적으로 소수의 경우에 천착한 나치의 언론 캠페인을 조사하기도 했다. 수용소로 이송될 유대인 남편을 둔 여성들이 로젠슈트라세에서 강력히 시위함으로써 괴벨스가 남편들의 석방을 명령한 사건은 특히 주목할 만하다. 이외에도 파트리시아 조바르(Patricia Szobar)는 '인종적 결함'에 대해 게슈타포 관리들이 대부분 강박적으로 조사한 경우를 제시하면서, 보통의 독일인들 사이에서 '인지와 정당화 양식'을 형성한 성적으로 방종한 유대인 남성과 여성에 대한 나치의 언론 보도를 검토했다.[18]

주자네 하임(Susanne Heim)과 헨리 프리들랜더(Henry Friedlander)를 위시한 여러 학자들이 주목했듯이 제2차 세계대전 시기에 건설된 절멸 시설들은 '종족공동체'의 '비생산적 요소들'을 겨냥한 앞선 시대의 우생학적 프로그램으로부터 그 인력을 충원했다. 이 프로그램에 보조원으로 참여한 여성들

18) Miriam Enzweiler, *Fremdarbeiterinnen und Fremdarbeiter in Krefeld*, (Krefeld: der Oberstadtdirektor der Stadt Krefeld, 1994); Birthe Kundrus, "Forbidden Company", *Sexuality*, Herzog, ed., pp.201-222; Patricia Szobar, "Race Defilement in Germany", *Sexuality*, Herzog, ed., p.142; Birthe Kundrus, "Die Unmoraldeutscher Soldatenfrauen", *Zwischen Karriere und Verfolgung-Handlungsraume von Frauen im nationalsozialistischen Deutschland*, Kirsten Heinsohn, Barbara Vogel, and Ulrike Weckel, eds.,(Frankfurt a.M.: Campus Verlag, 1997), pp.96-110; Alexandra Przyrembel, *Rassenschande*, (Göttingen: Vandenhoeck & Ruperecht, 2003); Doris Bergen, "Sex, Blood, and Vulnerability" and Annette Timm, "The Ambivalent Outsider", *Social Outsiders*, Robert Gellately, Nathan Stoltzfuss, eds., (Princeton: Princeton University Press, 2001), pp.192-211.

은 공공 건강관리를 관할하는 당국에 잠재적으로 '결함이 있는' 학생들과 직원들을 보고하면서 그들을 돌보기도 했으며, (1939년 이후에는) 대부분의 외과 의사들이 회피한 치명적인 투약을 실행하기도 했다. 또한 릴로 하흐(Lilo Haag)는 개별 여성들의 전기를 통해 특정 제도 안에서 확인되는 나치즘에 대한 사회복지사들의 대응을 추적했다. 《암흑 시대의 여성들(Women in a Dark Time)》의 저자들은 교회의 여성 사회복지원들 사이에서 확인된 나치의 목표에 대한 다양한 반응을 보여주었다. 브론윈 맥팔랜드-아이크(Bronwyn McFarland-Icke)는 두 개의 '안락사' 시설의 문서고 연구를 통해 간호사들이 일상화된 조용한 살인에 적응하게 됨에 따라 '도덕적 재조정'을 경험하는 과정을 묘사하기도 했다. 또한 그녀는 체제에 저항한 소수의 여성들이 공개적으로 처벌받는 대신 조용히 처리되는 과정을 관찰하기도 했다. 맥팔랜드-아이크에 따르면 공식적인 징벌은 정치적 반대를 양심의 문제로 만들 우려가 있었다. 따라서 정치적 반대자들에게 관심을 두지 않음으로써 당국은 그들의 시민적 용기를 개인적 결점으로 치환해버린 것이다.[19]

여성들은 대량학살과는 관계가 없었던 것으로 보이는 다른 프로젝트에도 참여했다. 전통적인 여성의 역할에 대한 기대에 어긋나지 않게 행동하면서도 과감한 독일 여성들은 새로이 정복된 동부 지역을 아리안 인종의 새로운 정착지로 만들고자 했다. 이를 위해서 여성들은 주인이 쫓겨난 집을 수리하고 공공건물을 청소하며, 민속 공예를 증진하고 학교를 세우는 등 이른바 아

---

19) Lilo Haag, *Berufsbiographische Erinnerungen von Fürsorgerinnen, an die Zeit des Nationalsozialismus*, (Freiburg: Lambertus, 2000); Bronwyn McFarland-Icke, *Nurses in Nazi Germany*, (Princeton: Princeton University Press, 1999), p.248; Uta Cornelia Schmatzler, *Verstrickung, Mitverantwortung und Täterschaft*, (Kiel: I & f Verlag, 1994), pp.241-287; Susi Hausammann, Nicole Kuropka, Heike Scherer, *Frauenin Dunkler Zeit-Schicksal Und Arbeit Von Frauenin Der Kirche Zwischen 1933 Und 1945-Aufsätze Aus Der Sozietät "Frauen Im Kirchenkampf"*, Sozietät "Frauen im Kirchenkampf", ed., 118, *Schriftenreihe Des Vereins Für Rheinische Kirchengeschichte*, (Köln, Bonn: Rheinland-Verlag, 1996).

리안 혈통으로 추정되는 지방 거주자들을 조직했다. 엘리자베스 하비(Elizabeth Harvey)의 연구와 같은 최근의 연구들은 여성 점령자들과 집을 몰수당한 여성들에 대한 인터뷰 기록을 포함하고 있다.[20] 종종 군사기지 근처에 살았던 여성들은 휴가 중인 장병들을 상대로 축제를 개최하기도 했다. 이렇듯 고향의 달콤한 위안을 주는 행사는 병사들의 사기를 진작시키고, 자신들이 왜 희생해야 하는지에 대한 더 높은 윤리적 가치를 생각할 수 있도록 마련한 것이었다. 따라서 종족적 경계의 표식으로서의 여성성은 미학적인 영역에서뿐만 아니라 사회적인 영역에서도 능동성을 행사했다.

독일어권 역사가들은 영미권 역사가들보다 훨씬 더 왕성하게 여성 주체성 이외에도 남성 주체성의 구성이라는 문제에 대해 탐구했다. 학자들은 병사들의 사기, 부대의 응집력, 영웅주의에 대한 문화적 기대 등에 대한 연구를 수행하면서 젠더화된 영역에 대한 카린 하우젠(Karin Hausen) 개념에 근거하여 남성적 정체성이 상상된 여성성에 의존한다는 점을 관찰했다. 예를 들어 하네스 히어(Hannes Heer)는 아내와 가족에 대한 병사들의 시각이 '조용한 영웅'으로서의 그들 자신의 이미지를 강화하고, 이것은 다시 '범죄의 도덕화'를 방조하는 것으로 이어졌음에 주목했다.[21] 잉게 마르솔렉(Inge Marssolek)은 병사들의 편지에서 '여성적인' 후방을 참혹한 '남성적인' 동부전선에서 갈라놓는 이중적인 도덕적 자아를 발견했다. 토마스 퀴네(Thomas Kühne)가 이야기했듯이 "여성성이 구성됨으로써 이 세상은 남성과 여성 모

---

20) Elizabeth Harvey, *Women and the Nazi East-Agents and Witnesses of Germanization*, (New Haven: Yale University Press, 2003).

21) Klara Löffler, *Aufgehoben-Soldatenbriefe, aus dem Zweiten Weltkrieg: Eine Studie zur subjektiven Wirklichkeit des Krieges*, (Bamberg: WVB, 1992), pp.87-116, 125-148; Wolfram Wette, ed., *Der Krieg des kleinen Mannes-Eine Militargeschichte von unten*, (München: Piper, 1992); Ingrid Hammer et al., eds., *Sehr selten habe ich geweint-Briefe und Tagebucher aus dem Zweiten Weltkrieg von Menschen aus Berlin*, (Zurich: Schweizer Verlahaus, 1992); Detlef Bald, et al., eds., *Zivilcourage*, (Frankfurt a.M.: Fischer Taschenbuch, 2004).

두에 대해 참을 만한 곳이 되었다."

주자네 추어 니덴(Susanne zur Nieden)은 전선의 병사들에 대한 자신의 연구에서 병사들의 전투 의욕이 전쟁 초기에는 열등한 종족에 대한 인종적 정복욕에서 나왔으나, 패전이 임박한 후기에는 고결한 아내와 가족을 지키려는 마음에서 나왔음을 강조했다. 지빌레 슈타인바흐(Sybille Steinbach)는 아우슈비츠에 대한 자신의 연구에서 수용소의 친위대원의 정신적 안정을 유지하는 과정에서 가정적인 것에 대한 애착이 어떤 역할을 했는지에 대해 다음과 같이 기술했다. "따라서 대량학살과 가정적인 것에 대한 애착은 서로 반대되는 것이 아니라 긴밀하게 얽혀 있었다."[22] 이 대목에서 남성성이 독일 언어학계에 매우 큰 영향력을 행사했다는 점이 언급되어야만 하는데, 그 이유는 부분적으로 일반화된 문화적 관심 때문일 것이다. 이는 주간지《디 차이트(Die Zeit)》의 2006년 6월 15일자를 읽어만 보아도 잘 알 수 있다.

다음으로 혁명적인 인종 향상 프로젝트의 일부로 정의할 수 있는 강제 이송, 수용소 관리, 학대 등에 여성이 참여한 사실로 미루어 무엇을 이야기할 수 있을까? 역사가들은 이 여성들이 한 일에 대한 많은 문서고 연구를 차치하더라도 1945년 이후의 재판에서 유죄 판결을 받은 이 여성들에게 영향을 준 특정한 문화적 요인이 무엇이었는지에 대해 묻고 있다. 여성 학살자를 연

---

22) Karin Hausen, "Frauenräume", *Frauengeschichte*, (Hausen), pp.21-23; Hans Heer, "Bittere Pflicht, Der Rassenkrieg", *Die Wehrmacht im Rassenkrieg-Der Vernichtungskrieg hinter der Front*, Walter Manoschek et al., eds., (Vienna: Picus, 1996), pp.116-136; Inge Marssolek, "Ich möchte Dich zu gern mal in Uniform sehen", *Werkstattgeschichte*, 22 (1999); pp.41-59; Thomas Kühne, "Comradeship", *Heimat/Front*, Karen Hagemann et al., eds., (Frankfurt a.M.: Campus Fachbuch, 2002), pp.233-254; Susanne zur Nieden, "Erotic Fraternization", Heimat/Front, Hagemann et al., pp.303-306; Claudia Koonz, *Mothers in the Fatherland-Women, the Family and Nazi Politics*, (New York: St. Martin's Griffin, 1987), pp.408-418; Sybille Steinbacher, *"Musterstadt" Auschwitz-Germanisierungspolitik und Judenmord in Ostoberschlesien*, (München: Saur, 2000), p.187.

구하는 사람이라면 누구나 성애화된 여성을 악으로 치부함으로써 나치즘 특유의 감성을 주조한 문화의 맥락에 주목할 것이다(리나 베르트뮐러의 1975년작 영화 〈일곱 미녀(Seven Beauties)〉로부터 베른하르트 슐링크의 2001년작 소설 《독자(The Reader)》에 이르기까지). 젠더를 연구하는 역사가들은 이러한 맥락을 자신들의 연구 중심으로 설정하기도 한다. 그러나 질케 벤크(Silke Wenk)와 캐럴린 딘(Carolyn Dean)은 매우 다른 관점에서 나치의 잔학성의 성애화라는 주제에 접근하면서 남성성/여성성과 학살자/희생자에 대한 특정한 담론이 형언할 수 없는 잔학성에 대한 우리의 앎을 고착시키는 방식을 역사화하고자 했다.[23] 이상과 같은 대단히 새로운 연구들이 갖는 힘은 기억의 정확성뿐만 아니라 기억의 구성(Gedächtniskonstruktion)에 대해 면밀한 관심을 기울이는 데 있다.

2) 소비사회

제2차 팽창기, 즉 소비의 역사에서 젠더는 핵심적인 역할을 수행했다. 다른 민족의 역사가들이 1980년대에 소비, 마케팅, 소매 거래의 역사에 관심을 기울였지만, 나치 독일을 연구하는 역사가들은 (비록 그들이 여가, 영화, 스포츠를 연구했음에도 불구하고) 소비 문제를 무시했다. 아마도 냉전적 사고에 따르면 나치의 선전이 소비사회의 전제 조건이라고 할 수 있는 선택을 개인에게서 박탈했기 때문에 전체주의적 소비사회의 개념은 형용모순으로 보였을 것이다. 한나 아렌트가 이야기했듯이 "전체주의적 교육은 무엇인가에 형체를 부여하는 능력을 파괴하는 것 외에 다른 확신을 결코 주입해보려고 한 적이 없었다." 그러나 이제 역사가들은 개별성을 말소해버린 선전이라는 천편일

---

23) Silke Wenk, "Rhetoriken der Pornografisierung", *Gedächtnis*, Eschebach, pp.285-290; Carolyn Dean, "Empathy, pornography, and suffering", *differences*, (Spring 2003), pp.88-125.

률적인 생각을 고집하는 대신 나치를 소비재에 대한 욕망을 자극하는 법을 아는 노련한 장사꾼으로 묘사하고 있다. 비록 당시의 경제적 조건이 그러한 구매의 가능성을 제한한 것이 사실이더라도 말이다.

하르트무트 베르크호프(Hartmut Berghoff)는 내핍을 강조하는 반소비적 나치 문화의 이미지를 반박하면서 "소비주의에 대한 공적 규제와 소비주의에 고유한 역학"이 매우 균형 잡혀 있었다고 주장했다. 광고업자들은 검소하게 살라는 공식적인 훈계에도 불구하고 소비주의적 욕망을 자극했다.[24] 낸시 레이긴(Nancy Reagin)과 레나테 하르터-마이어(Renate Harter-Meyer)는 제1차 경제성장 4개년 계획의 목표를 달성하기 위해 쇼핑 패턴을 지도함에 있어 주부 교육과 소비 문화의 충격을 조사했다.[25] 노동계급의 삶에 대한 혁신적인 연구들은 경찰 테러와 실질 임금의 하락과 같은 초기 사회사가 집중했던 통상적 주제들을 더 이상 언급하지 않았다. 그 대신 가족 소비 패턴과 여가 활동과 같은 새로운 주제들에 대해 탐구했다.

그 밖에도 새로운 연구는 다른 엇비슷한 생각들을 구석으로 몰아냈다. 예를 들면 오랫동안 타고난 것이라고 생각한 히틀러의 카리스마는 카리스마의

24) Hartmut Berghoff, "Enticement and deprivation", *The Politics-Material Culture and Citizenship in Europe and America*, Martin Daunton and Matthew Hilton, eds., (Oxford: Berg Publishers, 2001), pp.166-177; Pamela Swett, Jonathan Zatlin, Jonathan Wiener, eds., *Selling Modernity-Advertising in Twentieth-Century Germany*, (Durham: Duke University Press, 2007); Alon Confino, Rudy Koshar, "Régimes of Consumer Culture", *GH*, 19:2, (2001), pp.135-161; Paul Betts, *The Authority of Everyday Objects-A Cultural History of West German Industrial Design*, (Berkeley: University of California Press, 2007), pp.21-34. 또한 Ulrich Heinemann, "Krieg und Frieden an der 'inneren Front'", *Nicht nur Hitlers Krieg-Der Zweite Weltkrieg und die Deutschen*, Christoph Klessmann, Ute Frevert, eds., (Düsseldorf: Droste, 1989)을 보라.

25) Nancy Reagin, "*Marktordnung* and Autarkic Housekeeping", *GH*, 19, no.2, (2001), pp.162-184; Renate Harter-Meyer, *Der Kochlöffelistunsere Waffe*, (Baltmannsweiler: Schneider Verlag Hohengehren, 1999), pp.74-81, 84-107.

생산을 분석한 페미니스트들의 연구 대상이 되기도 했다. 유명 인사의 가십을 다루는 저널리즘이 막 등장하던 때 히틀러와 그의 개인 사진사 한스 호프만은 공공 소비를 겨냥하여 히틀러의 사생활을 담은 사진을 생산해냈다. 또한 할리우드 스타와 마찬가지로 히틀러의 퍼포먼스는 강력한 남성성의 속성과 여성적 예민함을 결합시켰다. 역사가들이 젠더화되고 인종화된 나치 리얼리즘의 문화적 관행을 진지하게 취급하면서부터 '키치'라는 말은 사라졌다. 크리스티나 폰 브라운(Christina von Braun)은 여성 혐오와 반유대주의 사이의 유사성을 탐구하면서 오토 바이닝거(Otto Weiniger)를 끌어내기도 했다. 아델하이트 폰 잘데른(Adelheid von Saldern)은 문화적 페미니즘이 나치 예술 형식들(특히 조각)이 남성성을 어떻게 강화할 수 있었는지를 보여주었다.[26] 울리 링케(Uli Linke)는 '여성적인 것'을 '유대인적인 것'과 병치해놓고, '종족공동체'의 미학에 고유한 '인종적 서발턴의 여성화'에서 집단적 표상이 어떻게 작동하는지를 탐구하기도 했다.[27]

물질문화를 연구하는 역사가들은 '정치의 미학화'라는 발터 벤야민(Walter Benjamin)의 개념에 근거하여 일상생활의 미학화를 기술했다. 페터 라이헬

26) Uta Gerhardt, "Charismatische Herrschaft", *GG*, 24, no.4, (1998): pp.503-538; Cristina von Braun, "'Der Jude' und 'Das Weib'", *Metis* 1, no.2, (1992): pp.6-28; Adelheid von Saldern, *The challenge of modernity-German Social and Cultural Studies, 1890-1960*, (Ann Arbor: University of Michigan Press, 2002), pp.313-315, 337. 민중 문화에 대한 그밖의 저작들은 다음과 같다. Barbara Determann, Ulrike Hammer and Doron Kiesel, eds., *Verdeckte Überlieferungen-Weiblichkeitsbilder zwischen Weimar Republik, Nationalsozialismus und Fünfziger Jahren*, (Frankfurt a.M.: Haag+Herchen, 1991); Andrew Bergerson, "Listening to the Radio", *GerSR*, 24, no.1, (2001), pp.83-113; Kate Lacey, *Feminine Frequencies-Gender, German Radio, and the Public Sphere 1923-1945*, (Ann Arbor: University of Michigan Press, 1997); Inge Marssolek et al., eds., *Radio im Nationalsozialismus-Zwischen Lenkung und Ablenkung*, (Tübingen: Edition Diskord, 1998).

27) Uli Linke, "The Violence of Difference", *Sacrifice and national belonging, in Twentieth-Century Germany*, Marcus Funck, et al., eds., (College Station, TX: TAMU Press, 2002), pp.156, 179-187.

(Peter Reichel)이 제3제국의 '아름다운 작열(schöne Schein)'이라고 부른 것은 모진 현실을 은폐하려는 행복의 환영에 불과한 것이 아니라 대부분의 아리안 독일인들의 경험을 반영한 것이었다. 셸리 바라노프스키(Shelley Baranowski)와 크리스틴 제멘스(Kristin Semmens), 크리스티네 케이츠(Christine Keitz)는 생애 처음으로 급료를 받는 직업을 얻은 것에 대해 노동자들이 느낀 감격을 기술했다.[28] 카바레, 재즈, 스포츠, 1936년 올림픽의 역사에서 독일 여성과 남성들은 다른 보통의 유럽인들처럼 행동했다. 바르바라 슈뢰들(Barbara Schrödl)과 앙겔라 바우펠(Angela Vaupel)은 이데올로기가 결여된 것처럼 보이는 장편 극영화들에 나타난 젠더를 분석했다. 글로리아 술타노(Gloria Sultano)는 그녀 자신의 가족사를 피복산업에서 쫓겨난 유대인들에 대한 미묘한 뉘앙스의 이야기와 결합시켜 유대인의 재산에 대한 절도를 합리화하고, 나치 스타일을 찬양하는 담론 전략을 분석했다. 이레네 귄터(Irene Guenther)는 '이것 아니면 저것'이라는 패러다임을 거부하면서 여성의 패션에서 얌전함과 섹시한 유혹이 공존하는 방식에 주목했다.[29] 이상의 저작들에서 젠더화된 '아리안' 소비자는 대중 마케팅의 아이콘으로서의 '대중 사회의 인간'을 대체한다.

새로운 연구들은 여성 주체성을 형성하는 과정에서 젠더와 세대가 수행한

---

28) Shelley Baranowski, *Strength through Joy-Consumerism and Mass Tourism in the Third Reich*, (Cambridge: Cambridge University Press, 2004); Christine Keitz, *Reisen als Leitbild-Die Entstehung des modernen Massentourismus in Deutschland*, (München: Deutscher Taschenbuch Verlag, 1997); Kristin Semmens, *Seeing Hitler's Germany-Tourism in the Third Reich*, (Houndmills: Palgrave Macmillan, 2005).

29) Barbara Schrödl, *Das Bilddes Künstlers und seiner Frauen*, (Marburg: Jonas Verlag, 2004); Angela Vaupel, *Frauen im NS-Film*, (Hamburg: Verlag Dr. Kova , 2005); Angela Gaffney and Jo Fox, *Filming women in the Third Reich*, (Oxford: Berg Publishers, 2000); Gloria Sultano, *Wie Geistiges Kokain..-Mode unterm Hakenkreuz*, (Vienna: Verlag für Gesellschaftskritik, 1995); Irene Guenther, *Nazi chic?: Fashioning Women in the Third Reich*, (Oxford: Berg Publishers, 2004).

역할에 관심을 기울이므로 자연히 나치 독일에서 아동이 어른으로 성장하는 과정에 대해 복합적인 시각을 제공한다. 자비네 헤링(Sabine Hering)과 쿠르트 쉴데(Kurt Schilde)가 편찬한 사료집과 기젤라 밀러-킵(Gisela Miller-Kipp)이 편찬한 사료집은 독자들에게 풍부한 1차 사료에 직접 접근할 수 있는 기회를 제공하고 있다. 이 분야의 전문적인 연구들이 넘쳐나는데, 그 중 주목할 만한 것은 국가가 후원하는 유소년 노동 프로그램에 대한 앙겔라 포겔(Angela Vogel)과 주자네 바츠케-오테(Susanne Watzke-Otte)의 역사서 및 교과서에 대한 알렉산더 슈크(lexander Shuck)의 분석, 그리고 여대생들에 대한 하이디 만스(Heidi Manns)의 역사서 등이다.[30]

역사가들이 1933년에서 1945년이라는 연대기의 꽉 짜인 틀에서 점차 벗어남에 따라서 많은 이들이 유동하는 연속성에 주목하고 있다. 로르나 빈델탈(Lorna Windelthal)은 20년 전의 마르타 마모차이(Martha Mamozai)와 마찬가지로 여성들과 식민주의의 역사를 바이마르 민주주의와 나치 독재에 연결시켰다. 요한나 게마허(Johanna Gehmacher), 카타리나 켈렌바흐(Katharina Kellenbach), 릴리아나 라도니치(Ljiljana Radonić), 일제 코로틴(Ilse Korotin), 샤를로테 콘-레이(Charlotte Kohn-Ley) 등은 여권 조직에서 확인할 수 있는 반유대주의 전통을 발견하기도 했다. 또 라파엘 셰크(Raphael Scheck)는 보수적인 여성 정치가들의 신조에서 나치즘의 요소를 찾았다. 앨리슨 오윙(Alison Owing)의 구술사에서는 나치 독일의 젊은 여성들의 삶에 대한 기억을 이야

30) Sabine Hering, Kurt Schilde, *Das BDM-Werk "Glaube und Schönheit"*, (Berlin: VS Verlag für Soziale Arbeit, 2003); Elisabeth Perchinig, *Zur Einübung von Weiblichkeit*, (München: Profil, 1996); Gisela Miller-Kipp, *Auch Du gehörst dem Führer-Die Geschichte des Bundes Deutscher Madel(BDM) in Quellen und Dokumenten*, (Weinheim: Juventa, 2001); Angela Vogel, *Das Pflichtjahr für Mädchen*, (Frankfurt a.M.: P. Lang, 1997); Haide Manns, *Frauen für den Nationalsozialismus-Nationalsozialistische Studentinnen und Akademikerinnen in der Weimarer Republik und im Dritten Reich*, (Opladen: Leske+Budrich, 1997).

기하고 있다(오윙은 대부분의 저명한 독일 역사가들 중 한 명인 프리츠 피셔의 아내가 나치즘을 지지했으며, 역사가들은 15년이 지난 뒤에야 그녀의 남편이 나치즘에 협력했다는 사실을 발견했다). 안겔리카 샤저(Angelika Schaser)의 날카로운 시선 속에서 여권 운동가인 게르트루트 보이머(Gertrud Bäumer)는 기껏해야 모호한 역할 모델이 될 뿐이다.[31]

세대에 기초한 비교 역시 젠더에 특정한 쟁점들을 제기한다. 엘리자베트 하이네만(Elizabeth Heineman)은 남성과 여성에 대한 전시 징병의 문제를 연구하면서 가임기가 지난 어머니와 집에 아이를 둔 젊은 어머니를 구별했다. 또한 그녀는 국가가 제공하는 재정적 혜택을 수급하는 데 따른 세대와 젠더에 고유한 요구들을 분석하기도 했다. 전후 서독의 공적 기억에 대한 도로테 비얼링(Dorothee Wierling)의 기술은 젠더와 세대 사이의 상호작용에 천착한다. 다그마 헤어초크(Dagmar Herzog)는 성적인 문제에 대해 나치가 보인 점잔빼는 모습이 사실은 나치 독일기에 어른이 된 부모들과 1968년 세대 자식에 의해 만들어진 신화였음을 발견했다.[32] 실제로 성에 대한 나치의 태도는

31) Martha Mamozai, *Herrenmenschen-Frauen Im Deutschen Kolonialismus*, (Hamburg: Rowohlt, 1982); Lora Wildenthal, *German Women for Empire, 1884-1945*, (Durham: Duke University Press, 2001); Johanna Gehmacher, *Völkische Frauenbewegung-Deutschnationale und nationalsozialistische Geschlechterpolitik in Österreich*, (Vienna: Docker, 1998); Charlotte Kohn-Ley et al., eds., *Der feministische "Sündenfall"?-Antisemitische Vorurteile in der Frauenbewegung*, (Vienna: Picus, 1994); Ilse Korotin et al., eds., *Gebrochene Kontinuitäten*, (Innsbruck: StudienVerlag, 2000); Katharina von Kellenbach, *Anti-Judaism in Feminist Religious Writings*, (Atlanta: An American Academy of Religion Book, 1994); Susanne Omran, *Frauenbewegung und "Judenfrage"-Diskurse um Rasse und Geschlecht nach 1900*, (Frankfurt a.M.: Campus, 2000), pp.405-435; Ljiljana Radonić, *Die friedfertige Antisemitin?*, (Frankfurt a.M.: Verlag Peter Lang, 2004); Angelika Schaser, "GertrudBäumer", *Zwischen Karriere*, Heinsohn, ed., pp.24-43.
32) Elizabeth Heineman, "Age and Generation", *JWH*, 12, no.4 (2001): pp.139-164; Dorothee Wierling, "Generations", *The Divided Past-Rewriting Post-War German History*, Christoph Klessmann, ed., (Oxford: Berg Publishers, 2001), pp.69-90; Mark Roseman, ed., *Generations in Conflict/-Youth Revolt and generation formation in Germany 1770-1968*, (Cambridge: Cambridge University Press, 1995).

1945년 이후의 서독에서보다 훨씬 더 관대했다. 이상의 연구들은 젠더의 역사와 나치 독재의 역사가 서로 수렴하며 이어지는 역학을 증언하고 있다.

5. 설득하는 독재 권력의 이중 전략

여가, 오락, 스포츠, 관광, 소비주의, 예술에 대한 최근의 연구는 제3제국을 전체주의 모델, 주로 마오의 중국과 스탈린의 구소련, 폴 포트의 캄보디아—이 모든 경우는 대개 농촌적이고 문맹적이며 빈궁한 사회 구조에 기초해 세워진 체제들이다—와 같은 체제들과 연관짓는 전통적인 해석적 패러다임으로부터 벗어나 있다. 나치 독일에서 전체주의적 모델을 벗겨냄으로써 우리는 히틀러의 독일을 붕괴한 민주주의로 파악할 수 있다. 준산업화된 민족에서 발견할 수 있는 전체주의적 체제와는 달리 나치의 지도부는 정부를 사람들의 삶에 밀착시키기 위해 정교한 소통 기술(최초의 유성 영화, 전국 라디오 방송, 확성기, 심지어 텔레비전)을 배치했다. 나치 체제는 바이마르 민주주의를 파괴하지 않고 자신의 권력을 강화할 수 있는 제도를 전유했다. 나치의 지도자들은 유력한 중간계급을 가진 일본, 이탈리아, 헝가리, 루마니아, 이라크, 이란과 같은 다른 도시화된 민족들에게서 발견할 수 있는 대중독재처럼 내전이나 혁명 없이 권력을 장악했다. 일단 권좌에 오른 뒤 그들은 대중의 지지를 창출하기 위해 예전의 체제들이 창출한 하부 구조를 배치했다.

여기서도 역시 독일은 훌륭한 사례 연구를 제공하고 있다. 비록 바이마르 시기 독일의 마지막 자유선거에서 전체 독일인 중 33%만 나치에 투표를 했지만(이 선거에서 마르크스주의 정당에 투표한 비율은 37%이다), 히틀러가 전쟁의 막바지까지도 매우 인기 있었다는 사실은 의심의 여지가 없다. 지방의 나치 유력자들과 당의 고위 관료들의 부패에 환멸을 느낀 뒤에도 독일인들의 히틀러에 대한 지지율은 대단히 높았다. 히틀러의 카리스마에 대해 글을 썼던 예전의 학자들과는 달리 최근의 연구들은 총통과 나치즘의 이념 주위를 감싸고 있는 후광을 창출하는 데 유명 인사들을 다루는 저널리즘, 시장 조사, 상품 이미지화 등이 수행한 역할을 강조했다.

이러한 새로운 패러다임으로부터 독일인 개개인들이 종래에 생각한 것보다 훨씬 더 많은 능동성을 행사했다는 것이 분명해진다. 독재는 '타도'되기는커녕 보통 사람들로 하여금 자신들이 국가에 요구할 수 있는 하나의 권력을 쥐고 있다고 느끼도록 했다(종종 그렇게 선동했다). 공포의 대상이었던 게슈타포조차도 실제로는 조직이 방만했고 일손도 부족했는데, 이 사실은 게슈타포가 개인들의 고발과 무자비한 효율성의 이미지에 의존했음을 의미한다. 크리스 브라우닝(Chris Browning)은 경찰 대대와 친위대 학살반에 속한 '보통의' 남성들이 상당한 자율성을 가지고 있었음을 주장한 최초의 학자 중 한 사람이다. 마이클 채드 앨런(Michael Chad Allen)과 다른 학자들은 나치가 점령한 유럽에서 관료와 협력자들이 '수배된' 유대인과 기타 희생자들을 이송, 절멸시키라는 상부의 명령에 순종했을 뿐만 아니라 과잉 충성하기도 했던 보통 사람들의 열정을 보여주었다. 이러한 발견을 통해 유고슬라비아와 르완다에서 확인할 수 있는 학살자들과 이들을 비교할 수 있는 가능성이 주어졌다.[33)]

아렌트의 분석은 절반은 맞았다. 즉 그녀는 나치즘에 전례가 되는 식민주의의 사례들을 식별하면서 중요한 비교 연구를 위한 방식을 제시했다. 그러나 그녀가 독일인들이 효율적인 테러와 파상적인 선전 공세에 의해 억압되었다고 가정한 점은 틀렸다. 히로히토 천황의 일본이나 프랑코의 스페인, 무

---

33) 르완다의 학살자들에 대해서는 Jean Hatzfeld, *Machete Season-The Killers in Rwanda Speak: A Report*, (New York: Farrar, Straus and Giroux, 2005)을 보라. 식민지 학살자들에 대해서는 Sven Lindquist, *A History of Bombing*, trans. Linda Haverty Rugg, (New York: New Press, 2000)을 참고하라.

솔리니의 이탈리아와 페탱의 프랑스에서 확인할 수 있는 대중독재는 우리가 이것들을 기능부전에 빠진 민주주의로 본다면 달리 보이겠는가? 그러한 모델에 근거해볼 때 독재 권력은 설득하지만 억압하지는 않는 것으로 보일지도 모른다.

만일 우리가 시민 동원을 대중독재의 공통적인 하나의 요소로 간주한다면, 나치 사회에서 선전된 생체 권력과 소비문화 사이에서 확인할 수 있는 하나의 대립이 명백해진다. 방대한 인종 향상 프로젝트의 성취가 독일과 점령지 유럽의 수백만 명에 달하는 보통 시민들의 협력에 의존했던 반면, 소비주의의 발전은 수백만 명에 달하는 보통 사람들을 탈정치화시켰다. 전자는 시민/신민을 그들이 사는 사회와 점령지에서 타자에 대항하도록 만들었고, 후자는 여가, 소유, 대중(혹은 고급) 문화를 둘러싼 개인들의 선택을 활성화시켰다. 국가가 후원하는 범죄에 열정적으로 참여했다는 사실은 설득 기술이 효과적으로 작용하여 하급 시민들을 잔혹하게 다루는 행위 뒤에 고상한 도덕적 목표가 있음을 시민들이 확신하도록 만들었음을 입증하는 것이다. 그러나 요제프 괴벨스가 이해했듯이 대중독재에 가장 충성스런 참여자들조차도 여가, 오락, 일상으로부터의 탈출을 감망했다.

나치즘의 이와 같은 두 가지 양상에 대한 연구는 공식적으로 남성적인 것과 여성적인 것, 종족적으로 적합한 것과 부적합한 것에 대한 천편일률적인 통념을 증진했으되, 나치 문화는 통념이 서로 혼합될 수 있는 문화를 후원하기보다는 '크로스 오버' 행위를 상당한 정도로 허용한 양 극단의 대립과 사회 정책에 기초한 문화를 양육했다. 이와는 대조적으로 유대인과 아리안에 대해 종종 발견되는 혼란된 이미지는 예외가 허용되지 않았다.

남성의 몸: 단련된 근육 또는 술배?
나치즘의 '최고 인종'에서 동독의 지배계급까지

알프 뤼트케

번역:신명훈

알프 뤼트케

독일 에어푸르트대학교 명예교수이자 한양대학교 WCU 석좌교수. 일상사적 문제의식과 방법론에 근거하여 독일제국과 나치즘 시기 노동사와 폭력 문제 등을 연구해 일상사를 개척했다는 평가를 받고 있다. 국내에 소개된 저서로는 《일상사란 무엇인가》,《일상으로 보는 한국 근현대사》,《대중독재3: 일상의 욕망과 미망》 등이 있다.

1. '새로운 남성'의 아이콘

나치 독일에서 포스터나 영화, 책 표지, 대중 집회 보도 뉴스영화에 등장하는 남성들은 늘씬하면서도 근육질의 몸매를 자랑한다. 이들의 육체와 자세는 규율과 응집력을 암시하고, 대부분이 젊은이들로 이루어진 이미지 속 인물은 에너지와 헌신성을 발산한다.

나치의 아이콘과 1900년경 독일에서 시작된 '개혁'이나 청소년운동에서 이상화된 '새로운 남성'의 자기표현 사이에서는 공통점을 찾아볼 수 있다. 나치에서나 세기말 개혁운동에서 핵심은 모든 사람의 육체를 외부의 규제와 오염으로부터, 그리고 내부의 독소로부터 해방시키는 데 있었다. 따라서 정화 프로그램은 옷에 특별한 관심을 갖는다. 보다 정확히 말하면 옷을 벗듯이 외부 자극의 영향을 벗겨내는 데 초점을 맞추고 있는 것이다. 이와 동시에 적절한 섭생이 강조되는데 음식과 음료가 인간을 오염시켜서는 안 되기 때문이다. 핵심 목표는 건강한 육체를 만들고 유지하는 것이다. 이러한 정화 노력은 사람들이 생물학 '법칙'과 조화를 이루게 해준다.

이러한 견해를 드러내는 나치의 아이콘으로 등장한 것이 피두스(Fidus)의 그림 〈빛의 경배(Lichtgebet)〉(1922)이다. 피두스의 그림은 당시 고등학생이나 대학생이 방에 즐겨 걸어두던 장식물이었으며, 나치 고위 간부들의 사무실에도 걸려 있었다고 한다.[1] 〈빛의 경배〉는 '새로운 남성'을 담는 실질적인 용기로서 육체를 묘사한 시각적 상징이었다. 남성의 육체는 '더 나은' 미래에 대한 열망과 닮은꼴이어야 하며, 그 열망을 체현한 이미지이어야 했다.

피두스, 〈빛의 경배〉, 1922.

이런 이미지는 운동선수의 스태미나와 체조선수의 유연성을 동시에 지닌 날렵하고 단련된 근육질의 남성 육체였다. 건강과 함께 창조성과 생산성의 결합에 바탕을 둔 미래에 대한 나은 전망을 보여주는 것이 바로 이러한 남성의 육체였던 것이다.

2. 형상 : 백색의 구원자와 유색의 위험한 타자

이러한 시각화의 강력한 힘은 여러 차원에서 동시에 작동했다. 첫 번째는 언제나 승리를 거두는 무적의 구원자를 지속적으로 이미지화하는 것이었다. 세속적 형태로는 16세기 초 독일의 화가 알브레히트 뒤러(Albrecht Dürer)가 회화와 판화에서 당시 널리 알려져 있던 영웅적 인물을 시각화한 바 있다. 이후 예술가들은 악과 어둠의 힘을 이겨내는 남성 영웅의 형상을 불러오기 시작했다.

두 번째로 이러한 시각화는 영웅에 반대되는 악이나 죄의 표상으로 '타자'를 묘사하는 반(反)이미지를 끊임없이 언급함으로써 힘을 얻어왔다. 이런 인물들은 특정한 시대와 환경에 묶여 있는 존재로서 극복의 대상이자 결국에는 사라져야 할 사람들로 그려졌다. 이러한 '타자'는 낯선 피조물의 모든 징표를 보이며, 잠재적으로 위험한 사람들이다. 하지만 타자의 구체적인 모습은 언제나 변할 수 있고 유동적인 것이었다. 19세기 동안 잠재적으로 위험한 '타자'의 스펙트럼은 점차 유럽의 경계를 넘어 확장되었다. 보다 정확히 말하면 타자는 보통 유럽인으로 인식되는 외양과 피부색을 초월하는 것이었다. 그 결과 잃어버린 낙원을 상징하는 순진무구한 원주민이라는 관념

---

1) Paula Diehl, *Macht-Mythos-Utopie-Die Körperbilder der SS-Männer*, (Berlin: Akademischer Verlag, 2005), p.51. 독일의 나체 컬트와 FKK 운동에 관한 내용도 참조하라. 피두스의 그림은 101쪽.

은 사라지게 되었다.[2] 이제 회화적 표현과 대중적인 상상은 유색인들로 채워지게 되었다. 이러한 상징들은 유색인을 통제와 규율이 필요한 사람들로 묘사했다. 유색인들은 종교적 종파와 정치적 정파를 막론하고 유럽인들이 명시적 혹은 암묵적으로 추구했던 '문명화 사명'의 대상이었다.

급속히 확산되는 과학의 궁극적 진리에 대한 믿음은 그러한 인식과 평가를 더욱 뒷받침했다. 여기서 '우리'와 '그들' 사이의 차이를 생물학적으로 규정하려는 광적인 열망은 더욱 힘을 얻게 되었다. 여기에 영향을 준 것은 일차적으로는 1859년 찰스 다윈의 저서 출판과 인간 개조라는 비전을 부추기는 사회적 다윈주의의 출현이었다. 인간 개조란 단지 도덕적 개선이나 사회의 재조직만을 의미하는 것이 아니라 완벽한 신체라는 관점도 포함하는 것이다.

하지만 중부유럽의 맥락에서 보면 아프리카인만이 '하위인간(sub-humans)' 내지는 인간성의 경계에 있는 열등 민족을 형상화했던 것은 아니다. 여기서 유대인, 보다 정확히 말하면 유대인으로 정형화된 사람들이 뚜렷하게 등장한다.[3] 아울러 중부유럽의 변경 민족들, 특히 그 중에서도 폴란드나 보스니아 같은 남동부 유럽인들도 시각적 표상의 대상으로 등장하게 된다. 이러한 회화적 특징은 어리석음, 유치함, 불결함, 게으름을 나타내는 지표라고 여겨지는 스테레오 타입을 포함하고 있다. 보다 일반적으로 말하면 '천박한' 행동양식을 표상하는 것이다.[4] 이러한 삽화들은 신문이나 그림뉴스에 흔하게 등장했고, 포스터에도 사용되었다. 모든 것이 '우리'와 '그들'

---

2) 타자의 '오리엔트화'의 다양한 특징과 동력에 대해서는 다음을 참조하라. Edward Said, *Orientalism*, (New York, Cambridge: Routledge & Kegan Paul, 1978).

3) Sander L. Gilman, *Der "schejne Jid"-Das Bild des "jüdischen Korpers" in Mythos und Ritual*, (Wien: Picus Verlag, 1998).

4) 보스니아인들에 관한 1908년도 'Simpicissimus' 특별판을 참조하라. 이것은 오스트리아−헝가리와 보스니아 사이의 전쟁의 여파로 나타난 것이다.

사이의 경계를 표시하려는 노력을 중심으로 전개되었다.

이러한 이미지는 제1차 세계대전과 그 이후의 전쟁 목표를 달성하기 위한 수단으로 널리 사용되었다. 독일에서는 1918년 이후 점령군들이 바로 이러한 도상학의 대상이 되었다. 특히 프랑스와 프랑스의 식민지 군대의 흑인 병사들이 이러한 그림의 주인공이었다. 입술과 같은 몇 가지 신체적 특징들을 살짝 강조하기만 해도 이들은 원시인이 되었으며, 그들의 출신지는 더욱더 원시적이라는 메시지를 명확하게 드러낼 수 있었다.[5]

3. 성 역할의 이미지와 현실

남성성의 관념과 이미지는 여성성을 대변하는 아이콘과의 관련을 맺으며 작동했다. 소위 유럽적 근대성의 출현 단계에서 남성은 공적인 영역을 담당하고, 이에 따라 여성은 가정에 속하며 사적인 영역을 돌보는 역할을 담당했다.[6] 성별 영역 분리에 상응하여 그림과 언어의 묘사에서도 생산과 생산성에 관련되는 발전과 실질적인 성과의 모든 가능성은 남성적인 모습으로 그려졌다. 서유럽과 중부유럽 사회를 근본적으로 변화시킨 산업적·상업적 발전은 남녀 영역 분리의 관념을 다시 확인하는 계기가 되었다. 특히 이러한

---

5) Gisela Lebzelter, *Die 'Schwarze Schmach'-Vorurteile-Propaganda-Mythos-Geschichte und Gesellschaft*, 11, (1985), pp.37-58; Alexandra Przyrembel, *"Rassenschande"-Reinheitsmythos und Vernichtungslegitimation im Nationalsozialismus*, (Göttingen: Vandenhoeck & Ruprecht, 2003), pp.56-62.

6) 카린 하우젠(Karin Hausen)의 성 역할 스테레오 타입은 1970년대 초 이래 사회사가들에게 큰 영향을 미쳤다. 그녀의 자기성찰적 설명에 대해서는 다음을 참조하라. Karin Hausen, "Die Nicht-Einheit der Geschichte der historiographische Herausforderung. Zur historischen Relevanz und Anstössigkeit der Geschlechtergeschichte", *Geschlechtergeschichte und Allgemeine Geschichte*, Hans Medick, Anne-Charlott Trepp, eds., (Göttingen: Wallstein Verlag, 1998), pp.15-45, 특히 42쪽 이후를 참조하라.

과정은 상호 배타적이며 불평등한 남성과 여성의 영역을 강조했다. 따라서 가사와 '가정' 밖에서의 생산 영역은 낯설고 적대적인 환경에서 생존을 위해 투쟁하는 남성의 핵심적인 특징으로 자리잡았다. 반대로 여성은 난로의 불을 지피고 배우자를 비롯한 가족과 먼 친족들 사이의 개인적 관계를 지향하게 되었다. 무엇보다 여성은 다음 세대의 직접적인 담지자였다. 따라서 여성은 차세대를 '생산'함으로써 미래를 물리적으로 생산하는 존재이다.

하지만 남성과 여성의 실제적인 상호관계는 결코 그러한 스테레오 타입을 따르지 않았다. 육체적·정신적 어려움을 이겨내는 거칠고 외향적인 남성과 가정이라는 피난처를 돌보는 내향적 여성이라는 도식은 일상생활에서 성립하지 않는 것이었다. 특히 '임시변통의 가정 경제(Olwen Hufton)' 상황에 처한 가난한 사람들에게는 통하지 않는 도식이었다. 또한 상대적으로 형편이 나은 부르주아 가정에서도 이러한 남녀 사이의 분할선은 잘 지켜지지 않거나, 진지하게 받아들여지지 않았다.[7] 게다가 이러한 스테레오 타입은 비상시, 특히 전시에는 붕괴되고 마는 것이다. 여성학 연구들은 전시의 식량 공급부터 원산업화와 교역에 이르기까지 전통적으로 '공적'인 것으로 간주되는 영역에 여성들이 개입하는 다양한 방식 등을 분명히 보여주었다.

젠더 불평등이 남성과 여성의 일상생활의 한 부분이라고 하더라도, 양성 간의 상호관계는 꿈과 희망의 영역에서뿐만 아니라 사람들의 불안과 걱정의 영역에서도 발전했다. 사실 성별 영역 분리를 위한 규제들은 육체적으로까지는 아니더라도 정신적으로 성별 경계를 뛰어넘으려는 노력을 증진시켰을

---

7) Anne-Charlott Trepp이 자세하게 분석한 함부르크의 사례를 참조하라. Anne-Charlott Trepp, *Sanfte Männlichkeit und selbständige Weiblichkeit-Frauen und Männer im Hamburger Bürgertum zwischen 1770 und 1840*, (Göttingen: Vandenhoeck & Ruprecht, 1996); Anne-Charlott Trepp, "The Emotional Side of Men in Late Eighteenth-Century Germany (Theory and Example)", *Central European History*, 27, no.2, (1994), pp.127-152.

것이다. 이는 데틀레프 폰 릴리엔크론(Detlev von Liliencron)이 1900년 직후
〈미네, 트리네, 슈티네(Mine, Trine, Stine)〉라는 작품에서 행군하는 군인들과
군악대에 흥분한 십대 여성들을 묘사하는 배경이 되었다. 이들 젊은 여성들
은 '문' 밖으로 내다보며 젊은이들에게 좀더 가까이 다가가기 위해, 심지어
'집과 마당' 밖으로 뛰어나가기까지 한다. 작품 속에서 진군해오는 군인들은
여성들과 비슷한 또래의 일반 병사와 하사관, 장교로 이루어진 보병중대로,
모두들 환한 빛을 발하면서 자신들의 물리적 육체의 존재를 통해 힘과 결단
력을 보여주고 있다. 이것은 군사적 방식의 가부장적 지배로 규정된 남성성
의 전형이었다.[8] 릴리엔크론의 노래는 남성과 여성 모두에게 매력적인 장면
을 암시하고 있다. 특히 이 노래는 병사의 대열이 여성들에게 주는 매력을
잘 포착하고 있다. 또한 젊은 여성들의 호감에 찬 눈길이 자신들을 향하고
있음을 병사들이 의식하는 광경 역시 잘 포착되어 있다. 이러한 매력과 찬탄
이 다소간 조종당하거나 영향을 받은 것이라 할지라도 여기에 젠더의 경계
를 초월한 강렬하고 진심 어린 감정이 있었던 것만은 분명해 보인다.

하지만 동시에 여성들은 규칙적은 아니지만 반복적으로 성적 폭력에 시달
렸다. 남편은 아내를, 심지어는 딸까지 겁탈했다. 여성들의 회고록을 보면
때로는 매주 이 같은 일이 벌어졌음을 알 수 있다.[9] 희생당한 여성들은 친밀
한 관계에 있는 남성들의 잔인한 폭력에 맞서야만 했다. 이 남성들은 여성의
육체에 대한 통제뿐만 아니라 소유까지 요구했던 것이다. 우리는 산업, 상

---

8) 이것은 19세기 후반 이후 독일 사회의 광범위한 영역에서 남성다움의 궁극적인 표준으로서 군사적
   행위와 태도를 드러냄을 의미하는 것이다. 또한 동시에 18세기 초 또는 중반 이후 서유럽 및 중부
   유럽에서 동력을 얻은 지배(통치)의 규율적 스타일이기도 하다. 이것의 '미시물리학(microphysics)'
   과 그 외연에 관해서는 Michel Foucault, *Surveiller et punir*, (Paris: Gallimard, 1975)를 참조하라.
9) Eva Brücker, "Und ich bin da heil 'rausgekommen'. Gewalt und Sexualität in einer Berliner
   Arbeiternachbarschaft zwischen 1916/17 und 1958", *Physische Gewalt-Studien zur Geschichte
   der Neuzeit*, Thomas Lindenberger, Alf Lüdtke, eds., (Frankfurt a.M.: Suhrkamp, 1995), pp.337-365.

업, 종교와 같은 생산적 직업 세계에서 권력의 한계에 직면하고 있던 대부분의 남성들이 여성에 대한 폭력에서 보상을 찾으려고 했던 것은 아닐까 추측해볼 수 있다.

4. '새로운 인간', 우생학 그리고 인종주의

1900년 무렵부터 시작해 특히 1920년대에 이르면 더 나은 미래를 갈망하며, 이를 실현시키기 위한 경향이 다양한 정치적 진영에서 등장하게 되었다. 정신장애인의 출산을 적극적으로 저지하려는 계획, 즉 우생학은 사회민주당원이자 내과 의사인 알프레드 그로티안(Alfred Grotjahn)과 같은 정치적 좌파 행동가들 사이에서 갈채를 받았을 뿐만 아니라 보수주의와 자유주의 진영에서도 환영받았다.[10]

피두스의 〈빛의 경배〉가 그토록 빠른 시간 안에 인기를 끌게 된 것은 그리 놀라운 일이 아니다. 건강하고 튼튼한 육체를 가진 이러한 인물은 일상의 스트레스와 고통, 결핍, 그리고 전쟁의 공포와 여파로부터 휴식을 가져다줄 미래에 대한 사람들의 열망을 시각화한 것이다. '새로운 인간'에 대한 사회주의와 공산주의의 기획도 이와 유사한 육체상을 제시하고 있다. 이는 '민족' 또는 '인종'의 '재탄생'을 열망하는 사람들이 원하는 육체와 유사한 근육질의 젊은 남성의 육체인 것이다. 경우에 따라서 여성이 등장하기도 하는데 이

---

10) 이에 관해서는 다음을 참조하라. Peter Weingart, J. Kroll, K. Bayertz, *Rasse, Blut und Gene-Geschichte der Eugenik und Rassenhygiene in Deutschland*, (Frankfurt a.M.: Suhrkamp, 1988); Paul Weindling, *Health, Race, and Politics Between National Unification and Nazism: 1870-1945*, (Cambridge: Cambridge University Press, 1989). 여기서 식민지는 유럽 외부뿐만 아니라 유럽이라는 틀 내에서도 사용되었으며, 실험실이라는 의미로 규정되었다. 이에 관해서는 다음을 참조하라. Ann Laura Stoler, *Race and the Education of Desire-Foucault's "History of sexuality" and the Colonial Order of Things*, (Durham: Duke University Press, 1996).

때에는 대개 어린아이들이 함께 나온다. 설령 여성 혼자 묘사되는 경우에도 여성은 남성들의 후면에 배치되어 작게 그려지곤 한다.

이미지 속의 등장인물들은 모두 젊은 성인들로서, 30세를 넘기지 않은 모습이다. 상업 광고에서처럼 그림 속 남성과 여성은 절대 '늙은' 모습이나 늙어가는 모습이 아니며, 어떤 걱정근심도 없는 모습이다. 극히 예외적인 경우를 들자면 손상된 얼굴 사진을 드러낸 에른스트 프리드리히(Ernst Friedrich)의 반전 사진을 들 수 있다. 그러나 프리드리히의 사진집《전쟁에 반대하는 전쟁(War against War)》(1924)과 같은 반전 선전물은 자극적이기는 하지만 그 영향력은 주변적이었다. 정치의 영역에서 육체는 더 나은 미래와 연계성이 있어야 하며, 실질적으로 그것을 보여주어야 했다. 그리고 정치나 노동조합 활동, 직업협회 같은 영역에서 남성의 육체는 여성보다 더 강하게 표현되었다.

'더 나은 미래'를 열망하고 계획하는 모든 영역에 걸쳐서 사회나 정치의 '더 나은 미래'를 상징하는 그림에는 설령 똑같지 않더라도 상당히 유사한 육체의 이미지가 사용되었다. 이 점에서 사회주의 또는 사회민주주의와 공산주의 조직들은 정치적·문화적 스펙트럼의 우파들과 기본적으로 다르지 않았다. 물론 여전히 중요한 차이점은 남아 있었다. 생물학적 근거에 기반을 둔 민족주의적-인종적 표현의 경우에는 인종적 우월함과 지배라는 관념에 직접 관련되어 이에 근거를 두고 있었다. 특히 여러 저자들이 생물학적 법칙에 의해 우월하다고 여기던 '노르딕'과 '아리아인'이라는 관념이 그러했다.

이러한 선전 책자와 서적의 가장 유명한 저자 중 한 명이 바로 한스 귄터(Hans F. Günther)였다. 귄터는 노르딕 인종을 중심에 놓고 거기에 일차적이며 주도적인 역할을 부여했다. 그는 노르딕 인종의 여섯 가지 변종(베스트팔렌인Westfalian, 동부인Eastern 등) 또한 고려하기도 했다. 특정 변종의 '전형적'

인 사례로 예를 든 사람들의 사진을 전시한 일은 매우 유명하다. 귄터의 도식은 용어가 조금 다를 뿐 상급생물학 교과서(저명한 교과서로는 오토 쉬메일 Otto Schmeil과 파울 아이힐러Paul Eichler의 저서가 있다. 딜P. Diehl 참고)의 서술과 유사하다.

피두스의 〈빛의 경배〉의 상상력과는 확연히 다르게 진보의 프로젝트를 공유하고 있는 남성들은 신중하게 선택된 특정한 상황에서만 옷을 벗었다(나체 문화운동FKK을 보라!). 그럼에도 불구하고 많은 정치 포스터는 근육질의 팔뚝과 곰 같은 가슴을 찬미했다. 이러한 모습들은 1900년 이후 주로 상업적인 출판사나 정치조직이 발행하는 사진뉴스에 등장하기 시작해 1920년대 중반부터 후반까지 계속되었다. 이와 달리 여성들은 어머니와 주부의 모습으로 등장하고 있다. 예를 들어 여성이 일을 하고 있는 상황이 그려질 때는 사회보험기관이나 노동조합에서 발행한 선전물과 같이 사고 예방을 계몽하거나 선전하는 모습으로 그려지고 있다. 여기서 여성들은 순진하게 행동함으로써 사고를 유발하는 대상으로 묘사되었다. 이러한 묘사는 '보다 더 합리적'으로 행동함으로써 자신과 동료에게 고통과 부담을 안겨주는 부상의 예방을 각성시키고자 했다.

마르고 단련된 남성의 몸은 귀족과 군인 또는 지도자를 묘사하는 표준적인 그림의 규칙에도 적용되었다. 학자, 종교인, 특히 상점주나 상인들이 불룩한 배와 퉁퉁한 얼굴과 이중턱으로 묘사된 것과는 뚜렷한 차이를 보였다.

5. 젊은 육체로 표상되는 정치와 미래의 발전

도래할 더 나은 미래의 보증인으로서 '젊은이'들을 언급하는 것은 19세기 후반 정치적 수사와 교육 두 부문에서 중요한 요소가 되었다. 언어적·시각적 표현에서 이들 '젊은이들'은 젊은 육체로 구체화되었다. 개인적 향상과 인류를 위한 진보의 잠재성을 보여주는 것은 당연히 군살 없는 몸과 가시적인 근육이었다.[11] 같은 맥락에서 행복이나 생산성처럼 건강 또한 손에 넣을 수 있는 가치라는 사실을 보여주는 확실한 증거가 되는 것도 바로 이러한 몸이었다. 동시에 아름다움 또한 직접적으로 언급되지는 않더라도 최소한 암시되었다. 이러한 그림이나 시각적 표현들이 부적격자로 여겨지는 사람들에게 얼마나 큰 좌절감을 주었을지는 추측만 할 수 있을 뿐이다. 하지만 30이나 35세를 넘은 사람들은 전도양양한 젊은 남녀의 부류에서 배제되었음은 명백하다.

1920년대 이래 대중 스포츠가 붐을 이루면서 건강한 생산적인 균형 잡힌 몸의 형상은 더욱 인기를 얻게 되었다. 사람들은 스포츠를 즐길 때 고통 없이 쉽게 몸을 구부리거나 움직이고 싶어했으며, 또 그래야만 했다. 경기와 훈련에 참가하는 것은 유연한 움직임을 위한 것일 뿐만 아니라 즐거움도 함께 얻을 수 있도록 몸을 만드는 데 있어 결정적으로 중요한 요소였다.

바이마르공화국과 1933년 이후 나치 시기의 스포츠는 자유로운 움직임이 아니라 잘 조직된 몸의 '집단' 속에서 엄격한 규율에 맞추어 퍼레이드와 집단 연출을 행하는 데 그 특징이 있었다. '독일 체조 축제(Deutsche Turnfest)'와 같은 대중적 쇼의 출연자들은 다른 사람들의 움직임에 자신의 속도와 리듬을 맞추었다. 이러한 쇼는 참가자들이 좋든 싫든 수행해야 하는 군대식 모델을 채용한 것이었다.

독일에서 십대와 성인 연령층의 약 15~18% 정도가 스포츠클럽의 회원이었다. 1930년대 후반 이들은 대략 25세에서 35세가 되었다. 이들이 스포츠 활동에 적극 참여하면서 스포츠의 중요함을 인식했는지의 여부와 상관없이

---

11) 이러한 이상의 범위와 급속한 확산에 대해서는 다음을 참조하라. Maren Möhring, "Der moderne Apoll", *WerkstattGeschichte*, 29, (2001), pp.27-42.

육체적·정신적 어려움을 이겨낼 수 있는 힘과 유연성을 하나로 연결시켜주는 몸의 모습은 제대로 된 병사의 표준적인 이미지와 매우 닮아 있다. 하지만 스포츠는 규칙적이고 엄격한 행렬의 규율을 요구하는 것이 아니라, 인간의 정신적·육체적 에너지를 가장 적절하게 이용하게 해주는 기민함을 요하는 것이었다. 다시 말해서 여기서도 현실 정치와 미래의 발전에 관한 좌파와 우파의 개념이 무엇이든지 간에 그들의 사상과 그것의 시각적 표현 사이에는 아무 차이도 없었다.

6. 나치즘에서 몸의 이미지

근육질의 젊은 남성과 육체적으로 건강하고 '적합한' 여성의 모습은 제3제국의 미디어 세계 어디에서나 나타나는 것이었다. 몸의 규율에 대한 군사적 모델은 특히 나치 체제와 국가의 공식적인 청소년 조직에 널리 퍼져갔다. 히틀러 청소년단(Hitler Jugend)과 독일 소녀동맹(Bund Deutscher Mädel)은 반복적으로 이와 유사한 정책을 강화시켜 나갔다. 그러나 동시에 이러한 정책은 어느 정도는 그리고 특정한 국면에서는 회의에 부딪혔다. 자서전을 보면 아이들, 특히 청소년과 젊은 성인들은 묘사된 육체뿐만 아니라 그 밑에 깔려 있는 독일 민족과 그 개별 성원들의 미래에 대한 전망에 의해서도 매료되거나 최소한 강한 인상을 받은 듯해 보인다.

이러한 이미지들은 길거리와 광장의 물리적 지형 이외에도 포스터, 뉴스영화, 선전영화의 문화적이고 정신적인 공간을 점령하려는 나치의 노력에서 찾아볼 수 있다. 레니 리펜슈탈(Leni Riefenstahl)의 영화와 그보다는 예술적 완성도가 조금 떨어지는 영화들이 어느 정도로 광범위하게 보급되었는지는 아직 논란의 여지가 있다. 따라서 산업과 수공업 직종을 위한 도제훈련기관을 포함하여 각급 학교의 교과서와 실내 장식 그림으로 사용된 스탬프와 자료들의 예에서 볼 수 있는 것처럼, 비슷한 이미지들이 시각적 공공성의 한 부분으로서 상호 영향을 미쳤다는 사실이 어쩌면 더욱 중요할 것이다. 더욱이 이러한 이미지들은 장편영화의 미학과 시각적 구도를 규정했으며, 이러한 영화의 대중성은 아무리 과장해도 지나치지 않다.

물론 이러한 이미지가 미친 영향의 범위는 정확하게 식별할 수 없다. 하지만 빅토르 클렘페러(Victor Klemperer)부터 헤르만 슈트레자우(Hermann Stresau, 그는 베를린 시립 도서관의 사서였다가 1933년 봄, 정치적 이유로 해임된 후 자유기고가로 활동하다 1930년대 후반 괴팅겐으로 이주하여 여러 직업에서 간헐적으로 일했다)에 이르기까지 그들의 일기와 자서전에서 우리는 이러한 이미지들이 어느 정도 영향을 미쳤는지 알 수 있다. 많은 여성이 자전적인 글에서 자신이 아리안족 여성의 특징인 둥근 어깨와 키가 작고 금발이 아니기 때문에 근심했다고 적고 있다. 제3제국의 꿈을 다룬 샤를로트 베라트(Charlotte Beradt)의 책에는 한 가지 꿈이 언급되고 있다. 어떤 사람이 완전히 금발인 사람들 무리 속에 있는데, 두 살 정도 된 작은 아이가 그에게 "당신은 여기에 속하는 사람이 아니에요"라고 말하는 장면이 나온다. 이 꿈을 꾼 사람은 올바른 독일인의 전형에 맞지 않는 사람이었던 것이다.[12]

파울라 딜(Paula Diehl)은 최근 나치 이데올로기와 정치에서 몸과 관련된 이미지와 상상에 대해 연구한 바 있다. 그녀는 특히 친위대(SS)를 강조했는데, 친위대는 스스로 제3제국의 수호자라고 선언했다. 이러한 선언은 제국의 주요 지도자들에 의해 수용되었다. 친위대 남성들이 자신을 제국의 수호자로 자처하는 것과 이들의 몸을 그에 합당한 모습으로 만들고자 하는 지대한 노력과 실천 사이에는 불일치가 존재한다. 그러나 그렇다고 해서 친위대

---

12) 일상의 규범과 현실 사이의 불일치가 스스로를 '민족공동체(Volksgemeinschaft)'의 실제적이고 적법한 일원이라고 생각했던 사람들의 동원을 얼마나 촉진시켰는지를 보아야만 한다. 이에 관해서는 Diehl, p.128 f를 참조하라.

가 도시나 농촌 마을의 일반 히틀러 청소년단이나 독일 소녀동맹 사이에서
직접적인 모델로 받아들여지지 않았던 것은 아니다. '꼿꼿한 몸자세(straffe
Koerperhaltung)'와 같은 관념(또는 스스로의 몸을 잘 통제하는 것에 대한 강조)은
이들 조직의 거의 모든 팸플릿과 연설에서 발견할 수 있다.[13] 사실 엘리트,
특히 아돌프 히틀러 경호대와 다른 조직 및 현장의 예하부대 사이의 차이는
일종의 전시효과이자 각각의 조직을 결집시키는 효과를 노린 것이었다. 차
별화를 통해 대중의 협조와 복종을 함께 강화시키고자 한 것이다.

7. 전쟁 시기―의외의 마른 몸의 이상화

남성이든 여성이든 군살 없이 건강한 몸이 시각적·회화적으로 표현되는
상황 속에서 제1차 세계대전 시기 그 악명 높은 1916년과 1917년 '굶주림의
겨울' 이래로 기아는 일상생활의 반복되는 일부분이 되었다. 이와 더불어 식
료품의 부족 또한 되풀이되었다. 굶주림은 1929년 이후 다시 도시의 가난한
사람들과 실업자들에게 타격을 주었고, 1930년대 후반까지 사람들의 상상
속에서 사라지지 않았다. 하지만 이러한 경험이 단지 박탈이나 절망의 감정
만을 초래하지는 않았을 것이다. 1930년대 중반 동안 버터와 달걀, 육류의
부족[14]을 느끼면서 사람들은 독일의 모든 지역에서 정도에 차이는 있지만
분노에 찬 비판을 가했던 것은 아닐까? 이러한 물자 부족은 심각하고 섬뜩
한 것으로 인식되기만 한 것은 아니지 않을까?[15] 1930년대 후반의 반복적인
식료품 부족은 사람들이 일상의 지루한 삶으로부터 잠시 휴식을 취하지 못
하도록 방해했다. 뿐만 아니라 케이크 한 조각이나 고기 한 점을 먹으면서
한때 좋았던 시절의 달콤함을 맛보는 것조차 어렵게 했음은 의심의 여지가

---

13) Diehl, p.212 ff. 특별히 시각적 차원부터 음향적 차원에 이르기까지의 행진에 주목할 필요가 있다.

없다. 비참한 궁핍은 반복되었고, 사람들은 이웃의 상점이나 선술집 같은 반(半)공적인(semi-public) 장소에서 물자 부족을 드러내놓고 비판했다.

그러나 동시에 독일인 대다수는 경제발전과 사회와 정치에서의 일반적인 발전에 관한 한 나치즘에 대해 긍정적인 태도를 취한 것으로 보인다. 또한 계절적 혹은 구조적이었던 식료품 부족이 강력하고 지속적인 저항을 불러오지 않았던 이유는 굶주리고 있기는 하지만 체형과 체중이 날씬한 타입이라는 전형적인 이상형에 부합한다고 여기고 있었기 때문이라고 설명할 수 있다.[16] 하지만 중요한 점은 이러한 상황이 자신의 육체를 향상시킬 수 있는 기회로 이해되고 심지어 환영하기까지 했는지, 만일 그랬다면 어느 정도까지 그러했는가 하는 것이다. 사람들은 다른 측면, 즉 다른 방식으로는 얻을 수 없을 것처럼 보이는 건강과 새로운 몸을 얻을 수 있는 기회를 여기서 발견한 것인가?

---

14) 이에 대해서는 SOPADE의 독일 보고서를 참조하라. Klaus Behnken, New Edition, Salzhausen 1989 [1. ed. 1980]; SD의 보충 보고서와 SS의 보안서비스를 참조하라. Hans Boberach, ed., *Meldungen aus dem Reich, 1938-1945*, 1-17, (Herrsching, 1984); 지방총리와 항소법원장의 보고서에 관해서는 Thomas Klein, ed., *Der Regierungsbezirk Kassel 1933-1936: Die Berichte des Regierungspräsidenten und der Landräte, 1, 2*, (Darmstadt, 1985); Klaus Mlynek, ed., *Gestapo Hannover meldet····-Polizei- und Regierungsberichte für das mittlere und südliche Niedersachsen, zwischen 1933 und 1937*, (Hildesheim, 1986); Hans Milchelberger, *Berichte aus der Justiz des Dritten Reiches-Die Lageberichte der Oberlandesgerichtspräsidenten von 1940-45, unter vergleichender Heranziehung der Berichte der Generalstaatsanwälte*, (Pfaffenweiler, 1989).

15) 유대인으로 규정된 사람들에 대한 체제와 행정 규제에 대해서는 다음을 참조하라. Marion Kaplan, *Between Dignity and Despair-Jewish Life in Nazi Germany*, (New York, Oxford 1998).

16) 1933년에서 1937년 사이에 식료품 부족과 그것의 건강과 사망률에 대한 영향에 대해서는 다음을 참조하라. Jörg Baten, Andrea Wagner, *Autarchy, Market Desintegration, and Health-The Mortality and Nutritional Crisis in Nazi Germany, 1933-1937*, ESifo Working Paper, no.800; cf. Winfried Süß, *Der "Volkskörper" im Krieg-Gesundheitspolitik, Gesundheitsverhältnisse und Krieg im nationalsozialistischen Deutschland 1939-1945*, (München: Oldenbourg, 2003). 특별히 381~404쪽의 나치의 보건정책의 한계와 결손이 소위 "뛰어난 인종(master race)", "제국독일인(Reichsdeutsche)"의 구성원들에게 미친 영향, 특히 1942년 이후를 참조하라.

군살 없고 운동선수 같은 몸매는 제2차 세계대전 동안 장편영화나 여타 공적인 전시물에서 주인공이 되었다. 이것은 바로 유럽을 정복하고 대륙에서 '금권정치', 더 정확히 말하면 유대인들을 '씻어내는' 독일 국방군의 이미지였다. 1943년 이후에도 이러한 이미지는 유의성을 유지했지만, 이제는 '볼셰비키의 공격'의 물결을 막아내는 영웅들을 표현하게 되었다. 또 이와 비슷한 이미지들이 후방의 '국내전선'에 배치된 사람들을 표현하기도 했다. 살찐 얼굴과 불룩한 배가 민족의 노력을 외면하거나 공헌하지 않은 사람들에 대한 시각적인 표지로 등장하게 되었다. 보다 일반적으로 이야기하면 이는 내부 또는 외부에서 활동하는 적의 모습이었다.

따라서 1945년에 제작되기 시작한 나치의 마지막 장편영화의 슬로건인 "일상은 계속된다(Der Alltag geht weiter)"는 사람들이 농촌과 도시의 폐허 한가운데에서도 몸을 건강하게 유지하려고 노력한다는 사실을 암시하고 있다. 이 영화에서 사람들의 마른 몸을 최대한 보여주는 것은 바로 노골적인 리얼리즘에 근거한 호소라고 할 수 있다. 이러한 시각화는 전쟁 시기, 즉 죽음을 무릅쓰거나 인간의 생명을 파괴하는 시기에 절실히 요구되는 활동이나 최소한의 각성을 고무시키는 것이었다.

8. 동독—전후의 식량 부족 아래에서의 비쩍 마른 모습들

연합군 점령 지역의 시각자료에 의하면 1945년 이후 3년간 식량 생산과 영양에 관한 통계에서 볼 수 있듯이 굶주림이 만연했으며, 특히 도시 주민들 사이에서 일반적 경험이 되었다는 사실을 확인할 수 있다. 다시 말해서 전쟁 막바지 2년[17] 동안 독일의 도시와 농촌을 강타한 식량 부족은 1945년 이후에도 몇 년 동안 장기적인 현상이 되었으며, 지속적인 굶주림이 되었다. 이제 담배와 커피, 버터나 케이크를 "당신이 원하는 만큼" 얻는다는 것은 더 이상 있을 수 없는 일이었다. 대신 기본적 생필품을 얻기 위한 투쟁이 사람들의 낮과 밤을 지배했다. 자신이나 친척이 조그만 땅덩이라도 가지고 있어서 소량의 감자나, 양배추, 담배를 재배할 수 있는 사람들은 그나마 형편이 나은 편이었다. 그 땅에 한두 마리의 토끼라도 기를 수 있으면 가장 좋은 경우였다. 이렇게 보면 농부들만이 기아선상에서 허덕이지 않았다.[18]

어떤 사람들은 가족을 먹이기 위해 연합군 식당에서 나오는 음식 찌꺼기를 수거하러 다니기까지 했다. 거의 모든 사람들이 감자, 콩, 양배추와 함께 버터나 달걀뿐만 아니라 우유와 베이컨을 찾아다녔다.[19] 모든 사람이 이같은 활동을 할 수 있거나, 당시 번창하고 있던 암시장을 상대할 만한 충분한 교섭력을 가지고 있지 않았다. 불법이었던 이러한 활동은 한 끼의 식사나 충분하지는 않아도 순간의 허기를 채울 수 있는 최소한의 기본적인 식료품을 얻기 위한 사람들의 노력이 얼마나 강렬했는지를 상징하는 것이다. 이런 맥락에서 사회경제적 계층의 차이는 물물교환 능력을 중심으로 드러난다. 이

17) 지속적인 굶주림을 강요하고 결국은 기아로 몰아가는 것이 독일 절멸 정책의 중요한 요소였는데, 독일 유대인들을 "유대인의 집(Judenh user)"에 감금하는 것에서 시작하여 주로 1939년 이래 점령된 지역, 특히 폴란드와 구소련의 영역에서 유럽의 유대인들을 잔인하게 몰아넣었던 게토를 거쳐, 마지막에는 절멸수용소로 이어졌다. 전체적인 상을 위해서는 다음을 참조하라. Lea Rosh, Eberhard Jäckel, *"Der Tod ist ein Meister aus Deutschland"-Deportation und Ermordung der Juden; Kollaboration und Verweigerung in Europa*, (Hamburg: Hoffmann und Campe, 1990); 보다 자세한 내용에 관해서는 다음을 참조하라. Christian Gerlach, *Krieg, Ernährung, Völkermord-Forschungen zur deutschen Vernichtungspolitik im Zweiten Weltkrieg*, (Hamburg: Hamburger Edition, 1998).

18) Rainer Gries, *Die Rationen-Gesellschaft-Versorgungskampf und Vergleichsmentalität. Leipzig, München und Köln nach dem Kriege*, (Münster: Westfälischer Dampfboot, 1991). 물론 자영농들과 소작농민들도 배급시스템을 받아들여야만 했다. 그들의 농산물은 수확 전에 이미 몰수되었다. 이 규칙의 정책적 집행은 제한적인 효과를 가지기는 했지만, 그 범위는 부분적이었다.

19) Michael Wildt, *Am Beginn der "Konsumgesellschaft"-Mangelerfahrung, Lebenshaltung, Wohlstandshoffnungen Westdeutscher in den Fünfziger Jahren*, (Hamburg: Ergebnisse-Verlag, 1994), p.20 ff. 특별히 1942년 이후 전후 시기 "원하는 만큼 마음껏" 먹기를 희망하는 사람들의 욕구에 대한 26쪽의 연구를 참조하라.

것은 사람들의 실제적인 능력이나 풍요의 상징, 예컨대 최소한 5~6파운드의 감자와 한 덩어리의 베이컨과 맞바꿀 수 있는 정도의 양탄자나 보석, 담배나 초콜릿, 나일론을 가지고 있느냐의 여부로 구체화된다. 따라서 이러한 '비상 상태의 사회'는 비교적 잘 먹는 소수의 행복한 사람들과 기아선상에 허덕이면서 굶주림으로 고통받는 어린아이들과 노인들을 포함한 다수 대중의 차이를 시각적으로도 발전시켰다.

결핍과 굶주림이 시대를 지배했으며, 체형과 체중 또는 몸의 경험을 결정했다. 사진들은 곤경에 처한 몸들을 보여준다. 가냘프고 마른 모습들은 단련되고 건강한 몸이 아니라 생존의 경계에서 움직이고 있는 몸이라는 사실을 은폐할 수 없다. 이러한 몸들은 쉽게 감기에 걸리거나 소화불량에 시달린다. 일단 몸이 약해지고 나면 생존을 위협할 수도 있는 다른 질병과 우환에 취약할 수밖에 없다. 이러한 사진에서 얼굴과 몸은 (대부분 너무 크고 몸에도 맞지 않는 코트나 치마를 입은 상태에서 찍은 사진에서 볼 수 있는 것처럼) 흔히 비쩍 마른 모습으로 나타난다.

9. '만족스런 식사' : 오직 남성들만을 위해

모든 점령 지역 내에서 식량배급시스템은 나치 시기에 유효했으며, 제1차 세계대전 당시 도입된 분배원칙을 계승하는 원칙에 따라 이루어졌다. 배급은 '힘들게 일하는' 사람들에게 가장 좋은 것을, 그 다음은 일반 임금 노동자에게 할당하는 방식이었다. 사실 이러한 시스템은 남성들에게 특혜를 주는 것이었는데, 남성들은 격렬하고 '힘든' 직종을 대부분 차지하고 있었다. 게다가 이러한 시스템은 가사노동의 스트레스와 불가피성을 무시했다. 가사노동은 전쟁포로의 점진적인 귀환 이후 다시 여성의 영역이 되어버렸다. 바로 이러한 맥락에서 주로 여성에 의해 수행되던 직물이나 낙농생산과 같은 임노동은 '힘든 일'로 간주되지 않았다.

'만족스런 식사', 다시 말해 대부분의 사람들에게 고기나 달걀, 버터, 치즈, 크림 등과 같은 영양가 높은 식사는 모든 사람이 바라던 음식이었지만, 특히 남성들이 이를 요구했으며 여성들은 남성들에게 양보해야 했다. 따라서 전쟁포로들이 점차 귀환하자 빵을 벌어오는 남성들이 제일 먼저 배불리 먹어야 한다는 데 큰 논란의 여지가 없었다.

10. 다시 일하는 남성의 몸으로

나치 독일의 군사적 패배 이후 여성들은 즉각 전후 복구의 실행자이자 아이콘이 되었다. 그녀들은 거리와 마을에서 전쟁의 잔재를 청소했다. 이들 소위 '폐허 여성(Trümmerfrauen)'들이 주목받기는 했지만, 다분히 사후적인 것이었다. 남성들이 전쟁터나 포로수용소에서 고향으로 돌아왔을 때 그들의 공적인 관심사는 다시 전통적으로 남성의 것으로 치부되는 생산성과 에너지에 있었다. 동독의 정치 당국이 특히 남성노동자들이 제공하는 생산성의 필요성에 대해 강조할 때면 젠더 위계질서에 대한 산업계의 견해에 의지하고는 했다. 이것은 정치적 좌파, 특히 1920년대의 공산주의적 노동운동을 포함한 광범위한 정치 진영 내에서도 논란의 여지가 없었다.

소비에트 점령 지역에서 공공의 시각은 새롭고 더 나은 미래를 향한 다양한 전선에서 주된 성취자로서의 남성에게 더욱 초점이 맞추어졌다. 1948년 10월 광부인 아돌프 헤네케(Adolf Hennecke)는 세심하게 진행된 단계별 생산 캠페인에서 표준 작업량을 초과하는 기록을 달성했는데, 이것은 '행동가'와 '노동 영웅'이라는 칭호와 메달, 보너스를 받으려는 지속적인 경쟁을 유발했다. 1953년 12월에 여성 직조공인 프리다 혹카우프(Frida Hockauf)가 이러한 남성의 영역에 진입했다. 1949년 10월에 창건된 독일 민주주의공화국에서 정치에서와 마찬가지로 노동의 영역에서도 남성이 중추적인 모습으로 등장하고 있다. 사회주의 통일당과 국가 지도자인 발터 울브리히트(Walter Ulbricht)의 60세 생일(1953년 6월 30일)을 축하하기 위한 선전영화[20]에서 그의 오랜 반려자 롯테는 단지 그의 '유쾌한 동료'로서 잠깐 등장할 뿐이다. 아카이브 자료에 기록되어 있는 그녀의 적극적인 역할은 아예 암시조차 되어 있지 않았다.[21]

남성성과 그것에 귀속된 '생산성'에 대한 이러한 강조는 나치의 관념과 상당한 유사성을 보이는 것이었다. 양자의 맥락 속에서 남성들은 표상의 중심에 있었는데, 이들은 결단력을 보여주는 근육질 몸에 의지하고 있었다. 하지만 동독 당국과 일반 국민은 양자 간에 근본적인 차이점이 있다고 주장했다. 그들의 주장은 '사회주의적 노동 영웅들'은 거만하지 않았으며, 무기를 생산하지 않았다는 것이다. 반대로 그들은 경제뿐만 아니라 전체 사회의 보증자로서 제시되었는데, 이 사회에서 모든 사람은 자신의 에너지를 오직 평화를 위해서만 헌신하고자 했다. 남성노동자들은 발전기에서 부엌칼까지, 저수지에서 해군 함정이나 트랙터에 이르기까지 그들의 생산품이 오직 평화적인 임무를 위해서만 쓰일 것이라고 확신했다. 여성들은 남성들과 협조하고 지원하는 모습으로 등장한다. 하지만 옛날 그림에서와는 달리 이제 여성들은 도로 건설현장에서 흙을 옮기는 일에서부터 철강 공장에서 크레인을 작동하는 일까지 산업현장과 생산현장에서 활동하는 모습으로 그려지고 있다.

당연히 소비에트의 사례가 중요한 영향을 미쳤는데, 최소한 점령기 초반

---

20) 1953년 6월 16일에서 18, 19일까지의 동독 노동자들의 봉기로 인해 이 영화는 완성되지 못한 채 문서보관소로 보내졌다. 결국 〈사회주의의 건설장인: 발터 울브리히트(Baumeister des Sozialismus: Walter Ulbricht)〉(주연: Ella Ensink, Theo Grandy)는 1989년 동독 붕괴 이후 공개되었다.

21) 지금은 베를린의 SAPMO 연방문서보관소에 있는 사회주의통일당(SED)의 소유물을 보라. 여기서는 중앙위원회의 파일들과 발터 울브리히트의 서류를 참조하라(ibid.).

에는 그러했다. 하지만 여성들이 남성 동료들 사이에서 인정받고 존중받았는지, 그렇다면 어느 정도까지 그러했는지는 또 다른 이야기이다. 이러한 상황은 오직 문학작품이나 언론 기사에서만 긍정적으로 표현되었다.[22] 이러한 묘사에 등장하는 남성과 여성의 몸의 골격과 프로필은 가늘고 강건하기보다는 다소 뚱뚱한 쪽에 가까웠다. 남성들은 잘 발달된 팔이나 목, 다리의 근육에 의지할 수 있었으며, 몸의 과도한 지방질로 인해 동작에 방해를 받지 않는 것으로 보였다. 여성들도 그들의 '에너지'가 몸에 비슷하게 형상화되어 있지는 않았지만 크게 다르지는 않았다. 이러한 형상은 훌륭하고 적당한 일을 위한 지구력과 잠재력의 근원으로서의 몸을 강조하는 것이다. 전형을 제시하는 것은 남성의 몸이었다. 오직 남성만이 불리하고 어려운 상황을 이겨낼 수 있는 능력이 있는 것으로 비쳐졌다.

11. 1950년대와 60년대의 튼튼한 남성 치켜세우기

1948년 6월 동독의 화폐 개혁 이후, 그리고 그에 따른 1949년 10월의 정치적 공고화 이후 생산은 늘어났고, 느리고 다소 변칙적이기는 했지만 분배 또한 향상되었다.[23] 이러한 서술은 서독과 서독의 시장을 강조하는 표준적인 서술인 듯해 보이지만, 동독의 계획 경제 사례에도 해당되는 것이기도 하다. 양쪽의 경제와 사회에 있어 무제한적인 소비에 대한 사람들의 갈망은 앞으로 다가올 몇 년 동안 아주 먼 지평에서만 간신히 볼 수 있는 미래에 대한

---

22) 그 사례로는 다음을 참조하라. Franz Fühmann, *Kabelkran und Blauer Peter*, (Rostock: Hinstorff, 1961). DEFA의 영화에 관해서는 다음을 참조하라. Peter Zimmermann, ed., *Arbeit, Alltag und Geschichte im ost- und westdeutschen Film*, (Konstanz, 2000).

23) Andre Steiner, *Von Plan zu Plan-eine Wirtschaftsgeschichte der DDR*, (München: Deutscher Verlags-Anstalt, 2004).

갈망이었다.

1950년대에 생산은 안정화되었을 뿐만 아니라 확대되었고, 그에 따라 소비자의 구매력도 상승했다. 서독의 소비자 대부분이 물자 부족을 극복하는 것은 아직 요원한 일이었지만, 식량 소비는 '상승' 추세였다.[24] 실제로 사람들은 많은 동료 시민이 과거의 비참함을 보상하기 위해 목구멍이 막히도록 음식을 쑤셔 넣자 이를 한탄하기 시작했다. 동독인들 또한 다른 소망을 표현하지 않았다. 고기, 베이컨, 소시지, 크림, 케이크, 설탕, 초콜릿, 밀가루 냄새 가득한 패스트리가 대중적인 상징이었으며, 즐거움을 위한 것들이었다. 사람들은 점심에는 주로 소시지와 베이컨을 먹었으며, 회사나 야유회 또는 일요일의 커피 타임에서 과자와 케이크를 순식간에 먹어치웠다.

이러한 남성들은 업무에 대한 헌신과 작업장에서의 협력에 대한 개방성으로 명성이 높았다. 협력하는 그들의 파트너는 다시 남성이 되었다. 여성들은 남성처럼 작업하고 행동한다는 조건하에서 받아들였다. 사람들은 동료나 상급자, 신참들을 호기심과 약간의 존경심, 작업장에서의 우월한 입지를 주장하는 조금은 잘난 척하는 친절함이 뒤섞인 태도로 대했다.

이러한 남성들은 타인과 스스로에게 다재다능해 보였다. 그들은 변화하는 요구에 적응할 수 있었을 뿐만 아니라 그것들을 마스터할 수 있었다. 에릭 노이취(Erik Neutsch)의 인기 있는 소설에 나오는 작업반장(Brigadier)은 이것에 딱 맞는 사례이다.[25] 국민배우 '만프레트 크루그(Manfred Krug)'는 소설을 영화화한 작품 〈암석의 흔적(Spur der Steine)〉에서(1965년, 이후 검열을 받았다가 1980년대에서야 다시 해제됨) 이 인물을 완벽하게 연기했다. 영화 속 '작업반장'은 자신의 연장과 작업을 통제하는 사람일 뿐만 아니라 좋은 성품을 가

---

24) Michael Wildt, *Am Beginn der Konsumgesellschaft*, pp.72-75, 107-108, 255-263.
25) Erik Neutsch, *Spur der Steine-Roman*, (Halle: Mitteldeutscher Verlag, 1964).

진 사람이었다. 심지어 그의 일상적인 떠들썩함은 일종의 쾌활함을 주는 것이었고, 어쩌면 그것은 사회주의의 행복한 시대를 미리 보여주는 것이기도 했다.

12. 섹슈얼리티의 시기

1950년대와 60년대 초는 부르주아 가족의 결혼 규범을 거스르는 규제되지 않은 섹슈얼리티의 시기였다.[26] 1940년대 후반과 50년대 초반에 혼인관계로 맺어진 사람들은 일상의 허드렛일과 재건의 필요를 충족시키기 위해 노력했다. 그들은 자기 자신을 위해, 그리고 어떤 이들은 사회주의 일반을 위한 것은 아닐지라도 동독 사회와 국가를 위해, 미래를 헤쳐 나가기 위해 노력했다. 그들의 성적인 것은 엄격히 사적인 영역으로 제한되었다. 공적인 영역에서는 글이나 그림 등의 사소한 것이라도 성적인 것은 징계의 대상이 되었으며, 사회주의 통일당 내에서도 '더러운' 통제수단으로 고발이 성행하기도 했다. 1960년대 이후에서야 '나체 문화(Freikörperkultur)' 활동은 활자 매체나 뉴스영화, 텔레비전에서 대부분 무시했음에도 불구하고 점진적으로 인정되어 대중성을 얻게 되었다.

자유화된 성적 관계는 흥미롭지만, 다소 억제된 방식으로 국가와 당의 상반된 반군사주의적 태도와는 모순되었다. 무기에 대한 비난은 최소한에 머물렀다. 이미 1947년에 준군사적인 부대와 그에 따른 훈련이 도입, 홍보되었다. 그들의 슬로건 중 하나는 "사회주의를 방어"하는 것이었다. 따라서 무기나 총은 올바른 사회주의적 남성들의 존경받는 '도구'로 복원되었다(남성만

---

26) Dagmar Herzog, *Sex after Fascism-Memory and Morality in Twentieth Century Germany*, (Princeton, Oxford: Princeton University Press, 2005), pp.192-204.

큼은 아니지만 여성들에게도 마찬가지였다).[27] 그럼에도 동독에서의 해방과 성적 관계는 서독인들 사이에서 유행하던 반군사주의적인 의상과 몸치장 및 몸 보여주기 관행과 공명하고 있었다. 서방 미디어의 존재와 1950년대의 개인적 접촉을 통해 서독의 관행은 동독에서 상식적인 것이 되었고, 상당한 정도로 동독의 십대들과 어른들에게 이상적인 것으로 받아들여지게 되었다.

13. 튼튼한 것인가, 살찐 것인가? 공격당하는 술배

1960년대 중반 이후 몸매에 대한 관심이 변한 듯하다. 남성의 복부가 점점 더 분명하게 드러나기 시작한 것이다. 이러한 과정은 두드러지게 솟아오른 배를 거북해하지 않는 많은 남성들의 편안한 태도와 함께 동시적으로 진행되었다. 말 그대로 그들은 자신의 몸을 자신들이 느낀 실망감에 대한 방패막이로 삼은 것일 수 있다. 그런데 이러한 실망은 비옥한 땅을 일구기 위해 땀을 흘려 이제 막 그 노력이 현실로 이루어지려고 할 때 나타난 것이다.[28] 이러한 견해에서 배는 더 많은 자신감을 허락하는 점증하는 '정상화'를 상징하는 것이었다(Mary Fulbrook). 하지만 이러한 불룩한 배가 동독과 그들의 삶의 실패에 대한 사람들의 의식을 체화하고 있는 것인지, 또 어느 정도까지 그러한지는 아직 해명되지 않은 채로 남아 있다. 하지만 그러한 모습은 분명히 날씬하거나 군살 없는 몸이 아니라, 튼튼하고 다소 뚱뚱한 몸으로 상징되

---

27) 이것의 첫 번째 조직적 노력은 19세기에 이루어졌다. 혁명의 바리케이드에서 지배 세력에 군사적으로 맞서 싸우는 것은 사회주의 좌파 내에서 항시적인 표상이었을 뿐만 아니라 정치적 상상력이기도 했다. 전기적 관점에서는 사회주의 통일당의 여러 지도적 인사들이 스페인 내전 당시 프랑코의 쿠데타에 맞서 '국제여단'의 일원으로 적극 활동했다. Walter Janka, *Spuren eines Lebens*, (Berlin: Rowohlt, 1991), pp.87-172.

28) Erich Loest, *Es geht seinen Gang oder Mühen in unserer Ebene*, (Gütersloh: Deutscher Verlags-Anstalt, 1971).

고 그것을 특권화하는 남성성을 암시하는 것이다. 이 점은 운동선수들도 마찬가지였다. 그들의 스포츠 세계에서 근육은 기능적인 동시에 대중적인 것이었다.

이러한 형상은 1960년대 중반 이래 의사들이 비판했던 양상을 반영하는 것이었다. 즉 여성의 약 40%와 남성의 20% 정도가 명백하게 비만의 징후를 보였다.[29] 이러한 의사들의 논쟁이 다른 관점에서 진행되고 있던 반면, 광범위한 대중을 상대로 한 출판물은 그러한 논쟁이나 시각적 표현을 자제하고 있었다. 반대로《노이에 베를리너 일루스트리어테(Neue Berliner Illustrierte)》와 같은 사진 위주의 신문에 실린 그림들은 동독 20주년, 25주년 기념호의 예에서 볼 수 있듯이 섭생은 잘했지만 '비만'하지 않은 사람들을 보여주고 있다. 그리고 운동을 즐기는 사람들과 선수들의 모습도 이와 크게 다르지 않은데, 근육이 보다 더 두드러져 보인다.

비만에 관한 논쟁은 전문가들의 관념을 반영하고 있다. 그들은 다른 '선진 산업국가들'과의 직접적 유사성을 언급하기도 하는데, 일종의 우려와 자부심의 혼합체가 그 밑에 깔려 있었다. 이러한 선진 산업사회에서도 인구의 약 3분의 1이 과체중이라는 비슷한 징표와 지표를 보여주고 있었다. 역설적으로 주요 선진 산업국과 같은 대열에 속해 있다는 성취감은 현장의 전문가들에게 어떻게 하면 인구의 3분의 1로 하여금 과체중을 줄이도록 할 것인가 하는 문제를 던져주었다. 그러나 사무실과 연구실에는 날씬한 타입들이 자리를 차지하고 있었다. 철강 고로나 건설현장 또는 선박 건조장에 설치된 야

---

29) P. Piorkowski, "Medizinische und ökonomische Aspekte der Fettsucht", *Das deutsche Gesundheitswesen*, 25, (1970), pp.1740-1746, p.1741; 여기서 기반이 되는 것은 이상적인 체중이며, 저자는 이상적인 체중에 근거하여 과체중인 사람들의 비중이 높았음을 언급하고 있다. M. Möhr, "Epidemiologische Untersuchungen über die Adipositas und deren Risikofaktoren", *Das deutsche Gesundheitswesen*, 32, (1976), pp.529-535. 그는 1970년대 이래 노동자 가계의 비만율이 다소 감소했음을 언급하고 있다.

외 세팅은 공공의 관심과 존중으로부터 멀어져갔다.《노이에 베를리너 일루스트리어테》의 사진뉴스 신문들은 깨끗하고 조명이 잘된 실내 사무실과 연구실로 관심을 돌렸다. 여기서 우리는 남성과 여성이 큰 차이나 차별 없이 다시 협조하고 있는 것을 발견할 수 있다. 하지만 그러한 그림은 남성적 타입의 행동양식이 여전히 지배적인가 하는 문제는 미해결로 남겨두고 있다.

14. 스포츠하는 육체 : 가능한 대안?

1970년대 이래 세계 기록이나 금메달을 딸 수 있는 스포츠 종목에 대한 집중적인 지원이 이루어지면서, 이러한 목적을 위해 각별히 훈련된 몸에 대한 특별한 숭배가 이루어졌다. 중심 무대를 차지한 것은 이제 더 이상 사람이 아니라 육체였다. 따라서 운동선수의 잠재적인 의도는 완전히 무시한 채 훈련과 그에 수반된 조치들이 이루어졌는데, 그들의 몸은 경기 일정에 따라 '작동'해야만 했다.

어느 정도 시간이 흐르면서 도핑이 성행했지만 이는 결코 언급되지 않았으며, 많은 경우 당사자인 운동선수 자신에게조차 알려지지 않았다. 이 영역에서 '새로운 인간'을 창조하고자 하는 열망은 '전문가'로서 관계하며 활동하던 사람들 사이에서 계기를 얻게 된 것으로 보인다. 언뜻 보면 경기의 단기적 결과들이 이들이 옳았다는 것을 증명하는 것처럼 보인다. 하지만 인간에 대한 장기적인 영향은 끔찍한 것이었고, 지금도 마찬가지이다. 그러한 개입은 개별 선수들을 배신하는 행위였고, 그들 중 많은 사람에게 해악을 끼치기도 했다. 이것은 이들 운동선수들을 모델 삼아 자신들의 몸을 단련하던 많은 사람들ー젊은 남성과 여성들ー을 배신하는 일이기도 했다.

15. 지배계급의 상징으로서의 술배

단호하게 '노동하는 남성'으로 행동하는 사람들은 체모와 술배를 분명하게 드러냄으로써 편한 몸가짐의 절정을 보여주었다. 이러한 모습은 부르주아적인 체면과 질서의 관념을 상하게 하는 것이었다. 또한 그들은 종종 그러한 의도로 행하기도 했다. 하지만 그러한 편한 자세는 말 그대로 '지배계급'의 웰빙의 표현이자 상징이었다. 이 지배계급의 성원들은 집과 일터, 선술집, 협회와 같은 (반)공적인 영역에서 자신들의 체모와 배를 숨기지 않고 드러냄으로써 자신들이 얼마나 '좋은 시간'을 보내는 것에 관심이 있는지를 보여주었다. 당과 국가의 '좋은 시간' 정치는 이들의 관심 밖이었다.

II

동원하는 권력과 협상하는 주체들 :
좌파독재

미국인 여성 메리 레더의 눈에 비친
스탈린 체제 여성의 일상

박원용

박원용

부경대학교 사학과 교수 겸 역사문화연구소 소장. 러시아 현대사를 전공했다. 주요 저서로는 공저《19세기 동북아 4개국의 도서분쟁과 해양경계》와 번역서《10월혁명: 볼셰비키 혁명의 기억과 형성》등이 있다. 논문으로는 〈10월혁명의 영상독해〉, 〈집단기억의 강화, 왜곡, 은폐: 1920~30년대 러시아의 시각이미지를 중심으로〉 등이 있다.

1. 러시아 혁명은 여성들에게 주체적 자아로서의 권리를 주었는가

사회주의 체제를 출범시킨 볼셰비키 혁명 세력이 강조했던 업적 중 하나는 전제정 체제의 러시아 여성들에게 꿈에 불과했던 성적 속박으로부터의 해방이었다. 새로운 시대를 맞이한 러시아 여성들은 이제 더 이상 남성의 종속적인 존재가 아니라 그들과 동등한 주체적 자아로서 권리를 향유할 수 있을 것이라고 생각했다. 가사노동과 자녀 양육을 전적으로 전담하는 전통적 러시아 여성상 대신 사회주의 체제 건설을 위해 남성과 동등한 역할을 수행하는 여성상이 제시되었다.[1] 혁명 정부의 중요한 선전 수단의 하나였던 정치 포스터는 달라진 여성의 이러한 위상을 확실하게 제시하고 있었다. 포스터에 등장한 여성들은 사회주의 정권 수립과 더불어 국가가 운영하는 어린이집에 아이들을 맡겨놓고 도서관에서 사회주의 의식의 함양을 위한 자양분을 획득할 수 있었다. 전면에 부각된 여성을 태양이 비추고 있는 장면이 상징하고 있듯이 사회주의 체제 아래에서 여성들의 미래는 행복으로 넘쳐나며, 남성에 의한 여성 착취는 더 이상 존재하지 않았다.[2] 볼셰비키 정권의 이러한 선전이 러시아 여성들의 실제 삶에서 과연 얼마나 구현되었는지는 물론 별개의 문제이다.

---

1) A. Kollontai, "The Family and the Communist State" and Leon Trotsky, "From the Old Family to the New", *Bolshevik Vision*, William G. Rosenberg ed., (Ann Arbor: University of Michigan, 1990), pp.67-83.

2) Stephen White, *The Bolshevik Poster*, (New Haven, London: Yale University Press, 1988), p.111.

역사가들은 다양한 각도에서 혁명 이후 러시아 여성들의 지위 변화를 검토해오고 있다. 이것에 대한 연구 성과는 너무나 광범위하여 일일이 거론하기 힘들 정도이다. 다만, 이 글에서 제기하는 문제의식과 연관하여 지금까지의 연구 성과를 간략히 분류해보고자 한다. 먼저 여성들의 지위 향상을 위해 사회주의 체제에서 새롭게 신설한 정치기구 혹은 실행된 정책들의 성과를 검토하여 이러한 기구나 정책들이 얼마나 실질적 지위 향상에 기여했는지 검토한 연구를 예로 들 수 있다. 이러한 연구들에 따르면 페미니즘의 이상을 실현하려는 초기의 정책이나 기구의 성격은 1930년대에 변하기 시작했으며, 결과적으로 소비에트 여성의 지위는 과거에 비해 달라진 것이 없다. 여성은 사회주의 건설을 위한 전사로서의 역할보다는 어머니로서의 역할을 여전히 수행해야만 했고, 대가족 속의 여성이 그렇지 않은 여성보다 상대적으로 더 나은 대접을 받았다.[3] 여성의 사회 참여 비율이 소비에트 체제 아래에서 증가한 점을 인정한다 하더라도 그것이 여성들의 실질적 지위 향상을 의미했다고 단정하기는 어렵다. 왜냐하면 여성들은 남성들에 비해 낮은 임금을 받는 직종에 집중되어 있었고, 직업의 위신 또한 남성들에 비해 떨어졌기 때문이다. 소비에트 체제 역시 여성들에게 보조적 역할만을 강조하여 그들을 착취하는 체제라는 점에서 이전과 다를 바 없었다.[4]

소비에트 여성에 대한 이러한 연구 성과들은 분명 그들에 대한 역사적 인식의 확대에 기여한 바가 적지 않다. 그러나 아쉬운 점이 없지 않다. 즉 여성들을 둘러싼 제도적 측면과 그들을 대상으로 한 정책적 측면에 관심을 집중

3) Wendy Goldman, *Women and the Soviet State-Soviet Family Policy and Social Life, 1917-1936*, (Cambridge: Cambridge University Press, 1993); Elizabeth Wood, *The Baba and the Comrade-Gender and Politics in Revolutionary Russia*, (Bloomington: Indiana University Press, 1997).
4) Wendy Godlman, *Women at the Gates-Gender and Industry in Stain's Russia*, (Cambridge: Cambrige University Press, 2002).

한 결과, 정작 그들 내면의 목소리와 국가 정책에 대한 그들의 반응은 묻혀 버렸다는 점이다. 따라서 체제를 구성하는 한 부분이었던 여성들의 존재가 주어진 상황에 수동적으로 반응하는 식으로 그려졌다. 스탈린 체제가 출범 하면서 정치적 강제의 정도가 강화되었다고는 해도 그 체제 안의 구성원들 이 가졌던 체제와의 능동적 상호작용을 과소평가하지 말아야 한다는 것은 이미 여러 연구에서 지적되고 있는 점이기도 하다.[5] 특히 할핀은 1920년대 와 30년대에 걸쳐 볼셰비키 당원들의 의식 변화를 추적한 결과 이들이 체제 의 가치를 내면화하기 위한 적극적 의식화의 작업을 자발적으로 수행했다고 주장했다. 그러나 할핀은 체제를 구성하고 있던 소수의 엘리트 계층을 분석 대상으로 하고 있었기 때문에 소비에트 체제의 여성 전반이 과연 그의 지적 대로 체제의 가치를 적극적으로 내재화했는지는 의문의 여지를 남기고 있 다.[6] 소비에트의 여성들이 과연 그들 일상생활의 측면에서 이러한 주체적 자각의 정도를 얼마나 내재화시키고 실현했는가는 보다 세밀한 검토가 필요 하다.

미국인 여성 메리 레더(Mary M. Leder)의 회고록《스탈린 시대 러시아에서 의 나의 삶(My Life in Stalinist Russia)》은 이런 면에서 우리의 관심을 끌기에 충분하다.[7] 레더는 사회주의 이념에 동조하는 부모 밑에서 성장했다. 그녀 는 일찍부터 공산주의자 청년동맹에 가담해 활동했지만, 그녀의 부모가 경 제 대공황이 미국 사회를 강타한 1931년에 구소련으로 이주 결정을 했을 때 결코 기뻐할 수 없었다. 15세의 십대 소녀에게 낯선 미지의 땅에서 친구들과

5) 박원용, 〈'스타하노프 운동가' 만들기: 국가권력과 민중의 상호작용을 중심으로〉,《러시아연구》15, 서울대학교 러시아연구소, 2005, 315~339쪽.
6) I. Halfin, *Terror in My Soul-Communist Autobiographies on Trial*, (Cambridge, Mass.: Harvard University Press, 2003).
7) Mary M. Leder, *My Life in Stalinist Russia-An American Woman Looks Back*, (Bloomington, Indianapolis: Indiana University Press, 2001).

헤어져 살아야 한다는 결정은 가혹하게만 느껴졌다. 그러나 그녀는 1965년 미국으로 다시 돌아가기 전까지 34년을 모스크바에 머물면서 한때 공산당 정당원의 지위 획득을 기대할 정도로 열성적 사회주의자로 변해 있었다. 이러한 레더의 헌신적 당원의 자세는 미국 사회로의 귀환이라는 그녀의 선택을 통해 짐작할 수 있듯이 말년에는 사라지고 말았다.

필자는 소비에트 체제에 대한 레더의 이러한 극단적 태도 변화를 소비에트 여성의 일상생활과 연관시켜 풀어보려고 한다. 따라서 이 글은 결코 메리 레더라는 특정 인물의 사례를 추적하는 의미만을 가지고 있지는 않다. 비록 그녀가 미국으로부터 이주한 여성이라는 독특한 정체성을 가지고 있기는 했지만, 그녀의 일상적 경험은 도시에 거주하는 대부분의 소비에트 체제 여성의 경험과 동떨어져 있지 않았다. 필자는 이 점을 메리와 동시대를 경험한 구소련 여성들의 증언 자료, 그들의 일기 등을 포함한 사적인 기록들을 통해 보여줄 것이다. 또한 이 글은 소비에트 여성들의 내면을 '줌렌즈로 끌어당겨 살펴보는 미시사'로서의 의미도 함께 갖는다.

앞에서 지적한 것과 같이 소비에트 여성들의 구체적 일상생활과 연관시켜 체제에 대한 반응을 보여준 연구는 그리 많지 않다. 테러의 위협이 상존하고 있는 스탈린 체제에서 이것에 대한 솔직한 태도를 공개적으로 밝힌다는 것은 신변상의 위협을 감수하는 행위였다. 그렇다고 해서 스탈린 체제 내의 보통사람들은 자신들의 속마음을 철저히 숨기고 살아가지는 않았다. 매일매일의 삶의 과정에서 그들은 체제가 약속한 것들 중에 어떤 것이 여전히 성취되지 않았는지, 또 그들의 실제 삶이 과거에 비해 나아졌는지 등의 문제에 대해 인식할 수 있었다. 그들은 소위 '부엌에서의 담화'라든가, 자신들의 내면 기록인 일기를 통해 체제의 문제점을 지적했다. 따라서 메리 레더를 중심으로 한 소비에트 여성들의 미시사적 복원은 소비에트 사회에 대한 우리의 인식을 보다 더 확장하는 데 기여할 것이다.

2. 자유주의적 성장 배경과 집단주의 이데올로기와의 갈등

메리 레더의 가족은 1931년 9월 블라디보스토크-모스크바 대륙 횡단 철도가 지나는 비로비드잔이라는 소도시에 도착했다. 메리는 황량하고 진흙투성이의 이 소도시에서 사회주의의 꿈을 실현할 수 없다고 생각하여 모스크바로 떠나기로 결심했다. 5,000마일 이상의 먼 길을 러시아어도 제대로 구사하지 못하는 십대 소녀를 홀로 보내는 일은 쉽지 않았다. 그러나 "사회주의 국가에서 어린 소녀에게 나쁜 일은 결코 일어나지 않는다"고 생각한 메리의 아버지는 그녀를 모스크바로 떠나 보냈다.[8] 그녀의 부모 또한 1932년 비로비드잔을 떠나 모스크바에서 기차로 48시간이면 갈 수 있는 스탈린그라드(현재의 볼고그라드)로 이주했기 때문에 가족들이 다시 모여 살 수 있는 가능성이 전혀 없지 않았다. 실제로 메리는 모스크바에 살면서 1932년과 33년 두 차례 그녀의 가족과 재회할 수 있었다.

그러나 1933년 9월 메리의 가족이 미국으로 다시 돌아가면서 그녀는 '사회주의의 모국 러시아'에 홀로 남게 되었다. 소비에트 시민권을 획득한 지 얼마 되지 않은 메리의 출국 비자 발급을 관계 당국이 거부했기 때문이다. 메리와 그녀의 가족은 행정 절차상의 문제가 해결되면 메리 역시 미국으로 돌아올 수 있을 것이라고 생각했다. 그러나 그녀는 24년이 지난 1957년이 되어서야 자신의 부모와 재회할 수 있었다. 메리는 이제 홀로 남아 사회주의 체제의 여성으로서 자신의 일상을 꾸려가야 했다.

모스크바에서 사회주의 체제의 새로운 인간형으로 메리가 다시 태어나기 위해 적응해야 할 첫 번째 문제는 주거환경이었다. 자신의 독자적 생활공간을 누리면서 성장한 메리에게 모스크바 공장 노동자들의 집단적 거주 형태

---

8) *Ibid.*, p.25.

는 참기 어려운 고역이었다. 경우에 따라서는 한 방에 네다섯 명의 노동자가 침대만을 독자적으로 배정받고, 그 외의 사적 공간이라고는 거의 허용되지 않는 주거환경에 메리는 적응해야만 했다. 스탈린의 강력한 산업화 정책으로 농촌으로부터 대도시로 인구가 지속적으로 유입되는 상황이 만성적 주택부족의 근본 원인[9]임을 알지 못했던 메리로서는 자신만의 독자적 주거공간을 확보할 수 없다는 현실은 체제에 대한 불만의 원인이었다. 개인만을 위한 공간을 확보하기 어렵다는 일차적 어려움과 더불어 그 구성원들의 사회주의적 생활윤리 의식의 부족은 이러한 집단적 생활방식의 어려움을 가중시킬 수밖에 없었다.

소비에트 정부는 사회주의 체제의 새로운 인간형이 가져야 할 덕목 중 하나로 '문화도(культурность)'라는 개념을 전파시키기 위해 노력했다. 이 개념 안에는 높은 수준의 문화를 향유해야 한다는 사회주의 체제 인민의 미래의 자질뿐만 아니라 현재 상황에 필요한 인민의 행동윤리, 삶의 방식 등을 포함하는 광범위한 개념이 녹아 있었다.[10] 위생적 생활습관의 정착도 문화도를 높이기 위한 필요 요소 중 하나였다. 산업화 정책이 강력하게 추진되고 있던 1930년대에 개인의 건강을 지키는 위생적 생활습관과 주거환경의 정착은 특히 강조되었다. 위생을 갖추지 않고서 생산성 증진에 필요한 노동력의 건전한 공급은 기대할 수 없기 때문에 이러한 강조는 단순히 개인적 차원의 생활윤리의 정착이라는 한정된 의미만을 가지고 있지는 않았다.

위생적 생활습관을 확립하기 위한 계몽운동은 여러 방식으로 진행되었다. 포스터는 그 중요 수단 중 하나였다. 계몽 목적의 이러한 포스터 중 하나는

---

9) David L. Hoffman, *Peasant Metropolis-Social Identities in Moscow 1929-1941*, (Ithaca: Cornell University Press, 2000).

10) Vadim Volkov, "The Concept of '*Kulturnost*': Notes on the Stalinist Civilizing Process", Sheila Fitzpatrick, ed., *Stalinism-New Directions*, (New York: Routledge, 2000), pp.210-230.

모범적인 농가의 내부 생활 모습을 보여주고 있다. 할아버지와 어린 손자는 식사 전에 손을 씻고 있으며, 농가의 젊은 여성은 뜨거운 물로 그릇을 씻고 있다. 포스터 아래쪽 문구는 "결핵은 그릇을 통해 감염됩니다. 뜨거운 물로 그릇을 씻으십시오. 그릇을 공동으로 사용하면서 음식을 드시지 마십시오"라는 구체적 생활 지침도 전하고 있다.[11] 또 다른 포스터는 건강한 가정환경을 조성하는 데 있어서 환기의 중요성과 햇볕의 역할을 강조하고 있다. 포스터는 활짝 열린 현관문 저쪽의 공장 굴뚝으로 보아 도시의 건강한 가족의 전형적 모습을 재현하고 있다. 집 앞의 조그마한 뜰에는 아이들이 모여 놀고 있고, 집 안 내부의 밝은 햇살은 행복한 표정의 젊은 아낙네와 아이의 머리 위를 비춘다. "태양은 아이의 가장 좋은 친구입니다. 밝은 햇살은 모든 질병이 가장 두려워하는 적입니다"라는 포스터의 문구는 건강을 유지하기 위해 햇볕을 잘 활용하라고 충고하고 있다.[12]

메리에게 건강을 유지하기 위한 이러한 생활습관은 전혀 낯설지 않았다. 다수의 사람이 좁은 공간에서 생활해야 하는 소비에트 체제의 현실을 고려할 때 위생적 생활방식의 확립은 더욱 절실했다. 그러나 그녀가 보기에 도시의 공동체적 생활이 아무 문제없이 유지될 수 있을 정도로 필요한 '문화도'를 모든 구성원이 갖추고 있지는 않았다. 이러한 상황을 개선하기 위해 메리는 모두가 사용하는 공동 화장실에 지켜야 할 생활수칙을 직접 작성하여 게시하기도 했다. 그 게시물 내용은 용무가 끝난 후 변기의 물을 내려달라고 부탁하는 것이었다. 그러나 기숙사의 성원들은 그것이 갖는 사회적 함의보다는 서툰 러시아어로 메리가 작성한 게시물의 어법상 오류에 대해 이야기하기를 좋아했다. 또한 침대에 기생하는 벌레들을 박멸하기 위해 창문을 자

---

11) Hoover Institution Archives, Poster Collection, Poster Identification Number RU/SU 1198.4
12) Hoover Institution Archives, Poster Collection, Poster Identification Number RU/SU 905.

주 열어 환기를 하거나, 침구 등을 햇볕에 자주 말리자는 메리의 제안도 심각하게 받아들여지지 않았다.[13] 위생을 강조하는 생활습관의 정착이라는 측면에서 메리의 주변 동료들의 '문화도'는 아직 성숙하지 못했음을 보여주는 사례들이었다.

그렇다고 소비에트 체제가 정착시키려고 했던 '문화도'를 메리가 모두 체화시키고 있지는 않았다. 그녀 역시 농촌에서 올라온 대부분의 공장 노동자와 마찬가지로 식탁 위의 빵을 집을 때 포크를 사용하기보다는 손으로 집을 때가 많았다. 특히 '문화도' 측면에서 다른 소비에트 여성과는 달리 메리가 부족하다고 비난받았던 것 중 하나는 실내에서 휘파람을 부는 행위였다. 러시아에서 여성과 남성이 실내에서 휘파람을 부는 것은 비난받아 마땅한 행위였다. 또한 메리는 외출 후 귀가했을 때 외투를 거실의 옷걸이에 걸어두기보다는 자신의 침대 위에 던져놓는 경우가 많았다.[14] 외투를 거는 습관은 위생적 생활습관의 정착에 기여한다는 것을 메리 또한 인정했기 때문에 그러한 습관을 그녀는 쉽게 받아들였다.

메리 레더뿐만 아니라 소비에트 체제의 여성은 집단적 생활방식과 개인의 사적 영역을 확보하기 위한 욕망 사이에서 일상적 투쟁을 벌여야 했다. 물론 혁명 이후에 태어난 신세대들은 이러한 새로운 생활방식에 훨씬 빠르게 적응했다. 하나의 주거 단위에 여러 세대가 최소한의 공간을 사적 생활 영역으로 확보한 채 나머지 생활은 공동으로 사용해야 하는 코뮤날카(коммуналка)라는 생활양식은 이들 신세대에게는 자본주의사회의 사적 욕망을 제거하고 전체의 이익과 행복을 위해 필요한 생활윤리를 습득해가는 자연스러운 교육의 장소처럼 보였다. 가정이라는 사적 영역에 여러 세대가 공존하는 코뮤날카

---

13) Leder, *My Life*, p.47.
14) *Ibid*.

의 생활방식이 유지되기 위해서는 개개 성원들의 행동을 통제하는 공적 윤리가 존재해야 했다. 즉 개별 가족만이 생활하는 공간과 달리 공동으로 사용할 수밖에 없는 주방, 욕실과 화장실, 주방 내의 가구와 관련해 공적 통제는 필요한 요소였다. 개별 가족이 사용할 수 있는 주방 및 화장실 시간의 할당, 주방의 가구에 개별 가족이 비치하는 물품들의 위치 준수 등은 공적 통제의 한 양상이었다. 이러한 공적 통제를 준수함으로써 사회주의 체제의 인민들은 가장 사적인 영역이라고 할 수 있는 가정생활에서도 공적인 가치를 체득해나간다는 것이었다.[15]

사적 공간과 공적 공간의 영역이 상호 침투하는 이러한 생활방식이 실제 삶의 과정에서 긍정적으로 기능하지는 않았다. 충분한 생활공간이 확보되지 않은 코뮤날카에서의 생활은 서구의 기준에서는 마땅히 확보되어야 하는 가족 성원들 간의 지극히 정상적인 행동도 불가능하게 만들었기 때문이다. 자녀들의 행동을 통제하는 주체는 부모가 아니라 코뮤날카가 강제하는 공동의 생활윤리였다. 1930년대의 코뮤날카에서 성장한 소비에트 체제의 한 시민은 자신은 부모가 아닌 누군가에 의해 항상 감시당하고 있다는 생각을 떨칠 수 없었다고 회상하기도 했다.[16] 어린아이들과 더불어 한 방에서 생활하며 커튼으로 활동 공간을 나눠야 했던 삶의 조건에서 부부관계는 그들이 잠든 깊은 밤에나 가능했다는 한 여성의 증언은 집단적 생활양식이 초래하는 일그러진 삶의 한 모습이기도 했다. 코뮤날카를 구성하는 세대들 간에 보다 많은 공간을 차지하기 위한 다툼 또한 낯선 사례는 아니었다. 옆방의 이웃을 쿨

---

15) Katerina Gerasimova, "Public Privacy in the Soviet Communal Apartment", *Socialist Spaces - Sites of Everyday Life in the Eastern Bloc*, David Crowley, Susan E. Reid, eds., (Oxford: Berg, 2002), pp.207-230.

16) Orlando Figes, *The Whisperers: Private Life in Stalin's Russia*, (New York: Metropolitan Books, 2007), pp.185-186.

락, 공금 횡령자, 돈만 아는 투기꾼이라고 고발하여 하루아침에 철천지원수가 되는 경우도 있었다.[17]

메리 레더는 집단적 삶의 양식을 유지해야 되는 소비에트 체제의 현실에 개인적 생활공간을 확보하고자 하는 욕구를 적응시켜나가야 했다. 이러한 집단적 삶의 양식은 사회주의 체제의 새로운 성원으로서 메리가 습득해야 할 가치를 전달해주기도 했지만 적잖은 갈등의 요인이 되기도 했다. 미래의 행복을 위해 일시적 현실의 어려움을 참아내야 한다는 당위론적인 선전만으로 구체적인 삶의 과정에서 발생하는 불만을 잠재울 수는 없었다. 다음 글에서는 성적 평등과 연관된 체제의 선전이 현실에서 어느 정도로 실현되고 있었으며, 소비에트 체제의 신세대와 구세대 간의 가치관의 대립 정도는 어떠했는지 살펴보고자 한다. 이러한 문제 역시 메리 레더가 소비에트 체제에 헌신하는 여성으로서의 전환을 어렵게 만들었던 요인인 동시에 그것은 그녀만의 문제가 아니었다.

3. 성의 사회적 역할 분화와 세대 간의 갈등

메리는 일상생활의 어려움을 보통의 소비에트 여성과 마찬가지로 극복해나가면서 '소비에트 신여성'으로서의 모습을 점차 갖추어나가고 있었다. 공장 노동자로서의 삶이 자신에게 맞지 않는다고 생각한 메리는 1934년 모스크바대학 생물학과에 입학한 후 그 다음 해에 역사학과로 전과했다. 마르크스주의-레닌주의와 같은 주제를 보다 집중적으로 공부할 수 있고, 정치적 분위기가 강했던 역사학과의 성향에 메리는 더 만족했다.[18] 1938년부터 메

---

17) Sheila Fitzpatrick, *Everyday Stalinism-Ordinary Life in Extraordinary Times: Soviet Russia in the 1930s*, (Oxford: Oxford University Press, 1999), pp.47-49.
18) Leder, *My Life*, pp.114-116.

리는 마르크스주의자의 고전을 외국어로 출판하는 부서에 배치되어 영어로 출판된 서적의 교정 업무를 맡게 되었다. 출판사에는 사회주의 건설에 대한 신념을 가지고 외국에서 이주한 사람[19]들이 많았기 때문에 메리는 이곳에서 구소련에서 지내는 동안 평생을 함께한 친구들을 만나게 되었다. 또한 그녀의 동반자인 유대인이었던 아브람 레더(Abram Leder)를 만난 것도 바로 이곳 출판사였다. 이와 같이 메리는 소비에트 체제의 다른 여성과 마찬가지로 한 사람의 아내이자, 체제 발전에 기여하는 지식인으로서의 모습을 점차 갖추어나가고 있었다.

이상적으로 사회주의 체제에서 여성의 역할은 남성과 다르지 않았다. 여성은 더 이상 가정에서의 역할만을 수행하는 '비사회적' 존재가 아니라 남성과 더불어 체제 건설에 참여하는 '사회적' 존재로서의 역할을 부여받게 될 것이었다. 볼셰비키 체제 여성 정책의 토대를 확립한 콜론타이(A. Kollontai)는 새로운 체제가 "자녀 양육의 의무를 여성으로부터 분리하여 국가로 이전할 것이다"라고 선언했다. 그렇다고 전통적 여성 역할의 전면적 부정만을 콜론타이 여성 정책의 기조로 생각할 수는 없다. 그녀 역시 "공산주의사회는 아이들을 부모 혹은 어머니의 가슴으로부터 떼어놓을 의도를 가지고 있지 않다"는 점을 처음부터 인정하고 있었다.[20]

콜론타이의 선언은 부르주아 체제의 가족관계 소멸을 강조했던 초기의 이상론이 1930년대에 전통적 가족관계의 복원으로 전환될 수밖에 없었던 상황

---

19) 1930년대 공황기에 구소련의 꾸준한 산업생산은 서구 노동자, 특히 미국 노동자들에게는 경외의 대상이었다. 이 시기 한때 미국 내로 유입해 들어오는 인구보다 미국 밖으로의 유출 인구가 더 많았다. 사회주의 체제에 대한 이러한 미국 노동자들의 동경에 대해서는 다음을 참조하라. Tim Tzouliadis, *The Forsaken-An American Tragedy in Stalin's Russia*, (New York: Penguin, 2008), pp.1-11.

20) "Communism and the Family", *Aleksandra Kollontai: Selected Writing*, Alix Holt, ed., (New York: Norton, 1977), pp.257-258.

을 예견하고 있는 듯하다. 이러한 전환의 이유에 대해서 트로츠키는 1930년 대 중반 이후 소비에트 체제 전반의 반동적 성격 강화에 따른 자연적 결과라고 설명하고 있다.[21] 트로츠키의 설명은 어느 부분 합당해 보이기도 하지만 스탈린 체제가 등장하기 이전에는 소비에트 정권의 여성 정책이 혁명적 성격만을 가지고 있었다는 인상을 주기 쉽다. 소비에트 러시아의 노동력 일부분을 구성하고 있던 여성노동자들은 1920년대뿐만 아니라 30년대에 이르러서도 여전히 남성노동자들에 비해 저임금에 시달리고 있었다. 그렇기 때문에 그들의 지위는 남성노동자들에 비해 매우 열악했다.[22]

따라서 여성의 지위와 관련한 1930년대의 보수적 정책의 등장을 스탈린 체제의 확립에 따른 갑작스런 정책 전환으로 설명하는 것은 옳지 못하다. 1930년대 중반의 정책 전환은 소비에트 러시아 역시 가족이라는 단위를 이념적으로 규정하려는 초기의 태도에서 벗어나 그것이 가지고 있는 현실적 기능, 즉 소비에트 러시아의 인구 증가를 위해서는 가족의 생산적 기능과 사회적 규율을 습득케 하는 기초 단위로서의 기능을 고무시킬 필요성을 자각하고 있었다는 사실과 관련이 있다. 이러한 필요에 의해 실시된 정책 전환의 결과, 메리를 포함한 대부분의 소비에트 여성들은 어머니로서의 생물학적 재생산과 여성노동자로서의 사회적 생산의 역할을 완수해야 했다. 그 결과 사회주의 체제가 완성되었다고 선언된 시점 이후에도 소비에트 여성들은 '가사노동'과 '사회적 노동'의 이중 부담에서 자유로울 수 없었다.

메리는 소비에트 체제 내의 일반 가정에서 발견되는 '노동의 사회적 분

---

21) Janet Evans, "The Communist Party of the Soviet Union and the Women's Question: The Case of the 1936 Decree 'In Defence of Mother and Child'", *Journal of Contemporary History*, 16, (October, 1981), p.757.
22) Gail W. Lapidus, *Women in Soviet Society-Equality, Development and Social Change*, (Berkeley: University of California Press, 1978), p.99; Hoffman, *Peasant Metropolis*, pp.120-122.

화'를 언급하면서 자신도 역시 결혼 이후 이러한 가사노동의 부담으로부터 자유롭지 못했음을 암시하고 있다. 세탁, 요리, 다림질, 심지어 공무로 집을 떠나는 남편의 짐을 챙기는 일조차 여성들의 몫이었다. 여성들은 남편보다 일찍 일어나 아침을 준비하고, 자신들의 직장으로 출근해야 했다. 남성들은 직장에서의 정치적 회합이나 교육 등으로 인해 정시에 퇴근하기 어려웠기 때문에 탁아소에 맡긴 아이들을 찾아서 귀가하는 일도 여성들의 몫이었다. 한 마디로 여성들은 가정을 꾸려나가는 데 있어서 필요한 거의 모든 일을 책임지는 존재였다. 군과 관직의 유력 인사들의 아내를 제외한 대부분의 보통 여성은 직장에 다니고 있었기 때문에 그녀들은 가정과 사회 양자가 요구하는 이중 부담 속에서 일상생활을 해나가고 있었다.[23]

남성들의 이중적 가치관 또한 여성들이 이러한 부담으로부터 자유로울 수 없었던 이유 중 하나였다. 1930년대는 사회주의혁명의 혜택을 받으며 성장한 신엘리트 계층의 남성들에게는 일상생활에서 보다 많은 자유를 가져다준 시기였다. 상수도와 가스, 전기를 공급받는 현대화된 주거환경으로 남성들은 땔감의 확보라든가 물 길어오기 같은 가정 내에서 행해지던 그들의 전통적 의무로부터 해방될 수 있었다. 반면, 여성들은 1936년경에 이르면 남성들이 집안의 잡무에 할애하는 시간보다 5배 정도를 더 할당해야만 했다.[24] 남성들은 여유로운 시간을 여성들을 위해 쓰기보다는 자신들의 정치 및 문화 활동에 더 집중하기를 원했다. 이러한 경향은 스탈린의 문화혁명 이후 신분 상승의 욕구가 강했던 신진 엘리트들에게 더욱 분명하게 나타났다.

1903년 가난한 농촌 가정에서 태어나 1932년에 모스크바 가스트러스트의 제1책임자가 된 블라디미르 마흐나츠(В. Махнач)의 경우를 예로 들어보자.

---

23) Leder, *My Life*, pp.168-169.
24) J. Barber, "The Worker's Day: Time Distribution in Soviet Working-Class Families, 1923-36", *Center for Russian and East European Studies*, (Birmingham: University of Birmingham, 1978).

마흐나츠는 1921년 볼셰비키당에 가입하고 마리아 차우소바(М. Чаусова)와 결혼하여 1933년에는 스탈린 체제 신엘리트층의 여러 특권을 누리고 있었다. 그러나 그는 출산으로 농업 인민위원부의 일을 잠시 그만두었던 그의 아내가 직장으로 복귀하려는 요구에 대해서는 단호했다. 그에 따르면 당 간부 아내로서의 올바른 위치는 가정이며, 자신의 업무가 그녀의 이전 업무보다 훨씬 중요하기 때문에 그녀의 임무는 밖에서 자신이 열심히 일할 수 있도록 "잘 정돈된 공산주의 가정"을 꾸리는 것이었다.[25] 빅토리아 시대 전형적 중산층 이데올로기를 마흐나츠는 사회주의 체제의 러시아에서 그의 아내에게 요구했던 것이다. 스탈린 체제의 신엘리트층 남성들은 혁명으로 새로운 삶의 취향을 발전시킬 수 있었던 반면, 여성들은 오히려 낡은 습관에 더욱 얽매임으로써 혁명의 정신은 배반당하고 말았다는 트로츠키의 지적은 이 경우에 정확히 들어맞는 것이었다.[26]

가사노동의 부담이 사회주의 체제 아래에서 더욱 강화되는 상황에서 할머니의 존재는 축복이자 가정불화의 원인이 될 수도 있었다. 할머니는 소비에트 체제의 신여성이 사회적 역할을 수행하기 위해 가정을 비우는 사이 아이들을 돌보는 보호자였다. 또한 그들은 일반 소비에트 가정의 생필품을 확보하기 위해 상점 앞에서 몇 시간 동안 줄을 서는 불편도 감수하는 존재였다. 경우에 따라서 집안의 신세대 여성을 대신하여 가정을 꾸려나가는 존재는 바로 그들이었다. 그러나 소비에트 체제의 신여성들에게 이러한 순기능만을 구세대 여성들이 제공하지는 않았다. 메리 역시 결혼 직후 시아버지와의 첫 만남의 일화를 통해 구세대와의 문화적 차이를 증언한 바 있다. 상처하고 지방에서 홀로 지내던 시아버지는 아들의 새로운 가정을 보기 위해 모스크바

25) Figes, *Private Life*, pp.165-166.
26) Leon Trotsky, *The Revolution Betrayed*, (New York: Pathfinder, 2001), p.156.

를 방문하게 되었다. 시아버지의 잠자리로 쓰일 보조 침대는 마련해놓았지만, 시아버지와 같은 공간에서 남편과 함께 침대로 들어간다는 것을 상상할 수 없었던 메리는 시아버지가 계시는 동안 친구의 방에서 지내기로 결정했다. 그러나 시아버지의 입장에서 메리의 이러한 결정은 납득할 수 없었다. 부모와 결혼한 자녀들이 한 방에서 커튼을 사이에 두고 지낸 경험이 있는 시아버지로서는 메리가 다른 장소에서 지낸다는 것을 납득할 수 없었던 것이다.[27)]

메리와 시아버지와의 이러한 갈등은 미국에서 자란 메리의 문화적 성장 환경을 고려하여 메리 가족만의 특별한 사례로 생각할 수도 있다. 그러나 평범한 소비에트 가정 내에서 신구 세대 간의 갈등이 전혀 없지는 않았다. 혁명 직후에 태어나 할머니의 손에 자란 소비에트의 신세대들은 학교와 공산주의 청년동맹과 같은 공식기관이 전하려는 가치와 할머니가 자신들에게 전하려는 가치 사이에서 혼란을 느꼈다고 증언하고 있다. 부모가 당의 업무로 바빴기 때문에 가정 내에서 대부분의 시간을 할머니와 보냈던 엘레나 본네르(Елена Боннер)의 경우를 살펴보자. 본네르의 할머니는 학교에서 거의 읽어보지 못한 19세기 러시아 문학작품을 그녀가 접할 수 있도록 해주었다. 본네르의 어머니가 《강철은 어떻게 단련되는가》와 같은 현대 소비에트 문학작품을 아이들에게 읽히려고 했다면, 그녀의 할머니는 체제를 선전하는 소설과 영화를 단연코 거부했다. 또한 그녀의 할머니는 극장, 갤러리, 연주회장 등으로 그녀를 데리고 다니면서 혁명 전 러시아의 다양한 문화를 체험할 수 있게 해주었다. 본네르는 부모의 세계관을 최종적으로 받아들였지만 성장 과정에서 가치관의 충돌로 혼란스러웠다고 고백하고 있다.[28)]

---

27) Leder, *My Life*, pp.169-170.
28) Elena Bonner, *Mothers and Daughters*, (London: Vintage, 1993), pp.14-17, 145.

1918년 티르리스의 부유한 기술자 가정에서 태어나 리이빈스키의 조부모 밑에서 유년 시절의 대부분을 보낸 예브게니아 예반굴로바(Евгения Евангу лова)의 경우도 세대 갈등의 전형적 사례를 보여주고 있다. 아버지는 소비에트 광업위원회의 광산 위원장으로서 시베리아 출장이 잦았고, 어머니는 모스크바에서 공부를 하고 있었기 때문에 그녀의 양육은 전적으로 할머니의 몫이었다. 혁명 이후의 국가 정책에도 불구하고 구세대들은 자신들의 신앙을 버리지 않았다. 예반굴로바의 할머니도 예외는 아니었다. 그녀의 할머니는 예반굴로바의 등교 첫날 옷 안에 작은 십자가 목걸이를 걸어주었다. 남학생들은 그녀의 십자가 목걸이를 발견하고 신을 믿는다며 그녀를 놀려댔다. 정신적으로 큰 상처를 입은 예반굴로바는 내성적인 성격으로 변했다. 그녀는 부모의 관점에서 보면 이후 개척단과 공산주의자 청년동맹 가입까지 거절하는 위험스러운 행동까지도 마다하지 않았다.[29]

소비에트 체제의 주역으로 성장하기 위한 욕망을 가지고 있었던 신세대 주부들은 자녀들의 양육에서 자신들의 역할이 축소되는 것을 그대로 방치할 수만은 없었다. 전통적 가족관계의 복원이 1930년대에 더욱 강조되는 상황에서 그들 중 일부는 사회적 역할과 가정 내에서의 어머니 역할을 적절히 조화시킬 수 있는 방안을 모색하기도 했다. 그들은 어머니의 역할을 전적으로 위임함으로써 발생할 수 있는 세대 갈등의 문제를 가정 내에서 그들의 역할을 증대시켜 해결함과 동시에 자신들의 그러한 역할을 의미 있는 사회적 활동과 연결시키려는 자발적 사회 활동을 전개해나갔다. 이러한 사회 활동 내용에는 공장 식당에서의 음식 준비, 청소년들의 문화 활동을 위한 동아리 창설, 공장 기숙사의 생활환경 개선을 위한 커튼 제작과 꽃의 비치 등이 포함되어 있었다.[30] 한 마디로 그들은 가정에서 어머니로서 수행하는 역할을 사

---

29) Е. Евангулова, *Крестный, путь,* (Сант - Петербург, 2000), с.7-9.

회적 차원의 봉사 영역으로 확장시켜 건전한 소비에트 시민의 양성에도 일조하고자 했다.

여성 문제와 관련하여 스탈린 시대는 급격한 변화의 시기이기도 했지만 보수적 입장이 다시 살아나는 시대이기도 했다. 이상과 현실의 괴리라는 측면에서 메리의 경험이 그녀만의 특수한 경험이 아니었다는 지적도 스탈린 시대의 여성 정책이 갖는 이러한 특성과 연관해 설명되어야 할 것이다. 이상과는 달리 여성들의 여전한 가사노동으로부터의 부담, 구세대와의 가치관의 충돌이라는 측면에서 메리의 경험 역시 크게 어긋나 있지 않았다. 소비에트 여성의 이러한 경험에 한정하여 메리가 자신의 일상생활을 꾸려나갈 수 있었다면 더 이상의 극적인 삶의 변화는 메리에게 없었을지도 모른다. 그러나 유대인이라는 또 다른 정체성의 확인은 메리의 삶에 다시 한 번 극적인 전환을 가져오는 계기가 되었다.

4. 유대인 여성으로서의 주변인적 정체성

메리의 남편 아브람은 군에서 발행하는 신문사에서 일하고 있었기 때문에 제2차 세계대전 동안 최전선을 옮겨 다녀야 했으므로 대전의 전황에 메리는 민감할 수밖에 없었다. 전황에 따라 아브람으로부터 오랫동안 소식을 받지 못할 때면 메리의 불안감은 더욱 커졌다. 이러한 불안감을 일상생활에서 떨쳐낼 수 없었던 제2차 세계대전에서 승리하여 자신들의 가족과 재회하는 것이 메리뿐만 아니라 소비에트 가족 구성원의 한결같은 바람이었다. 독일에 점령된 지역을 하나씩 회복하여 자신들의 희망을 이루어나가는 과정에서 그

---

30) Rebecca B. Neary, "Mothering Socialist Society: The Wife-Activists' Movement and Soviet Culture of Daily Life", *The Russian Review*, 58, (July, 1999), pp.399-400.

들은 엄청난 인적 희생을 감수해야만 했다. 특히 전선에 직접 투입된 비율이 여성보다 높았던 남성들의 인명 피해가 상대적으로 높았다. 다음의 통계자료는 전쟁으로 인한 남성들의 인명 피해 정도를 짐작케 한다. 1943년에 20세에서 24세의 러시아인 중 1959년에 살아 있는 사람은 여성 1,000명당 남성 605명이었다. 같은 기준을 우크라이나인, 벨로러시아인에게 적용할 경우 각각 645대 1000, 678대 1000명이었다.[31] 남성들의 이와 같은 수적 감소로 인해 보다 많은 여성들이 당에 가입할 수 있는 기회를 얻게 되었다. 전쟁 이전에 여성 당원의 비율은 14.5%에서 18.3%로 늘어났다.[32]

메리는 전쟁이 막바지로 치닫던 1944년 입당 원서를 제출했다. 콤소몰의 나이 제한이 28세였기 때문에 메리는 입당하지 못할 경우 소비에트 시민으로서 정치적 활동을 할 수 있는 조직체 그 어디에도 속하지 못하는 주변인으로 남게 될 상황이었다. 이렇게 절박한 순간까지 입당을 미루어왔던 이유는 메리가 외국에서 태어났으며, 외국의 가족들과 여전히 교류를 하고 있다는 그녀의 특수한 상황 때문이었다. 그럼에도 불구하고 전쟁 이전에 이미 당원 자격을 획득한 남편과 공산주의자 청년동맹(콤소몰)의 활동에 적극적으로 활동한 이력을 감안하여 메리는 당원 지위의 획득을 낙관하고 있었다. 그러나 메리의 예상과는 달리 그녀는 당원의 지위를 획득하는 데 실패했다. 메리는 앞에서 이야기한 태생적 한계가 중요한 이유라고 생각했지만, 진짜 이유는 다른 곳에 있다는 것을 나중에서야 알게 되었다. 그 이유는 바로 메리가 유대인의 혈통을 가지고 있다는 것이었다.[33]

---

31) Barbara A. Anderson, Brian D. Silver, "Demographic Consequences of World War II on the Non-Russian Nationalities of the USSR", *The Impact of World War II on the Soviet Union*, Susan J. Linz, ed., (New Jersey: Rowman & Allanheld, 1985), p.212.

32) Cynthia S. Kaplan, "The Impact of World War II on the Party", *The Impact of World War II*, p.161.

33) Leder, *My Life*, pp.249-251.

다양한 인종으로 구성되었던 소비에트 사회주의 연방에서 그에 따른 차별은 공식적으로 존재하지 않았다. 프롤레타리아 국제주의는 개별 민족의 이익보다 전세계 노동계급의 이해를 우선적으로 고려해야만 했다. 그렇지만 인종적 갈등은 사회주의 체제 출범 이후에도 끊이지 않았다. 특히 유대인에 대한 적대감은 확연하게 유지되고 있었다. 1920년대 신경제 정책으로 인한 소득 수준의 격차와 실업 증대의 책임을 유대인에게 전가시키는 상황을 조성하기도 했다. 더구나 1934년 레닌그라드 공산당의 지도자 키로프의 암살은 유대인의 권력 장악 음모에 대한 대응이라는 소문까지 유포될 정도로 그들에 대한 경계심은 사회주의 체제 전반에 퍼져 있었다. 실제로 유대인은 레닌그라드의 전문가 집단에서 무시하지 못할 정도의 비율을 차지하고 있었다. 1939년 레닌그라드에서 고등교육기관의 과학자와 교육자 중 유대인의 비율은 18%였고, 작가와 언론인, 편집자, 변호사 집단의 비율은 각각 33%, 45%, 70%였다.[34]

그렇다고 1930년대 내내 유대인에 대한 적대감이 항상적이었다고 생각할 수는 없다. 1950년에서 1951년에 걸친 하버드대학의 심층 면접 자료를 근거로 전쟁 직전의 소비에트 체제 시민들의 인종적 갈등을 검토한 바 있는 테리 마틴(Terry Martin)은 스탈린 체제의 인종적 갈등은 심각할 정도로 표출되지 않았다고 주장한다. 특히 1933년 이후 인종적 갈등은 현저하게 줄어들었다. 그 이유는 집단화 정책으로 인해 토지에 대한 권리를 이전에는 전혀 누릴 수 없었던 인종적 집단이 제한적으로나마 이에 대한 권리를 누릴 수 있게 된 상황, 변경 지역에 대한 보다 강력한 국가 권력의 통제, 특권 엘리트 집단의 형성으로 인종적 갈등의 문제보다 계층 간의 갈등이 전면에 부각되었던 1930

---

34) Sarah Davies, *Popular Opinion in Stalin's Russia-Terror, Propaganda and Dissent, 1934-1941*, (Cambridge: Cambridge University Press, 1997), p.85.

년대 상황 등을 들 수 있다. 이러한 상황은 프롤레타리아 국제주의를 위반하는 행동과 언행을 국가 권력이 처벌할 수 있도록 만들었다. 구소련은 개별 시민이 러시아인, 우크라이나인, 벨로루시아인이라는 구분과 상관없이 동등한 권리를 향유하는 나라였다.[35]

1930년대 초반 구소련으로 이주한 메리는 사회주의 체제에 편입된 다른 유대인과 마찬가지로 유대인으로서의 정체성을 잊고 소비에트 체제의 여성으로 전환하는 과정에 있었다. 입당의 좌절은 그녀에게 유대인으로서의 정체성을 다시 갖게 하는 계기가 되었다. 그렇다면 전쟁의 와중에서 반유대주의의 기운이 다시 일어나게 된 계기는 무엇일까? 소비에트 정부와 러시아 정교회의 동맹은 반유대주의가 사회 전면에 등장할 수 있는 환경을 조성했다. 전쟁이 발발하자 소비에트 정부는 정교회에 대한 이전 시대의 박해를 철회하고 정교회의 권위와 영향력을 회복시키는 정책을 실시했다. 전쟁에서 승리하기 위한 전 국가적 차원의 지지를 끌어내기 위해서는 사회주의 체제에서도 여전했던 교회에 대한 정신적 지지를 활용할 필요가 있었기 때문이다. 신성 러시아를 지켜야 한다는 총대주교의 교구민들에 대한 호소는 전쟁수행에 필요한 러시아 민중의 자발적 헌금을 유도하여 전투기, 탱크 등을 소비에트군에게 헌납할 수 있게 했다.[36] 소비에트 국가에 대한 이와 같은 러시아 정교회의 적극적인 협력은 수면 아래에 잠시 주춤해 있던 반유대주의를 되살리는 계기가 되었다.

러시아 정교회 내부에서는 소비에트 체제 수립 이후 국가와의 관계 설정

---

35) Terry Martin, *The Affirmative Action Empire-Nations and Nationalism in the Soviet Union, 1923-1939*, (Ithaca, London: Cornell University Press, 2001), pp.387-392.

36) Leder, *My Life*, pp.251-252. 스탈린 시대의 반유대주의 현상과 관련한 자료집으로는 Г. В. Кост ырченко составитель, *Государственный антисемитизм в СССР от начала До кульминации 1938-1953*, (*Документы*, Москва: Материк, 2005) 참조하라.

에서 다양한 입장이 공존하고 있었다. 여기에는 소비에트 국가와 궁극적 협력을 강조하는 집단, 안토닌 그라노프스키(Антонин Грановский)가 이끄는 교회재생연맹과 같이 성직자 제의의 단순화와 예배의식의 러시아어 진행을 통해 인민과 교회의 간극을 좁히려는 집단, 결혼한 성직자의 권리를 옹호하면서 가장 보수적인 정치 분파와의 제휴를 주장했던 집단 등이 존재하고 있었다. 이들은 1920년대와 30년대를 거치면서 소비에트 국가 권력과의 관계 설정에 따라 부침을 거듭했다. 결국 제2차 세계대전의 발발과 더불어 교회 자체의 개혁 시도를 교회의 지도자들은 포기하고 국가 권력과의 노골적 협력을 선언하기에 이른다. 물론 그 대가로 교회는 이전의 행정조직을 되찾았고, 신학교와 교회의 양적 팽창을 이룰 수 있었다. 이렇게 외형적 안정을 이룬 타협은 "보수적 국가 안의 보수적 교회의 등장"이라고 불릴 정도로 국가에 대한 교회의 종속이나 다름없었다.[37] 이러한 타협은 반유대주의 이념에서 보수 세력과 결탁하고 있던 교회 내부 세력이 힘을 얻게 되는 계기로도 작용하게 되었다.

전쟁 이후에도 다수의 유대인 여성들은 소비에트 체제의 시민으로서의 권리를 누릴 수 없었다고 증언하고 있다. 1937년 숙청 직전까지 농업인민위원부 대표로 일하고 있던 아론 가이스테르(Арон Гайстер)의 두 딸 인나와 나탈리아는 소비에트 문화에 완전히 동화된 소비에트 시민으로서 살아가고 있었다. 비록 그들이 소비에트 체제의 기념일에 유대인식으로 축하 음식을 나누어 먹고, 할머니로부터 유대인 학살에 관한 이야기를 들으며 성장했지만 그들은 유대인으로서의 정체성을 거의 인식하지 못했다. 1944년 모스크바대학 물리학과에 입학한 인나는 어머니가 강제 노동수용소에서 석방된 후 모스크

---

37) Geoffrey Hosking, *The First Socialist Society-A History of the Soviet Union from Within*, (Cambridge, Mass: Harvard University Press, 1993), pp.227-238.

바에서 북동쪽으로 100km 떨어진 작은 도시에 정착했다. 이런 인나에게 유대인으로서의 정체성을 뼈저리게 느끼게 한 것은 1948년 그녀의 동생이 모스크바대학에 입학 허가를 받지 못한 사건이었다. 당위원회 서기로부터 전해들은 입학 불가의 가장 큰 원인은 그녀의 동생이 입학 원서의 인종란에 '유대인'이라고 적었기 때문이다. 인나의 시련은 여기서 끝나지 않았다. 그녀는 1949년 학위 논문 심사 도중 '인민의 적의 딸'이라는 혐의로 체포되어 5년간 카자흐스탄 유형에 처해졌다. 그녀의 가족은 결국 카자흐스탄의 작은 도시에서 삶을 마감해야만 했다.[38]

당원으로서의 자격도 얻지 못하고 전쟁 이후에도 유대인에 대한 차별이 지속되는 상황을 목격한 메리는 소비에트 체제에서 자신의 밝은 미래를 찾을 수 없다고 확신했다. 남은 선택은 소비에트 체제 내에서 지금까지 쌓아온 모든 것을 포기하고 미국으로 돌아가는 것이었다. 1959년에는 남편 아브람마저 사망했기 때문에 소비에트 체제에서 메리가 기댈 곳은 어디에도 없어 보였다. 시베리아 유형에 처해지는 최악의 상황을 감수하고 그녀는 출국 비자를 얻기 위해 6년 동안 행정 당국과 끈질기게 싸웠다. 1965년 마침내 메리는 부모가 기다리는 미국으로 출국할 수 있었다. 사회주의 체제의 신여성으로 새롭게 태어나기 위해 지난 34년 동안 노력해온 미국 여성이 체제의 문제점을 자각하면서 그녀가 태어났던 자본주의 체제로 복귀하는 순간이었다.

5. 소비에트 러시아에서의 탈출

메리 레더의 회고록은 한 미국인 여성의 자기 독백의 글로 치부할 수만은 없다. 그녀의 회고록 안에는 스탈린 체제의 여성들이 겪었던 구체적인 삶의

---

38) Figes, *Private Life*, pp.510-511.

문제들이 표현되어 있다. 소비에트 체제의 일반 여성들과 마찬가지로 메리 역시 공동체적 생활을 강조하는 삶의 조건에서 자신의 공간을 확보하기 위해 노력해야만 했다. 또한 그녀는 소비에트 체제 안에서 성적 차이에 따른 차별을 타파하고 체제의 발전에 기여할 수 있는 신여성으로 다시 태어날 수 있다는 가능성을 확인하고 싶었다. 그러나 유대인이라는 자신의 본원적 정체성을 체제가 수용할 수 없다는 사실을 확인하자 메리는 더 이상의 노력을 포기하고 자신이 태어난 체제로 복귀하고 말았다.

메리의 기록이 우리의 관심을 끌기에 충분한 이유는 스탈린 체제 여성들의 삶의 다양한 측면을 미시적으로 고찰할 수 있는 계기를 제공하기 때문이다. 그녀가 경험한 코뮤날카의 생활방식은 소비에트 체제의 일반 여성들이 구체적으로 그들의 일상적 생활공간 안에서 어떠한 문제들로 갈등을 겪었으며, 그러한 문제들을 발생시킨 체제에 대해 어떻게 반응했는지를 비춰볼 수 있는 거울이었다. 또한 문화적 차이로 인한 메리의 체제 적응 과정의 어려움은 그것을 단순히 문화적 차이로만 국한하지 않고 남성과 여성의 사회적 역할 구분, 사회주의 체제에서 신세대와 구세대와의 가치관의 대립이라는 체제 내 여성들의 공통적 문제와 연관시킬 수 있는 기회를 아울러 제공하기도 했다. 유대인이라는 메리의 정체성과 연관된 경험도 그녀에게만 한정된 것이 아니라 소비에트 체제에 이미 동화되었던 다른 유대인 여성들에게도 나타날 수 있는 것이었다. 한 마디로 메리 레더의 경험은 스탈린 체제의 여성들이 겪을 수 있는 전형적 경험의 집합체였다.

소비에트 체제는 사회주의 이상을 간직하고 있던 서구 사회주의자들에게는 출범 직후부터 동경의 대상이었다. 《세계를 뒤흔든 10일》로 우리에게 잘 알려져 있는 존 리드(John Reed)도 자신의 그러한 이상을 사회주의 모국에서 실현하고자 소비에트 러시아로 이주한 서구 지식인이었다. 이념적인 확신을 가지고 출발한 리드와 같은 지식인마저도 결국은 소비에트 러시아의 정치

현실에 좌절했음을 우리는 알고 있다. 프랑스의 앙드레 지드(Andre Gide) 역시 동일한 유형의 지식인이었다. 지드는 소비에트 체제의 열렬한 옹호자였던 대표적 서구 지식인으로서 소비에트 정권을 '우리의 동반자'라고 일컬었을 정도였다. 그러나 그는 스탈린 정권이 자행한 반인륜적 범죄의 충격으로 소비에트 체제에 대한 격렬한 적대자로 돌아섰다. 메리 레더는 이들과 같은 이념적 확신을 가지고 있지는 않았지만 소비에트 러시아에서 새로운 인생을 개척해나가고자 했다. 그 과정에서 메리는 사회주의 체제의 이념과는 달리 계급에 따른 불평등과 여성으로서의 열등한 지위가 소비에트 러시아에도 여전히 남아 있음을 확인할 수 있었다.

그러나 이념적 차원에서 미완의 현실은 메리를 결정적으로 돌아서게 하지는 않았다. 당원 자격을 유대인이라는 이유 때문에 획득할 수 없다는 것을 깨닫게 한 사건은 그녀에게 더 이상 미래에 대한 희망을 소비에트 러시아에서 가질 수 없음을 확인시켜준 사례였고, 체제로부터의 탈출을 본격적으로 시도하게 만든 계기였다. 체제 내부의 구성원들은 일상적 삶의 과정에서 지금보다 더 나은 미래를 꿈꾸었지만, 그러한 꿈이 결코 가능하지 않다는 사실을 인식하게 될 때 그 체제에 대한 지지도는 떨어질 수밖에 없다는 평범한 진리를 메리의 경험에서 확인할 수 있었다. 스탈린 체제의 중요한 구성원이었던 신엘리트층에 대한 물질적 지원과 다양한 특혜도 결국 그들의 일상생활이 나날이 좋아질 것이라는 확신을 그들에게 부여함으로써 체제를 강화시켜나가는 전략의 일환은 아니었을까.

---

* 이 글은 2007년 2월 21일 비교역사문화연구소와 대구사학회가 공동으로 개최한 학술대회 "대중독재와 젠더정치"에서 발표되고, 《대구사학》 92집(2008년 8월)에 게재된 글을 수정, 보완한 것이다.

사회주의 건설 시대의
소비에트 여성 젠더 이미지와 근대성

이종훈

이종훈

한양대학교 비교역사문화연구소 연구교수를 거쳐, 현재 서강대학교 국제지역문화원 전임연구원으로 재직 중이다. 공동 편저로는 《대중독재의 영웅만들기》와 공저 《엇갈린 국경, 길 잃은 민족들. 러시아와 동유럽의 사례》, 《인물로 보는 유럽통합사. 빅토르 위고에서 바츨라프 하벨까지》, 《영화로 생각하기》 등이 있다.

1. 왜 1930년대 여성 젠더 이미지에 주목하는가?

이 글의 목적은 스탈린 시대 중에서 구소련의 이른바 '사회주의 건설'[1] 시대인 1930년대의 여성 젠더 이미지에 대한 분석을 통해 스탈린 독재의 젠더정치가 지닌 근대성의 면면을 규명해보려는 데 있다. 1930년대야말로 소비에트 사회-문화-경제-정치의 모습이 크게 바뀐 일대 변혁의 시대이다. 그런데 이 시대 젠더정치의 주된 부분이라고 할 수 있는 스탈린 체제의 여성 정책은 특히 페미니스트 시각의 서방측 연구자들 사이에서 혹심한 평가의 대상이었다. 권력은 '여성 해방'이라는 미명 아래 노동 현장으로 여성들을 내몰았고, 이와 함께 출산·양육에서도 열악한 환경과 가사 전담의 삼중고를 강요했기 때문이다.

더욱이 스탈린 독재는 '양성평등'이 실현되었다는 자의적 판단에 근거한 명분을 내세워 1930년에 주무 부서인 공산당 내 '여성국'을 선언적 의미로 폐지하기까지 했다. 이러한 사실에 대한 비판과 부정적 인식은 여성의 권익을 상대적으로 어느 정도 보장했던 1920년대 구소련의 여성 정책에 대해서는 비교적 긍정적인 시각과 함께 일정한 연구 성과를 낳은 반면, 1930년대

---

1) 스탈린 시대는 1928~1953년을 말한다. 즉 스탈린이 당내 좌우파 세력을 무력화시켜 권력 기반을 강화한 후 제1차 5개년계획과 농업집단화로 노선의 '대전환'을 보여준 1928년부터 그가 사망하는 1953년까지를 말한다. 나치 독일과의 전쟁 기간이었던 1941~1945년과 전후 '스탈린주의 전성시대(High Stalinism)'인 1945~1953년을 제외한 1928~1941년의 10여 년, 즉 주로 1930년대를 구소련에서는 '사회주의 건설' 시대로 규정한다.

젠더정치에 대해서는 '학문적 외면'[2]을 가져왔다. 그 결과 부정적인 비판 성향을 한 단계 넘어선 폭넓은 연구의 상대적 빈곤화를 초래했다.

특히 지배 권력이 여성에게 어떠한 담론과 이미지로 근대성의 가치를 내면화시키며 동의를 끌어내기 위해 다가서고 또 고심했는가 하는 부분에 대해서는 다각적인 접근이나 분석이 좀더 필요한 실정이다. 그러나 자칫 이러한 시도에 여성에 대해 억압적이고 '기만적'이었던 스탈린 독재 체제를 정당화하는 작업일 뿐이라는 비난의 부담이 따르는 것도 사실이다. 그럼에도 성찰의 문제는 남는다. 구소련 붕괴 후에도 1930년대의 놀라운 변화가 스탈린에 대한 인민의 '신뢰'와 인민의 '열정' 때문에 가능했다고 태연하게 발언하는 한 여성의 진지한 모습에서 무엇을 읽어야 하는가?[3] 더 나아가 스탈린 독재를 경험하고 후일 서방 세계로 이주한 또래 여성의 경우 놀랍게도 자신의 소녀 시절이었던 1930년대가 "모든 것을 바꿀 수 있다"는 자신감과 '이타적 열정가들'의 시대였다고 회고하는 것을 어떻게 받아들여야 하는가?[4] 이에 이 글에서는 대중의 동의와 지지 속에서 자신의 존립 근거를 찾고 정당화하려고 했던 독재 권력, 자신의 근대적 비전과 욕망을 대중의 욕망 속에 투영하고 표상하며 또 대중의 욕망과 스스로를 일치시키려 했던 독재 권력, 즉 '대중독재'의 한 형태로서의 스탈린주의를 젠더정치 측면에서 이미지와 함께 살펴보고자 한다.

한편, 방법론적으로 이미지 분석을 선택한 이유는 시각 이미지가 볼셰비키 혁명 이후 집권 세력의 비전과 메시지를 대중에게 전달함에 있어서 매우

---

2) Melanie Illic, ed., *Women in the Stalin Era*, (Basingstoke: Palgrave, 2001), p.1.

3) 1930년대 모스크바 지하철 건설공사에서 두각을 나타낸 타티아나 표도로바의 증언 cf. Peoples Century (BBC TV Series, 1995), pt. 3: Red Flag(아래 웹사이트 참조).
   http://www.pbs.org/wgbh/peoplescentury/episodes/redflag/description.html

4) 라이사 오를로바의 회고 cit. Sheila Fitzpatrick, *Everyday Stalinism-Ordinary Life in Extraordinary Times: Soviet Russia in the 1930s*, (Oxford: Oxford University Press, 1999), p.69.

효과적이고 중요한 역할을 수행했다는 사실에 있다. 황제 지배 아래 구사회의 부정적 유산인 높은 문맹률을 극복하기 위한 볼셰비키의 힘겨운 싸움과 일정한 성과에도 불구하고 당시 대중의 지적 수준으로는 도저히 감당할 수 없는 마르크스-레닌주의 담론 체계의 난해함 때문에, 1920년대에 본격적으로 실시된 라디오 방송과 다양하게 간행된 신문잡지 등의 활자매체는 이념적 내용을 인민의 의식 속에 내면화시키는 데 근본적인 한계를 노정했다.[5] 이러한 상황 속에서 공업화와 농업집단화의 근대적 프로젝트 실행을 위한 대중동원이 무엇보다 절실했던 1930년대의 소비에트 권력에게 포스터, 미술 작품, 사진, 영상 등의 시각 이미지 활용은 절실한 문제였다.

이미지는 이 시대의 젠더정치에서도 매우 중요한 측면이다. 왜냐하면 소비에트 사회에서 여성 이미지가 본격적으로 전면에 대두한 시기 또한 바로 1930년대이기 때문이다.[6] 특히 모든 영역에서 남성과 동등한 가능성을 보여준 여성 숙련공과 기술 전문인들이 1930년대 소비에트 사회의 생활을 보여주는 형상화 작업 속에서 주인공으로 묘사된 것이다. "이러한 여성들은 구시대에 존재하지 않았고, 존재할 수도 없었다"는 스탈린의 언명은 바로 1930년대 소비에트 여성 이미지를 구성하는 주된 관념이었다.[7] 그 이유는 다름 아닌 바로 권력의 욕망이다. 즉 스탈린 독재는 '여성'이야말로 지난날 가장

---

5) Jeffrey Brooks, *Thank You, Comrade Stalin! Soviet Public Culture from Revolution to Cold War*, (Princeton: Princeton University Press, 2000), pp.5-18; Victoria Bonnell, *Iconography of Power-Soviet Political Posters under Lenin and Stalin*, (Berkeley: University of California Press, 1997), p.6.

6) Elizabeth Waters, "The Female Form in Soviet Political Iconography, 1917-1932", *Russia's Women-Accommodation, Resistance, Transformation*, Barbara Evans Clements, Barbara Alpern Engel, Christine D. Worobec, eds., (Berkeley: University of California Press, 1991), pp.239-242.

7) Нина Бабурина, Светлана Артамонова, "Образ женщины в русском плакате", Александр Снопков, Павел Снопков, Александр Шклярук, (редакторы) Женщины в русском плакате, (Москва: Контакт-Культура, 2001), с.8.

낙후되고 또 가장 심하게 억압받던 존재였기 때문에 그 변모를 강조하고 이미지화함으로써 소비에트 사회의 진보와 발전을 입증하려고 한 것이다.[8] 그만큼 여성 이미지는 근대성을 지향하며 대중을 포섭하려는 권력의 욕망이 표출되는 지점이었다. 그러나 한편으로는 당시 소비에트 여성들도 이러한 이미지를 소비하여 그 메시지를 음미하고 내면화함으로써 여기에 자신들의 욕망을 투사하고 구체적인 삶 속에서 나름대로 자기 변신을 시도했을 것이다. 따라서 이미지는 권력의 욕망만이 일방적으로 제시되는 영역이 아니라 양자의 욕망이 만나는 지점이었다.

이 글에서 다루고자 하는 여성 젠더 이미지의 주제는 구습 타파, 새로운 공간, 소비, 몸, 그리고 젠더화된 권력관계이다. 이 중에서도 '구습 타파'와 '소비'는 1930년대 초 또는 제1차 5개년계획 시대(1928~1932)와 1930년대 중후반, 즉 제2, 3차 5개년 개혁 시대(1933~1937, 1938~1941) 사회 분위기의 상이한 특징을 드러내기 위해 선정한 주제이다. 전자가 혁명 직후 내전기인 전시공산주의 시대의 사회적 에토스와 유사한 전투정신과 청교적 금욕의 시대라고 한다면, 후자는 개인의 역량 및 소득 증대와 '풍요로운' 삶을 공식 담론으로 예찬했다는 점에서 (적어도 물질 생활의 외형적 측면에 국한해서 볼 때) 신경제 정책 시대를 연상케 한다. 전자의 표제어가 '대전환'이라고 한다면, 후자의 특징을 규정하는 학술 용어는 '대퇴각(Great Retreat)'[9]이다. 전자에서는 여성 노동력을 동원하기 위해 가사로부터의 해방이 부각되었다면, 후자

---

8) Susan E. Reid, "All Stalin's Women: Gender and Power in Soviet Art of the 1930s", *Slavic Review*, 57-1 (Spring, 1998), p.137; Choi Chatterjee, *Celebrating Women-Gender, Festival Cultere, and Bolshevik Ideology*, 1910-1939, (Pittsburgh: University of Pittsburgh Press, 2002), pp.135, 158.
9) '대퇴각(Great Retreat)'이라는 표현이 처음 사용된 것은 Nicholas Sergeyevitch Timasheff, *The Great Retreat-the Growth and Decline of Communism in Russia*, (New York: E. P. Dutton, 1946). 에서이다.

에서는 품격 있는 소비와 가정주부의 역할이 강조되었다. 그러나 이러한 차이 못지않게 두 시기를 '사회주의 건설' 시대로 묶어주고, 공통성을 부여하는 젠더 이미지의 주제로서 '모험과 기회의 공간'과 '몸과 권력'에 대해 살펴볼 것이다. 그리고 이 시대의 '젠더화된 권력관계'라는 주제를 통해 젠더이미지의 생산과 유통에 내재된 논리를 농업 부문에 주목하면서 고찰하고자한다. 이러한 시도에서 사회주의 건설 시대의 이미지에 대한 기존 연구와 구별되는 것이 있다면, 상품광고를 분석 대상에 포함시킨 점, 그리고 포스터-회화-사진-신문 만평의 어느 한 부분에 분석 대상을 국한하지 않고 통합적으로 선택한 점이다.

소비 주체로서의 여성 젠더 이미지가 분석되어야 하는 이유는 무엇인가? "삶은 더 나아지고, 삶은 더 즐거워졌다"는 스탈린의 발언은 1930년대 중후반의 시대 분위기를 상징하는 경구가 되었는데, 이를 현실에서 물질적으로 뒷받침했던 것이 당시 각종 소비재 생산 및 광고였다. 이에 관한 최근 연구에서 그로노프는 당시 소비문화의 중심은 무엇보다도 여성이었다고 단언한다.[10] 그런데 스탈린 시대의 정치 포스터에 대한 포괄적 연구로 이미지 분석에 일정한 기여를 한 바 있는 빅토리아 보넬은 상품 광고를 분석 대상으로 삼지 않아 아쉬움을 남기기도 했다. 바부리나와 아르타모노바 같은 연구자들도 이러한 광고 포스터에는 여성의 아름다움이라는 일상생활의 이상이 제시되는 것이지, 여성의 사회적 이상이 표출되는 지점이 아니라고 본다.[11] 그러나 사벨료바의 지적대로 이러한 상품 광고에는 상품 자체에 대한 정보와 함께 당시 시대상을 반영하는 사회적 담론이 캡션이나 이미지 형태로 담겨 있다.[12] 소비에트 시대 상품 광고야말로 소비대중을 향한 권력의 선심과 관

---

10) Jukka Gronow, *Caviar with Champagne-Common Luxury and the Ideals of the Good Life in Stalin's Russia*, (Oxford: Berg, 2003), p.33.

11) Бабурина, "Образ женщины в русском плакате", с.9.

심을 드러내 보인다는 점에서 자본주의 세계에서와는 달리 최대의 '정치' 포스터라고 할 수 있다. 또한 소비생활에서도 선진 자본주의사회를 따라잡으려는 '근대'에 대한 권력의 집착이 드러나는 지점이기도 하다.

이 글에서 분석 대상으로 삼은 이미지는 주로 1930년대의 포스터, 회화, 신문 만평, 사진 등이다. 보넬의 연구 대상은 포스터에, 레이드와 바운 그리고 모로조프의 분석 대상은 미술 회화작품에 국한되어 있는데, 여기에는 전문성이라는 장점 이외에도 아쉬운 부분이 있다.[13] 예를 들어 데이네카, 예파노프, 피메노프, 사모흐발로프, 쉐갈 등 당시 왕성하게 활동한 화가들의 상당수와 데니, 돌고루코프, 간프, 모르(오를로프), 로토프 같은 대표적인 만평 삽화가, 그리고 로드첸코 같은 저명한 사진작가 겸 그래픽 디자이너 등은 모두 포스터 제작에 당국의 의뢰를 받고 활발히 참여했다.[14] 따라서 필자는 당시 포스터, 회화, 만평, 사진 등의 각 장르는 유사 이미지를 반복적으로 재생산했기에 함께 분석해 좀더 종합적 이해를 시도해보고자 한다.[15]

2. 구습 타파의 주체로 그려진 여성 이미지

러시아에서는 혁명 이전부터 시골 여인을 가리키는 '바바(баба)'라는 말

---

12) Ольга Олеговна Савельева, "Советская реклама 20-х годов как средство агитации и пропаганды(вторая часть)", Человек: Иллюстрированный научно-популярный журнал, 3 (2006), с.146.

13) Matthew Cullerne Bown, *Socialist Realist Painting*, (New Haven: Yale University Press, 1998); А.И. Мороэов, *Конец утопии. Иэ истории искусства СССР 1930-х годов*, (Москва: Галар т, 1995).

14) Chonghoon Lee, "Visual Stalinism from the Perspective of Heroisation: Posters, Paintings and Illustrations in the 1930s", *Totalitarian Movements and Political Religions*, 8-3/4 (Sep./Dec., 2007), p.505.

15) 이 당시 각종 이미지의 생산과 유통(제작과 전시) 실태에 대해서는 이종훈, 〈비주얼 이미지를 통해 본 스탈린주의의 성격과 담론〉, 《대중독재1: 강제와 동의 사이에서》, 책세상, 2004, 409~412쪽.

에 전통적으로 부정적인 관념이 형성되어 있었다. '일자무식의', '미신적인', '자기밖에 모르는', '속 좁은', 그리고 전반적인 면이나 정치의식적인 면에서 '낙후된' 여성을 일변시켜 남성과 다름없는 '평등한' 전사(戰士)이자 정치적 동지, 즉 동무인 '타바리시(товарищ)'로 거듭나게 하는 것은 혁명 이후 알렉산드라 콜론타이를 비롯한 볼셰비키의 커다란 숙제였다.[16] 구사회를 전복한 혁명 이후에도 죽지 않고 살아남아 있는 과거로서의 '여성성'과 밀접히 관련된 것, 또는 이를 영속화시키는 것이 바로 낡은 '브이트(быт)', 즉 종래의 '일상생활' 내지는 '생활습속'이라는 것이 트로츠키나 클라라 체트킨을 비롯한 1920년대 볼셰비키의 인식이었다. 따라서 이들은 오래전부터 '절대 부패'하고 '극-보수적'이며, '혐오스러운' '브이트'에 대한 투쟁을 전개하여 새로운 브이트를 제시함으로써, 여성을 이데올로기적인 낙후성으로부터 구해야 한다는 강박관념을 가지고 있었다.[17]

이들은 낡은 브이트, 즉 구습 중에서도 특히 가사(家事)가 여성으로 하여금 사회적으로 비생산적인 노동에 시간을 허비하게 하며, 더 나아가 문화교양적·정치의식적 낙후성을 영속화시키는 주범으로 파악했다.[18] 이와 관련해 시선을 끄는 것은 1931년에 제작된 두 종류의 포스터이다. 하나는 쉐갈이 도안한 〈주방예속을 타도하라! 새로운 브이트를〉(그림 1-1 a), 그리고 다른 하나는 마리야 브리베인의 작품인 〈여성노동자여, 청결한 식당을 위해 건강한 급식을 위해 투쟁하라〉이다(그림 1-1 b). 1931년이면 여성의 가사노동량과 시간을 줄이기 위해 공동주택 및 직장의 편의 복지시설 정비와 확충사업

---

16) Elizabeth A. Wood, *The Baba and the Comrade-Gender and Politics in Revolutionary Russia*, (Bloomington: Indiana University Press, 1997), p.1.

17) Eric Naiman, *Sex in Public-The Incarnation of Early Soviet Ideology*, (Princeton: Princeton University Press, 1997), pp.185-188.

18) Choi Chatterjee, *Celebrating Women-Gender, Festival Cultere, and Bolshevik Ideology, 1910-1939*, (Pittsburgh: University of Pittsburgh Press, 2002), p.112.

그림 1-1 a   그림 1-1 b

을 지원하던 여성국이 이미 폐지된 시점이지만, 두 이미지는 그러한 사업의 정신을 반영하고 있다. 전자의 표제는 '주방예속'이라고 되어 있지만, 그림에서 보듯이 세탁 작업을 비롯한 온갖 가사노동을 상징한다. 우측 상단의 거미줄로 상징되는 어둡고 불결한 절망의 공간에 붉은 옷과 머릿수건을 착용한 여성이 구원자처럼 나타나 역동적인 자세로 암울한 작업 공간과 대비되는 밝은색의 청사진을 펼쳐 보인다. '새로운 브이트'라고 쓰인 도면에는 클럽, 식당, 주방 등의 글씨가 적힌 초현대식 건물의 모습이 보인다. 한편, 소비에트 회화나 포스터에서 붉은색은 명도나 채도에 관계없이 추상적인 사회주의 이론을 '감지할 수 있는 실체(palpable entity)'로 코드 전환하는 역할을 한다.[19] 쉬갈 작품의 의상이나 브리베인이 도안한 포스터의 두건도 그 색상으로 보아 '정의로는 이념'을 상징하는 것이다. 또한 후자에서 채광이 좋고

청결한 현대식 건물 내부의 공공식당은 바로 여성국이 낡은 브이트 내지는 낙후된 일상생활을 대상으로 투쟁을 전개하며 대안으로 제시하는 위생적 모델을 형상화하고 있다. 보다 놀라운 것은 전도된 젠더관계이다. 이 식당의 조리실에서는 남성이 음식을 준비하며, 조사관인 여성으로부터 점검을 받고 있는 모습이다. 이 여성이 착용한 붉은 완장은 업무를 총괄하는 책임자임을 암시한다. 완장과 통념 전복적으로 뒤바뀐 성별 역할 분담은 '양성평등'의 메시지를 이미지화하여 전해준다.

구습 타파라는 유사한 주제와 관련된 이미지로는 데이킨이 1932년 여성의 날을 기념하기 위해 도안한 〈3월 8일. 주방예속에 항거하는 여성노동자들의 날〉(그림 1-2 a)과 역시 여성의 날인 1930년 3월 8일자 이즈베스티야 신문에 게재된 만평(그림 1-2 b), 비슷한 시대의 것으로 추정되는 연대와 작가 미상인 포스터 〈여성노동자 농민이여 낡은 브이트 잔재와 투쟁하고 새로운 사회주의 브이트를 건설하자〉(그림 1-2 c) 등이 있다. 세 작품 중에서 첫 번째 경우는 러시아의 전통적 가정용품으로 차(茶)를 끓이는 기구인 사모바르가 쓰러져 그 밑에 깔려 몸부림치는 여성을 거대한 바위처럼 짓누르는 다소 과장된 모습으로 표현되어 있다. 러시아 가정에서 식탁에 둘러앉아 집안사람들이 때로는 손님들과의 한담으로 시간을 보내는 풍습 속에 주부는 끊임없이 끓일 물과 목탄이 떨어지지 않도록 살펴야 하는 좌불안석의 낡은 휴식 문화가 사모바르 형상으로 압축되어 배격 대상이 되고 있는 것이다.

이 포스터의 우측 하단에 적혀 있는 부제는 "집안 브이트의 압제와 속됨을 떨쳐내라"이다. 쓰러진 여인의 손을 잡아 일으키는 여성은 붉은 머릿수건을 두르고, 다른 한 손으로는 붉은 기치를 거머쥔 모습으로 사회주의적 여성 해

---

19) Wolfgang Holz, "Allegory and Iconography in Socialist Realist Painting", *Art of the Soviets. Paintings, Sculpture and Architecture in a One-Party State, 1917-1992*, Matthew Cullerne Bown, Brandon Taylor, eds., (Manchester: Manchester University Press, 1993), pp.74-75.

그림 1-2 a   그림 1-2 b   그림 1-2 c

방의 사상으로 무장된 존재임을 드러내고 있다. 이 여성의 배경을 형성하는
것은 역시 붉은 깃발을 휘날리며 사상적 호응을 보이는 집회 군중과 좌측으
로 일터인 공장, 우측으로 채광이 잘 되도록 많은 유리창을 갖춘 현대식 건
물에 자리잡은 공공식당과 조리실이다. 제1차 5개년계획이 막바지에 달한
시점에서 사회주의 국가의 여성은 가정에서 보내는 시간을 최소화하며 작업
장과 공공 편의시설 사이를 왕복하면 되는 행동반경 속에 낡은 브이트인 주
방예속을 끊어내야 한다는 메시지를 전달하고 있다. 1930년으로 접어들기
직전 시인 마야코프스키는 〈집으로 식사 배달〉이라는 제목의 '모스셀프롬'
(모스크바 지역 농산품 총판기업)의 선전 문구를 만들며, "식모를 폐지하라! 식
모는 없다. 나는 모스셀프롬에 식사를 주문한다"고 함으로써 주방예속을 포
함한 낡은 브이트에 대한 투쟁의 시대정신을 표현한 바 있다.[20]
    한편, 1930년 당시 집단농장화의 재편 작업이 한창이던 상황에서 트랙터
야말로 구시대의 낡은 생활습속과 대척점에 있는 근대적인 과학기술 영농의

아이콘이자 밝은 미래의 기표였다. 하지만 1930년 소비에트 농촌의 트랙터 보급률은 매우 저조했다. 더군다나 여성 트랙터 운전자는 매우 드물었던 현실에도 불구하고, 구습 타파에 나선 여성들은 트랙터 운전자로 빈번히 묘사되었다. 그 형상에는 "소비에트 여성에게 미래가 있다"라는 메시지가 담겨 있다. 앞의 두 번째 그림에서 볼 수 있듯이 트랙터에 오른 농촌 여성은 장갑을 단단히 손에 끼고 결연한 자세를 보이며 작심한 듯한 표정 속에 갖가지 주방기구를 트랙터 바퀴로 분쇄하며 돌진하고 있다. 튀어나가고 부서지는 온갖 주방기구가 상징하는 것은 바닥에 쓰인 '낡은 브이트'이다. 세 번째 작품인 포스터에 나오는 트랙터를 운전하는 여성은 좀더 평온해 보인다. 왜냐하면 경제적으로 독립하고 작업에 전념할 수 있도록, 배경에 드러나 있듯이 집단농장의 탁아 보육시설이 구비되어 있기 때문이다. 우측 하단의 문구처럼 "사회주의적 새로운 브이트를 세워나가야 함"을 시각적으로 강조하기 위해 트랙터 앞머리에 나부끼는 붉은 깃발 이미지를 고안하기도 했다.

여성 종속이라는 고루한 인습과의 투쟁도 특히 농촌사회를 대상으로 강조되었다. 그런데 여성 노동력 동원을 염두에 두고 농촌에서 집단화를 추진하던 소비에트 당국은 커다란 반발에 직면하게 되었다. 1929년 말부터 1931년에 이르도록 특히 농촌 여성들은 집단화에 대대적으로 저항했다. 더욱이 집단화 과정에 수반된 교회와 성직자에 대한 공격은 농촌 여성들의 격렬한 분노를 야기했다. 당국은 집단화에 적대적인 여성들의 태도가 쿨라크가 퍼뜨리는 악의적인 소문 탓이라고 생각했다. 당시 농촌 여성들에 퍼진 소문은 집단농장에 들어갈 경우 자녀를 모두 사회화의 대상으로 빼앗기게 되며, 여성은 강제로 머리를 깎여 그 모발은 수출되고, 모든 여성이 공유화되어 모든

---

20) Ольга Олеговна Савельева, "Советская реклама 20-х годов как средство агитации и пропаганды(вторая часть)", *Человек: Иллюстрированный научн-популярный журнал*, 3, (2006), с.145.

남성의 아내가 되며, 모든 집단농장원은 남녀불문하고 끔찍한 공동 모포를 함께 덮고 자야 한다는 것 등이었다.[21] '쿨라크와 성직자의 방해를 물리치고 집단농장행을 결심하는 여성'의 이미지 창출은 역설적으로 소비에트 당국이 처했던 절박한 상황을 반영하는 것이기도 하다.

여성의 결행을 이미지화하는 여러 방법 중 하나는 여성의 신체를 거인처럼 형상화하는 방법이 있다. 또 문명과 개명을 상징하는 기계나 운송기관을 이용해 방해와 장애물을 돌파하도록 묘사하는 방법이다. 전자와 관련한 작품에는 여성 작가인 쿨라기나가 1930년에 도안한 포스터 〈국제 여성노동자의 날〉(그림 1-3 a), 같은 해에 제작된 작자 미상의 포스터 〈농촌 여성이여 집단농장으로!〉(그림 1-3 b)가 있다. 먼저 쿨라기나의 포스터에는 조각상처럼 거대한 몸집의 여공이 무쇠팔로 육중한 방직기를 작동시키는 모습이 묘사되어 당당함과 아울러 감상자에게 위압감을 준다. 이전의 포스터에서는 주로 대장장이 모습을 한 남자 일꾼의 조수 역할로 등장했던 여성노동자가 이제는 남성을 배제하고 독자적으로 당당하게 화면을 장악함으로써 '슈퍼맨'의 이미지를 드러내고 있다.[22]

이 시대의 여성 신체 묘사의 한 경향은 다쉬코바가 지적한 대로 '중량감(тяжеловесность)'과 '기념비성(монументальность)'을 드러내는 것이다.[23] 이는 여성의 행동과 실천을 서사적 구조로 영웅화함으로써 결단을 호소하는 이미지 장치라고 할 수 있다. 작자 미상의 포스터에는 화면 전체를 차지하고

---

21) Victoria Bonnell, *Iconography of Power-Soviet Political Posters under Lenin and Stalin*, (Berkeley: University of California Press, 1997), p.108.

22) Margarita Tupitsyn, "Superman Imagery in Soviet Photography and Photomontage", *Nietzsche and Soviet Culture. Ally and Adversary*, Bernice G. Rosenthal, ed., (Cambridge: Cambridge University Press, 1994), pp.293-294.

23) Татьяна Юрьевна Дашкова, "Визуальная репрезентация женского тела в советской массовой культуре 30-х годов", *Логос*, 11-12 (1999), с.131-155(아래 웹사이트 참조). http://www.ruthenia.ru/logos/number/1999_11_12/10.htm

그림 1-3 a   그림 1-3 b

있는 거대한 여성이 오른쪽으로 고개를 돌려 감상자의 정면을 응시하는 가운데, 왼손으로 발아래 집단농장 진입로를 가리키며 다른 여성들의 동참과 결단을 호소하고 있다. 그녀의 맨발은 문명화되지 못한 농촌의 낙후된 현실을 암시하지만, 오른손으로 옆구리에 단단히 끼고 있는 책은 보다 나은 미래를 대비하기 위한 배움의 열망과 아울러 무지몽매함 속에 종속적 삶을 강요받았던 과거 청산의 결연한 의지를 상징하는 것이다. 오른쪽으로 멀리 보이는 집단농장에는 트랙터가 움직이고 있고, 학교, 탁아소, 구내식당, 클럽 등의 시설물 간판이 보이는 가운데 저 멀리 지평선에는 찬연한 미래를 상징하듯 광명의 태양이 떠오르고 있다.

그러나 신장이 여인의 무릎 정도에 겨우 이르는 왜소한 세 남자가 여인의 치맛자락을 발악적으로 붙들고 늘어지며 가는 길을 방해하고 있다. 그 중 한 남자는 한 손에 십자가를 들고 여인을 절망적으로 올려다보는 정교회 성직자로서 기성 종교를 상징하며, 오른손으로는 치마를 움켜쥐고 술독이 오른 듯한 붉은 코에 왼손에는 보드카 병을 들고 있는 남자는 농촌의 가부장적 권위와 폐습을 상징한다. 고심 끝에 익숙한 것들과 작별하기로 한 여인의 결심과 이를 저지하려는 잡다한 외적 요소는 그 작용하는 힘의 강도에서 거인과 난쟁이의 차이처럼 비교가 되지 않는다. 여인은 자신이 결심한 대로 실천할 것이다. 그 당시 농촌 여성은 실제로 앞에서 지적한 것과 같이 남편과 사제 중심의 가부장적 사회에 종속된 삶을 사는 존재였다. 그런데 1930년 농업집단화가 본격화되는 과정에서 권력은 이러한 이미지화 작업을 병행하며 역설적으로 농촌 여성을 가부장적 구질서를 파괴하는 첨병으로 내세웠다. 농촌 여성의 개념에 혁명적 단절이 일어난 것이다.[24]

3. 모험과 기회의 공간을 지배하는 여성 이미지

구습에 대한 투쟁은 비-러시아인 변방 지역까지 젊은 여성의 이상주의와 결합되어 전개되기도 했다. 게오르기 쉐갈의 1930년대 초 작품인 〈신입 동무〉(그림 2-1 a)는 좀더 복합적인 이미지를 전달하고 있다. 이 그림에는 다민족국가인 당시 구소련의 현실이 반영되어 있다. 그림에는 중앙아시아 지역 광산에 새로 근무하게 된 콤소몰 소속의 러시아 민족 출신인 듯한 젊은 백인 여성이 작업 대기실의 긴 의자에 앉아 신발 끈을 조이며 구김살과 거리낌 없는 표정으로 소수민족인 토착민 광부들과 담소하는 장면이 묘사되어 있다. 오히려 연상의 토착민 광부의 표정과 몸가짐에서 상당한 수줍음과 당혹스러움이 배어나온다. 젊은 여성의 머리 위쪽으로는 청소와 세탁의 부수적인 일

---

24) Bonnell, *Iconography of Power*, p.82.

그림 2-1 a   그림 2-1 b

에 종사하는 토착민 여성이 묘사되어 있다. 토착민 여성의 모습은 중앙아시아 지역의 현재이며, 젊은 여성은 현지 여성의 다가올 미래를 상징하는 것이다. 전통적으로 여성에게 종속적 지위가 강요되는 소수민족 거주지로서, 낙후된 오지의 노동현장에 나타난 젊은 여성은 자유의 전령(傳令)을 상징한다. 여기에서 여성 노동은 여성 해방, 사회주의 건설, 러시아 주도의 문명화 등과 결부된 복합 이미지를 창출한다. 특히 그녀가 입고 있는 옷은 축구복이다. 축구는 남성의 영역이다. 사모흐발로프의 〈축구복을 입은 여성〉(그림 2-1 b)은 남성의 영역에 주저 없이 뛰어든 사회주의 건설 시대 소비에트 여성의 활력과 강건함을 담고 있다.

새로운 소비에트 인간의 형상은 그 자체가 약속된 미래를 상징하는 것이다. 포스터뿐만 아니라 이 시대 회화에서도 새로운 소비에트 인간은 반드시 건강하고, 전형적으로 미소 짓고 종종 치열한 행동에 몰입하는 것으로 묘사되어 있다. 물론 여성도 예외는 아니었다. 여성 화가 세라피마 랸기나의 1934년 작품 〈점점 더 높이〉(그림 2-2)에는 밝은 표정으로 송전탑에 오르는 남녀 전기 수리공의 모습이 그려져 있다. 두 남녀의 발아래로는 러시아의 지

그림 2-2

형상 오지임에 틀림없는 험준한 산악 지대의 깊은 계곡이 펼쳐져 있다. 계곡을 지나가는 기차의 모습은 진행 중인 사회주의 건설을 암시한다. 감상자로 하여금 현기증을 일으킬 만큼 아득한 높이인데도 산업전사들은 더 높이 철탑을 오르고 있다. 남녀의 모습은 청년의 드높은 이상주의를 상징하거나 우회적으로 고취하는 효과를 지닌다. 이러한 형상화 작업은 당시 사회 풍조에 일정한 영향을 미쳤을 것이라 짐작된다.

1930년대는 다름 아닌 이상사회를 꿈꾸는 시대였기 때문이다. 이 당시의 유토피아적 비전이란 사회주의 건설을 통한 공업화와 근대적 기술로 일신된 세계였다. 정치 지도자뿐만 아니라 상당수의 일반인이 이상사회에 대한 비전 속에서 살았다. 특히 젊은 세대에서 이러한 경향이 두드러졌다. 소비에트 사회 현실이 이상사회와는 엄청난 괴리가 있으므로 이상사회적 수사학은 기만과 은폐에 불과하다고 간단히 치부할 수 있는 문제는 아니다. 국외 망명자를 포함한 적지 않은 회고록 집필자들이 자신들의 청년기인 1930년대 품었던 이상주의와 낙관주의를 증언하고 있다. 변모의 역사적 과정에 참여하고 있다는 믿음, '사회주의 건설'에 대한 열정, 우랄 남부 지역의 마그니토고르스크 또는 아무르 강 유역 콤소몰스크와 같은 오지의 건설현장에 개척자 정신—아무리 수사적인 것에 머물러 있다 하더라도—으로 참여하려는 모험심 등이 담겨 있다. 오히려 힘겨운 현실과 찬연한 미래 사이의 극명한 대조로 인해 이상사회에 대한 꿈은 일반인 사이에서 더욱 증폭될 수 있었다.[25]

4. 품격 있는 소비 주체로 그려진 여성 이미지

1930년대 중반부터 소비에트 사회의 상품 광고는 체제 선전의 성격을 유지하면서도 여러 가지 점에서 면모일신하게 된다. 사벨료바가 지적한 것과 같이 이러한 상품 광고에는 상품 자체에 관한 정보와 당시 시대상을 반영하는 사회적 담론이 캡션이나 이미지 형태로 담겨 있다.[26] 1930년대 중반 이후 소비재 선전 포스터는 1920년대 네프 시대 광고와 비교해보면 여러 가지 점을 시사하고 있다. 우선 1920년대 중반 모스크바 고무산업체의 방수 고무신 광고(바우스킨, 1925)(그림 3-1 a)와 10여 년이 지난 후 모피 판매조합의 흰색

25) Sheila Fitzpatrick, *Everyday Stalinism-Ordinary Life in Extraordinary Times: Soviet Russia in the 1930s*, (Oxford: Oxford University Press, 1999), pp.68-69.
26) Ольга Олеговна Савельева, "Советская реклама 20-х годов *как средство агитации и пропаганды*(вторая часть)", *Человек: Иллюстрированный научн-популярный журнал*, 3, (2006), с.146.

그림 3-1 a   그림 3-1 b

모피 외투 광고(졸로타렙스키·콜투노비치, 1937)(그림 3-1 b) 사이에는 몇몇 측
면에서 시대적 차이를 느낄 수 있다.

　소비 주체로서 물품에 만족감을 나타내는 여성은 공통된 구성요소이지만,
어깨춤을 추는 듯한 역동적인 몸짓으로 거침없이 즉흥적으로 흡족함을 나타
내는 농촌 여성과 세련된 외모와 품격 속에 차분히 만족을 나타내는 도시 여
인의 표정과 시선은 판이하게 다르다. 광고 품목은 물론 두 여성의 옷차림도
크게 다르다. 방한방풍의 실용성만 돋보이는 헤드 스카프와 대비되는 멋스
러운 숙녀용 펠트 모자와 스웨이드 가죽 장갑은 소비에트 권력이 표방한 '즐
거운 삶'과 '문화', '교양', 그리고 '격조'를 웅변으로 말해주고 있다.

　고무신 광고는 굴뚝 연기를 뿜어내며 생산에 박차를 가하는 공장을 배경
으로 하고 있지만, 정작 그 생산품인 방수 덧신은 도로포장이 제대로 되어

있지 않은 농촌의 삶을 연상시킨다. 반면, 모피 외투 광고의 배경은 당시 도시마다 대대적으로 구축된 문화·휴식·레저 공간으로서의 공원 설정이다. 1930년대 상품 광고는 상품 자체를 주된 이미지로 제시하되, 생산 과정이나 공급 능력을 과시하는 대규모 생산 공장의 모습을 될 수 있는 한 적게 드러낸다는 점에서 1920년대의 광고와 다시 한 번 대조되는 부분이다. 그만큼 광고 이미지에 담긴 메시지는 '생산과 그 결과로서의 소비'가 아니라 '소비 자체'만을 부각시킨 것이다. 이것은 주 소비층을 여성으로 전제하는 것에서 비롯된 젠더화된 광고의 성격일 수도 있다(물론 생산의 이미지를 부각시키지 않음으로써 만성적인 소비재 공급 부족을 은폐하는 효과도 무시할 수는 없겠지만).

두 광고 사이의 또 다른 차이점은 소비 주체로 묘사된 여성의 몸에 있다. 포스터에 나타난 20세기 전반 러시아 농촌 여성의 이미지를 집중 분석해온 보넬의 주장에 따르면 1920년대까지 농촌의 풍요와 다산을 상징하는 여성 신체의 특징으로 '커다란 가슴'과 '넓은 엉덩이'가 부각되었지만, 한편으로는 농촌 여성에 대한 부정적 인식을 구축하는 요소였으므로 이후 각종 이미지에서는 사라지고 대신 좀더 균형 잡힌 여성의 몸이 묘사되었다는 것이다.[27] 소비에트 권력은 여성들에게 각종 소비재를 제시하며 선심 공세를 펼치기 이전부터 바람직한 여성의 신체에 대해 여러 경로로 메시지를 전해왔다. 그러나 이미지 속에 나타난 여성의 몸에 대해서는 차후에 논하고자 한다.

시대적 차이를 느낄 수 있는 또 다른 경우는 국립향수공장 광고(작자 미상, 1926)(그림 3-2 a)와 식품산업 인민위원부 장업국(粧業局)의 라일락 향수 광고(포베딘스키, 1937)(그림 3-2 b)이다. 전자에서는 생산 주체의 판촉 담당원이 알록달록한 문양의 전통적 저고리를 받쳐 입고 호객하는 모습이 근경을 이루

---

27) Victoria Bonnell, "The Peasant Woman in Stalinist Political Art of the 1930s", *American Historical Review*, 98, (1993), pp.63-72.

그림 3-2 a   그림 3-2 b

고, 정작 소비 주체인 시골 아낙은 원경 속에서 헤드 스카프 차림으로 황톳길을 달려오고 있다. 반면, 후자에서는 미용실에서 머리를 만지고 세련된 줄무늬 옷을 입은 여성이 홀로 소비 주체로서 판매 대행인 없이 직접 상품의 강한 향을 맡으며 만족스러운 미소를 짓고 있다. 색채 구성도 방향(芳香)의 종류와 강도를 대변하듯 분홍(꽃색)과 청색으로만 양분되어 있다. 외모에서 도회지 여성임을 짐작할 수 있는 소비 주체는 도시 속에서도 자연의 꽃 냄새를 향수를 통해 연상하며 더 강력하게 그 에센스를 느낄 수 있는 것이다.

무엇보다 중요한 것은 향수의 포장과 용기이다. 후자의 라일락 향수의 용기는 고급 크리스털 유리 제품으로, 내용물 못지않게 상품의 품격을 유지하고 여성의 기호를 자극하기에 충분하다. 당시 중공업에 치중된 소비에트 경제 상황을 고려할 때 상당히 무리한 여건 속에서도 지배 권력은 유리 원료를 당시 화장품 생산 기업연합체인 테쥐(ТЖЗ, Tezhe)에 지속적으로 공급했으며, 부족한 부분은 수입하기도 했다. 아울러 화장품 원료의 하나인 에테르유(油) 역시 해외에서 대량 수입해야 했다.[28] 제1차 5개년계획을 거치며 대외 의존도를 크게 줄여가며 폐쇄적 자족 경제 체제를 지향하고 있던 소비에트 경제가 향수 원료와 크리스털 유리 원료를 대량 수입하고 있었다는 것은 시사하는 바가 크다. 더욱이 강력한 향을 지닌 프랑스 향수를 구입해 쓰는 자신의 아내를 경멸하기까지 했던 스탈린이 자신의 개인적 취향마저 저버리며 향수 생산을 독려했다는 것은 매우 흥미로운 점이 아닐 수 없다. 1939년 '식료품 공업'이라는 제목으로 개최된 미술 전시회 출품작 〈테쥐 출시 신상품을 검열하는 스탈린, 몰로토프, 카가노비치, 미코얀 동무〉(니콜라이 데니숍스키, 1939)에서 '전능한' 스탈린이 화장품 품질에 대한 '정확한' 판단을 제시하고 있다.[29]

이처럼 향수생산은 소비에트 지배 권력의 중요한 관심사 중 하나였다. 당시 테쥐의 경영을 담당한 인물도 정부 고위급 인사인 몰로토프의 아내 폴리나 쳄추쥐나로서 정치적으로 꽤 비중 있는 인물이었다. 1930년대 소비재 광고의 홍수 속에서도 정작 상품 공급 부족을 비판적으로 지적하는 쉴라 피츠패트릭 같은 연구자도 향수만큼은 상당히 많은 소비층에게 공급되었음을 인정하고 있다.[30] 1936년 초 신문 보도에 따르면 향수생산에서 구소련은 프랑스를 제치고 미국, 영국에 이어 세계 3위가 되었다.[31]

---

28) Jukka Gronow, *Caviar with Champagne-Common Luxury and the Ideals of the Good Life in Stalin's Russia*, (Oxford: Berg, 2003), p.59.

29) Reid, "All Stalin's Women", p.144.

30) Sheila Fitzpatrick, "The Good Old Days", *London Review of Books*, 9, (October, 2003). 다음 웹사이트를 참조하라. http://www.lrb.co.uk/v25/n19/fitz03_.html

31) Вадим Викторович Волков, "Концепция культурности, 1935-38: Советская цивилиэация и повседневность сталинского времини", *Социологический журнал*, (1996), с.210.

당시는 삶의 풍요가 대대적으로 선전되던 시기이다. 스타하노프 일꾼들이
누리는 값비싼 의상, 외투, 축음기, 가구 및 다른 문화생활 품목에 대한 현시
적 소비는 권력에 의해 대대적으로 홍보되었으며, 아울러 문화-교양-품격-
격조를 뜻하는 '쿨투라(культура)' 및 '쿨투르노스치(культурность)'라는
용어가 크게 강조되었다. 이러한 측면은 하층민의 일부를 준(準)-엘리트적
소비 수준과 가치 체계에 인위적으로 통합시킴으로써 불평등을 정당화하는
것으로 해석될 수도 있다.[32] 노동계급 여성들의 잡지인 《라보트니차》는 세
번 발행에 두 번꼴로 뒷면 전면에 화장품 및 식료품에 대한 컬러 광고를 게
재했다.[33] 예를 들면 식료품에서는 게살 통조림, 저온 열처리 우유, 포장육,
아이스크림 등을 들 수 있다(그림 3-3 a, b, c, d).

국가조달인민위원부에 이어 식품공업인민위원부 책임을 맡았던 미코얀은
미국의 산업시설 참관을 통해 견문을 넓혔고, 풍요로운 소비재의 장점을 소
비에트 인민경제에 도입하기 위해 노력했다. 특히 아이스크림과 토마토케첩
에 대한 홍보는 미국식 가공식품에 대한 찬사를 포함하고 있었다. 미코얀은
아이스크림 분야에서 미국을 따라잡은 것처럼 호언했지만, 케첩은 미국을
거의 모방하다시피 했다. 당시 미코얀에게 있어 미국을 모델로 추종하는 것
과 미국의 수준을 넘어서는 것은 엄격히 구별하기 어려웠을지도 모른다. 당
시의 잡지 《오고뇨크》(1936년 제16호) 안쪽 표지에 실린 케첩 광고(그림 3-4)
속 여인은 다음과 같은 내용의 캡션만으로는 미국 여성인 것처럼 느껴진다.
"미국에는 음식점 식탁 위마다 그리고 각 가정주부의 찬장 속마다 케첩 병이
있습니다. 케첩은 육류, 생선, 채소 및 기타 요리에 첨가할 수 있는 가장 좋

32) ВаДим Викторович Волков, "Концепция культурности, 1935-38: Советская цивилиэация
    и повсеДневность сталинского времини", *Социологический журнал*, (1996), с.208.
33) Julie Hessler, "Cultured Trade: the Stalinist Turn towards Consumerism", Sheila Fitzpatrick,
    ed., *Stalinism-New Directions*, (London: Routledge, 2000), p.197.

그림 3-3 a

그림 3-3 b

그림 3-3 c

그림 3-3 d

그림 3-4

은 강렬하며 향긋한 조미료입니다. 주문하십시오!"

이러한 미국 소비문화 추종주의는 사실상 1920년대 말 한 화장품 광고(작가 미상, 1928)(그림 3-5 a)에서도 이미 나타난 바 있다. 캡션은 "우량 화장품-크림-비누-분(粉), 주근깨 피부 관리, 매니큐어, 립스틱"이었다. 특히 광고 속 여성은 미국인인지 소비에트 인민인지 구별하기 어렵다. 무엇보다 뉴욕 맨해튼의 마천루와 자유의 여신상을 배경으로 대양을 횡단하여 접근하는 화물선은 이러한 소비재가 미국에서 수입된 것이라는 인상을 준다. 이 포스터의 원본도 확인해볼 수 있는데, 여기에는 상단부에 아예 '미국제' 화장품이라는 캡션이 뚜렷하게 적혀 있다(그림 3-5 b).

따라서 이러한 광고와 이미지는 소비에트 인민의 정체성에 혼란을 줄 수 있다. 실제로 이 당시 소비문화에 대한 반감이나 비판이 여러 가지 형태로

그림 3-5 a   그림 3-5 b

나타나고 있음을 볼 수 있다. 이러한 상황에서 화장품 홍보 포스터에도 자본
주의 세계와는 구별되는 사회주의 국가 여성의 정체성 같은 요소를 담아낼
필요가 있었다. 포스터 〈고급 화장분(粉) 붉은 양귀비와 금속제 캡슐 속 립
스틱〉(리트바크-막시모프, 1938)(그림 3-6)은 이러한 예에 속한다고 할 수 있다.
구소련의 작곡가 레인골드 글리에르의 작품명이기도 한 〈붉은 양귀비〉는
1927년에 초연된 최초의 소비에트 발레극으로서 그 후 여러 차례 인기리에
공연되었는데, 화장품 포스터의 모티프가 되기도 했다.[34] 이 작품은 1920년
대 중국 국민당 정권 지배 아래 한 항구를 배경으로 하고 있다. 여주인공 타

---

34) Ольга Олеговна Савельева, "Советская реклама 20-х годов как средство агитации и
   пропаганды(вторая часть)", Человек: Иллюстрированный научн-популярный журнал,
   3, (2006), c.146.

그림 3-6

오호아(Tao-Hoa)는 직업 무희로서 이 지역 하역 인부들과 마찬가지로 항구를 장악한 사악한 자본가의 착취에 시달린다. 이에 분노한 소비에트 화물선 선장인 남자 주인공은 혼자서 악의 세력에 맞서 싸운다. 선장을 사랑하게 된 무희는 그를 암살하려는 총탄에 대신 맞고 자신을 희생하여 선장을 구한다는 줄거리이다.

포스터는 당시 잘 알려진 작품의 모티프를 활용하여 아름다우나 대의를 위해 헌신할 수 있는 미모의 여성 이미지를 재현했다. 화장분의 포장은 오리엔탈풍으로 디자인되어 붉은색 양귀비 꽃잎과 함께 작품과의 관련성을 강조하고 있다. 아울러 붉은색의 연관효과를 노려 세련된 디자인의 금속제 캡슐 속 립스틱을 함께 홍보하고 있다. 무엇보다 이 립스틱 형태는 총탄을 연상시킨다. 생명을 앗아간 흉물이나 가학적 도구(예를 들면 십자가 처형의 못이나 창

그림 3-7

측, 제1차 세계대전 후 프랑스군 점령지인 루르에서 처형된 독일인 몸에서 찾아낸 탄두 등)가 얼마든지 성물로 전도될 수 있는 것이다. 이념과 사랑을 위한 헌신이나 희생을 모두 함의하는 총탄 모양의 립스틱이 새로운 느낌으로 소비에트 여성의 정체성을 형성해가며 소비자에게 다가갈 수 있었는지도 모른다.

이 밖에 〈3대 필수 여행 휴대품-트로이노이 향수-사니트 치약-레코드 비누〉(포베딘스키, 1938)(그림 3-7)가 있다. 물론 당시 형편으로는 스타하노프 일꾼 같은 모범 표창 노동자만이 유급휴가를 받아 삼림이나 해변의 휴양 시설을 이용할 수 있었지만, 소비에트 인민 대다수에게 이것은 언젠가는 이루어질 수 있는 꿈의 세계였는지도 모른다. 이러한 점에서 이 광고도 그런대로 소비에트적 정체성을 유지하고 있다고 볼 수 있다. 문명화된 휴대용품으로 마음 가벼워진 여인의 이미지가 변화 있는 다양한 공간을 떠올리며 행복감

그림 3-8

에 젖어 있다. 이제 여성의 소비용품 광고에서는 상품 자체에 대한 강조보다
는 그 상품과 함께 떠올리게 되는 연관 이미지를 강조하는 방식으로 소비
주체인 여성에게 다가서고 있다.

그러나 소비에트적 정체성을 유지하며 상품 관련 이미지를 부각시키는 데
가장 탁월함을 보여주는 광고의 예는 무엇보다도 〈치약 사니트(위생)〉(보그라
드, 1938)(그림 3-8) 경우이다. 식품인민위원부 잠업국에서 생산하는 치약을
사치품이라고 하기는 어렵다. 그러나 튜브형 치약보다는 치분(齒粉)이 더 보
편화된 시대였고, 또한 교양과 품격의 일부로서 청결과 위생이 강조되고 '비
누로 손 씻기'와 '이 닦기' 캠페인이 반복적으로 주입되던 시대임을 감안한
다면 치약은 인기 품목이자 애용품이었다. 치약을 소비하며 얻게 되는 구강
내 상쾌함을 창공으로 비상하는 항공기의 비행운(飛行雲)과 연관시킴으로써

더 넓은 가능성과 활동 공간을 동경하는 여성 소비자에게 호소력을 발휘하고 있다.

건강한 치아 못지않게 립스틱을 비롯한 화장품의 간접효과를 누릴 수 있는 여성 조종사의 얼굴 모습이 일반 소비자에게 동경심을 유발하고 일체감을 자아내게 한다. 포스터 속 여성 비행사를 돋보이게 하는 또 하나의 요소는 고글이 부착된 가죽 제품의 비행모와 재킷, 그리고 바둑판무늬 스카프가 일체를 이루는 세련된 패션이다. 더욱이 포스터 속 여성 비행사는 당시 소비에트 여성이 동경하는 대상이었으며, 지배 권력이 제시하고자 하는 바람직한 소비에트 여성상이었다. 특히 1938년에는 츠칼로프 비행 팀과 그로모프 비행 팀에 이어 세 명의 여성 전투기 조종사(그리조두보바, 폴리나 오시펜코, 라스코바)가 기록적인 무착륙 장거리 비행의 쾌거를 올린 상황이었기 때문에 광고는 시대 분위기와도 크게 부합되었다. 당시 여성 비행 영웅인 오시펜코는 낙하산 하강을 레저로 즐기며, "조국을 위해 죽을 자세가 되어 있다"고도 했다. 이처럼 화장품 소비의 연관효과 속에는 레저-체력 단련-유사시 군사활동 등 권력의 효과적인 동원과 맞물려 있음을 알 수 있다.

5. 여성의 몸으로 표현되는 권력의 욕망

앞에서 언급한 것과 같이 제1차 5개년계획과 제2차 5개년계획 시대의 사회 분위기와 여성 이미지에 나타난 차이에도 불구하고 두 시기의 공통점이나 일관된 흐름이 있다면, 그것은 바로 소비에트 권력이 규율해온 몸의 이미지이다. 이상적으로 이미지화된 몸이야말로 권력의 요구나 욕망이 적나라하게 드러나는 영역이다. 사회주의 건설과 아울러 당시로서는 유일한 고립무원의 사회주의 국가 수호라는 시대적 요구에 부응할 수 있는 몸의 이미지가 강조되었다. 따라서 이에 적합하게 몸을 단련하여 만들어가는 체육과 운동이 이미지 영역에서도 큰 부분을 차지하게 되었다.

그런데 사회주의 건설 시대인 1930년대에 체육과 각종 훈련으로 다져진 탄력적인 여성의 이상적인 몸의 이미지는 신경제 정책 시대인 1920년대의 그것과 차이를 보이고 있다. 후자의 대표적인 예가 사모흐발로프의 1928년 작품인 〈젊은 여성노동자〉(그림 4-1 a)와 데이네카의 1927년 작품인 〈여성 방직공〉(그림 4-1 b)이다. 데이네카의 작품에서 볼 수 있듯이 호리호리한 몸매의 여성이 주의 깊게 실을 골라내는 세심함과 흰색 의상으로 상징되는 청결함의 이미지와 결합되어 있다. 나이만의 설명에 따르면 소비에트 인민 대다수가 배불리 먹지 못하던 시절인 1920년대 문학작품에 나타나는 마른 체격에 대한 묘사는 이데올로기적 함의를 지니는데, 프롤레타리아적 연대감과 쾌락 추구에 탐닉하지 않는 절제력을 암시한다는 것이다. 반면, 두 턱, 살찐 배, 커다란 가슴은 네프 시대의 탐욕스런 남녀 졸부를 상징하고, 그 후에는 남녀 쿨라크를 상징하게 되었다. 제대로 먹지 못해 체중이 줄어든 것은 오히려 네프 이전 시대, 즉 전시공산주의 시대의 더욱 두드러진 특징이었지만, 네프 시대에 점점 멀어져가는 집단적 이상을 여전히 추구하는 긍정적 표상이 되었다. 1920년대 이념과 가치의 혼란을 상징하는 신경제 정책 시대에 여윈 여성의 몸은 유행이었을 뿐만 아니라 이데올로기적 순수성까지 드러내는 것이었다. 그 반대의 경우, 즉 남성과 확연히 구별되는 여성적 몸매는 유행에 뒤떨어진 구시대적 특징뿐만 아니라 이념의 적을 상징하는 것이었다.[35]

한편, 보넬은 1920년대의 '남성화된 여성 공산주의자의 이상적이고 호리호리한 체형'이 농촌 여성을 묘사한 포스터의 경우에는 오히려 시기적으로 좀 늦은 제1차 5개년계획 기간에 나타난다고 보았다. 이는 이데올로기적으

---

35) Eric Naiman, *Sex in Public-The Incarnation of Early Soviet Ideology*, (Princeton: Princeton University Press, 1997), pp.214-215.

그림 4-1 a

그림 4-1 b

로 프롤레타리아임을 형상화하는 방식이었다. 반면, 1920년대 농촌 여성은 커다란 가슴과 함께 뚱뚱한 모습으로 묘사되었는데, 이는 지적이지 못하고 의식 수준이 낮음을 암시하는 것이었다. 즉 연약한 듯 보이는 신체는 역설적으로 강고한 사상성을 시사하는 장치였다. 그러다가 1930년대 후기에 이르면 여성 집단농장원은 좀더 건장한 체격을 지닌 것으로 표현되었다. 그렇다고 1920년대 뚱뚱한 농촌 여성의 부정적인 모습으로 돌아간 것은 아니다. 그러나 1920년대 초의 깡마른 모습은 사라졌다.[36]

나이만은 이러한 변화의 시점을 1930년대 전반으로 거슬러 올라갔다는 점에서 보넬과 의견을 다소 달리한다. 그는 이러한 견해 차이의 원인을 보넬이 주로 포스터에 나타난 농촌 여성의 이미지만을 분석한 데서 찾고 있다. 나이만은 당시 뉴스 보도와 같은 대중적인 영상 및 사진 자료나 포스터, 또는 사회주의 리얼리즘 회화를 살펴볼 경우 이미 1930년대 전반에 이상적인 소비에트 여성은 비록 운동선수 같은 모습이기는 하지만 점점 더 풍만하면서도 탄력적인 신체를 드러내기 시작했다고 보고 있다. 대표적으로 1933년에 데이네카가 투원반 선수 이미지를 도안한 포스터 〈일하고 건설하라, 푸념 말라〉(그림 4-2 a), 같은 해의 사모흐발로프 작품인 〈투포환 아가씨〉(그림 4-2 b), 그리고 1935년 고보르코프가 제작한 〈제2차 전국 직업동맹 체전〉(그림 4-2 c), 같은 해 사모흐발로프의 〈투원반 여성〉(그림 4-2 d) 등이 있다. 특히 두 번째 그림은 역동성과 미래를 상징한다. 투포환을 들고 있는 여성 상의에 그려진 두 문자 데(D)는 소비에트 전력공사인 '디나모'(다이내믹에 해당하는 러시아어)를 나타내는 것이다. 젊은 여성을 가리키는 러시아어도 데(D)로 시작하며, 배경 속에 흐릿하게 묘사된 비행선도 데(D)로 시작한다. 즉 세 개의 데는 여성−역동성−(비행선으로 표상되는) 과학기술의 미래의 결합을 의미하는 것이

---

36) Bonnell, "The Peasant Woman", pp.63-72.

그림 4-2 a   그림 4-2 b   그림 4-2 c   그림 4-2 d

다. 세 번째 그림의 배경에도 레저인 동시에 항공과학 세계와 밀접한 영역인 낙하산 하강이 묘사되어 있다. 더욱 놀라운 것은 젊은 여성의 붉은 별이 그려진 상의에 닿아 있는 결승 테이프의 문구는 "모든 세계기록은 우리 것이어야 한다!"이다. 이는 '추격과 추월'로 상징되는 사회주의 건설 시대의 영웅주의를 담고 있다.

1920년대 소비에트 사회의 최대 문제는 '소비에트적 피로' 내지는 소비에트판 오블로모프주의(무기력주의, 이반 곤차로프의 소설 〈오블로모프의 생애〉에 나오는 주인공 이름에서 유래)였다. 러시아 혁명 이전의 제1차 세계대전부터 혁명 이후 내전까지 최소 6년 이상의 전쟁 기간은 혁명의 성취에도 불구하고 소비에트 인민에게 피로감을 안겨주었다. 체육에서도 권투나 축구 같은 경쟁적인 스포츠보다 휴식과 체조 등이 강조되었다. 그러나 1930년대 사회주의 건설 과업을 앞두고 이러한 휴식 중시 문화에 깃든 '무기력'은 일소되고 영웅주의가 다시 요구되는 상황이었다. 이러한 대중동원의 필요성을 절감하는 권력의 요구가 이 시대의 이상적인 여성의 신체 이미지에 투영된 것이다.

6. 젠더화된 권력관계와 농업의 여성 젠더화

　스탈린 시대의 여성 및 젠더 이미지를 살펴보면서 짚고 넘어가야 할 주제 중 하나는 이미지를 통해 드러나는 '젠더화된 권력관계'이다. 즉 권력과 주체는 남성 또는 남성화된 이미지로, 그리고 수동적 지배 대상이며 부수적이거나 보조적인 위상을 지닌 존재는 여성 또는 여성화된 이미지로 표현됨을 말한다. 예를 들면 공업과 농업의 관계가 그렇다. 공업이 주도적이고 농업이 부수적이라면, 공업은 남성 젠더화되는 것이다. 실제적으로도 남성 노동력을 대거 흡입한 공업화의 사회경제적 격변 속에 농업은 '여성화'되었다. 그러나 공업은 다시 그 내부에서 부문별로 재차 젠더화되고, 농업은 농업대로 활동 영역에 따라 젠더화되는 상대성을 지닌다. 수잔 레이드는 이러한 시각을 적용해 '여성 젠더화'된 농업 내에서도 남녀의 역할과 위상에 따른 젠더화된 권력관계가 나타나며, '남성 젠더화'된 공업 부문에서도 오르조니키제가 담당했던 중공업이냐 아니면 미코얀이 총괄했던 경공업이냐에 따라 유사하게 젠더화된 관계가 나타난다는 점에 주의를 환기시켰다.[37] 즉 공업은 농업에 대해 남성 젠더화된 영역이지만, 공업 안에서는 중공업이 좀더 남성 젠더화된 부문이고, 경공업은 상대적으로 여성 젠더화된 경우이다. 더 나아가 이러한 권력관계는 페트로네가 지적한 것과 같이 남성화된 도시이냐 여성화된 농촌 이냐, 또는 소비에트 연방의 중심인 모스크바 내지는 러시아인가 아니면 중앙아시아 같은 비(非)-러시아적 무슬림 문화권의 주변부인가에 따라서 표출될 수 있으며, 농민과 대지, 모험과 개척에 나선 인민과 그 대상인 대자연, 그리고 궁극적으로는 권력과 대중의 관계에서도 나타날 수 있는 것이다.[38]

---

37) Reid, "All Stalin's Women", p.146, et passim.

38) Karen Petrone, *Life Has Become More Joyous, Comrades-Celebrations in the Time of Stalin*, (Bloomington: Indiana University Press, 2000), pp.45, 47, 56.

그림 5-1

특히 서방측 여성 연구자들이 집요하게 부각시켜온 주제는 '농업의 여성화'이다. 이들은 하나같이 여성 조각가 베라 무히나가 1937년에 제작한 거대한 규모의 남녀 입상(立像)인 〈남성노동자와 여성 집단농장원〉(그림 5-1)을 가장 상징적인 예로 꼽고 있다.[39] 소비에트 권력이 이른바 '사회주의 건설' 과정에서 가장 중시했던 공업을 상징하는 것은 남성 공장 노동자인 반면, 공업 부문에 핵심 노동력과 식량을 공급하며 희생을 감수해야 했던 농업을 상징하는 것은 여성 집단농장원이다. 무히나의 작품에서 여성은 거대한 체격에도 불구하고 남성보다는 조금 작게, 그리고 힘차게 앞발을 내딛는 역동적인 자세에서도 남성보다 조금 뒤처지게 묘사되어 있다.

---

39) Elizabeth Waters, "The Female Form in Soviet Political Iconography, 1917-1932", *Russia's Women-Accommodation, Resistance, Transformation*, Barbara Evans Clements, Barbara Alpern Engel, Christine D. Worobec, eds., (Berkeley: University of California Press, 1991) pp.240-241; Bonnell, "The Peasant Woman", pp.79-81; Reid, "All Stalin's Women", pp.147, 171; Petrone, *Life Has Become More Joyous, Comrades*, p.56.

농업집단화가 농민층을 '여성화'했다는 것은 메타포이기도 하지만, 동시에 문자적이고 수량 통계적이기도 하다. 농업집단화가 본격화된 이후 10년이 채 안 된 1940년에 제대로 된 노동 능력을 갖춘 농업 인구 중 22%만이 남성이었는데, 이는 신흥 공업 중심지로 성인 남성 인구가 끊임없이 유출된 것에서 빚어진 필연적 결과였다.[40] 이러한 현상과 변화를 염두에 두었던 스탈린은 이미 1930년대 초에 "여성은 집단농장에서 거대한 힘"이라고 역설적으로 추켜세운 바 있다. 1933년 여성 작가인 피누스에 의해 이 발언을 제목으로 한 포스터가 제작되었다(그림 5-2 a). 또 전후 공업 재건과 이를 위한 남성 노동력 투입이 절박했던 1947년에 다시 한 번 동일한 제목으로 여성 집단농장원의 이미지를 동원한 포스터가 제작되었다(그림 5-2 b). 전자의 포스터 중앙에 위치한 집단농장 모범 일꾼대회 사진에서 스탈린의 교시를 받는 참석자 중 극소수만이 남성―그것도 연로한―일 뿐 대다수는 여성이다. 아울러 트랙터 운전과 수확작업에 나선 것도 여성이다(그런데 후자의 포스터에는 여성 트랙터 운전자의 모습이 보이지 않는다. 이들의 수는 나치 독일과의 전쟁 직전까지 20만 명에 이르렀다. 전설적인 여성 노동 영웅 안젤리나가 지도한 여성 트랙터 여단은 전시에 카자흐스탄으로 소개되었는데, 수년간 여성 기사들이 대부분 이탈하여 전후 안젤리나는 남성 기사로만 편성된 여단을 맡게 되었다). 1930년대 집단농장원이 주로 여성 이미지로 재현되었다는 것은 농업 부문에 대한 권력의 통제가 집단화 이전과는 비할 수 없이 용이해졌다는 것을 의미한다.

이러한 현상은 1920년대에 작가들이 농민을 상징하는 모습으로 일관되게 남성 이미지를 사용했던 점과 대비되어 흥미롭다.[41] 대표적으로 1925년에

---

40) 독일과의 전쟁 중에는 농촌 노동 인구의 남성 비율은 더욱 줄어들어 1944년에는 7%까지 하락했다. Susanne Conze, "Women's Work and Emancipation in the Soviet Union, 1941-1950", *Women in the Stalin Era*, Melanie Illic, ed., (Basingstoke: Palgrave, 2001), no.5, p.231.

41) Reid, "All Stalin's Women", p.147.

그림 5-2 a

그림 5-2 b

체렘니흐가 제작한 〈혁명의 승리는 노동자와 농민의 협력 속에〉(그림 5-3 a), 그리고 농업집단화가 본격화되기 직전인 1928년에 슐핀이 고안한 〈빈농과 중농이여, 파종 극대화, 기술 영농 도입, 자체 경제 강화에 나서라〉(그림 5-3 b) 가 있다. 전자에서는 농촌을 대표하는 건장한 남성이 노동자와 악수를 나누고 있다. 또한 양 부문의 대의원들이 소비에트 대회 참석차 회의장에 줄을 지어 입장하는 모습이 눈에 띈다. 악수하며 맞잡은 두 손 아래에는 "어깨와 어깨를 맞댄 대오 속에 도시와 농촌 근로자는 전세계 지주와 공장주의 쇠사슬에 맞서라"는 노농동맹의 글귀가 적혀 있다. 후자의 포스터 우측 상단에는

그림 5-3 a   그림 5-3 b

"쿨라크의 도둑질에 동지적·집단적 파종 전선으로 맞서라"는 표어 아래 노년-장년-청년 세대를 아우르는 남성들이 횡대로 서서 씨를 뿌리며 전진하고 있다. 전자에서 여성은 보이지 않으며, 후자에서도 여성은 대열 속에 한명 정도 희미한 모습으로 끼어 있음을 알 수 있다.

반면, 1930년대 농촌의 '평화'와 '풍요'를 형상화하는 작업에는 여성 이미지가 전면에 부각되어 있다. 대표적인 예가 데이네카의 1935년 작품인 〈자전거를 탄 여성 집단농장원〉(그림 5-4 a)과 세르게이 게라시모프의 1937년 작품인 〈집단농장 축제일〉(그림 5-4 b)이다. 전자가 평온 속의 여유와 풍요를 나타냈다면, 후자는 축제 속의 풍요를 묘사했다. 두 작품 모두에서 농촌의 변화와 발전을 상징하는 것은 '자전거'라는 소비품이다. 전자에서 여성은 이 재화를 홀로 누리며 삶의 주체로 표현되고 있다. 한편, 후자의 작품에 대한 레이드의 해석은 '여성 젠더화'된 농업 현장 속에서도 젠더 구별과 젠더 위계를 지적하고 있다. 작품의 왼쪽에는 햇빛에 그을린 여성이 동료 농장원들에게 빵을 대접하려 하고, 왼쪽 하단에는 또 다른 여인이 음료수를 나누어주려고 한다. 즉 밝은 태양 아래 펼쳐지는 다산과 풍요, 그리고 대지로부터의 수확의 상징성이 여성 이미지와 결부되어 있다. 한편, 농장 책임자인 듯한

그림 5-4 a   그림 5-4 b

한 남성이 연설을 하고 있다. 즉 단순노동은 여성 이미지와 결부되어 있는 반면, 좀더 차원 높은 이론이나 의식적 문제와 관련된 역할은 남성 이미지와 결부되어 젠더 차이와 위계를 드러내 보인다는 것이다.[42] 이처럼 '여성 젠더화된' 농업 부문이지만, 여전히 남성적 우위가 드러난다는 레이드의 해석은 스탈린 시대의 젠더정치 전반에 생각할 거리를 제공한다.

7. '사회주의 건설' 시대의 젠더정치를 돌아보며

이른바 '사회주의 건설' 시대의 젠더정치와 이를 표상하는 이미지는 매우 다양하다. 이 글에서는 먼저 이 시대를 양분하여 제1차 5개년계획 기간과 그 이후 제2, 3차 5개년계획 기간의 대표적인 특성을 여성 젠더 이미지 속에서 찾아보고자 했다.

전자의 시기에 농업집단화를 병행하여 추진하던 권력의 입장에서 무엇보다 중요한 것은 여성 노동력을 동원하기 위해 여성을 공적 영역으로 끌어내

---

42) Reid, "All Stalin's Women", p.147.

어 새로운 소비에트 인간으로 개조하는 일이었다. 또한 권력은 그들의 변모를 통해 체제의 정당성을 입증하려고 했다. 이 기간에는 여성의 가사 부담도 극복해야 할 낡은 습속의 일부로 간주되었고, 무엇보다도 지난날 농촌 생활의 가부장적 권위에 맞서 농업집단화 정책에 호응하도록 여러 가지 이미지가 동원되었다. 새로운 활동 영역을 찾아 결단을 내릴 수 있도록 온갖 방해를 물리치거나, 심지어 물리력까지 동원할 수 있는 단호한 여성의 이미지가 부각되었다.

아울러 이 시기에 수없이 되풀이 된 트랙터를 운전하는 여성의 이미지는 여성들이 남성들의 편견과 조소 속에서도 결국 이를 이겨내며 이 분야에 진출하는 결과를 가져왔다. 많은 여성 운전자들이 이러한 애로사항을 증언했고, 적지 않은 연구자들이 선언적인 양성평등이라는 허울 아래 지속되는 불평등한 실상을 지적해왔다. 그럼에도 여성 트랙터 운전자들이 술회하듯 어려움을 극복하고 자신의 성취에 보람을 느끼며 포부를 이루었다고 자부한다면, 스탈린식 대중독재에 대한 우리의 해석이나 가치판단은 좀더 단순함에서 벗어야 하는 것이 아닐까?

제2, 3차 5개년계획 시대에는 사회적으로 다시 여성성을 부각시키고, 가사 담당과 출산의 역할을 강조하는 일대 전환이 이루어졌다. 보수적 젠더관계의 부활 속에 이전에 구습 타파의 주체로 형상화되었던 여성이 이제는 소비 주체로서 이미지화되었다. 가정과 여성에 대한 전통적 가치 체계로의 회귀라는 사회 분위기 속에 소비에트 여성은 권력이 재정적으로 부담하기를 기피한 육아와 가사 부담을 떠안아야 했다. 즉 여성의 부담이 이중, 삼중이 되어가는 가운데 여성의 불만 해소 차원에서 소비 욕구를 자극하는 시도가 이루어진 것이다. 따라서 소비 주체로서의 여성 이미지를 부각시킨 동기의 진정성이 의심되기도 한다.

이러한 상황에서 과연 소비에트 여성은 향수와 화장비누의 광고를 접하며 스스로 세련되고 교양을 갖춘 만족감과 권력에 대한 고마움을 가졌을까? 아니면 스탈린 독재 권력은 삶의 풍요와 기쁨을 선언하는 허세와 상품 광고 속에 소비 주체로서의 여성 이미지를 동원해 여성을 단지 기만하고자 했던 것일까? 그러나 1920년대 말 곡물 수출의 국가 수입에 맞먹는 에르미타쥬 박물관 소장 명화 매각 대금마저 공장 건설용 기계설비 구입에 사용한 바로 그 스탈린 체제가 그 후 향수 원료와 크리스털 향수 용기 원료를 대량으로 수입하여 조달한 것은 어떻게 설명해야 할까? 향수에 대한 거부감이 컸던 스탈린이 왜 이처럼 향수제조업을 진흥시키고자 했을까? 구황실 명화 매각 작업을 총괄한 미코얀이 미국 제품을 모방하여 소비에트의 소비 대중에게 상품에 대해 계몽, 공급하고자 동분서주했던 것은 무엇을 의미하는가?

스탈린 독재는 대중의 욕망, 여성의 소비 욕구를 정확히 읽어냈는지도 모른다. 그러나 소비에트 권력은 여성 대중의 소비 욕망을 충족시키기에는 근본적 한계를 지녔고, 이것이 체제 붕괴에 장기적으로 작용한 요인 중 하나가 되었을지도 모른다. 그러나 스탈린 체제 아래 소비 주체로서의 여성 이미지를 검토해보면서 조심스럽게 드는 생각은 이 시대의 광고는 상업적 차원에서 파악하기보다는 여성 대중을 계몽하여 위생-청결-건강-교양 등의 가치를 삶과 의식 속에 내면화시키려 했던 장기적인 근대적 프로젝트의 한 측면을 보여주었던 것은 아닐까 한다.

---

* 이 글은 2007년 2월 21일 비교역사문화연구소와 대구사학회가 공동으로 개최한 학술대회 "대중독재와 젠더정치"에서 발표되고, 《대구사학》 92집(2008년 8월)에 게재된 글을 수정, 보완한 것이다.

착취와 자기세력화 사이에서:
스탈린주의와 협상을 벌이는 소비에트 여성

카렌 페트로네

번역:이종훈

카렌 페트로네

미국 켄터키 주립대학교 역사학 교수. 소비에트 시대를 포함한 러시아 근현대사, 일상사, 젠더사를 연구하고 있다. 대표 연구서로는 스탈린 시대의 공식 문화와 일상을 분석한 *Life Has Become More Joyous, Comrades: Celebrations in the Time of Stalin*이 있다.

1. 소비에트 여성 정책은 진보인가 후퇴인가

소비에트의 초기 가족 정책이 당시로는 세계적으로 가장 개방적이고 진보적이었다는 점에서 전간기의 다른 대중독재 체제와 구별된다. 1920년대 소비에트 국가는 가부장적 가족관계를 단호하게 공격하고 결혼과 가족의 토대를 흔들어놓았다. 알렉산드라 콜론타이와 같은 소비에트 페미니즘 사상가들은 국가 고사(枯死)론 만큼이나 '가족 고사론'을 확언했다.[1] 소비에트 정부는 낙태의 합법화와 이혼 절차의 간소화 및 사실혼까지 결혼으로 간주하는 법을 제정했다. 그러나 여성 평등에 대한 이러한 주목할 만한 노력은 지속되지 못했다.

몇몇 연구자들은 섹슈얼리티를 통제하려는 충동의 기원을 소비에트 권력 초기까지 소급시키며, 소비에트 정책의 해방적 성격을 제약해온 요인이 섹슈얼리티에 대한 지도층의 청교도적 관점과 아울러 젠더 역할이 엄격하게 생물학적으로 규정된다고 이해한 지도층의 자세 탓이었음을 시사하고 있다.[2] 다른 분석가들은 결정적인 전환점이 1930년 공산당 내 조직인 여성국(женотдел, Zhenotdel) 폐지라고 지목한다. 그러나 또 다른 이들은 여성 해방

---

* 한양대학교 비교역사문화연구소(RICH) 임지현 소장을 비롯해 대중독재 프로젝트 연구팀과 젠더정치를 주제로 한 제4차 대중독재 국제학술대회 참가자들의 코멘트에 감사한다.

1) Aleksandra Kollontai, "Communism and the Family", *Selected Writings of Alexandra Kollontai*, trans. Alix Holt, (London: Allison & Busby, 1977)을 참조하라.

2) Frances Lee Bernstein, *The Dictatorship of Sex-Lifestyle Advice for the Soviet Masses*, (DeKalb: Northern Illinois University Press, 2007), p.50.

이 결코 소비에트 프로그램에 포함된 적이 없었다고 단언하기도 한다. 사라 애쉬윈의 주장에 따르면 "볼셰비키의 국가 정책은 결코 남성으로부터의 여성 해방을 지향한 적이 없으며, 공산주의 대의에 헌신하도록 남녀 모두를 '해방'시키고자 전통적인 가부장제 가족에 대한 여성 종속의 분쇄를 지향한 것뿐이다."[3]

변화의 시점과 지속 정도에 대한 의견 차이에도 불구하고 모든 학자들이 인정하는 것은 스탈린 시대 소비에트 국가는 권위주의적이 될수록 그만큼 더 가부장적이 되었다는 점이다. 1936년 낙태는 범죄로 규정되었으며, 이혼법은 그 이행 절차가 까다롭게 강화되었다. 여성들은 어머니가 되도록 장려되었으며, 식구가 많아지면 특별 상여금을 받았다.[4] 제2차 세계대전 중인 1944년에는 가족법이 보다 엄격해졌으며, 출산 장려 정책은 극단적이 되었다. 일부 연구자들은 주민에 대한 사회적 지원 결여 때문에 1930년대 스탈린 시대 여성 정책을 초기 페미니즘 목표로부터 '후퇴'라는 차원에서 바라보기도 한다. 반면, 다른 연구자들은 같은 정책을 이미 1920년대 엄존했던 권위주의의 심화라는 차원에서 바라본다. '대대적 후퇴(great retreat)'라는 용어는 1946년 사회학자 니콜라스 티마셰프에 의해 사용되기 시작했다. 그에 따르면 1930년대 스탈린 치하의 구소련은 공산주의 이데올로기로부터 조직적인 후퇴를 보여준다는 것이다.[5] 제3의 그룹에 속하는 학자들이 시사하는 바는 스탈린의 이른바 가부장제로의 '대대적 후퇴'라는 해석이 모순적일 뿐만 아니라 전체적인 모습을 놓치고 있다는 것이다. 이들은 여성 평등이 소비에트

3) Sarah Ashwin, "Introduction", *Gender, State, and Society in Soviet and Post-Soviet Russia,* (London: Routledge, 2000), p.5; Elizabeth Wood, *The Baba and the Comrade-Gender and Politics in Revolutionary Russia,* (Bloomington: Indiana University Press, 1997).
4) 소비에트 가족법에 대해서는 Wendy Goldman, *Women and the Soviet State-Soviet Family Policy and Social Life, 1917-1936,* (Cambridge: Cambridge University Press, 1993)을 참조하라.

이데올로기의 핵심 내용으로 줄곧 남아 있었다는 점과 스탈린 시대 내내 여성을 공적인 영역에 등장시켰다는 점을 제시하고 있다. 지배 권력은 여성들이 어머니가 되도록 권장한 것도 사실이지만, 동시에 지금까지 남성 독점 영역에 진출하여 트랙터 운전자, 산업현장의 역군, 비행 조종사, 운동선수, 저격수, 국방의 역군이 되도록 장려하기도 했다. 여성들은 결코 집 안에만 머물도록 명령받지 않았으며, 주부들은 가정을 벗어나 공동체에 봉사하도록 조직적으로 동원되었다.

스탈린 시대 행위 주체로서의 여성에 대한 분석가들의 주장은 마치 유리잔에 물이 반 정도 담긴 것을 보고 "반이나 비었다"와 "반이나 찼다"고 말하는 식으로 양분할 수 있다. 물론 양쪽 주장의 공통적 전제는 여성에 대한 스탈린주의 이데올로기와 당시 여성들이 직면해야 했던 현실 사이의 간극은 엄청났다는 점이다. 그러나 이러한 차이에 대한 해석이 판이하고, 소비에트 담론이 가져온 변화의 정도에 대해서도 의견이 현격히 대립된다. '잔이 반이나 비었다'는 시각의 연구자들은 소비에트 이데올로기야말로 조직적인 여성 착취를 은폐하는 그럴듯한 간판 정도로 해석한다. 이들은 종종 여성 해방이라는 소비에트 담론이 착취의 현실을 바꾸기에는 무기력하다고 본다. 또한 이들은 소비에트 초기 여성 개인 차원의 전례 없는 자유에 대한 관심이 사라졌다는 점과 여성의 다양한 사회적 역할은 '해방'이라기보다는 단지 '여성 착취 영역'의 확대 정도로만 간주되어야 한다는 점을 주장한다.[6]

제1차 5개년계획의 산업적 성과는 가족을 먹여 살리기 위해 공장에서 일

---

5) Nicholas S. Timasheff, *The Great Retreat-The Growth and Decline of Communism in Russia*, (New York: E. P. Dutton & Co, 1946). "대대적 후퇴"에 대한 비판과 아울러 스탈린의 젠더 정책을 근대화 과정 중의 모든 전간기(戰間期) 국가의 정책과 부합하는 것으로 보는 해석에 대해서는 David L. Hoffmann, *Stalinist Values-The Cultural Norms of Soviet Modernity, 1917-1941*, (Ithaca: Cornell University Press, 2003), pp.88-117을 각별히 참조하라.
6) Melanie Ilic, ed., *Women in the Stalin Era*, (Houndsmills: Palgrave, 2001), p.6.

을 해야만 한 도시 여성들의 희생을 딛고 이루어진 것이다. 여성들의 결정적인 경제적 역할과 다양한 새로운 영역으로의 진출에도 불구하고 여성의 열등함이라는 관념은 지속되었다. 새로운 사회주의 경제의 많은 부분에서 여성에게는 상대적 저임금과 품격이 덜한 작업이 부여되도록 고안된 성차별이 존재했다.[7] 국가 경제계획에서도 직장인이자 어머니인 여성의 가사 부담을 줄여줄 수 있는 간호, 세탁, 식당 봉사 등의 서비스 업무는 중공업 우위 노선에 밀려나 결국 여성은 생산과 재생산(즉 출산)을 모두 책임져야 하는 존재가 되었다. 사회주의 건설에 참여하는 여성들이 소비에트 보도 매체에서 종종 영웅화된 것은 사실이지만, 이러한 여성들의 업적을 예찬하는 그 이면에 담겨 있는 메시지는 여성들이 제아무리 영웅이라 할지라도 남성들이 더 영웅적인 척도라는 것이다.[8] 제2차 세계대전 중 비전통적인 역할을 수행하는 여성들을 묘사할 때는 '여성스러운'이나 '상냥하고 가정적인' 등의 수식어가 따라다녔다.[9] 20세기 전시(戰時) 경제 아래에서 마치 DNA의 이중나선 구조 모델 속 여성처럼 여성은 나선 사다리에서 항상 상대적 우위를 차지하고 있는 남성에 종속되는 위계관계 속에 놓이게 되었다.[10] 따라서 소비에트 국가는 여성을 착취하고, 그들을 부수적이고 보조적인 역할에 영구히 던져버린 것이다.

이에 비해 '잔이 반이나 찼다'는 시각에 따르면 소비에트 담론은 여성을

---

7) Wendy Goldman, *Women at the Gates-Gender and Industry in Stalin's Russia*, (Cambridge: Cambridge University Press, 2002)을 참조하라.

8) Karen Petrone, *Life Has Become More Joyous, Comrades-Celebrations in the Time of Stalin*, (Bloomington: Indiana University Press, 2000)의 제3장을 참조하라.

9) Barbara Alpern Engel, "Women Remember World War II", *Russia at a Crossroads*, Nurit Schleifman ed., (London: Frank Cass, 1998), p.129.

10) Margaret R. Higgonet and Patrice L. R. Higgonet, "The Double Helix", *Behind the Lines-Gender and the Two World Wars*, Margaret R. Higgonet, et. al., (New Haven: Yale University Press, 1989 [Reprint edition]), pp.31-50.

사회주의 건설 과업의 동등한 참여자로 평가하여 여성의 자기규정과 활동에 새로운 가능성을 열어놓았다는 것이다. 이러한 연구자들은 소비에트 담론이 여성의 진로 선택과 기회 형성에 중대한 역할을 한 것으로 간주한다. 역사가인 채터지는 우리가 "소비에트 경험의 중요한 형성 요소가 이데올로기와 현실 사이의 괴리"라는 점에 집착하고 있는 것은 아닌지 묻고 있다. 더 나아가 그녀는 "여성의 삶에 근본적 변화를 가져오는 시나리오를 명료하게 드러내는 역량이 구체적 삶의 대안이었을 뿐만 아니라 그 자체가 정치적 실천의 한 형태였다"고도 했다.[11] 일부 여성은 공식 담론에 제시된 근본적 변화가 자신의 삶에 반영되도록 행동을 취할 수 있었다. 이 여성들은 국가가 일관되게 강조하는 평등의 공적 수사(修辭)를 각자의 목표 추진에 동원했고, 이에 따라 '공식' 시나리오들은 각자의 구체적 삶들을 바꾸어놓았다.

2. 스탈린 시대 가족 이데올로기와 젠더 역할과의 끊임없는 협상과 논쟁

채터지의 뒤를 이어 역사가 안나 크릴로바는 제2차 세계대전 시기에 여성에 관한 소비에트 담론의 영향력을 강조했다. 그녀는 1941년 독일의 침략에 맞서기 위해 지원한 수십 만 명의 여성이 "전통적으로 양립할 수 없는 속성인 모성애 대 군사적 폭력, 여성적 매력 대 군사적 규율-군사적 우수성-전문성-지구력-용맹성을 통합하고 재정의"했음을 보여준다고 주장하고 있다. 또한 크릴로바는 여성성에 대한 이러한 새로운 개념 때문에 "스탈린 시대 러시아에서 여성의 자기실현을 위한 사회적 공간이 궁극적으로 확대되었음"을 주장하면서, 새로운 여성 담론의 엄청난 파급력을 인정하기도 했다.[12]

---

11) Choi Chatterjee, *Celebrating Women-Gender, Festival Culture, and Bolshevik Ideology, 1910-1939*, (Pittsburgh: University of Pittsburgh Press, 2002), p.6.

그렇다면 우리는 어떻게 '착취' 대 '자기세력화' 내지는 '자아실현'이라는 양극단을 화해시킬 수 있을까? 시기적으로 1917년에서 1953년까지 여성들의 삶에 관한 대담 자료와 회고록은 그 상당수가 구소련 붕괴 후 기록되고 발견된 것이다. 이러한 자료를 활용해 이 글에서 분석하고자 하는 것은 소비에트 여성들이 레닌과 스탈린 치하의 직장, 사회단체, 학교, 가족, 가정 등에서 행위 주체로서의 자신들을 어떻게 표현했느냐 하는 점이다. 여기에는 소비에트 이데올로기와 소비에트 현실이 소비에트 여성의 인생 경로에 영향을 미친 특정한 방식들을 문헌을 통해 상세히 설명하려는 목적도 있다. 또 이 글에서의 초점은 여성들의 자기 재현(표현, self representation)과 아울러 여성들이 보다 광범위한 소비에트 사회와 가까운 친구나 가족과 함께 상호작용하면서 자신들을 그려내는 방식이다.

사회와 가족에 대한 여성들의 태도를 논의함에 있어 필자는 가족이나 선생, 직장 동료 등 여성들이 삶의 과정에서 만나게 되는 남자들과의 관계에 각별한 주의를 기울이고자 한다. 왜냐하면 소비에트 국가가 여성을 위해 자아 형성 요소를 재정의했기 때문에 수용할 수 있는 남성적 자아 형성 요소도 재정의해야 했기 때문이다. 소비에트 젠더 역할에 관한 이야기는 오래도록 지속된 전통과 믿음이 평등에 관한 혁명적이고 유토피아적인 비전과 마주하게 되는 것으로서 새로운 것과 낡은 것의 충돌에 관한 것이다. 개별 여성들의 말과 글에서 드러나는 것은 정체성의 복합적 성격, 아울러 스탈린 시대 가족 이데올로기와 젠더 역할과의 끊임없는 협상과 논쟁이다. 이러한 복합성이 '착취'와 '자기세력화' 같은 개념에 안주하려는 우리의 머릿속을 헤집어놓으며, 이런 관념들을 좀더 정교하게 다듬도록 압박하는 것이다.

---

12) Anna Krylova, "Stalinist Identity from the Viewpoint of Gender: Rearing a Generation of Professionally Violent Women-Fighters in 1930s Stalinist Russia", *Gender & History*, 16, Issue 3, (Nov. 2004), pp.628-629.

3. 스탈린 시대 여성의 '공적인 것'과 '사적인 것'

우선 이 글에서 두 가지 관련된 논쟁을 전면에 내세우고자 한다. 하나는 소비에트 정책이 여성들의 삶에 영향을 준 방식이고, 다른 하나는 여성들이 소비에트 국가 이데올로기를 내면화하고 행동 지침으로 삼은 정도이다. 이 두 문제에 대한 연구자들의 입장에는 이중적인 연속체가 존재한다. 소비에트 정책을 주로 착취와 관련하여 이해하는 이들은 이데올로기의 힘을 평가절하하거나 이데올로기에 담긴 모순을 강조하는 경향이 있다. 반대로 소비에트 정책을 세력화(권능화)와 관련하여 이해하는 이들은 이데올로기가 소비에트 시민의 생각과 삶의 형성에 상당한 영향력을 행사한 것으로 본다. 일과 가족에 대한 당시 여성들의 말과 글을 검토하기 전에 소비에트 이데올로기와 관련하여 스탈린 시대의 행위 주체와 주체성 같은 일반적 관념을 논할 필요가 있다.

스탈린 시대 구소련에서의 '공적인 것'과 '사적인 것'의 성격에 대한 논쟁이 활발히 진행 중에 있다. 요헨 헬베크와 안나 크릴로바와 같은 연구자들이 비판해온 것은 소비에트 시민도 '서방의 자유로운 행위 주체'처럼 공식적인 삶에서는 소비에트 국가 이데올로기에 순응한다고 해도 "'공식적' 이데올로기의 영향이 미치지 않는 사적인 영역으로 후퇴함으로써" 이러한 이데올로기를 비판할 수 있거나, 또는 이데올로기 밖에 위치한 주체의 입장에서 이러한 이데올로기에 대한 비판적 자세를 견지할 수 있다는 서방측 자유주의 성향의 연구자들(필자 자신도 여기에 포함됨)의 가정이다.[13] 스탈린 시대에 쓰여진 일기를 대상으로 한 연구에서 헬베크가 시사한 바는 혁명적 자아를 완성

---

13) Jochen Hellbeck, "Working, Struggling, Becoming: Stalin-era Autobiographical Texts", *Russian Review*, 60, (July 2001), p.340; Anna Krylova, "The Tenacious Liberal Subject in Soviet Studies", *Kritika*, (Jan. 2000) 1 (1), pp.119-146도 참조하라.

하고자 하는 일기 기록자들의 욕망이 외부로부터 부여된 것이 아니라 "그 본성상 자동적이라기보다는 이데올로기에 의해 생산되고, 이데올로기와 역동적으로 상호 반응하는 행위 주체로서의 개인"을 드러낸다는 것이다.[14]

헬베크는 소비에트 국가가 "소비에트 시민들이 스스로에 대해 생각하고 의식적인 역사적 주체로 행동하도록 만듦으로써" 개인의 주체성을 억압하기보다는 주체성을 창출해내는 것으로 보았다. 이러한 과정에서 "소비에트 혁명가들은 개인의 의식과 국가의 혁명적 목표가 통합될 수 있도록 개별 시민과 좀더 큰 규모의 공동체 사이에 존재하는 모든 매개체를 제거하고자 추구했던 것이다."[15] 그렇기 때문에 혁명으로 수립된 국가의 궁극적 목표는 '사적인 것'이라는 관념을 완전히 해체하고, 각 주체가 집단 밖에 위치할 수 있는 가능성을 봉쇄하는 것이다. 국가는 "보편적인 자기 쇄신과 자기 천명에 대한 주장을 전면화"하려는 것이 어느 정도 원인이 되어 사적인 것을 재정의하는 그 목표 달성에 대체로 성공했다는 것이 헬베크의 시사점이다. 그리고 이러한 점을 증명해주는 것이 바로 일기 기록자들이 집단 밖의 사적인 삶을 '열등한 것'과 '완수되지 못한 것'으로 표현한 점이다.[16] 헬베크의 용어로 사적인 것에 대한 성공적인 재정의는 여성의 사회적 역할과 정체성을 재주조하는 데 반드시 중대한 영향을 미쳤을 것이다.

1) 소비에트 여성의 공적 생활

헬베크는 모스크바의 철도 기사 양성 전기기계대학 교수의 51세 된 아내 갈리나 쉬탄게의 일기에서부터 이야기를 이끌어가고 있다. 쉬탄게는 1930

---

14) Jochen Hellbeck, *Revolution on my Mind-Writing a Diary under Stalin*, (Cambridge, Mass.: Harvard University Press, 2006), p.12.

15) Hellbeck, "Working, Struggling, Becoming", pp.341-342.

16) *Ibid.*, pp.345, 357-358.

년대 사회 엘리트층의 아내들이 주축이 된 사회봉사 여성(общественница, obshchestvennitsa)운동의 일원이었다. 그녀의 일기는 1930년대 여성의 지위와 그들이 직면한 딜레마를 논하는 매우 좋은 자료이다. 헬베크는 쉬탄게의 자기규정은 집단적 노동에 대한 그녀의 참여에 의해 형성된 것이지 가족 내에서의 그녀 역할에 의한 것이 아니라고 주장한다. 쉬탄게는 남편의 학교에서 행하는 자신의 사회봉사 업무에 애착을 가졌고, 이를 그만두고 싶어하지 않았다. 그 이유는 갈등과 알력을 낳고 있는 가사 책임 때문이었다. 헬베크는 쉬탄게의 일기에서 다음과 같은 부분을 인용했다. "내가 집에서 시간을 거의 보내지 않자 가족들은 당황했다. …… 나는 아직 그렇게 많이 늙지 않았다. 나는 아직 개인 생활을 갖고 싶다. 내 가족에 대한 나의 의무를 수행해왔기 때문에 내게 남아 있는 얼마 안 되는 시간 동안 **나는 내 자신을 위해 살고 싶다**(헬베크 강조)."[17] '공적인 것'과 '사적인 것'에 대한 쉬탄게의 정의는 표준적인 부르주아 자유주의 모델과 일치하지 않는다는 점에서 헬베크가 옳다는 데 이론의 여지가 없다. 아울러 1930년대의 '공적인 것'과 '사적인 것'을 역사화하고 적절한 맥락에 위치시키는 헬베크의 접근방법은 매우 유익한 것이다.

그러나 쉬탄게의 자아에 대한 정의를 우리는 어떻게 이해해야 할까? 그녀의 사회적 역할을 이해하는 일을 간단하게 만들지 않는 첫 번째 요소가 그녀가 사회봉사 여성운동에 가담하고 있다는 사실이다. "한편으로는 가정주부로서의 역할을 강조하면서, 다른 한편으로는 자발적인 사회봉사를 위해 주부들을 동원했던 1930년대 중후반의 사회운동"[18]이 지닌 기이한 혼합적 성

---

17) *Ibid.*, p.356에서 재인용.

18) Rebecca Balmas Neary, "Mothering Socialist Society: The Wife-Activists' Movement and the Soviet Culture of Daily Life, 1934-41, *Russian Review*, 58, (July 1999), p.396. 아울러 Mary Buckley, "The Untold Story of the Obshchestvennitsa in the 1930s", *Women in the Stalin Era*, Ilic, pp.151-172도 참조하라.

격 때문에 그 젠더적 함의를 결정하기 어렵다. 이 여성들은 한편으로 사회주의 건설에 힘을 보태고자 공적 생활에 동원되었고, 이들 중 일부는 활발한 사회적 역할과 스스로에 대한 새로운 정체성으로 두각을 나타냈다. 다른 한편으로 이들은 주로 아내로서의 정체성을 지녔기 때문에 남편들의 역할과 관련된 범위에서만 지위를 획득했다. 쉬탄게가 아내들의 집회에서 자신의 이름을 이야기했을 때 한 정치장교가 그녀에게 말했다. "그렇지만 쉬탄게! 당신이 진정으로 기여해야 하는 이유는 당신의 부군이 그처럼 중요한 사람이기 때문이죠."[19] 쉬탄게는 정치장교가 남편의 장점을 인정해주어 기뻤다. 그녀는 새로운 소비에트 여성인 동시에 자신의 가정에서의 역할에 의해 규정되는 여성이기도 했다. 이처럼 자기세력화와 여성 평등 사이의 상호관계는 하나같이 복잡한 것이다.

혁명적 주체성에 대한 헬베크의 강조는 인격 형성과 인생 목표 설정에 있어 혁명 이전 요소들의 영향을 축소하려는 경향을 보인다. 혁명적 자아의 형성이 반드시 이전의 모든 믿음을 지워버리거나 재형성하는 것을 의미하지는 않는다. 소비에트 주체성은 백지 상태의 주민 위에 글씨를 쓴 것이 아니며, 소비에트 이데올로기는 기존의 믿음들과 복합적인 방식으로 상호 반응하는 것이다. 소비에트 국가가 아무리 주체화에 나선다 해도, 그리고 젠더 역할을 재정립하기 위해 아무리 시도한다고 해도 적절한 남녀관계 및 사회적 역할에 대해 깊숙이 배태된 믿음과 집요한 전통을 상대로 싸워야 한다. 이러한 낡은 이념들도 자신의 주체성을 이루어가려는 개별 주체와 역동적으로 상호 반응해나가는 것이다.

혁명이 시작되었을 때 쉬탄게는 이미 서른이 넘었는데, 이 30년 세월이 그

---

19) "Diary of Galina Vladimirovna Shtange", *Intimacy and Terror-Soviet Diaries of the 1930s*, Veronique Garros, Natalia Korenevskaya, Thomas Lahusen, eds., (New York: The New Press, 1995), p.172.

녀의 공과 사를 정의하는 데 어느 정도 영향을 주었다. 비록 그녀의 일기가 완간된 것은 아니지만, 일기 모음집의 편집자들은 혁명 이전 쉬탄게의 삶에 대한 약간의 배경 지식을 제공하기도 한다. "쉬탄게는 1905년부터 특별한 사회봉사 활동으로 어린 학생들을 위한 아마추어 공연 활동 조직, 철도학교 학생들에게 따뜻한 음식 제공, 제1차 세계대전 중 간호 업무 등을 언급하고 있다."[20] 헬베크는 쉬탄게가 '개인 생활'과 사회봉사 양자를 융합시켜나가는 일을 소비에트 이데올로기의 영향 탓으로 돌리고 있지만, 그녀는 이미 1917년 혁명 이전에 '부르주아' 아내로서 흡사한 봉사 활동에 활발히 참여한 적이 있으며, 이미 강한 사회지향성을 보여주었다. 1920년대 이러한 활동에 대한 그녀의 참여 노력은 거주 지역의 계급 적대감으로 제약을 받았다. 그녀는 우델나야(Udel'naya) 지역의 마을 위원회에서 물러났는데, "위원회에서 '귀족 분자'를 제거하라는 요란한 캠페인이 벌어졌고, 당시 사람들이 나를 그런 식으로 보았다. 그것은 매우 모욕적이었으므로 나는 사직서를 제출했다."[21] 쉬탄게에게 있어 주체로서의 위치를 결정한 것은 그녀의 젠더뿐만 아니라, 혁명 이전에는 부르주아지 그리고 혁명 이후에는 소비에트 엘리트의 한 성원으로서 그녀가 지닌 지위였다.

그녀의 선택을 조건지은 것은 소비에트 이데올로기만큼이나 그녀의 사회적 위치와 젠더 표준이었다. 쉬탄게의 가족이 그녀의 사회 활동에 화를 낸 단 하나의 이유는 그녀가 며느리를 도와 손자와 손녀들을 함께 돌볼 것이라는 강한 기대 때문이었다. 그녀는 "며느리 좋으라고 자신의 개인적 삶을 포기"해야 하는 것에 대해 불평했다.[22] 그녀의 아들이 집안일을 돕기 위해 자신의 일을 중단했다는 암시는 찾아볼 수 없다. 쉬탄게는 사회 활동을 그만두

---

20) *Ibid.*, p.167.
21) *Ibid.*, p.170.
22) *Ibid.*, p.189.

어야 했다. 그 이유는 주거공간이 충분하지 않았거나 또는 아들과 며느리를 위해 가정부를 고용할 경제적 능력이 충분하지 않았기 때문이다. 아들 부부에게 경제적 여유가 생기자 쉬탄게는 마음껏 사회 활동으로 복귀할 수 있었다. 따라서 쉬탄게의 사회 활동은 자기세력화의 측면만큼이나 특권의 측면을 지닌다. 그리고 그녀가 집안일에서 사회 활동으로 옮겨가는 방식은 혁명 이전의 패턴과 일치한다고 할 수 있는데, 이는 가사를 전담하는 다른 여성들의 도움 때문이다. 1930년대 여성들이 직면했던 복합적 맥락과 선택들을 완전히 파악하기에는 착취나 자기세력화 같은 개념 장치로는 충분치 않다. 사회봉사 여성운동이 정확하게 여성 평등이라는 소비에트 이데올로기로부터의 후퇴는 아니지만, 그 운동은 사회적 위계와 젠더화된 사회적 역할로 제한된 맥락 속에서만 여성들의 자기세력화를 위한 여건을 제공했다.

젠더에 관한 소비에트 이데올로기적 선언이 여성들의 열망을 추진하고, 인생 진로를 결정하는 힘을 지녔다고 주장하는 학자들은 특히 혁명 이후에 성장한 여성 세대에 종종 초점을 맞춘다. 니나 라스포포바의 삶은 소비에트 이데올로기가 한 여성의 인생 경로에 근본적 변화를 촉진했던 구체적인 예이다. 라스포포바는 1990년 한 인터뷰에서 구소련 극동 지역에서의 힘들었던 성장기 삶에 대해 이야기했다. 1926년 그녀는 13세의 나이에 아홉 명이나 되는 형제자매 부양에 힘을 보태기 위해 한 금광의 식당 조리사로 일해야 했다.

15세가 된 그녀는 공산청년동맹(콤소몰)에 의해 소도시인 블라고베셴스크(Blagoveshchensk)에 있는 광산기술학교로 가게 되었다. 그곳에서 그녀는 여자들은 학생으로 받지 않는다는 이유로 입학을 거부당했다. 그러나 그녀는 집으로 돌아오지 않고 "입학 허락을 받을 수 있다는 희망 속에 기술학교 계단에서" 두 달 동안 앉아 버렸다.[23] 젠더 평등의 공식적인 정부 정책에 따라 광산 기술자가 되기 위한 다른 여덟 명의 소녀들이 나타남으로써 라스포포바는 마침내 입학을 허락받았다. 라스포포바에게 소비에트 이데올로기는 결정적이었다. 여자들도 입학의 동등한 권리를 가지며, 광산 기술직이 여성에게 좋은 경력이 된다는 그녀의 굳은 믿음이 불요불굴의 의지를 갖게 했다. 그녀는 자신이 강조했듯이 "우리 여자들도 남자들만큼 훈련을 잘 받을 수 있고, 근면한 학생들임을 증명해 보였다."[24] 그 후 그녀는 이르쿠츠크 광업기술대학에 무시험으로 입학할 수 있는 추천까지 받게 되었다.

또한 그녀는 민간 비행학교의 조종사로 선발되었다. 그녀가 다른 동료와 함께 학교에 도착하자 "학교 사령관이 여자라는 이유로 우리의 입학을 인정하지 않으려고 했다. 그러나 정부에서는 우리의 입학이 허용되어야 한다고 통보하여 나는 학생으로 등록되었다."[25] 마침내 그녀는 조종사 훈련을 받았고, 제2차 세계대전 중에는 편대장이 되어 최고의 영예인 소비에트 영웅의 칭호를 받게 되었다. 여성 평등과 진로 선택의 평등한 권리에 대한 그녀의 확고한 신념에도 불구하고, 그녀의 진로 고비마다 하부기관의 남성 관리들이 여성의 학습과 진로를 차단해왔다. 여성들이 학생으로 등록될 권리를 강제적으로 밀어붙일 수 있었던 것은 오로지 공산청년동맹과 다른 정부기관의 개입에 의해서였다.

라스포포바의 입학 투쟁은 여성 평등에 대한 스탈린주의의 국가적 관심사를 단지 공허한 수사학 정도로 간주한 사람들이야말로 잘못 판단한 것임을 보여준다. 1930년대 초 소비에트 관리들은 종종 여성의 취학과 취업을 지원했으나 하부기관 관리들의 태도에서는 그들의 속마음을 읽을 수 있다. 많은 하급 관리의 남성들은 자신들의 기관에 여성이 들어오는 것을 인정하지 않

---

23) Anne Noggle, ed., *A Dance with Death-Soviet Airwomen in World War II*, (College Station: Texas A&M University Press, 1994), pp.21-22.

24) *Ibid.*, p.21.

25) *Ibid.*, p.22.

았기 때문에 여성들은 일종의 투쟁을 해야만 했다. 때로는 하급 관리 남성들이 승리한 듯하기도 했고, 여성 배제에 성공하기도 한 듯했다. 이들이 상상하는 '집단'은 남자 구성원에게 우선권을 부여하는 것이었다.

여성 지원자들에 대한 일부 관리의 태도에서 드러나는 바는 소비에트 이데올로기가 여성의 역할에 관한 기존 관념을 자동적으로 제거하지 못했다는 점과 소비에트 남성들은 여전히 여성에 대한 남성 우위의 위계의식을 드러냈다는 점이다. 소비에트의 남성 주체성을 형성한 다른 문화적 관습과 마찬가지로 이러한 기존 관념들은 공식적인 소비에트 이데올로기와 별개의 관점을 제공한다. 이에 따라 남성들은 소비에트 공식 이데올로기를 평가하기도 하고 그에 대응하기도 하며, 특정한 경우에는 이를 와해시킬 수도 있었다. 헬베크가 1930년대 소비에트 시민의 가치판단이 21세기 서방의 자유주의적 가치판단과 다르다는 점을 지적한 것은 옳았으나 집단적 비전에 도전했던 자들이 하나같이 스스로를 그 외부에 존재한 것처럼 보았다고 암시하는 것은 오류이다. 이들 남성 행위자들은 자신들이 '소비에트 인민 집합체'[26]에 속한다고 자부했기 때문에 집단적 이데올로기의 젠더 원리에 도전했던 것이다.

헬베크는 소비에트 이데올로기에 맞서 싸운 개인들이 "위기에 처해서 스스로를 원자화"하는 경향이 있었다고 이야기한다. 그러나 반대로 바로 이 대목에서 이데올로기에 맞서는 관리들의 투쟁은 각자의 집단 귀속감을 강화시킨 것이다. 따라서 소비에트 이데올로기와 혁명 이전 젠더 전통 사이의 복합적인 상호작용을 추적하는 것이 필요하다. 왜냐하면 소비에트 남성들과 여성들은 자신들의 정체성에 관해 서술하며 이 모든 관념과 상호 반응했기 때문이다.

---

26) Hellbeck, *Revolution on my Mind*, p.114.

여성성의 재정의에 관한 연구자들의 주장은 스탈린 시대 여성들의 삶 중에서도 긴장이 고조되는 위기의 대목을 조명하고 있다. 여성들의 역할에 관한 소비에트 담론의 혁신적 변화는 몇몇 여성들이 자신들을 새로운 방식으로 규정하는 것을 고무시켰다. 그러나 그러한 과정에서 그들은 여성 평등 관념을 수용함에 있어서 정부 관리들보다 종종 더 느렸던 학교와 작업장의 남성들과 끊임없이 갈등하며 부딪쳐야 했다. 여성들의 자기규정은 신구 여성담론의 충돌 속에서 형성되었으며, 낡은 담론은 새로운 담론의 작동을 둔화시켰다. 더 나아가 이러한 해방과 평등의 이데올로기는 여성들의 참여를 훨씬 더 제한된 방식으로 틀지웠던 '사회봉사 여성'운동 같은 모호한 프로그램과 공존했다. 또한 이러한 관념들은 모두 어머니 역할을 여성의 결정적인 본분으로 규정하는 1930년대 문화의 출산 장려 측면들과 공존하기도 했다. 결국 1930년대 여성들의 정체성을 형성하는 이데올로기들을 하나의 일관된 전체로 간주하는 것은 잘못된 일이다. 소비에트 여성들에게 허용된 선택의 종류를 분석하는 일은 무수한 경쟁 이데올로기의 다양하고 분열적인 모습들을 이해함으로써만 가능할 것이다.

2) 소비에트 여성의 사생활

이러한 취지에서 사회적 일꾼과 소비에트의 전문 직업인으로서 공적 영역에 진출한 여성들의 역할에 대해 살펴보았다. 그런데 여성들이 자기 가족 안에서 남성들, 특히 남편이나 연인과 맺고 있는 관계를 논하는 것은 훨씬 더 어려운 일이다. 일기와 회고록을 남긴 많은 여성들이 사랑과 성(性) 문제에 대해서는 언급하고 있지 않기 때문이다. 이들은 자신들의 삶이 '보다 넓은 영역의 공적 생활'과 마주쳤던 방식에 대해서 기술하고 있는 반면, 친근한 대인관계에 대해서는 언급하고 있지 않다.[27] 학교와 직장에서 평등을 위한 여성들의 투쟁에 관한 이야기는 회고록에 명백히 드러나 있지만, 가정생활에 대한 언급은 찾아보기 어렵다.

이와 관련한 매우 흥미로운 일기가 하나 있는데, 그것은 가족이 1930년대 초 스탈린 지배의 구소련으로 이주한 십대 미국 소녀 메리 레더의 일기이다.[28] 그녀는 1930년대 중반 비로비드잔(Birobidzhan, 1934년 구소련 극동에 신설된 유대인 자치주의 수도가 되었다—옮긴이)의 가족을 떠나 공장 견습공으로 모스크바로 떠났다. 그녀는 소비에트 사회 출신이 아니었기 때문에 다른 러시아 여성들보다 사랑과 성에 대해 더 많이 언급했지만, 그녀와 관계를 맺었던 남성들은 소비에트 시대의 산물이었다. 그녀는 모스크바의 공장 직공 숙소에서 함께 살았던 노동자 중 한 명에게 순결을 잃게 된 사실을 담담하게 기술하고 있는데, 문제의 남성이 "나이에 비해 성 경험이 많아서" 믿을 만한 인간이 못 된다는 친구들의 경고를 받은 후 벌어진 일이었다.[29]

메리와 그녀의 남자친구 하이틴은 '결혼'에 대한 이야기 대신 함께 방을 신청하는 문제에 대해 고민했다. 왜냐하면 "남녀 커플이 함께 가사를 꾸려간다면 사회적으로나 법적으로 결혼한 것처럼 간주될 것이기 때문이었고, 그 관계를 법적으로 형식화하는 것은 별로 중요하지 않았기 때문이다."[30] 레더는 그녀의 연인과 단둘이 있을 만한 장소를 찾는 일이 얼마나 어려웠는지 설명하고 있다. "모스크바 시 전역의 연인들처럼 우리는 층계를 오르기 전에 희미한 조명 아래 현관에서 포옹했다가 발자국 소리가 들리면 화들짝 놀라 서로에게서 떨어졌다. 우리는 아파트에 아무도 남아 있지 않거나 또는 모두

27) Cynthia Simmons and Nina Perlina, "Introduction", *Writing the Siege of Leningrad-Women's Diaries, Memoirs, and Documentary Prose*, (Pittsburgh: University of Pittsburgh Press, 2002), p.16.

28) Mary Leder, *My Life in Stalinist Russia-An American Woman Looks Back*, Laurie Bernstein, ed., (Bloomington: Indiana University Press, 2001).

29) *Ibid.*, p.59.

30) *Ibid.*, p.58.

깊이 잠들었다고 생각되는 때를 놓치지 않았다."[31] 레더가 그녀 자신의 남자 관계를 묘사하는 대목에서는 자신의 행위가 그 시대 배경 속에서는 전형적인 경우였다고 느끼게 한다.

불행하게도 레더의 첫사랑은 오래 가지 못했다. 레더가 병에 걸려 요양소에 갔다가 돌아왔을 때 "그 남자는 내게 정중하게 인사를 건네며 안부를 물었는데, 마치 우리 사이에 아무 일도 없었던 것처럼 행동"했다고 그녀는 회고하고 있다.[32] 남자관계에서 그녀의 순진함과 미숙함이 그녀에게 상처 받게 한 것은 확실하다. 그녀는 실연으로 처음에는 힘들어했지만 이내 활력을 되찾았다. 러시아 여성들의 회고록은 실연에 대해 침묵하는 경향이 있는데 반해 레더의 친구들이 해준 경고나 소비에트 당국의 아동 양육비 지급에 대한 우선적 관심은 섹스파트너에 의해 아픔을 맛본 레더의 경험이 아주 전형적인 일이었음을 시사한다.[33] 이러한 종류의 관계는 '해방'이나 '착취' 같은 항목으로 분류하기 어렵다. 이러한 관계를 규정하는 것은 결혼이나 성적 해방에 대한 그 어떠한 이데올로기보다는 생활공간의 제약 같은 요소이다.

생활공간은 레더의 이후 두 차례 남자관계에서 일정한 역할을 하게 된다. 그녀는 다음에 사귀게 된 남자친구 이지에 대해 회고하며 "만일 우리 둘 중 어느 한쪽이라도 영구적인 방을 가지고 있었다면" 둘은 결혼했을 것이라고 주장한다. 이후 그녀는 아브람 레더와 결혼했다. 그녀의 룸메이트가 이사 나갔을 때 숙소배정위원회 담당자가 아브람이 그녀의 방에 등록되도록 그녀에게 청혼을 서두르라고 조언해준 것이 계기가 되었다.[34] 구소련 전역에 걸친

---

31) *Ibid.*, p.58.
32) *Ibid.*, p.67.
33) Hoffmann, *Stalinist Values*, p.105.
34) Leder, *My Life*, pp.108, 164.

주택 부족의 맥락을 고려할 때 1930년대의 '사적(私的)인 것'에 대한 새로운 의미 규정을 이데올로기 속에서만 바라보는 것은 한계가 있다.

　메리 레더는 아브람 레더와 결혼한 후 그들의 가사 분담에 대해 상세히 밝히고 있다. 그녀는 좋은 주부가 아니었고, 남자는 완벽주의자여서 이들의 결혼 생활에는 약간의 긴장감이 있었다. 남편은 몇 가지 집안일을 담당했지만 다른 사람 눈에 띄지 않게 했으며, 취사와 같은 가사에는 아예 나서기를 거부했다. 그는 부엌과 공동 아파트 현관의 바닥 청소를 하려고 하지 않았는데 "여자 일을 하는 것으로 보이기를 원치 않았기" 때문이다.[35] 그는 쓰레기를 집 밖으로 내가기 전에 "끈으로 묶거나 리본까지 달아놓으면서" 물건 꾸러미처럼 깔끔하게 보이게 했다.[36] 이 회고록에서 드러나는 것은 작업장에서의 여성 역할에 대한 새로운 이데올로기에 상응하는 가사 영역에서의 남성 역할에 대한 새로운 이데올로기가 전혀 없었다는 점이다. 청소, 취사, 설거지, 쓰레기 버리기 등은 여성이 어떤 직업을 갖느냐와 상관없이 여전히 여성들의 몫이었다. "세탁, 수선, 취사, 남편 옷 챙기기, 그리고 남편 출장 가방 챙겨주기까지 아내가 전담하지 않는 부부는 그때도 그 이후에도 본 일이 없다"고 메리 레더는 밝히고 있다.[37] 쉬탄게의 경우처럼 메리에게 남겨진 유일한 대안이란 아브람이 하지 않으려는 일을 그녀 자신이 직접 하거나 가정부를 고용하는 것뿐이었다.

　오랜 시간 동안 두 사람의 관계를 지켜보면 아브람은 작업장이나 학교에서 메리의 사회적 참여를 제약하지 않았다. 이 부부는 제2차 세계대전 중 모스크바의 주민 소개(疏開) 기간에 외동딸을 잃은 후 자식을 다시 갖지 못했다. 아이가 생존했다면 메리의 경력은 더 제약받았을 가능성이 크다. 남성들

---

35) *Ibid.*, p.166.
36) *Ibid.*, p.167.
37) *Ibid.*, p.168.

의 가사 분담 없이 다른 여성 친척으로부터 도움을 받거나 가정부를 고용할 처지가 못 되는 소비에트 여성들은 온 가족의 가사노동을 수행하면서 자신들의 사회적 목표를 달성하기 위해 고군분투해야 했다. 이러한 점에서 소비에트의 여성 착취를 강조하는 역사가들의 이야기는 옳다. 요란한 평등 이데올로기에도 불구하고 공동 식사나 세탁, 육아에 대한 의미 있는 정부 지원 없이 소비에트 여성들의 야망은 여성성에 대한 각자의 의미 규정과는 상관없이 가정생활의 현실에 의해 심각하게 훼손되었다. 실제적인 장애들이 자아실현에 방해가 될 수 있었고, 또한 방해가 되기도 했다. 소비에트 체제 내에서 좀더 높은 지위에 있을수록 '자아실현'은 쉽게 이루어졌다. 특히 자녀가 있는 여성들의 경우가 그렇다.

4. 시대에 따라 달라진 여성성의 정의

여성성에 대한 소비에트식 재정의도 시대 상황에 민감했다. 평등주의적 수사학이 최고조에 달한 것은 제2차 세계대전 이전이었다. 전후에는 주부와 어머니로서의 여성 역할이 다시 강조되었고, 여성의 전쟁 수행 노력이 평가 절하되었다. 크릴로바가 표현한 군사적 여성성의 새로운 정의는 1930년대 경우보다 더 큰 저항에 부딪쳤다. 전투기 조종사였던 발렌티나 페트로첸코바-네미누샤바는 1946년 남편으로부터 "비행과 나 둘 중에서 양자택일하라"는 말을 듣게 된다.[38] 그녀의 선택은 조종사를 그만두는 것이었다.

이와 같은 간명한 취사선택 과정에서 결혼한 부부 사이의 권력관계를 알 수 있다. 그녀의 남편도 위험 부담이 따르는 시험 비행사였지만, 그녀는 남편의 일을 중단시킬 힘이 없었다. 남편이 그녀의 일을 그만두도록 강요할 수

---

38) Noggle, *A Dance with Death*, p.178.

있었던 것과는 대조적이다. 훗날 그녀는 낙하산 강하 교습소에서 베테랑 시범 교관으로 일했던 것으로 보인다. 그러나 남편의 제동으로 인해 그녀의 비행 이력은 계속될 수 없었다. 여성들 삶의 과정에 남성들이 지배력을 행사한 것은 전후 소비에트 생활의 한 모습이었다.

　전선에서 군의관으로 일했던 베라 말라호바는 전후 자신의 체험을 감동적으로 기술했다. 그녀는 총탄이 날아오고 포탄이 떨어지는 최전선에서 여러 생명을 구했고, 스탈린그라드 전투에 참여했다. 그러나 전후 그녀는 훈장 다는 것을 꺼려했는데, 이는 최전선에서 근무한 여성들을 매춘부로 생각하는 통념 때문이었다. 전쟁이 끝나고 몇 년 후 노동절 기념 행진에서 그녀의 남편은 그녀에게 훈장 패용을 적극 권유했다. 그러나 남편이 잠시 그녀에게서 떨어졌을 때 한 남자가 그녀에게 다가와 "여기 야전 매춘부가 오는구먼!" 하면서 빈정대자 남편이 이내 달려와 그 남자의 면상에 주먹을 날렸다.[39] 말라호바가 전시에 보여준 그녀 자신의 용맹과 독립성을 공식적으로 드러낼 수 있었던 것은 아이로니컬하게도 남성의 보호 속에서만 가능했다. 그녀의 전시 활약에 남편은 격려를 보냈고, 아내가 정당한 인정을 받기를 원했지만 전후 소비에트의 사회 환경은 여성을 전쟁 영웅으로 규정하는 것에 거부반응을 보였다. 전쟁 발발 이전 시기에 일부 소비에트 여성에게 강렬한 동기부여의 원천이 되었던 자기세력화의 이데올로기는 전후 시기에 크게 퇴조했던 듯하다.[40]

39) Vera Ivanovna Malakhova, "Four Years as a Front-line Physician", *A Revolution of Their Own-Voices of Women in Soviet History*, Barbara Alpern Engel, Anastasia Posadskaya- Vanderbeck, eds., (Boulder, CO: Westview Press, 1997), p.215.

40) 전후 여성들의 평판에 대해 좀더 살펴보고자 한다면, Engel, "Women Remember World War II"를 참조하라.

5. 획일화될 수 없는 소비에트 젠더관계

이 글을 통해 스탈린 시대 직장과 가정에서 여성들의 지위를 살펴보고, 그들이 남성들과 일, 가족 등과 맺고 있는 여러 관계, 여성들의 복잡하게 얽힌 삶의 모습을 보여줌으로써 '착취'와 '자기세력화' 같은 이분법적 개념에 실제로는 다양한 층위가 있어야 함을 제시하고자 했다. 또한 스탈린주의 담론과 주체성들이 여성과 남성의 삶을 바꾸어놓을 정도로 영향력이 있었음을 나타내고자 했다. 소비에트 남성과 여성들의 결정과 선택은 결국 이들이 한편으로는 소비에트 이데올로기와 다른 한편으로는 혁명 전의 전통적인 생활이나 믿음 같은 다른 이데올로기의 영향력과 상호 반응하는 방식에 근거한 것이다. 소비에트 이데올로기는 이에 저항하고 비판적인 사람들이 의지했던 인습적 관념들과 대립하며 끊임없는 긴장 상태에 있었다. 이러한 사람들에 맞서 자신들의 주체적 삶을 이루려는 이들은 소비에트 이데올로기를 지지했다.

비행조종사학교에 여성을 받아들이고 싶어하지 않았던 소비에트 군 지휘관들, 소비에트 시대 자신들의 사회봉사 활동을 더욱 발전시키기 위해 혁명 이전의 자원봉사 경력을 활용했던 여성들, 사람들이 보는 곳에서 바닥 청소하기를 거부했던 남성들, 여군을 매춘부라고 불렀던 남성들 모두는 공식적인 젠더 이데올로기를 무시한 채 이 이데올로기를 비판하거나 또는 대체로 무시하면서 일부만 수용하기 위해 자신들의 과거 경험에 의존하는 경우이다. 더 나아가 소비에트 젠더 이데올로기의 효과는 지위와 시대 상황 및 장소에 따라 달랐다. 이러한 여러 가지 여건 아래에서 소비에트 이데올로기가 여성들에게 자기세력화의 기회를 부여한 적도 있었고, 반대로 제약 요인으로 작용한 시기도 있었다. 우리는 사회적 맥락과 아울러 이데올로기의 획일화될 수 없는 영향력에 주의를 기울임으로써 스탈린 시대 소비에트 젠더관계의 다양한 상을 파악할 수 있을 것이다.

중국 문화혁명 시기 대자보에 나타난 성:
계급의 적을 젠더화하기

미하엘 쇤할스

번역 : 고원

미하엘 쇤할스

스웨덴 룬트대학교 부설 언어 문학 연구센터 교수. 주요 저서로는 중국의 선전, 검열, 담론과 수사학을 다룬 연구서《중국 정치의 언어 분석》과 자료선집《중국 문화혁명, 1966~1969》,《마오쩌둥 최후의 혁명》등이 있다.

1. 문화혁명의 대중독재

1965년 7월 말 중국 전역의 경찰들은 최근 폐막된 제14차 전국공안회의에서 "근본적인 성격의 문제"가 토론되었다는 이야기를 듣게 된다. 마오쩌둥(毛澤東) 중국공산당 주석이 직접 주제한 가운데 "독재를 수행하는 과정에서 대중에게 얼마만큼 의지할 것인가"를 놓고 토론이 벌어졌던 것이다. 일부 참석자들은 "독재 체제를 유지하기 위해서는 (국가의) 정치적·법적 기관들에게 상당한 권한을 부여해야 한다"는 입장을 분명히 했지만, 《인민공안》에 실린 회의의 공식 성명서('공용'으로 분류되어 있음)는 그것을 잘못된 시각으로 규정했다. 성명서는 "독재가 성공적으로 수행되기 위해서는 당과 대중이 완전하게 결합해야 한다"고 지적했다.[1]

성명서의 이 구절들은 그로부터 50년 후 역사가 임지현이 제시한 관측이 전적으로 옳다는 것을 보여준다. 임지현에 따르면 근대국가 체제의 설계자들(당연히 중국공산당 주석도 여기에 포함된다)은 자신의 사회적·정치적 프로젝트를 완성하기 위해 "필사적으로 대중을 동원하고 조직하며, 대중의 열정과 자발적인 참여를 요구한다."[2] 마오쩌둥의 경우 이러한 참여 혹은 가담이 구체적으로 무엇을 의미하는지 전국 공안회의 이후 몇 달 동안 벌어진 일들 속에서 명확하게 드러난다. "대중의 독재는 무한한 역량을 가지고 있다: 대중

---

1) 《인민공안》, No.15, 1965, pp.4-6.
2) 임지현, 〈'대중독재'에 대한 사학사적 전망〉(2005년 6월 17~19일 한양대학교에서 개최된 비교역사문화연구소 국제학술대회 '욕망과 미망 사이의 대중독재' 발표문), p.1.

들이 방화범을 제어하고 통제하다", "중대한 투쟁: 대중들에 대한 신뢰는 폭력배와 도둑을 변화시킨다" 등의 제목과 함께 신문기사와 같은 논조로 현안을 설명하는 글들이 중국 매체 1면에 등장했다.[3] 1966년 초《인민공안》신년판에서는 "독재의 성공적인 수행을 위해 대중에게 의지하는 장기적인 정책을 사회의 모든 부문에서 지속적으로 이행하도록" 모든 이들을 강제해야 한다고 명시적으로 선언했다. 문화혁명이 절정에 이르자 이러한 주장을 실제로 실험해볼 수 있는 여건이 마련되었다. 6월 10일 공안국이 배포한 공지문('1급 기밀'로 분류되어 있음)은 '대중들'로부터 능동적인 지원을 받아낼 것을 중국 전역의 경찰들에게 지시했다.[4] 경찰들은 여전히 공공질서를 유지해야 하는 책임이 있었지만, 그 임무를 수행하는 과정에서 대중들과의 갈등이 발생하게 되면 매우 특별한 규정이 적용되었다.

> 대중들이 시위하는 과정에서 물리적인 폭력을 수반하는 돌발 사태가 발생한다면, 공안과 경찰들은 절대 흥분하지 말고 침착하게 그들을 진정시킬 수 있는 방안을 모색해야 한다. 정당한 분노로 일깨워진 좌익 대중들이 반혁명적인 요소들이나 그 부류의 사람들을 순간적으로 공격했을 때는 공안과 경찰들은 일단 그들의 혁명적인 행동을 지원해야 한다. 그런 연후에 그들이 앞으로 사람들에게 폭력을 행사하지 않도록 그들을 진정시킬 수 있는 방안을 모색해야 한다.[5]

당시 공안국의 태도나 마오쩌둥에 의해 주도된 논쟁에서 볼 수 있는 것처럼 사실상 '대중'은 문화혁명의 이름으로 '대중이 아닌 사람들'을 테러할 수

---

3) 《인민공안》, No.16, 1965, pp.10-11; No.21, 1965, 10-11.
4) 《인민공안》, No.1, 1966, p.3.
5) 《인민공안》, No.9, 1966, p.4.

있는 합법적인 권한을 부여받았다. 경찰이 해야 할 일은 상부에 사태를 보고하는 것뿐이었다.

> 대중운동이 진행되는 과정에서 공안조직은 혁명적 대중을 신뢰해야 한다. 어떤 특별한 움직임이 감지되면 주의를 기울이고 빠르게 정보를 취득해야 한다. 그리고 현재 벌어지고 있는 상황을 신속하게 공산당위원회와 상부기관에 보고해야 한다.[6]

이러한 내용을 담은 공안국의 공지문들은 처음에는 기밀문서로 분류되었지만, 곧 '공용'문서로 재분류되면서 더 널리 회람되었다.

중국 공안이 취했던 '수수방관' 정책의 결과는 무엇이었을까? '물리적인 폭력을 수반하는 돌발 사태'에 경찰이 사실상 참여하게 되었으며, 이는 경찰 권위의 하락을 초래했다. 그리고 1960년대 나머지 기간 동안 거리를 점령하고, '좌파'를 자처하는 젊은이들이 주도하는 혼란스러운 상황이 벌어졌다. 그들은 먼저 말이나 겉모습 혹은 행동이 '부르주아적'이거나 '의심스러운' 이들을 공격했고, 그 후에는 서로를 공격하는 내분에 휩싸였다. 내부의 갈등은 사람들을 더욱더 극단적으로 몰고 갔으며, 무수히 많은 희생자가 생겨났다. 1966년에 발생한 최초의 폭력 사태는 문화혁명의 위대한 승리를 향한 포석으로 환영받았다. 실제로 거듭된 폭력을 통해 대중의 독재는 "시민사회를 자신들의 규범에 맞춰 변환시키는 데" 성공했다.[7]

---

6) 《인민공안》, No.9, 1966, 4쪽.
7) 임지현, 〈'대중독재'에 대한 사학사적 전망〉, 4쪽.

2. 언어폭력

이 글의 주된 관심사는 물리적인 폭력이 아니라 언어폭력이다. 언어폭력은 눈으로 볼 수는 없지만 감정이나 영혼에 상처를 주는 행위이다. 문화혁명 시기 가장 대중적인 매체였던 대자보는 전략적으로 채택된 언어들, 마오주의자들이 '전투적인 화법'이라고 부르던 공격적인 언어들로 쓰여졌다.[8] 이 글에서는 성(性)과 관련한 민감한 주제들이 대자보에 어떻게 나타났으며, 그러한 구절들이 사람들을 어떻게 능동적인 정치 행위로 이끌었는지에 대해 살펴볼 것이다. 문화혁명 이전까지 성에 대한 이야기는 터부시되어왔다. '혁명의 시기'로 접어들면 성은 계급투쟁이라 불리는 속에서 노골적이고 공개적으로 표현되지만, 대부분의 경우 개인들 간의 관계 설정이라는 문제보다는 '포용 혹은 배제 사이의 폭력적인 구분'의 문제와 연관되어 있었다.[9]

마오쩌둥이 '수정주의'를 억압적인 사조라고 비판하면서 대신 '대중의 독재'를 그 대안으로 강조할 때 제시했던 전형적인 사례 중 하나는 1966년까지 성과 관련한 문제들은 대자보를 통해 논의하기에 부적절한 주제로 간주되어 왔다는 점이다. 1963년 4월 베이징 시장이자 공산당 서열 2위인 중앙서기를 맡고 있던 펑전(彭眞)은 중국의 한 공장을 방문한 후 대자보가 대중운동 정책에 긍정적인 역할을 담당한다는 확신을 가지게 된다. 그러나 그는 "어떤 사안만큼은 통제될 필요가 있다. 대자보에서 개인들 간의…… 사적인 생활

---

8) 1960년대 대자보는 인터넷 게시판과 같은 기능을 가지고 있었다. 비공식적인 제안, 주장, 견해들이 제시되는 수단이었지만, 때로는 '당의 공식 라인'에 가까운 내용이 담겨 있기도 했다. 데이빗 짐-닷 푼, 〈대자보: 소통 매개로의 역사와 의미〉, in 고드윈 C. 추 엮음, 《중국의 대중매체: 새로운 문화적 패턴의 형성》, 하와이대학 동서센터, 1978, 184~221쪽.
9) 문화혁명 시기의 일상적 폭력과 나치 독일의 경우는 많은 유사성을 가지고 있다. 미하엘 빌트, 〈자기권능화로서의 민족공동체〉(2005년 6월 17~19일 한양대학교에서 개최된 비교역사문화연구소 국제학술대회 '욕망과 미망 사이의 대중독재' 발표문), 4쪽, 7~9쪽을 보라.

과 관련한 주제에 대해서는 논의하지 말아야 한다"고 생각했다. 극도로 민감한 이 주제는 "글을 통해서나 혹은 직접 대면하여 대화하든 간에 적절하게 책임감 있는 형식으로 논의되어야 한다." 이러한 규칙만 지켜진다면 "대자보는 어떠한 부작용도 초래하지 않을 것이다."[10]

1966년 5월 말 펑전이 이끌던 베이징시 당기구는 대자보를 매개로 '개인의 사적인 생활'의 일부분인 성적 관계에 대한 논의를 금지시키는 보다 특별한 조치를 제안했다. 그러나 불과 몇 주 후 시작된 문화혁명은 '대중의 독재'에 부합하지 않는다는 이유로 이 조치를 무력하게 만들었다. 공산당 공지문은 대자보의 내용에서 '합법적이지 않은 성적 관계'나 '도덕적 타락'에 대한 비판을 제한해서는 안 된다고 강조했다.[11] 베이징시 행정기구의 공무원들은 재빠르게 대자보를 통해 혁명의 이름을 내걸고 당시의 전형적인 공격적 언어로 사람들을 선동하면서 자신들의 상급자가 이전에 내렸던 권고사항을 비판했다.

부르주아들이 주요하게 사용하는 방법에는 도덕적으로 타락한 생활 태도와 성적 기만이 있다. 이 방법들은 의지가 약한 사람들을 공격하고 정치 권력을 탈취하기 위해 자주 사용된다. 이에 대한 비판은 옳고 그름을 판별하기 위한 중요한 문제이지만, 시의 당위원회는 대중이 적들의 퇴폐적인 삶을 직시하는 것에 대해 두려움을 가지고 있다. 그래서 다음과 같은 지시를 내렸다. "대자보는 합법적이지 않은 성적 관계와 도덕적 타락에 관한 내용을 다루어서는 안 된다." 대중들에게 구체적인 사안들을 열거하면서 이것도 하지 말라, 저것도 하지 말라고 금지시키는 이유는 무엇인가? 그들이

10) 중국공산당 중앙조직사무소 엮음, 《조직공작문건선집 1963년》, 북경, 1980, 106쪽.
11) 《사회주의 문화대혁명 대자보선집》, 북경: 시당위원회, No.95, 1966년 6월 2일, 1쪽.

진정으로 의도하는 바는 무엇인가?[12]

문화혁명이 진행되면서 대자보를 통해 벌어진 '성적 관계와 도덕적 타락'에 대한 주장, 폭로, 그에 대한 반론 등은 언어폭력의 형태로 진행되었다. 대자보 작성자들은 '대중의 대변자'를 자처하면서 다른 사람이 쓴 문구를 자신의 논리에 맞춰 임의적으로 인용하는 탁월한 기술을 보여주기도 했다. 이제까지 터부시되던 성의 영역에 대한 노골적인 공격은 오히려 전통적인 '성적' 담론이 문화혁명과 함께 확산되는 결과를 낳았다.

1960년대 중국에 대한 흥미로운 사실을 담고 있는 상당히 많은 자료들이 현재 사회사가들에 의해 축적되고 있는데, 그 중 성과 관련한 언어폭력의 자료들은 마오쩌둥식 '대중독재'의 한 측면으로 새롭게 부각되고 있다. 이 자료들을 온전하게 설명하기 위해서는 "사람들의 영혼을 매만지는 위대한 혁명"이라고 마오쩌둥이 주장했던 사건을 '두텁게 묘사'하는 시도가 필요할 것이다. 따라서 이 글은 그러한 시도를 향한 아주 초보적인 첫걸음이라고 할 수 있다. 문화혁명 시기 대자보에서 아주 흔하게 볼 수 있는 이야기들, 즉 성을 정치와 혁명에 연결시키는 여러 이야기에 대해 살펴보고자 한다. 우선 '계급의 적'으로 비난받은 남성들과 그들의 성적 행동(남성 계급 영웅들은 희한하게도 언제나 성적 무능력자들이다!)에 대한 상투적인 언급들을 소개하고, 관련된 배경을 짚어보면서 그에 대한 설명을 덧붙이고자 한다. 그런 후 마찬가지 방식으로 정치, 섹슈얼리티, 그리고 혁명적 혹은 반혁명적 여성들에 대해 살펴볼 것이다.

---

12) 같은 책, 3쪽.

3. 계급의 적

성 추문을 언급하며 정치적 경쟁자를 공격할 때 상투적으로 등장하는 이야기는 우연히 알게 된 프롤레타리아 '여성 동지'의 순결을 더럽힌 추잡한 호색가로 상대방을 묘사하는 것이었다. 구체적인 표현방식은 경우에 따라 달랐다. 투박하게 쓰인 대자보에는 상대방을 향한 직접적인 욕설이 등장하기도 했다. 예를 들어 1968년 겨울 국가과학기술위원회에서 수집한 대자보에는 유구앙유안(于光远)이라는 인물을 공격하기 위해 주펑시(朱鳳熙)라는 사람의 증언이 등장한다. "내 마누라를 망쳐놓은 개새끼, 내가 세상에서 가장 증오하는 놈."[13]

개인에 대한 직접적인 욕설보다는 구체적인 퇴폐의 모습을 면밀하게 묘사하여 '폭로'의 효과를 높이는 대자보도 있었다. 중국 고등교육국의 한 하급 관리는 자신의 상관이 '부르주아적 생활 태도'를 가지고 있다며 대자보를 통해 공개적으로 비판했다. 자신의 상관이 파리 방문 도중 "차를 타고 나이트클럽이 밀집해 있는 지역을 돌아다녔다"는 것이다.[14] 중국 문화부 차관 역시 대자보를 통해 비사회주의적인 독서 습관에 대해 비난받았다.

> 심지어 리기(李琦)는 음란 소설의 애독자이다. 밤늦게까지 자리에 누워 《금병매》,《성의 역사》 같은 책을 읽는다. 그는 "선전을 담당하고 있는 사람으로서, 좋은 책이든 나쁜 책이든 가리지 않고 모든 종류의 책을 봐야 한다"고 구차한 변명을 늘어놓는다.[15]

---

13) 국가과학기술위원회 엮음, 《위대한 프롤레타리아 문화혁명 대자보선집》, No.9, 1968, 9쪽.
14) 대자보 편집 모임 엮음, 《고등교육국 문화대혁명 대자보선집》, No.13, 1966, 35쪽.
15) 《반혁명 수정주의분자 리기의 반당적, 반사회주의적, 반마오주의적 범죄》, 베이징, 1967, 19쪽.

이 경우는 폭로의 가장 일반적인 형태라고 할 수 있다. 이와 같은 폭로는 보다 근본적인 다른 주장을 하기 위한 '보충 설명'의 역할을 담당한다. 아주 단순하고 효과적으로 상대방을 나쁜 사람으로 만들어버리는 것이다. 리기는 사람들의 독서 행태를 통제하고 아무 책이나 읽지 못하도록 권한을 행사해 왔지만, 뒤로는 금지된 책을 읽으며 혼자서 즐거움을 만끽하는 위선자로 낙인찍혀버렸다. 이런 종류의 주장과 폭로가 연이어 공개되면 상당한 효과를 발휘했고, 상대방을 곤경에 빠뜨릴 수 있었다.

퇴폐적이라는 비난에 가장 많이 노출되어 있던 이들은 해외 관련 업무를 담당하거나 외국인과 자주 접촉하는 부서의 고위 관리들이었다. 이들은 거의 모두가 퇴폐적일 수밖에 없다는 확인되지 않은 추측이 사람들 사이에 난무했다. 중국 국경 너머의 자본주의 세계는 음란물이 넘쳐나는 곳이며, '부르주아 세계의 달콤한 공격'에 저항할 수 있는 사람은 마오주의자 중에서도 가장 투철한 마오주의자만이 가능하기 때문이라는 것이다.

1967년 여름, 저우언라이(周恩來) 총리의 오랜 친구였던 국가평의회의 고위급 공무원이 리기와 유사한 형태의 비난을 받게 되었다. 상하이 홍위병은 그를 "부르주아 음란 잡지에 실린 극도로 외설적인 이야기를 주제로 외국인 손님들과 외국어로 대화를 나누었다"는 죄목으로 고발했다. 또한 그는 "포르노 잡지에 실린 여인의 나체 사진을 보았을 뿐만 아니라 집에서 부패한 관료와 아들, 딸들과 함께 홍콩, 미국 영화를 수시로 관람했고, 심지어 〈나체천국〉 같은 영화 필름을 소장하기도 했다."[16] 국무원 부총리를 지낸 인민해방군 총사령관 린뱌오(林彪)(1971년에 출간된 미국 인명사전에는 "중국 공산주의 군인들 중 견문이 굉장히 넓은 인물"로 기록되어 있다) 역시 〈나체천국〉을 보았다는 죄목으로 홍위병에게 고발당했다.[17] 이 영화는 남성들에게만 인기가 있었던

---

16) 상해 문화혁명 해외중국교포 연락사무소 엮음, 《랴오청지의 '소국무원'》, 1967, 11쪽, 44쪽.

것은 아니다. 먼 훗날 혁명의 적으로 비난받게 되는 린뱌오의 부인도 친한 친구들과 함께 이 영화를 보았다는 말을 한 적이 있다.[18]

이미 사망한 인물에 대해서도 사람들이 잘 모르는 먼 옛날의 이야기들을 들추어내어 도덕적인 공격을 가하는 경우도 있었다. 1967년 몇몇 대학 캠퍼스에 한때 공산당의 실력자였지만 1954년 반역죄로 체포되자 자살로 생을 마감한 가오강(高崗)을 비판하는 대자보가 등장하기도 했다. 대자보에는 가오강과 관련하여 중국혁명을 내부에서 전복시키기 위해 공산당에 침투한 부르주아의 첩자라는 기존의 죄명 외에도, 1930년대에 발생한 사건들이 구체적으로 나열되어 있었으며, 당시 그가 저지른 연쇄적인 강간과 도덕적 타락을 비판하는 내용들로 채워져 있었다.

1930년대 산시성 북부에서 산적으로 활동하던 시절, 가오강은 춤을 즐기면서 온갖 종류의 향락을 탐닉했다. 무도장을 만들기 위해 600만 냥을 탕진하기도 했다. 춤을 출 때는 항상 예쁜 소녀들을 파트너로 삼았으며, 수시로 그녀들을 강간했다. 이러한 만행 때문에 가오강은 산시성 북부 국경지대에서 근무하던 11개월 동안 두 번이나 조직에서 제명된 적이 있었다. 그는 항상 어린 여자만을 좋아하여 끊임없이 새 부인을 맞아들였다. 1940년대 동북부 지역으로 옮겨온 이후에도 가오강은 자신의 버릇을 고치지 않았다. 그는 리정팅(李正亭)과 천보쿤(陳伯村) 같은 졸개들에게 여자를 구해 오라고 시켰으며, 이 과정에서 수많은 사람들이 권력에 의해 모욕당했다. 공무로 출장을 갈 때도 항상 정부를 데리고 갔으며, 몸이 아파 쉴 때도 언

17) http://www.s-tang.net/viewthread.php?tid=166555 (비공식 문화혁명 연보, 2007년 12월 30일에 접속); 도널드 W. 클라인 · 앤 B. 클락, 《중국 공산당 인명사전 1921-1965》, 2 vols. 케임브리지: 하버드대학 출판부, 1971, Vol.1, 302쪽.

18) http://www.bookb2b.com/script/detail.php?id=4160 (비공식 인명사전, 2007년 12월 30일 접속).

제나 여성 간병인만을 고집했다. 가오강은 여성 동지들을 속여 집으로 초대한 후 그녀들을 강제로 범했다. 그는 천 번을 죽여도 마땅한 자였다![19]

문화혁명이 끝나고 많은 시간이 흐른 뒤 가오강에 대한 재심의가 요청되었고, 그에 따라 당조사위원회에서 그의 과거와 1954년 판결에 대해 조사를 다시 하게 되었다. 문화혁명 때와는 달리 그의 정치적 발언과 용어들을 비판하는 목소리는 더 이상 나오지 않았다. 1967년 당시 가오강은 효율적으로 "통합된 행정"이라는 말 대신 "당, 정부, 노조, 청소년연맹이 모두 한 항아리에 오줌을 누어야 한다"는 표현을 사용함으로써 공산당의 리더십 전체를 모욕하려 했다는 비판을 받았다.[20] 조사 과정에서 그에 대한 다른 모든 죄목들은 좀더 신중하게 재검토할 여지가 있다는 판정을 받았지만, 중앙문서보관소에 보관되어 있는 기록들(과거 그에 의해 농락당한 '여성 동지들'의 증언)은 어쨌든 가오강이 진정한 공산주의자라고 볼 수 없는 성적 행동을 했다는 증거로 간주되었다. 결국 공산당은 가오강의 완전한 명예회복은 불가능하다고 결론지었다.[21]

문화혁명 과정에서 상당히 많은 수의 군 장교들이 가오강과 같은 혐의로 고발당했다. 그들의 '퇴행적인' 성적 행동이 비교적 근래에 벌어진 일이라고 추측되는 경우 대중들의 고발에는 좀더 상세한 묘사가 덧붙여졌다. 그러나 대자보에 나온 내용만으로 그 이야기들이 진실인지의 여부를 판가름하기는 어려운 일이다. 1967년 상하이공학대학 학생들이 써 붙인 대자보는 중국의 중심부인 우한(武漢) 군사 지역의 사령관인 천짜이다오(陳再道) 장군을 고발하고 있다. 우한시 공장 노동자 조직들의 확인 서명이 들어 있는 이 대자

---

19) 《반당분자 가오강에 맞선 투쟁》, 동부는 붉은 대학이다 8·3 자료본존 모임, 1967, 9쪽.
20) 《가오강의 50년 범죄사》, 북경전력연구소, 1967, 24쪽.
21) 중국공산당 역사가와의 인터뷰, 북경, 2006년 1월.

보는 당시의 전형적인 글쓰기 방식으로 작성되어 있다. 글 전체를 통해 '왕곰보 천(천짜이다오)'이라는 표현을 적절하게 남용하고 있는 것에서 볼 수 있듯이 대자보는 중립적인 언어 대신 목표물을 비하하고 공격하려는 의도를 명확하게 드러내고 있다.

> 1960년대 모년 모월 모일 오후, 왕곰보 천은 어린 소녀 세 명을 자신의 사무실로 불러들였다. 기껏해야 16, 17세 정도인 소녀들은 우한 군사지구 내의 각기 다른 부대에서 일하고 있었다. 그는 당직 사관을 통해 그날의 남은 일정을 모두 취소했으며, 세 명의 소녀들에게 옷을 벗으라고 '명령'(그는 항상 이런 식으로 '지휘관'으로서의 위치를 남용하곤 했다)한 후 그 중 한 소녀를 소파에 뉘어놓고 자신의 야수적인 욕망을 채우기 시작했다. 그동안 나머지 두 소녀에게는 자신의 행위를 거들도록 시켰다. 이런 식으로 소녀들은 돌아가면서 최소한 네 차례 이상을 왕곰보 천에게 강간당했다. 혁명적 노동자-농민-군인 동지들: 천 개의 칼로 천 번을 난도질당해 죽어도 시원치 않을 잔혹한 인간 말종 왕곰보 천이 우리 계급의 여동생들을 유린했다!!![22]

천짜이다오에 대한 이 특별한 이야기가 널리 확산되는 데에는 그리 오랜 시간이 걸리지 않았다. 이야기는 널리 퍼지면서 조금씩 살이 붙여졌다. 예를 들어 대자보 모음집에는 세 명의 소녀가 "옷을 다 벗으라는 명령에 감히 저항할 수 없었다"는 부분이 첨가되어 있다.[23]

"음란하고 부패한 자!", "타고난 깡패!" 등의 제목과 함께 간호사, 하녀, 혹은 부하의 애인을 건드렸다는 이야기는 성에 관한 폭로 중 가장 파급력 있

---

22) 《류사오치와 혜룽의 추종자, 천짜이다오의 범죄록》, 1967, 4쪽.
23) 《천짜이다오를 천 개의 칼로 천 번 난도질해 죽이자》, 2 vols. 우한: 우한 2·4 철강 조직, 1967, Vol.1, 27쪽.

는 내용이었다. '왕곰보 천'의 경우는 우한의 철공소 노동자들이 수집한 비행 목록에 앞에서 언급한 내용뿐만 아니라 그보다 더한 것들이 노골적으로 묘사되어 있다.

1962년 북경을 방문했을 때 그는 자신의 숙소 삼문 게스트 하우스 침실로 수행원 중 한 명인 간호사 모씨를 불렀다. 그리고 그는 야수적인 욕망을 드러내며 그녀를 강간했다. 그녀는 감정적으로 치유할 수 없는 큰 타격을 받았으며, 비통한 울음을 터뜨렸다…….

어느 날 그는 병원의 간호사 쑨 모씨를 자신의 방으로 부른 후 그녀에게 문을 잠그라고 말했다. 이후 그들 사이에 어떤 일이 벌어졌을지 상상하는 것은 그리 어렵지 않다.

또 다른 어느 날에는 카이펑시립가무단을 이끌고 있는 여성을 리버뱅크 호텔 자신의 방으로 유인해 강간했다. 1964년 여름 후난성에서 군사훈련을 지휘하던 기간 중 그는 지방 포병학교 정치위원 부인에게 오페라 공연을 보여주겠다는 구실을 대면서 자신의 숙소로 올 것을 지시했다. 그녀는 거의 두 시간 동안이나 그의 방에 머물렀다. 그들은 공연을 보지도 않았고, 그녀는 그냥 집으로 돌아갔다. 두말 할 필요도 없이 그들은 온갖 종류의 음행을 저질렀을 것이다.[24]

아마도 천짜이다오는 이상과 같은 모든 이야기를 대꾸할 가치도 없는 뜬소문으로 무시해버렸을 것이다. 하지만 이와 유사한 방식으로 대자보를 통해 공격받은 다른 인물들은 천짜이다오만큼 뻔뻔스럽지 못했다. 이러한 유의 비난, 비방, 음해를 그냥 모른 척하며 참고 견디는 것은 굉장히 어려운 일

---

24) 같은 책, 27쪽.

이었다. 1966년 6월 베이징 공산주의 청소년연맹의 직원들이 조직의 선전 책임자를 향해 성적 비행을 이유로 강도 높은 비난을 퍼붓자 공격의 대상이 었던 36세의 간부는 수면제를 먹고 자살을 시도했다. 우여곡절 끝에 겨우 목숨을 건졌지만, 그는 두 달 후 다시 한 번 자살을 시도해 자신의 생을 마감했다.[25]

4. 혁명적(혹은 반혁명적) 여성들

'위대한 문화혁명'의 심장부인 대학에 적을 두고 있던 젊은 여성들은 대자보를 작성할 때 거칠고, 대담하며 어떤 어려움도 견뎌낼 수 있는 이미지로 자신들을 표현하려고 노력했다. 이와 같은 이미지는 '젠더화된' 신체적 나약함을 완전히 부정하는 것이었다. 국가와 당은 부르주아와 프롤레타리아 간의 계급 구분을 항상 강조했지만, 남녀 간의 성 구분은 어떤 형태이든지(긍정적인 의도였다 할지라도) '수정주의'의 한 증표로 간주했다. 1966년 여름, 이공계열로는 중국에서 가장 앞서 있는 칭화대학 기계공학과에 재학 중인 한 여성이 현직 대학 총장과 고등교육국 장관을 고발하는 내용의 대자보를 대학 캠퍼스에 붙였다. 그들이 아주 사악한 방식으로 성을 구별함으로써 여학생들에게 '수정주의'를 조장한다는 내용이었다.

> 속이 불편한 여학생이 아침을 먹기 위해 학생 식당에 갔을 때 마침 그날 식단이 위에 부담스러운 조악한 음식이라면, 그녀는 우유와 계란을 조리한 특식을 주문할 것이다. 그렇다면 그녀는 식비로 1.5위안을 추가로 벌어야 한다. …… 하지만 그녀는 장업장에서 하루 최대 4시간 이상은 일할 수 없

---

25) 《베이징혁명위원회 제2학습반 당위원 왕 모씨 사건 재조사 현황》, 1973. 미출간 수고, 1쪽.

으며, 야간 근무도 금지되어 있다. 만일 선반이나 용접 작업을 하게 되면 2, 3일을 추가로 쉬어야 한다. 어떠한 중노동을 해서도 안 되며, 심지어 채소를 씻기 위해 허리를 구부리는 것도 안 된다! 허리를 구부리고 채소를 씻는 것이 노동인가? 우리가 지금 부처에게 공양하려고 채소를 씻는 것인가? 수정주의적인 사고방식이다![26]

인근 베이징대학에서도 "남자들이 하는 일은 우리도 할 수 있다"는 자신감이 적지 않게 확산되어 있었다. 여학생들은 공격적으로 대자보를 작성했으며, 각종 '혁명 활동'에 열성적으로 참여했다. 1966년 6월 18일 교사와 직원들을 추려내어 '대중의 정당한 분노'에 따를 것을 강압적으로 요구하는 대중 집회가 열렸다. 집회는 주최자들이 생각했던 수준을 넘어 통제 불가능한 상황으로 치달았다. 대중의 '혁명 활동'을 모함하려는 시도가 존재한다며 마오쩌둥의 비난이 가해졌고, 곧이어 파견된 공식 조사단은 다음과 같은 증언을 수집했다.

사건의 핵심은 우리가 보았던 몇몇 사람들의 행동과 관련되어 있다. 그들은 혼란스러운 폭력을 주도했다. …… 한 여성 간부가 투쟁하고 있을 때 통신학과에 재학 중인 하 모군(16세, 공산당 당원)은 그녀의 옷을 찢고 가슴과 은밀한 부위를 더듬었다. 또한 그는 군중들 속에서 여학생 두 명을 성추행했다.[27]

집회에 참석했던 대부분의 사람들은 그 남학생을 용서하지 않았으며, 그

26) 《칭화대학교 대자보선집》, No.27, 1966년 8월 16일, 25~26쪽.
27) 인민출판사 자료보존실 엮음, 《비판자료: 중국의 흐루시초프, 류사오치의 반혁명적 수정주의 발언선집》, 3 vols. 1968, Vol.3, 664~665쪽.

의 '불량함'을 즉각 처벌해야 한다는 공산당 조사단의 의견에 동의했다. 하지만 사건에 대한 마오쩌둥의 관측이 사람들에게 널리 알려지기 몇 주 전인 7월 중순, 경제학과 2학년에 재학 중인 한 여학생이 대학 캠퍼스에 대자보를 붙였다. 그 여학생은 침묵하는 많은 동료 학생들의 대변자를 자처하면서 다음과 같은 주장을 펼쳤다. "우리는 '6월 18일'에 참가했다. 우리는 그날 사악한 무리들을 증오하는 계급과 함께 이렇게 외쳤다. '투쟁하라! 투쟁밖에는 없다! 더욱더 가열차게 투쟁하라!'"[28] 그녀와 같은 과에 재학 중인 세 명의 여학생도 그날의 사태는 "대중에 의해 의식적으로 행해진 혁명적 행동"이며, "주석이 평소 이야기하는 것처럼 폭력의 대상이 되었던 사람들은 그럴 만하기 때문에 그렇게 된 것이다"라고 주장했다. "분노에 불타오르는 혁명적 대중들이 사악한 분자들을 처벌한 것일 뿐이며, 대중을 비난하기 위해 그날의 폭력을 고민한다면 이는 정말 심각한 오류일 것이다."[29]

이와 같은 이야기들은 여성들이 문화혁명의 주체였으며, 결코 수동적인 존재로 축소시킬 수 없다는 사실을 의미한다. 더구나 성 문제에 관련해서는 남성들보다 훨씬 공격적인 자세를 취하고 있었으며, 전투적인 여성 홍위병들은 성을 정치에 '활용'하는 모습을 보이기도 했다. 당시 일부 남성들이 대자보를 통해 비싼 대가를 치르며 배운 것처럼 성은 결코 하찮게 여길 수 있는 대상이 아니었다. 1966년 10월 인민해방군 총사령관의 딸이 이끌던 중앙희극학원의 홍위병 조직과 한 문서보관소의 위병들 사이에서 홍위병들의 문서고 출입 문제를 놓고 충돌이 벌어졌다. 목격자의 증언에 따르면 '여자 깡패들'이 두 위병의 고환을 강하게 움켜쥐는 바람에 그 두 남성은 "콩알만한 눈물을 흘릴 정도로 심한 고통을 받았으며, 대가 끊어질까 걱정될 정도"였

28) 《대자보선집》, 특집호 No. 2, 1966년 8월 1일, 52쪽.
29) 같은 책, 64쪽.

다. 결국 위병들은 그녀들의 문서고 약탈을 막을 수 없었다.[30]

한 세대 위의 여성들은 어떤 이유로든지 천짜이다오 장군 못지않은 격렬한 공격의 대상이 되었으며, 성과 관련된 그들의 과거가 공개되었을 때 쏟아지는 비난과 경멸을 그대로 감수할 수밖에 없었다. '올드 볼셰비키' 장친추(張琴秋, 그녀는 1925~1930년까지 모스크바 중산대학교 학생이었다)의 경우 문화혁명이 시작되었을 때 이미 60대 초반의 나이였다. 일단 건드리기만 하면 모든 것을 가능하게 만들었던 대자보는 이번에는 그녀를 퇴폐적이고 도덕적으로 멸시받아야 하는 인물로 공격했다.

> 장친추는 1930년대부터 위선자로 살아왔다. 그녀는 무절제하고 극도로 자유분방한 생활 태도를 유지했다. 사람들은 그녀를 "레드 모더니티" 혹은 "스리섬(threesome)과 스윙어(swinger)"라고 불렀다. 그녀는 불륜으로 태어난 사내아이를 살해했고, 경호원 우헝수(吳恒修)가 그 사실을 알게 되자 그를 최전방으로 보내버렸다. 자신의 수치스러운 행동을 영원히 감추기 위해 이처럼 간교하고 비열한 행위를 저지른 것이다.[31]

그렇지만 환갑이 넘은 장친추를 마치 어린 소녀처럼 도덕적으로 비판하는 것만으로는 충분하지 않다고 생각한 대자보의 필자는 다시 공격의 초점을 '과다한 성욕'을 가진 뻔뻔한 늙은이에 맞추었다.

> 오랜 세월 동안 부도덕하고 방탕한 부르주아적 생활방식에 미친 듯이 몰두했던 장친추는 1951년 3월 50세에 가까운 원숙한 나이임에도 불구하고 그

---

30) 중앙희극학원 붉은 띠 연대 엮음, 《중앙희극학원 '마오주의 전투단'의 인민해방군 비방 내막》, 1967, 4, 9~10쪽.
31) 《반혁명 수정주의 분자, 변절자 장친추의 반당·반모주석 범죄행위》, 1967, Vol.1, 35쪽.

의 남편 쑤징관(蘇井觀, 당시 그는 베이징을 떠나 있었다)에게 편지를 보내 최음제를 구해달라고 요청했다. 이처럼 수치스러운 사실을 통해 그녀가 과거의 모습과 하나도 달라진 것이 없으며, 얼마나 음탕하고 파렴치한지를 충분히 알 수 있지 않은가?[32]

대자보의 전형적인 작성방식은 언제나 이런 유의 비방을 통해 '결정타를 먹이고', 곧바로 그 뒤를 이어 가능한 가장 선동적이고 공격적인 언어로 혁명 활동에 박차를 가하자는 '결론'이 등장한다.

> 장친추는 퇴폐적이고 방종한 삶을 사랑했으며, 영혼의 바닥까지 음탕한 자였다. 그녀는 손에 피를 묻힌 배신자였으며, 철두철미한 반혁명적 수정주의자였다. 우리는 그녀가 '선배 혁명가' 행세를 하며 타락한 부르주아의 냄새, 수정주의의 악취를 퍼뜨리는 것을 결코 용납할 수 없다. 우리는 그녀의 가면을 벗기고, 그녀의 위선을 부수고, 그녀의 정체를 까발려서 그녀가 주저앉을 때까지 공격하고 절대로 다시는 두 발로 일어서지 못하도록 만들어야 한다![33]

다시 한 번 강조하지만 문화혁명 시기에 등장한 대자보의 중심 주제는 성문제가 아니었다. 장친추의 경우에도 그녀의 죄목은 수정주의였다. 천짜이다오 역시 '좌파를 억압했다'는 것이 그가 공격받은 주요한 이유였다. 하지만 그럼에도 불구하고 대자보의 작성자가 남성이든 여성이든 혹은 공격받는 대상이 남성이든 여성이든 상관없이 성은 그 자체로서 많은 관심을 끌었으

---

32) 같은 책, 35쪽.
33) 같은 책, 35쪽.

며, 마오주의의 고유 테마들, 즉 계급투쟁, 프롤레타리아 혁명, 부르주아 반혁명과 함께 가장 많이 언급되는 문제였다.

5. 문화혁명 이후

마오쩌둥의 '대중독재'는 사생활의 가장 은밀한 부분으로 유지되어오던 성에 대한 속박을 제거해버렸다. 이는 전술적으로 위대한 문화혁명의 이름 아래 진행되었으며, 혁명을 문화의 영역으로까지 확산시키는 결과를 초래했다. 마오쩌둥은 1967년 2월 자신감 넘치는 목소리로 문화혁명이란 "거대한 대중을 깨워서 우리의 어두운 부분을 활짝 드러내는, 아래로부터 시작되어 전방위적으로 진행되는 형식이자 방법"이라고 설명했다.[34] 그의 혁명은 주먹싸움이나 마찬가지였고, 또 "아무것도 두려워하지 않는 위대한 정신"에게 창조적인 역할을 부여하라는 그의 지시는 벨트 아래를 가격해도 좋다는 의미와도 같았다. 자신들의 '가장 어두운 부분이 활짝 공개'됨으로써 치명타를 입은 일부 사람들은 그 충격으로 완전히 사라져버렸으며, 그런 점에서 마오쩌둥의 시도는 본래의 목적을 달성했다고 할 수 있다.

1970년대가 거의 끝나갈 무렵 문화혁명은 역사 속으로 사라져갔다. 마오쩌둥의 후임자들은 문화혁명이 "전국을 혼란으로 이끌었고, 당과 국가 그리고 전체 인민에게 파국을 가져왔다"고 평가했다.[35] 문화혁명 기간 동안 가해자나 피해자, 혹은 이 두 가지 역할을 모두 겪으며 살아남은 사람들은 지나간 과거를 이해하기 위해 노력하고 있다. 그들 중에는 어째서 정치적 입장이 아니라 성도덕이 공격의 대상이 되었는지 그 이유를 언급하는 이들이 적지

---

34) 《위대한 프롤레타리아 문화혁명의 중요 자료들》, 외국어출판사, 1970, 25쪽에서 재인용.
35) 미하엘 쇤할스 엮음, 《중국의 문화혁명 1966~1969》, 아르몬크: M. S. 샤프, 1996, 299쪽.

않다. 공식적으로 문화혁명은 '인민들의 마음 깊숙한 곳을 움직일 수 있도록' 설계되었다. 그러나 현실에서는 개인의 사적인 영역을 폭력적으로 파헤치는 방식으로 진행되었을 뿐이다. 어쩌면 당이 개인들에게 붙인 '극좌파' 혹은 '수정주의 분자'라는 딱지는 별 의미 없는 용어에 불과한 것이 아니었을까? 이탈리아 파시즘에 대한 글에서 로버트 말렛은 1937년 한 첩보원의 보고서를 인용한 바 있다. "무솔리니의 카리스마적이고 영향력 있는 모습 때문이었다. …… 이탈리아인 모두가 그의 독트린을 완전히 이해하고 받아들였다고 보기는 어렵다."[36] 문화혁명이 일어나기 몇 년 전 중국 공안부장 역시 사람들이 마오쩌둥 사상의 가장 기본적인 내용들을 거의 이해하지 못하고 있다고 발언하기도 했다.

1967년 숙청되어 5년 동안 수감생활을 했던 공안부장 왕종팡(王仲方)은 최근 출간된 회고록에서 문화혁명과 성 문제에 대해 다음과 같이 이야기하고 있다.

> '위대한 문화혁명'의 시기, 누군가를 공격해서 정말로 망신을 주고 싶다면 가장 좋은 방법은 남녀관계를 들추어내는 것이다. 그의 사생활에서 어떤 오점을 찾아내어 그것을 과장하고 널리 퍼뜨려야 한다. 그의 명예를 완전히 더럽히려면 이야기를 꾸며내기도 해야 한다. 그래서 그가 너무 수치스러워 어느 누구에게도 얼굴을 들지 못하고, 결국은 자살까지 시도하도록 만들어야 한다. 이러한 방법은 정말 비열하고 역겨운 행위이지만, 그들은 나에게 그렇게 했다…….[37]

---

36) 로버트 말렛, 〈이탈리아 파시즘에서 정치경찰과 대중여론의 평가〉(2005년 6월 17~19일 한양대학교에서 개최된 비교역사문화연구소 국제학술대회 '욕망과 미망 사이의 대중독재' 발표문), 16쪽.
37) 왕종팡, 《연옥》, 대중출판사, 2004, 73쪽.

물론 왕종팡의 이야기가 전혀 새로운 것은 아니다. 과거 중화인민공화국의 정치가들은 지위 고하를 막론하고 거의 모두가 한 번씩은 언급한 사실이다. 문화혁명이 일어나기 몇 년 전 중국의 가장 탁월한 '우파 인사' 중 한 명이었던 장보쥔(章伯鈞) 역시 그의 동료 장나이치(章乃器)가 겪었던 일에 대해 이야기한 적이 있다. 그에 따르면 중국 공산당은 장나이치의 "모든 여자 관계를 들추어내면서 그를 비열한 인물로 만드는 것"을 즐겼다. 왜냐하면 이제까지 당이 했던 그 어떤 정치적 공격보다도 효율적으로 장나이치의 명성을 무너뜨릴 수 있었기 때문이다. 장보쥔의 이야기는 곧바로 《공안정보》에 게재되었다.[38]

과거의 속박과 자기 검열의 메커니즘으로부터 자유로웠던 문화혁명기 대자보 속의 '대중들'은 타락한 많은 정치가들을 단죄하는 운동에 동력을 제공했다. 그러나 대자보는 그렇게 정확한 무기가 아니었다. 대자보의 필자들은 '계급의 적들'만큼이나 많은 무고한 사람들에게 상처를 주었다. 1966년 가을 중국공산당이 배포한 "위대한 프롤레타리아 문화혁명에 관한 결정"에 따르면 대자보를 매개로 "대중은 투쟁하면서 그들의 정치의식을 고양시키고, 능력과 재능을 강화시키며, 옳고 그름을 구별할 수 있고, 적과 우리들 사이의 명확한 선을 그릴 수 있게 된다."[39]고 했다. 그러나 이러한 주장은 현실에서 정반대로 입증되었다. "혁명이 그렇게 품위 있고, 점잖고, 온화하고, 친절하고, 관대하게 진행될 수는 없다"는 슬로건처럼 일상적인 언어폭력이 지배하는 가운데 문화혁명은 정치의식을 왜곡시켰으며, 능력과 재능을 소진시켰고, 이전까지 존재하던 옳고 그름 사이의 구분을 불명확하게 만들었다.

---

38) 《공안정보》, No.6, (11 January 1963), 6쪽.
39) 미하엘 쇤할스 엮음, 《중국의 문화혁명 1966~1969》, 36쪽.

복지국가에서 자기복지로:
여성 섬유노동자들의 일상적 저항, 우지 1971~1981

마고자타 마주렉

번역:김용우

마고자타 마주렉

폴란드 바르샤바대학교에서 역사학으로 박사 학위를 받았다. 주요 저서로는 *Socjalistyczny zak ad pracy. Robotnicy w PRL i NRD u progu lat 60.* [Socialist Factory. Workers in People's Poland and in the GDR on the Eve of the Sixties] 등이 있다.

1. 잊혀진 주인공들

굶주림에 항의하는 '연대(Solidarność)' 소속 여성노동자들의 행진, 좀더 일반적으로 말하면 공산 체제 폴란드에서 여성의 저항이라는 주제는 최근 역사가들의 관심을 끌기 시작했다.[1] 페드레익 케니(Padraic Kenny)의 글 "저항의 젠더"는 파업한 여성노동자들이 소비자, 어머니, 그리고 생계를 꾸리는 사람이라는 주어진 역할을 어떻게 강력하고 전복적인 방식으로 활용하고 있는지를 보여주었다. 그러나 '연대'에 대한 공식 기억의 영역에서 여성은 갑자기 그 모습을 감추게 된다. 공산주의 국가-당에 대한 국민적인 저항을 매년 기념하면서도 당-국가의 사회 정책을 바꾸는데, 1971년 대파업 동안 여성노동자들의 주장이 1970년 12월 유명한 조선소 노동자들의 파업보다 더 큰 역할을 했다는 사실은 잊혀졌다.[2] 우지(Łódź) '연대'에 대한 다음과 같은 평가는 파업을 주도하고 조직하는 힘이 남성의 자연스러운 본성으로 여기고 있음을 알 수 있다. "장기적인 연좌 파업의 경우 남성들은 보통 더 결연한 자세와 위협에 더 강한 저항력을 보인다."

이런 젠더화된 서술은 폴란드 공산주의 지배 시대에 대한 공적인 담론과

---

1) Małgorzata Fidelis, *The New Proletarians Women Industrial Workers and the State in Postwar Poland 1945-1956*, Ph.D. thesis, (Stanford: Stanford University, 2005). See also Adam Leszczyński, *Anatomia protestu…*.

2) Krzysztof Lesiakowski, "Strajki robotnicze w Łodzi w latach 1957-1980", *Opozycja i opór społeczny…*, Krzysztof Lesiakowski, ed., pp.30-41.

사회적 기억에서 여성 섬유노동자들을 주변화한다. 여성노동자들은 '연대' 영웅으로서의 역할이 잊혀질 뿐만 아니라 탈사회주의 변화 과정에서도 그 역할이 무시된다. 1989년 이후 약 10만 명에 달하는 섬유노동자들이 해고되자 여성노동자들은 노동계급에서 실업과 빈곤의 세계로 내몰렸다. 이 시기 정부는 우지의 섬유산업에 대한 사회적 계획이나 발전 프로그램을 제시하지 않았다. 그러한 정책은 탄광과 같은 소위 '전략' 산업 분야에만 한정되었다. 그러므로 시간이 지날수록 여성 섬유노동자들의 문화적·사회적 불이익은 누적되어 삶의 다른 영역으로 확산되는 경향을 보였다. 이러한 상황으로 인해 여성 섬유노동자들은 결핍 경제 상황과 자유시장 체제의 도전에 더 큰 상처를 입었다.

2. '복지국가'를 다시 말한 여성노동자들

이 글은 우지에서 여성노동자의 봉기를 유발했던 어려운 삶의 조건들을 살펴보는 데 그 목적이 있는 것만은 아니다. 또한 1970년, 그리고 1980년에서 1981년 우지에서 발생한 여성들의 저항의 역동성과 사건의 전개 과정을 살펴보는 데에만 한정되어 있지 않다. '생활 조건-사회적 불만-파업'이라는 고전적 틀에 기반한 연구는 이미 많은 역사가들에 의해 다루어졌다. 대신 필자는 노동의 사회학을 활용해 '생존의 젠더'와 '저항의 젠더'를 결합함으로써 여성화된 노동현장에서 노동 분업의 **기능**뿐 아니라, 생산의 영역에서 소비의 영역으로 전환되는 데 있어 생계를 꾸리는 자이자 소비자라는 여성의 이중적 정체성의 **역할**에 초점을 맞추고자 한다. 필자가 주장하는 것은 사회적 불만의 역동성은 차치하고라도 이러한 강력한 변화는 사회주의 '복지국가'를 시험대에 올림으로써 폴란드 '현실 사회주의'가 그 정통성을 상실하는 데 기여했다는 것이다.

공산주의 체제가 강제와 동의를 결합해 통치했다는 것은 전후 국가 사회주의에 대한 폴란드 학자들의 연구에서는 거의 상투화된 사실이다. 지금까지 계속되고 있는 공적 논의에서 사회주의 '복지국가'가 언급되는 것은 1980년대의 프리즘을 통해서이다. 이 시기에 산업체의 분배 기능이 크게 확대되었기 때문이다. 그러나 '현실 사회주의' 연구자들의 대다수는 전후 폴란드 노동계급의 일부가 사회적 보호망을 박탈당했다는 사실을 알지 못한다. 우지의 '면직', '모직' 산업처럼 투자가 적었던 경우는 더욱 그러했다. 이들 산업 분야는 1980년대 폴란드 사회학자들이 만든 개념, 즉 '공장-사무실(factories-offices)'이라기보다는 19세기 말과 20세기의 궁핍한 우지 자본주의를 닮았다. 그러므로 1970년대와 80년대 우지 여성 섬유노동자들의 주장은 더 나은 소비 정책에 대한 요구라는 맥락에서뿐만 아니라 이들의 사적이고 직업적인 삶에 사회주의 '복지국가' 정책이 실현될 수 있게 해달라는 요구의 더 넓은 측면에서 분석되어야 할 것이다. 결국 이는 더 나은 사회적 소비를 위해 당-국가에 공적으로 요구하는 것으로서 소비에트 블록의 다른 나라들과 비교할 때 전후 폴란드에서는 체계적으로 무시된 측면이다.

여성들이 압도적으로 많은 작업 현장은 소비자와 생산자의 역할이 얼마나 밀접하게 얽혀 있고, 또 여성 스스로가 이러한 관계를 잘 의식하고 있었는지를 분명하게 보여준다. 게다가 사회적 공간 그 자체인 작업장은 개별 소비자의 관심을 공적인 것으로 만들고 집단적 행동이 가능하게 해준다. 그러므로 공장은 일상적인 불만과 사회적 불만의 조직화된 표현 사이를 매개하는 공간적 차원 역할을 한다. 필자는 '현실 사회주의'에서 여성의 경험 중 가장 뚜렷한 측면은 노동의 경험을 분배와 소비의 언어로 표현하려는 지속적인 노력이라고 주장하고 싶다. 생산자와 소비자의 정체성 사이의 강력한 혼합으로 여성 섬유노동자들은 공장을 '줄서기 사회(queuing society)'에서 자신의 지위를 결정하는 장소로 인식하게 되었다.[3] 여성노동자들은 공장을 '자기실현'이나 '여성의 권리'를 위한 잠재적 공간이라기보다는 가정의 연장으로 보았다.

우지에서 벌어진 배고픔에 항의하는 행진과 폴란드 경공업의 다른 중심지들의 경우에서 보면 여성 섬유노동자들은 '줄서기(waiting line)', 즉 소비와 모성의 언어로 이야기했다. 이는 그것이 그들에게 주어진 전문적 지식의 영역이었기 때문이다. 이러한 맥락에서 배고픔에 항의한 행진은 투기에 맞서 주부들이 벌였던 근대의 식량 폭동과는 성격이 크게 달랐다. 18세기 영국과 제1차 세계대전 당시 베를린에서 일어난 폭동은 그 무대가 길거리라는 공적 영역이었다. 반면, 사회주의 우지에서 벌어진 거리 투쟁은 사회조직과 사회주의 기업의 서열을 반영했다. 당-국가 고용주는 사회주의 '복지국가'의 약속을 잊어버리는 경향이 있었고, 오히려 '복지국가'에 대한 언급은 여성노동자들 자신에 의해 만들어졌던 것이다. 이는 공산주의 지배의 정당성을 박탈하는 경향마저 띠고 있었다.

3. 절반의 초콜릿 바를 위한 파업

1971년 우지의 여성의 날—5만 5,000명의 여성 섬유노동자들이 가격 상승에 반대해 벌였던 대규모 파업 3주 후[4]—은 오래된 각본에 따라 거행되었다.[5] 노동자평의회와 여성위원회는 여성노동자들에게 초콜릿, 향수, 수건,

---

3) '줄서기 사회'라는 개념은 공산주의 폴란드에서 벌어진 결핍의 사회적 경험을 다룬 나의 박사학위 논문에서 처음 사용됐다. Małgorzata Mazurek, *Społeczeństwo kolejki i jej przeskakiwana, Polska 1956-1981*, Wydawnictwo Trio, (Warszawa, 2009) (forthcoming).

4) Krzysztof Lesiakowski, *Strajki robotnicze w Łodzi…*, p.34; Tomasz Balbus, *Łukasz Kamiński, Grudzień '70 poza Wybrzeżem w dokumentach aparatu władzy*, (Wrocław, 2000), p.68.

5) Archiwum Akt Nowych (AAN), 926/59, KC PZPR. Wydział Organizacyjny, Notatka na temat pracy wśród kobiet pracujących w Łodzi, (marzec, 1971), unpaged.

손수건 등을 나누어주었다. 여성들을 감독하는 십장을 포함해 남성 간부들 중 어느 누구도 여성의 날을 기념하는 덕담이나 인사를 하지 않았다. 분명 이는 여성들에게는 의미심장한 태도였다. 1971년 2월 집단 파업에서 이미 남성 간부들과 여성노동자 사이의 좋지 않은 관계가 드러났기 때문이다. ZPB의 '평화의 챔피언(Champions of Peace)'에서는 장엄한 연주회가 개최되었다. 그러나 약 7,000명에 달하는 여성노동자 중 단 150명만이 초대되었다. 비슷한 행사들이 다른 섬유공장에서 개최되었지만, 첫 번째 교대조에게만 참여 기회가 주어졌다. 두 번째와 야간 교대조는 공장 관리자들로부터 어떠한 감사의 말도 전해 듣지 못했다. 폴란드 통합노동자당(PZPR)의 중앙위원회에서 1971년 3월 파업 이후 상황을 점검하기 위해 우지로 파견된 사람들은 지역과 공장 당 조직의 무기력함을 강도 높게 비판했다.[6]

여성의 날이 여성노동자들 사이에서는 존경과 관심의 표지(標識)로 여겨졌다는 사실은 슐레지엔의 도시 루바브카(Lubawka) 소재 면공업 공장 '바트라(Watra)'에서 발생한 파업으로 표출되었다. '바트라'의 섬유노동자들은 매일 아침 기계 작동을 멈추었는데, 그 이유는 "공장에서 여성의 날 기념을 제대로 하지 못한 것에 대한 불만" 때문이었다.[7] 무엇이 그토록 '바트라'의 여성노동자에게 모욕감을 주었는가? 첫째, 대다수 여성들은 여성의 날 축하 인사를 듣지 못했다. 둘째, 당위원회와 조합 평의회가 마련한 선물이 여성노동자들의 감정을 상하게 만들었다. 그들은 여성의 날 기념품을 마련할 자금이 충분하지 못했기 때문에 초콜릿 바 하나가 아닌 반 개를 지급받았던 것이다. 게다가 여성의 날에 쓰여질 일부 자금을 여성동맹(Liga Kobiet, 어용 여성

---

6) *Ibidem.*

7) AAN, 926/60, KC PZPR. Wydział Organizacyjny, Informacja nr 47/K/1971 o przerwach w pracy. Zakłady Przemysłu Dziewiarskiego "Watra" w Lubawce, pow. Kamienna Góra (woj. wrocławskie), 10.03.1971, unpaged.

조직)이 전용해 술과 사탕을 구입했다는 소문이 나돌았다. 결국 루바브카 공장의 여성의 날은 하루 동안의 파업으로 변했고, 모든 여성에 대한 동등한 처우와 기본적인 존경을 요구했다. 우지와 마찬가지로 루바브카에서도 여성의 요구는 여성노동자와 공장 관리자 사이의 관계를 개선하거나, 공장 내부에 존재하는 뿌리 깊은 서열을 약화시킬 수 있는 성격의 것이 아니었다.

섬유노동자의 복지 향상을 위해 파견된 사람들의 활동 또한 효과적이지 못했다. 1971년 우지에서 발생한 파업 원인에 대한 당 내부의 보고서에 의하면 여성위원회의 활동이 여성들 사이에서 큰 성과를 거두지 못했다. 이런 상황은 노동자들의 요구 상황을 반영하기 위한 다른 사회조직의 경우에도 마찬가지였다.[8] 가끔 우지 여성위원회가 소집한 전문가와 학자들의 활동, 그리고 주거문제위원회나 현대적인 가정 관리를 위한 강의도 생산과 소비 두 분야에서 여성의 상황을 아주 조금 개선시키는 성과를 이루었을 뿐이다.[9]

그러므로 여러 조직의 활동이나 심지어는 많은 수의 사회학적 조사조차 헛된 노력에 지나지 않았다는 인상을 주었다. 예를 들어 오랜 노동계급의 전통을 자랑하는 우지를 '여성의 도시'라 언급하는 경우는 수없이 많았지만, 정작 우지의 당 관리들은 현장 노동자들의 상황에 냉담했다. 2월 파업에서 여성노동자들은 "연설과 찬사는 집어치우고 인민의 문제를 처리해달라. 그

---

8) Małgorzata Mazurek, Socjalistyczny zakład pracy. Porównanie fabrycznej codzienności w PRL i NRD u progu lat sześćdziesiątych, Wydawnictwo Trio, (Warszawa, 2005); Tomasz Żukowski, Związki zawodowe i samorząd pracowniczy w polskich zakładach przemysłowych w latach 1944-1987, Uniwersytet Warszawski. Filia w Białymstoku, (Białystok-Warszawa, 1987); Maciej Tymiński, PZPR i przedsiębiorstwo. Nadzór partyjny nad zakładami przemysłowymi 1956-1970, Wydawnictwo Trio, (Warszawa, 2001); Szymon Jakubowicz, Bitwa o samorząd 1980-1981, Aneks, (Londyn, 1988); Maria Hirszowicz, Witold Morawski, Z badań nad społecznym uczestnictwem w organizacji przemysłowej, Książka i Wiedza, (Warszawa, 1967).
9) Barbara A. Nowak, "Serving Women and the State: the League of Women in Communist Poland", Ph.D. thesis, (The Ohio State University, 2004).

렇다면 우리도 다시 일을 시작할 것이다"[10]라고 외쳤다.

상징적인 모멸에 저항했던 '바트라' 섬유노동자들의 파업은 사회조직과 여성노동자들의 현실 사이에 사회적 거리가 얼마나 멀었는지를 입증했다. 이상한 방식의 선물 분배에서 드러난 모멸에 저항해 벌어진 여성의 날 파업은 그것 자체로는 자동적으로 노동자들의 상황 변화로 이어지지 않는다는 사실을 보여준다. 공장은 관습과 뿌리 깊은 권력관계가 행위자로서의 인민의 역량을 압도하는 공간이었던 것이다. 좀더 정확히 말하면 여성 섬유노동자들의 요구를 수용한다는 것은 소비 정책의 변화뿐 아니라 중요한 정치적 변화를 의미했다. 사실상 우지의 집단 파업은 공산주의 폴란드에서 소비자 우선 정책의 발전에 기여했다. 그러나 이러한 정치적 결정은 공장 내부의 서열을 변화시킬 수는 없었다. 또한 노동과 보수 면에서 여성이 처한 구조적 불이익을 줄일 수 없었다.

4. 경공업 여성노동자에게 훔친 돈은 어디에 있는가

공산주의 폴란드의 경제 체제에서 이른바 경공업의 일부인 섬유산업의 위치는 분명히 정의되었다. 즉 경공업은 중공업의 핵심 분야에 대한 투자를 지원하는 것이 임무였다. 그 결과 경공업은 한편으로는 기계의 현대화와 노동자를 위한 사회적 지원 모두에서 미약한 자금을 할당받았다.[11] 다른 한편으로 경공업은 3교대 작업과 값싼 노동력 착취에 생산의 대부분을 의존했다.

---

10) AAN, 926/59, KC PZPR. Wydział Organizacyjny, Notatka dotycząca przyczyn wydarzeń lutowych w Łodzi, (marzec, 1971) r., unpaged.
11) 지역 분야별 사회적 지원 자금의 차이에 대해서는 다음을 볼 것. *Kazimierz Szwemberg, Poziom świadczeń socjalnych w przemyśle lekkim, Włókniarze w procesie zmian, Instytut Wydawniczy CRZZ,* Jolanta Kulpińska, ed., (Warszawa, 1975), p.243-260.

이 점에서 전후 공업 관행은 19세기의 착취 형태를 계승, 유지한 셈이다. 또한 이것은 보수가 형편없는 섬유공업과 특권적인 중공업 사이의 분열을 이전보다 더 견고히 했다. 역사적으로 뿌리 깊을 뿐 아니라 공산주의 이데올로기의 지원을 받은 이러한 구분은 노동의 젠더 구분과 매우 긴밀히 연결되어 있다. 공산주의 폴란드에서 직조공은 관리직에 적합한 능력이 있어도 거의 예외 없이 기계를 작동하는 현장에 투입되었다. 반면, 여성 섬유노동자보다 능력이 떨어지는 남성은 쉽게 관리직에서 일할 수 있었다. 이러한 종류의 직업 경력을 여성들이 갖는 것은 불가능한 일이었다.[12] 여성들 중 상당수가 고등교육기관에서 직업교육을 받았던 1970년대 말에도 섬유공장 관리자들은 이를 고려하지 않았으며, 여성들을 직조기를 다루는 고된 육체 노동에 바로 투입했다.

1971년의 파업은 경공업의 불이익과 그 노동력 착취의 규모를 드러냈다. 경공업 분야에서 구식 기계의 낮은 생산성을 보상하는 것은 육체 노동의 높은 강도를 통해서였다.[13] 우지 섬유공장에서 성과급 방식의 고용률(65.5%)[14]과 교대 작업의 비율은 전국 최고였다. 여성노동자들의 항의에도 불구하고 국가-고용주들은 야간 교대조를 유지했다. 야간 교대조는 19세기 말 폐지되었다가[15] 공산주의 치하에서 다시 부활했다. '연대'의 압력으로 최초의 양보

---

12) Stefania Dzięcielska-Machnikowska, Struktura społeczna załóg a modernizacja przemysłu lekkiego, "Przegląd Ekonomiczno-Społeczny m. Łodzi", nr 2, (1975), p.39-55; Barbara Nowakowska, Zofia Zarzycka, Aktywność zawodowa kobiet a ich wykształcenie, "Acta Universitatis Lodziensis. Zeszyty Naukowe Uniwersytetu Łódzkiego. Nauki Ekonomiczne i Socjologiczne", Seria III, t. 44, (1979), p.23-42.

13) 1971년 모든 섬유공장 중 50%만이 새로운 생산기술을 활용할 수 있었을 뿐이다. Sprawozdanie zespołu badającego problemy społeczno- ekonomiczne m. Łodzi, p.2.

14) *Ibidem*, p.3.

15) Marta Sikorska-Kowalska, Wizerunek kobiety łódzkiej przełomu XIX i XX wieku, Wydawnictwo Ibidem, (Łódź, 2001), p.46-47.

가 이루어졌을 뿐이다. 우지의 일부 공장에서 실험의 일환으로 야간 교대 작업을 폐지했다.[16]

아침 식사 시간 역시 전후 우지 섬유산업에서 사라졌다. 그 결과 기계 앞에서의 작업이 8시간 동안 쉴새없이 계속되었다. 그러므로 1981년 2월 여성 섬유노동자들의 주된 요구사항 중 하나가 아침 식사 시간의 도입이었다는 사실은 그리 놀랍지 않다. 특히 사회주의 기업들은 이러한 요구를 수용하는 데 그다지 열정적이지 않았으며, 요구를 받아들인 경우에도 매우 느리게 추진했다.[17] 1971년까지도 법적 휴식 시간이 없었다는 사실은 충격적이다. 왜 냐하면 거의 절반 정도의 여성노동자들이 아침 식사를 거른 채 첫 번째 교대 작업을 시작했기 때문이다.[18] 경공업에서 널리 퍼져 있던 또 다른 착취방법 은 임금을 낮추는 것이었다.[19] 이 때문에 노동자들은 생산성의 전반적인 증 대와 임금 사이에서 발생하는 뚜렷한 불균형을 느꼈다. 임금은 지속적으로 낮게 평가되었다. 노동자의 임금을 측정하는 복잡하고도 모호한 체제로 인 해 횡령의 규모를 숨길 수 있었다. 게다가 대부분의 여성 섬유노동자들은 과 외의 돈을 벌기 위해 초과 근무를 할 수 없었다. 하지만 다른 공업 분야에서 의 초과 근무는 일반적인 관행이었다.[20]

---

16) Henryka Maj, Zmniejszenie stanu zatrudnienia przy pracach ręcznych, uciążliwych i szkodliwych dla zdrowia (Wyniki badań w przemyśle bawełnianym), część II, "Studia i materia y Instytutu Pracy i Spraw Socjalnych", (zeszyt 8, 1982), p.19.

17) APŁ, 140, Komitet Łódzki PZPR. Posiedzenia plenarne, Protokół stenograficzny Plenum KŁ PZPR odbytego w dniu 26.06.1971 r. Stan realizacji zakładowych programów poprawy warunków pracy w świetle listu Sekretariatu KC ze stycznia br. (dyskusja), p.132; Irena Dryll, Kierunki zmian w sytuacji społeczno-zawodowej włókniarzy, Włókniarze w procesie zmian…, Jolanta Kulpińska, ed., p.209-210.

18) Czesław Kos, Remigiusz Krzyżewski, Krystyna Szymańska-Piotrowska, Wypoczynek, ochrona zdrowia i żywienie pracowników przemysłu lekkiego, Włókniarze w procesie zmian…, Jolanta Kulpińska, ed., p.261-275, here: 271. j

19) Sprawozdanie zespołu badającego problemy społeczno-ekonomiczne m. Łodzi…, p.4.

실제로 섬유 분야의 임금은 국민 경제 평균의 80%에 불과했다. 우지의 많은 여성들은 최저 생계 수단 정도를 버는 데 그쳤다. 이는 이들 중 40~50%가 저임금에 시달리는 사람들을 위한 특별 수당을 받았다는 사실에서 잘 나타나 있다. 더불어 흔히 발생한 작업 중단이나 자재 부족 등으로 인해 생긴 섬유공업 분야에서의 임금 수준의 변동을 생각한다면[21] 이러한 상황이 여성 가정에 가져다준 심각한 경제적 어려움을 상상하는 일은 어렵지 않다. 노동자의 생산성과 구매력 사이에서 발생하는 불일치는 많은 섬유공장에서 벌어진 사회 자금의 횡령과 함께 노동자들의 박탈감을 가중시켰다. 1971년 한 파업 여성노동자는 이렇게 외쳤다. "우리는 매년 주어진 계획을 완수했지만 상여금은 매년 줄어든다. 우리에게서 훔친 돈은 어디 있는 것인가? 우리에게 기에레크(Gierek) 동지는 필요 없다. 우리 것을 돌려주기만 하면 된다."[22]

섬유 여성노동자들은 그나마 부족한 복지사업에서 자신들이 불리한 위치에 있다는 사실을 잘 알고 있었다. 1971년 2월 집단 파업 때 한 노동자는 공산당 중앙위원회 소속 고위 관리에게 "중앙위원회 회원님들과 수상님께 호소합니다. 우리 직조공의 문제에 더 많은 관심을 가져주십시오. 동지 여러분 아시다시피 우리는 광부나 철강 노동자들보다 상태가 더 좋지 않습니다"[23]라고 이야기했다. ZPB '평화의 챔피언' 회합에 참여한 수상 피오트르 야로셰비치(Piotr Jaroszewicz)는 이 대화에 참여해[24] "여러분들의 공업에 대한 정책은 어떻게 되어야 할까요? 여러분들의 공업은 다른 분야와 같은 수준에 있

20) *Ibidem*, p.3.
21) AAN, 926/59, KC PZPR. Wydział Organizacyjny, Notatka dotycząca analizy pracy KD PZPR Łódź-Górna i KZ PZPR przy ZPB im. Armii Ludowej i przyczyn wydarzeń lutowych w Łodzi sporządzona przez instruktora CKKP Z. Kosteckiego za okres pobytu w Łodzi w dniach 1-6 marca 1971 r., (March, 1971), unpaged.
22) *Ibidem*, p.119.
23) AAN, 926/60, KC PZPR. Wydział Organizacyjny, Spotkanie towarzyszy z kierownictwa Partii z aktywem Łodzi 14.02.1971, date unknown, unpaged.

어야 합니다"라고 이야기했다. 야로셰비치는 경공업 분야에 5억 즐로티 투자를 약속했고("여러분만큼 많은 혜택을 받는 노동자는 없습니다"), 폴란드의 여성을 위해 20~30억 즐로티를 더 투입하겠다고 말했다. "여러분들이 최우선입니다. 임금 인상을 위한 자금이 확보되면 여러분들이 제일 먼저 받게 될 것입니다. 여러분들 다음이 누구인지 아십니까? 선생님들입니다. 우리는 여성들에 대한 많은 배려를 계획하고 있습니다. 여성들은 바로 자신들의 지갑에 들어갈 고정된 수당을 받아야 합니다. 또한 우리는 일하지 않는 사람, 다른 사람들에 기대 사는 사람, 그리고 비밀 행상과 소매상들을 처벌할 것입니다." 그 순간 항의하던 청중 사이에서 한 사람이 물었다. "지난 15년 동안 우리를 속여온 당신을 어떻게 믿으란 말입니까?"[25]

여성 섬유노동자들은 복지 개선과 중공업 남성노동자들과 동등하게 대우하겠다는 정치가의 약속을 대부분 믿지 않았다.[26] 불행하게도 그들의 생각이 옳았다. 고통스럽고, 3교대로 일하는 섬유노동자들의 일이 '가벼운' 공업으로 규정되는 한 자금과 임금을 놓고 벌인 비공식적 협상에서 '무거운' 공업에 종사하는 노동자들을 이기기 어려웠다. 더욱이 특히 우지 섬유공장처럼 경공업의 정치적 위상은 우지 시의 정치적 중요성, 그리고 중앙위원회 내에서 그 이권을 어떻게 대변할 것인가의 문제와 긴밀히 연관되어 있었다. 지방산업체의 중요성은 로비와 후원관계에 좌우되었기 때문이다.[27]

---

24) APŁ, 1892, Komitet Łódzki PZPR. Wydział Organizacyjny, Spotkanie w tkalni ZPB im. Obrońców Pokoju z niedzieli na poniedziałek 14/15 lutego od godz. 24 do 4.30 rano, k. 156.
25) *Ibidem*, p.156.
26) APŁ, 1892, Komitet Łódzki PZPR. Wydział Organizacyjny, Próba oceny przyczyn politycznych, ekonomicznych i społecznych lutowych wydarzeń w przemyśle włókienniczym i innym m. Łodzi, (March, 1971), not dated, unpaged.
27) APŁ, 1892, Komitet Łódzki PZPR. Wydział Organizacyjny, Próba oceny przyczyn politycznych,, ekonomicznych i społecznych…, k. 301.

5. 아침 식사 시간을 위한 투쟁

야로셰비치 정부와 폴란드 통합노동자당 중앙위원회의 선언 이후 섬유노동자들은 경공업부에 약 1만 3,000건의 건의안을 제출했다.[28] 여성들이 제출한 건의안 내용은 지역 상점의 식료품 공급에 대한 요구에서부터 공장의 보수 체계에 대한 자세한 요구사항에 이르기까지 다양했다. 이러한 요구의 특징 중 하나는 생산과 소비 분야가 긴밀히 연결되어 있다는 점이다. 이는 사회적 소비에 대한 요구들(매점, 간이식당, 식료품점)에 분명하게 나타나 있었다. 파업 항의문에는 공장 내의 낮은 소비 수준이 언급되어 있었다. 이는 1957년부터 1970년 사이에 벌어진 전후 식품 공급 체계의 퇴보의 결과였다.[29] 사회주의 수사에도 불구하고 우지의 섬유공장이 카페테리아와 간이식당 형태로 제공하는 집단 소비는 매우 낮은 수준에 그쳤다.

사회주의 질서 기반 중 하나로 기획된 사회적 소비는 '노동하는 여성(kobieta pracująca)'의 생산성을 높이고, 국가-고용주와의 화합을 위해 이들에게 많은 자유 시간을 제공할 것으로 여겨졌다. 최선의 경우 이는 노동자의 삶이 공공기관(사적 영역을 희생한 대가로)에 집중되는 것을 뜻했다. 또는 최소한 그 목표가 가사노동의 부담을 덜어주는 것이었다. 그러나 우지의 경우가 매우 분명하게 보여주듯이 탈스탈린주의 국가-고용주는 사회적 인프라를 줄임으로써 사회적 보호자로서의 역할에서 후퇴했고, 오로지 생산과 생산성의 통제에만 관심을 집중했다. 이러한 과정의 결과는 두 가지 측면에서 나타났다. 먼저 사회적 소비 부족으로 가정에서의 식생활이 전통적인 방식에서

---

28) Irena Dryll, Kierunki zmian w sytuacji…, s. 203.

29) Jerzy Dietl, Teresa Jaworska, Kierunki rozwoju i usprawnienia gastronomii (w świetle doświadczeń w kraju i za granicą), "Acta Universitatis Lodzensis. Zeszyty Naukowe Uniwersytetu Łódzkiego. Folia Oeconomica", z. 34 (1978), p.56.

벗어나지 못했다. 또 가족의 식생활 준비를 전적으로 여성에게 맡김으로써 여기에 여성들이 대부분의 시간을 할애하게 만들었다. 게다가 개인별 식료품 비용의 약 92%가 가정에서의 식사에 사용되었다는 점을 감안할 때 식료품 부족 사태는 여성에게 큰 부담을 안겨주었다.[30]

전국적으로 공장의 식당 수는 매우 열악했다. 1970년대 상반기 공장 간이식당 시설이 빠르게 늘어났지만, 1975년 국유 공장 노동자의 7%만이 이 시설을 이용했을 뿐이다.[31] 반면, 다른 사회주의 국가에서는 그 비율이 훨씬 높았다. 동독에서는 40%, 체코와 헝가리는 30%, 구소련에서는 무려 70%에 육박했다.[32] 폴란드의 전후 소비 모델은 이처럼 개별 가정의 영역에 머물러 있었다. 이것은 개별 가정의 시간과 자원에 기반을 둔 것으로, 생산과 소비의 영역을 뚜렷이 나누는 결과를 가져왔다. 우지의 경우 피고용자의 3%만이 공장 간이식당의 이점을 누렸을 뿐이다.[33]

공장 간이식당을 자주 이용한 노동자들의 사회적 면면 등에서 볼 때 여성 섬유노동자들은 이러한 형태의 복지에서 사실상 소외되어 있었거나, 매우 드물게 이 같은 시설을 이용할 수 있었다. 먼저 섬유공장 카페테리아는 남성들, 즉 독신뿐 아니라 화이트 컬러 노동자와 경영자들이 주로 이용했다. 이

---

30) Archiwum Ruchu Zawodowego (ARZ), not classified files, Centralna Rada Związków Zawodowych, Wydział Socjalny, Tezy Komitetu Gospodarstwa Domowego dotyczące szerszego rozwoju usług żywienia zbiorowego na rzecz rodziny pracowniczej, (17.02.1971), unpaged.

31) J. Dietl, T. Jaworska, Kierunki rozwoju i usprawnienia gastronomii⋯, p.54.

32) Ibidem, p.54.

33) Józef Marczak, Z pracy i życia włókniarzy⋯, s. 169. Zob. też Józef Marczak, Władysław Cieloch, Leon Polanowski, Z badań nad budżetami domowymi i warunkami socjalno-bytowymi 4-osobowych rodzin łódzkich włókniarzy, Ośrodek Badawczy Zarządu Głównego Związku Zawodowego Pracowników Przemysłu Włókienniczego, Odzieżowego i Skórzanego, Łódź 1967; Ośrodek Badawczy ZG Pracowników Przemysłu Włókienniczego, Odzieżowego i Skórzanego, Usługi w opinii włókniarek łódzkich,(Łódź, 1977).

러한 상황을 만드는 중요한 요인 중 하나는 음식의 가격이었다. 간이식당의 유지 비용은 공장이 담당했는데, 이곳의 식사 비용은 집에서 먹는 것보다 비용이 더 많이 들었다. 물론 여성 섬유노동자를 대상으로 한 조사에서 알 수 있듯이 음식 가격과 간이식당 출입과의 상관관계가 항상 존재하는 것은 아니었다. 그러나 여성 섬유노동자들의 가계를 자세히 들여다보면 간이식당에서 식대를 지불할 돈이 없다고 말할 때 여성노동자들이 수치심을 느낀 이유를 알 수 있다.[34]

공장 간이식당에 대한 여성노동자들의 생각은 어떠했을까? 1970년대의 사회학 연구들은 정확한 답변을 제시하지 못한다. 질문 방법에 따라 다른 결과가 나올 수 있기 때문이다. 그러나 위험을 무릅쓰고 이야기한다면 여성노동자들은 반드시 집에서는 아니지만 가족들과 함께 식사하기를 좋아했다. 이 때문에 노동자들만의 공동 식사를 거부하고 친지들도 공장 간이식당을 사용하게 해주는 방안을 더 좋아했다.[35] 불행하게도 국가-고용주들은 이러한 요구에 귀 기울이지 않았다. 경영진은 '고용주 전용' 카페테리아가 여성 섬유노동자들 사이에서 인기가 없다는 이유로 공동 식사가 노동자들의 바람이 아니기 때문에 간이식당을 확대할 필요가 없다는 반응을 보였다.

사실 이러한 단순한 분석은 우지의 사회적 소비에 영향을 준 문화적이고 경제적인 요소들 사이의 복합적인 상호작용을 반영하지 못한다. 첫째, 도시, 공장, 그리고 무엇보다도 학교 내 공공 식사 시설의 부족 때문에[36] 여성들은 어쩔 수 없이 가정에서 식사 준비를 해야 했다. 둘째, 폴란드 가족들은 대체

34) Archive of Trade Unions (ARZ), files not ordered, CRZZ. Wydział Socjalny, Dobrosław Żuk. Recenzja opracowania pt. "Żywienie przyzakładowe pracowników przemysłu lekkiego", (1974), unpaged.

35) APŁ, 148, KŁ PZPR. Protokoły posiedzeń plenarnych Komitetu Łódzkiego PZPR, Protokół plenarnego posiedzenia KŁ PZPR odbytego dnia 21 kwietnia 1975 r. Przemówienie wprowadzające o pomocy kobiecie pracującej, (21.04.1975), k. 101.

로 가정에서 식사하는 것을 좋아했는데, 비용이 적게 들 뿐만 아니라 공중식당에 비해 맛있고 빠르게 식사할 수 있다고 생각했다.[37] 공중식당이 더 나아진다면 그곳을 이용하겠다는 사람들의 비율이 63%에 달했다.[38] 그러나 공중식당이 크게 바뀔 전망은 거의 없었다. 셋째, 1970년대 공장 식사 서비스가 느리게 발전했기 때문에 작업장에서 점심 식사를 하는 일은 요원할 것이라는 생각이 지배적이었고, 결국 여성들은 집에서 식사하는 방법밖에는 없었다.

기에레크 시대 말 여성 직조공들은 국가-고용주가 집에서 식사 준비의 부담을 줄여줄 것이라는 기대를 더 이상 하지 않았다. 오히려 그들은 최소한의 사회적 소비 모델을 위한 협상을 진행하면서 사회주의 기업이 줄서기와 기다리기의 부담에서 벗어나게 해줄 것을 기대했다. 가능한 방식은 많은 공간과 비용, 그리고 기술적 인프라가 필요하지 않은 작은 간이식당이나 매점을 만드는 것이었다. 이러한 시설은 두 가지 기능을 할 수 있었다. 하나는 작업장에서 아침이나 간단한 스낵을 먹을 수 있게 해주는 것이었다. 다른 하나는 또 다른 분배 체계를 만드는 것이었다. 아침 식사 시간은 우지 집단 파업의 압력으로 1971년에 도입되었다. 전반적으로 이러한 사회적 소비 모델은 대규모 식사 시설보다 비용이 적게 들었다. 게다가 국가-고용주들은 자신들이

36) 1970년대 초 우지의 초등학생 9만명 가운데 8천명만이 학교에서 따뜻한 급식을 받았을 뿐이다. AAN, 926/59, KC PZPR. Wydział Organizacyjny, Notatka na temat pracy wśród kobiet pracujących w Łodzi, March 197, unpaged. See also Wacława Starzyńska, Rynek usług gastronomicznych w opinii mieszkańców Łodzi, "Acta Universitatis Lodziensis. Zeszyty Naukowe Uniwersytetu Łódzkiego. Nauki Ekonomiczne i Socjologiczne", seria III, (zeszyt 31, 1978), pp.71-80.

37) J. Dietl, T. Jaworska, op.cit., p.67.

38) Stanisława Kacprzak-Wilmańska, Gastronomia w osiedlu mieszkaniowym w świetle preferencji jego mieszkańców, "Acta Universitatis Lodziensis. Zeszyty Naukowe Uniwersytetu Łódzkiego. Nauki Ekonomiczne i Socjologiczne", seria III, (zeszyt 12, 1977), pp.81-100.

과업을 잘 수행하고 있다는 생각을 할 수 있었다. 1970년대 공장 매점과 간이식당은 흔해졌고, 그곳에서 고기와 같은 귀한 물품을 살 수 있었기 때문에 인기가 높았다. 일상적인 장보기의 부담에서 벗어날 수 있었기 때문에 이러한 시설은 공장 구내식당의 경우와는 달리 그 혜택이 대부분 여성들에게로 돌아갔다. 앞에서 언급했듯이 공장 구내식당은 화이트 컬러 남성 노동자들이 주로 애용했다.[39] 1970년대 중반에는 우지 노동자의 60% 정도가 공장 매점에서 물품을 구입했다.[40]

6. '확대된' 가정으로서의 공장과 사회적 소비

1970년대에 공장 매점과 간이식당, 다시 말해 공장 내 희귀한 제품 분배 네트워크는 노동자-소비자들의 욕구가 표현될 수 있었던 주된 공간이었다. 소비 영역과는 달리 매점과 간이식당은 식료품 문제에 대해 비공식적으로 의견 교환을 할 수 있는 공간 역할도 함께 했다. 이러한 공장 시설이 여성 소비자들을 통합했다면 반대로 공장 밖에서 이루어진 매일매일의 쇼핑은 여성들을 분노하게 만들었다. 결핍에 찌든 경제 현실의 일상에서 여성 소비자들은 부족한 물품을 놓고 서로 경쟁했다. 점원(이들도 여성이다)과의 갈등은 흔한 일이었다. 줄서기와 상점은 여성들 사이의 공감대를 조성하기보다는 서로를 분열시켰다. 가장 대표적인 갈등은 특별 대기선(노인, 장애인, 임산부 등을 위한)과 그렇지 않은 대기선 사이에서 발생했다. 상점 앞에서 분배로 인한 갈등은 여성을 특권층과 비특권층으로 나누는 역할을 했다. 반면, 사회주의 기업은 사회적이고 통합적인 공간이었다. 특히 그곳에서 노동자들이 같은

39) Cz. Kos, R. Krzyżewski, Żywienie w zakładach pracy…, p.39.
40) Ośrodek Badawczy Zarządu Głównego Pracowników Przemysłu Włókienniczego, Odzieżowego i Skórzanego, Usługi w opinii włókniarek łódzkich, (Łódź, 1977), p.18.

직업, 같은 서열과 생활 조건을 나누어 가지고 있을 경우에 그러했다.

　여성 직조공이 나쁜 작업 환경을 받아들이며 공장에서 일한 것은 가족을 위해서였다.[41] 대규모 섬유공장 노동자의 80~90%를 차지했던 우지의 여성 노동자들은 자신이 작업 과정에 창조적으로 참여하는 생산자가 아니라 가족의 부양자라고 생각했다. 이들은 낮은 임금의 비숙련 직업을 가정의 의무와 비교할 때 단지 이차적인 것으로 취급했다. 우지 산업체들에서 행해진 연구 조사에 의하면 여성노동자들은 남성노동자들에 비해 작업장에서 가족 문제를 더 많이 이야기하는 경향이 있었다.[42] 여성 섬유노동자들은 스스로를 노동 과정을 평가하는 적극적인 참여자가 아니라 수동적 방관자로 만들었다.[43]

　이런 방식으로 여성화된 작업장에서 여성들은 노동 분업이 고도로 젠더화한 섬유공장 상황에 투쟁하지 않았다. 여성노동자들은 자신의 임금이 남성들에 비해 22% 낮다는 사실에, 그리고 승진에서 체계적으로 무시되는 현실에 문제를 제기하지 않았다. 또한 이들은 빡빡한 생산 일정을 완수하기 위해 동원된 값싼 노동력이라는 사실에 불평하지 않았다. 그러나 생산의 문제가 소비자의 자격이나 특권으로 연결될 때 여성노동자들은 자신의 의견을 표출했다. 공장이 가사노동의 연장으로 인식되었기 때문에 여성 섬유노동자들은 생산의 영역을 적극적으로 활용해 가정에서 그들에게 정해진 역할을 완수하고자 했다. 이러한 경우 여성노동자들은 지역 당 관료, 국가-고용주, 그리고 당-국가 조직에 반대하는 일도 개의치 않았다.

　여성의 이해관계는 공공기관이 아니라 비공식적 접촉을 통해 표현되었다.

---

41) Jolanta Kulpińska, Niektóre problemy stosunków społecznych w zakładach pracy przemysłu włókienniczego, (in:) Zarząd Główny Związku Zawodowego Pracowników Przemysłu Włókienniczego, Odzieżowego i Skórzanego w Polsce (ed.), Włókniarze łódzcy. Monografia, Wydawnictwo Łódzkie, (Łódź, 1966), pp.390-402, here: 398-401.
42) S. Dzięcielska-Machnikowska, D. Duraj, Rola kobiet⋯, p.134.
43) J. Kulpińska, Niektóre problemy stosunków społecznych⋯, p.398.

"어떤 기관이 노동자의 가장 중요한 문제를 해결해줄 수 있을까요"라는 질문에 여성 섬유노동자의 1%만이 PUWP와 당-국가 노동조합을 선택했다.[44] 정치조직은 노동자들의 이해관계를 적절히 대변해주지 않는다는 것이 그들의 생각이었다. 그러므로 노동자들의 탄원과 요구사항이 전달된 곳이었던 공식적인 사회, 정치적 조직이 신뢰받지 못했다. 1971년 파업 직후 나타난 짧은 기간의 사회, 정치적 활동성을 예외로 한다면 불신과 사회적 거리감이 그 이후 지속되었다. 1971년 3월 여성의 날 기념 행사를 상기해보면 이러한 상황을 더 잘 이해할 수 있을 것이다.

1970년대에 새롭게 제공된 아침 식사를 위한 간이식당과 매점은 여성들 사이의 의사소통이 이루어지는 주된 공간이었다. 이곳에서 여성들은 매일 겪는 결핍의 경험에 대해 이야기를 나누었다. 간이식당 벽에는 줄을 서서 기다리는 것과 식량 부족에 대한 '적대적 내용의 글귀'가 적혀 있었다. 의심할 여지없이 1971년 도입된 아침 식사 시간은 노동과 식료품, 가격 정책, 혹은 물품의 질에 대한 정보를 나눌 수 있는 기회를 제공했다. 비밀요원과 경찰은 간이식당과 매점에서 이루어지는 작은 모임이나 대화를 면밀히 살폈고, 이를 통해 작업장 분위기에 대한 정보를 입수했다. 매점은 물품을 더 잘 분배하도록 요구할 수 있는 중요한 집결지 역할을 했다.

여성 섬유노동자들은 공장의 식료품 분배 네트워크를 변형해 효과적인 정치 도구로 삼았다. 1977년 우지 출신의 당 정보요원은 다음과 같이 적고 있다. "바느질 작업반 '아리아드나(Ariadna)'에서는 여성노동자들이 아침 식사 시간을 연장해 공장 매점에서 식료품을 구입한다. 남성 십장이 질책하면 이들은 이렇게 대답한다. '우리와 우리 가족에게 식료품 공급을 더 잘 해주세요. 그러면 우리도 계속 일할 겁니다.'"[45] 또한 여성노동자들은 공장 당위원

44) S. Dzięcielska-Machnikowska, D. Duraj, Rola kobiet…, p.139.

회에 익명의 편지를 보내기도 했다. "일하기 위해서는 욕구가 충족되어야 합니다. 이런 상황에서 어떻게 일을 합니까? 우리는 일하고 굶주려야 합니까?"[46]

작업장을 가족을 위한 노동의 연장으로 인식했기 때문에 여성노동자들은 소비에 대한 관심을 노동에 대한 태도로 옮길 수 있는 특별한 언어와 행동의 코드를 만들어냈다. 그러므로 공장 매점 앞에 늘어선 줄과 군중들은 경제적 무능을 반영할 뿐만 아니라 노동자 중 지역 당-국가 관료에게 압력을 행사할 수 있는, 스스로 조직화된 집단의 출현을 가능하게 했다. 공장에 늘어선 줄은 결핍의 공간적 표현 이상의 그 무엇을 나타낸 것이다.

공장 매점과 간이식당은 경영진에게 양날의 칼이었다. 한편으로 공장에 부가적인 식료품 공급을 통해 지역의 권력은 노동자, 특히 여성노동자들의 분위기에 영향을 줄 수 있었다. 1976년 우지 섬유공장들에서는 전국적인 배급 계획이 발표되기도 전에 비공식적으로 설탕 배급제도가 도입되었다.[47] 그 결과 '노동자용' 배급 카드가 전국 식료품 계획과는 별개로 배포되었다.[48] 다른 한편, 공장 매점의 식료품 공급 상황이 나빠질 경우 노동자들의 생산성과 노동에 대한 그들의 태도에 즉각적인 충격을 주었다. 공장은 이미 소비 영역과 맞물려 있었기 때문에 여성 섬유노동자들은 식료품 부족, 줄서

45) Archive of the Instytut Pamięci Narodowej. Łódź Division. (AIPN Ld), IPN Ld Pf 10/980, t. 1, Informacja dotycząca nastrojów wśród załóg zakładów pracy na tle aktualnej sytuacji rynkowej, (8.08.1977), p.78.

46) APŁ, 1418, Komitet Łódzki PZPR. Wydział Organizacyjny, Informacja nr 76/76 nt. sytuacji społeczno-gospodarczej oraz nastrojów w województwie, (lipiec 1976), p.182.

47) APŁ, 1418, Komitet Łódzki PZPR. Wydział Organizacyjny, Informacja nr 76/76 nt. sytuacji społeczno-gospodarczej oraz nastrojów w województwie, (lipiec 1976), p.182.

48) APŁ, 1418, Komitet Łódzki PZPR. Wydział Organizacyjny, Informacja nr 78/76 dot. działań polityczno-organizacyjnych instancji oraz społecznego odbioru decyzji rządowych w sprawie zasad sprzedaży cukru, not dated, p.188.

기, 시장의 투기에 대해 각자의 생각을 표현했다. 이러한 방식으로 사회주의 기업은 '아래로부터의' 소비자 담론이 형성되었고, 당 관료들에게 보고되는 주요한 장소가 되었다.

결론적으로 간이식당과 매점의 네트워크는 사회주의 기업과 소비자로서의 노동자 일상생활 사이의 상호의존의 모델을 형성했다. 이러한 모델은 최소한 소비와 가정적 의무의 영역에서 젠더관계를 크게 변화시킬 수 있는 집단적인 사회복지에 기초해 있지 않았다. 여타 사회주의 국가와는 달리 전후 폴란드에서는 공동 식당과 작업장에서의 식사가 일상생활의 일부가 아니었다. 그러나 노동자들은 사회주의 기업을 식료품 분배 체계로 정의하고자 했다. 다시 말하면 노동자들은 기업 경영진을 설득해 노동자들의 생활 조건에 대한 책임을 나누어 지게 하는 데 성공했다. 확실히 이러한 태도는 전후 시기 전체에 걸쳐 노동자들의 생산성을 높이기 위해 공업 경영자 측이 도구적으로 이용한 것이었다. 그럼에도 불구하고 1970년대 말에는 생산의 영역과 소비의 영역을 연결하는 담론은 '위로부터' 강요된 것이 아니라 '아래로부터' 형성된 것이었다. 결국 사회주의 복지국가의 담론은 민초의 사회운동 영역이 되었고, 당-국가 권력 체제에 대항한 전복적인 기치와 몸짓을 낳았다. 즉 사회적 소비는 자발적인 노동자들의 활동으로 창조되었고, '위에서 아래로' 강요되는 소비 정책은 여기서 부차적인 역할을 했을 뿐이다.

7. 우지의 '연대'와 결핍 경제에서의 분배 갈등

1980년에서 1981년의 심각한 경제 위기 와중에 기업들은 거대한 식료품 분배 네트워크로 변형되는 경향이 있었다.[49] 그러므로 처음부터 '연대'는 노동자-소비자가 행사하는 이러한 분배 특권과 압력에 맞서야 했다. 독자적인 노동조합들의 상황은 매우 성가신 것이었다. 부분적으로는 이전 노동조합이 수행한 분배 기능이 계속되기를 바랐기 때문이다. 또 부분적으로는 결핍 경제의 논리가 분배 갈등을 고조시키는 역할을 했는데, 이는 국민공동체의 정신과 연대를 위기에 처하게 했다. 게다가 전국에 걸쳐 도입된 배급 체계는 이러한 원심력적인 경향에 충분한 보상이 되지 못했다. 거대한 규모로 결집된 '연대'도 분배에서 나타나는 지역주의를 중화시키지 못했다. '연대'의 지역 활동가들은 한편으로는 소비의 평등주의 정책과 다른 한편으로는 분배의 지역주의 사이의 갈등을 조절해야 했다. 공장의 경영자 측이 결정한 특권과 분배 정의를 추구하는 새로운 담론 사이에서 균형을 잡는 일은 사실상 실현 불가능한 임무였다.

여성 섬유노동자에게 '연대'의 기업위원회는 생산과 소비 문제에 대한 요구를 경청하는 역할을 하는 존재였다. 그러나 지역 활동가들의 반응은 조심스럽고 또 회의적이기까지 했다. 파업 여성노동자들은 부족한 물품을 조달할 능력이 없고, 배고픔에 항의하는 행진의 목표를 다른 쪽으로 돌리려 한다고 '연대' 지도자들을 비난했다. 이러한 과격한 의견 충돌이 분명히 보여주는 바는 여성을 배제한 '연대'나 그 외 노동조합 상층 지도부가 일반 여성들이 식량 위기 동안 무엇을 경험했는지 전혀 모른다는 사실이었다. 여성 섬유노동자들의 결연함은 남성 활동가들로 하여금 여성노동자들의 급진적 언어로 표현된 항의와 만성적 궁핍의 일상에 직면하도록 했다. 그리하여 '연대'의 지역 단위에서는 지도부와 경영진의 주장에도 불구하고 구하기 힘든 물품을 노동자들에게 계속 나누어주었다.[50]

---

49) APŁ, 156, Komitet Dzielnicowy PZPR Łódź-Bałuty, Informacja z życia wewnątrzpartyjnego, spraw produkcyjnych i nastrojów wśród załogi ZTK "Teofilów", (10.06.1980), p.88.
50) APŁ, 241, Komitet Dzielnicowy PZPR Łódź-Śródmieście, Informacja tygodniowa o sytuacji politycznej w w dzielnicy Łódź-Śródmieście, (2.10.1981), p.134.

8. 일상적 소비의 문제를 정치화(생산과 소비 영역의 혼합)한 여성노동자

1971년에서 1981년 동안 그리고 실제로는 공산주의 폴란드가 종말을 고할 때까지 사회주의 기업은 생산과 소비의 영역 사이에서 긴밀한 혼합을 진행시키고 있었다는 점은 의심의 여지가 없다. 경제 위기와 '연대'의 탄생으로 절정에 달한 노동자들의 요구 때문에 공장은 생산 과정뿐만 아니라 노동자들의 복지에 대한 책임까지 떠맡게 되었다. 이는 한편으로는 기업이야말로 사회 통합을 위한 자연스러운 공간이었기 때문이기도 했다. 게다가 기업은 분배 체제로 쉽게 변형될 수 있는 시설들을 갖추고 있었다. 심각한 경제위기가 발생한 1980년에서 1983년 동안 공장의 간이식당 수는 4,522개에서 6,394개로 늘어났다. 그러나 간이식당은 다른 사회주의 국가의 경우와는 달리 개별 노동자-소비자를 위한 작은 상점 역할까지 해야 했다. 기업이 물품 분배의 중심지로 변형되는 것에 대해 당시 폴란드 노동자 4분의 3이 환영의 뜻을 나타냈다. 오직 소수만이 노동의 대가가 현금으로 지불되는 것을 더 좋아했다.[51]

나아가 사회주의 기업은 노동자들의 조직화를 위한 무대 역할을 했다. 이러한 조직을 통해 노동자들의 박탈감과 사회적 부정의에 대한 반감이 평등주의 담론으로 옮겨졌다. '연대'의 사회운동은 인민과 경제 단위 사이의 경쟁 논리에 반대했다. 그러나 공장은 식료품 공급자의 역할을 수용함으로써 분배를 두고 벌어진 수많은 갈등의 무대가 되었다. 특히 당-국가의 사회조직이 수행했던 역할을 넘겨받은 '연대'의 입장에서는 이러한 분배 갈등의 증폭은 큰 도전이었다. 정확히 이러한 이유에서 '연대'의 지도부 활동가들은

---

51) Andrzej Wiśniewski, Sprzedaż towarów konsumpcyjnych w zakładach pracy, "Handel Wewnętrzny", nr 4-5 (1986), pp.51-54.

노동조합원들이 중심이 된 어떠한 형태의 식료품 공급 행위에도 반대했다.

사실상 평등주의의 수사를 활용해 '연대'는 임금도 적고 '가벼운' 공업으로 치부된 작업에 종사하면서 낮은 임금을 감수했던 여성 섬유노동자들 사이에서 지지를 얻기 위해 노력했다. 1980년 8월 '연대'는 다음과 같이 선언했다. "경공업 분야의 상황은 특히 불공평하며 즉시 변화될 필요가 있다."[52] 사실상 노동조합 지도자들의 이러한 진단은 목소리만 높았던 소비 정책이 얼마나 제한된 결과만을 초래했는지 잘 보여주고 있다. '가벼운' 공업은 차별당했고, 여성 섬유노동자들의 생활 조건은 생산과 소비의 양 영역에서 발생한 박탈을 웅변하는 예이기도 했다. 실제 우지의 사회주의 '복지국가' 정책의 개입은 공장 간이식당과 매점, 값싼 과일과 야채를 얻기 위한 계절 단위로 조직된 여행으로 실현되었을 뿐이다. 이러한 일종의 가부장주의는 근대의 사회적 소비와는 관련이 없었다. 이것은 가정 내에서 여성의 전통적 지위에 개입하지 않음으로써 여성의 의무를 보전하는 역할을 했기 때문이다.

우지에서 벌어진 배고픔에 항의하는 행진은 어머니와 가족 부양자로서의 전통적인 여성의 이미지를 강화시켰다. 노동자의 급진적 분위기를 중화시키고 당-국가 체제를 와해하기 위해 '연대'의 지역 지도자들은 여성 섬유노동자들을 부추겨 다음과 같은 선언을 하게 했다. "배가 고프다면 아이들과 함께 배고픔에 항의하는 행진에 동참하세요."[53] 여기서 주장하고 싶은 것은 남성 노동조합원들의 말이 여성의 정체성을 전통적이고 생식적인 역할로 축소하려 했다는 점이다.[54] 그러나 동시에 우지 여성 섬유노동자들은 스스로를

52) Włókniarze nareszcie, "Solidarność Ziemi Łódzkiej", nr 8, (20 nov, 1980), p.3.
53) APŁ, 1440, Komitet Łódzki PZPR. Wydział Organizacyjny, Informacja nr 245/81 dot. sytuacji łódzkich zakładach pracy.
54) Postawy: dlaczego w "Solidarności"? Rozmowa z przewodniczącym Komitetu zakładowego NSZZ "Solidarność" przy ZPO im. A. Próchnika, Solidarność z Gdańskiem. "Pismo współpracujące z niezależnym ruchem związkowym", nr 15, (5.01.1981), p.2.

가정과 직업의 영역 모두에서 규정하려고 했다. 이는 여성노동자들이 전통적 역할을 거부했음을 의미하는 것은 아니다. 오히려 이들은 자신의 정체성을 삶의 모든 차원(작업장과 관련된 문제를 포함하여)과 연결하고자 했다. 예를 들어 이들은 자신을 장보기와 가족 부양의 부담을 함께 지고 있던 여성-어머니와 비교했을 뿐만 아니라, 광부나 철강 노동자와 같은 남성노동자 집단과도 비교했다.[55] 이렇게 볼 때 젠더의 범주는 일상적 소비의 문제를 정치화하는 데 크게 기여했을 것이다. 게다가 이러한 젠더화된 담론은 여성들이 생산 영역에서 경험한 박탈감을 표현할 수 있게 했다. 이러한 방식으로 생산과 소비 영역 사이의 상호연관의 고리가 만들어졌던 것이다.

---

55) AAN, 38/4, Urząd Rady Ministrów, Oświadczenie załogi Łódzkich zakładów Przemysłu Bawełnianego im. Obrońców Pokoju "Uniontex" w Łodzi w sprawie reglamentacji mięsa, (24.07.1981), p.148.

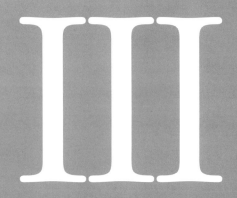

III

동원하는 권력과 협상하는 주체들:
우파독재

이탈리아 파시즘과 파시스트 신여성

김용우

김용우

한양대학교 비교역사문화연구소 연구교수를 거쳐 현재 이화여대 지구사연구소 연구교수로 재직 중이다. 저서로는《호모 파시스투스》와 공저《대중독재1》,《대중독재2》,《역사 속의 소수자들》등이 있다.

1. 파시즘과 여성 : 페미니스트 역사 서술의 성과와 한계

파시즘이 남성의 독재 체제라는 시각은 오랫동안 페미니스트 역사 서술을 지배했다. 사실상 여성의 긍정적 정체성을 확립하려 했던 대부분의 페미니스트 역사가들에게 수많은 여성과 남성의 자유를 압살하고 생명을 빼앗은 파시즘은 그다지 매력적인 주제는 아니었다. 따라서 파시즘 자체, 나아가 파시즘 시대를 살았던 여성들의 삶이 페미니스트 역사가들의 관심을 끌지 못했던 것은 그리 놀라운 일이 아니다. 간혹 파시즘이 논의되는 경우가 있다 하더라도 그것은 남성의 독재 체제로 쉽게 등치되고, 여성은 소수의 경우를 제외하면 가혹한 남성의 지배 체제 아래에서 고통스러운 삶을 꾸려갔던 수동적인 희생자로 그려졌다.

파시즘이 남성의 독재 체제라는 점을 입증하는 일은 어려운 작업이 아니다. 이탈리아나 독일의 경우 모두 권력을 독점한 것은 남성이었고, 그 권력을 활용해 여성의 역할과 지위를 규정했으며, 가능한 한 여성을 사적 영역에 긴박하려 했던 것은 이미 잘 알려진 사실이기 때문이다. 그러나 파시즘이라는 가장 극단적 유형의 가부장제의 대대적인 탄압 아래에서 온갖 권리와 힘을 박탈당한 수동적 희생자로서 여성을 규정짓는 입장은 다른 한편으로 행위자로서의 여성을 부정하는 것과 다르지 않았다. 적극적 행위 주체(agent)로서 역사의 격랑을 헤치며 자신의 삶을 개척하는 여성의 상을 모색했던 페미니스트들에게 파시즘과 여성이라는 주제는 오히려 그 반대의 경우를 입증하는 사례였던 셈이다.

따라서 여성과 파시즘이라는 주제가 역사가들 사이에서 새롭게 부각되었을 때, 페미니스트 역사가들의 관심이 주로 반파시스트 저항운동에 가담했던 여성 전사들에 집중된 것은 어떤 의미에서는 자연스러운 현상이었다. 파시즘에 맞서 헌신적인 투쟁을 전개했던 여성 전사들은 많은 페미니스트 역사가들에게 적극적인 행위자로서의 여성의 본보기가 될 수 있었기 때문이다. 그러므로 많은 연구가 이들 여성 전사들의 영웅적 저항운동에 바쳐지고, 그들을 '성녀'의 반열에 올려놓은 것은 남성의 독재 체제에 굴복한 무력한 희생자에서 오히려 폭압적 체제에 헌신적으로 저항하는 역동적인 행위 주체로서 여성을 복원하기 위한 페미니스트 역사가들의 노력이 거둔 결실이었다.[1]

그러나 문제는 여전히 남아 있다. 반파시스트 저항운동에 가담했던 여성들이 여성 해방의 전사로, 반파시즘 문화의 수호자로, 그리고 전후 사회 재건을 위해 새로운 사회적 가치를 창조하고 북돋우며 보존할 모범으로 간주될수록 오히려 페미니스트 역사가들이 직면한 딜레마는 더욱 부각되었다. 적극적 행위자로서의 여성은 오로지 반파시스트 저항운동에서만 존재하는가? 파시즘 시대를 살았던 여성들 역시 때로 파시즘이 제공하는 다양한 기회와 환경을 나름대로의 방식으로 전유하지는 않았던가? 여성은 간혹 적극적 행위자로서 파시스트 이데올로기를 수용하고, 파시스트 운동에 가담할 뿐만 아니라 파시즘이 권력을 장악했을 때 그것을 지지하고 후원한 것은 아닌가? 가부장제의 감옥에 갇힌 무력하고 수동적인 여성이 아니라 주어진 환경 속에서 자신의 삶을 주도적으로 이끌었던 적극적 행위자로서의 여성이라는 인식이 저항운동에서는 귀중한 장점이지만, 파시즘을 지지한 여성들과

---

1) Perry Willson, "Saints and Heroines: Rewriting the History of Italian Women in the Resistance", *Opposing Fascism - Community, Authority and Resistance in Europe*, Tim Kirk, Anthony McElligott, eds., (Cambridge: Cambridge University Press, 1999), pp.183-187.

결부되었을 때는 치명적 약점이 되는 이유는 무엇인가?

미국의 페미니스트 역사가 클라우디아 콘츠(Claudia Koonz)의 《아버지 나라의 어머니들》의 출간과 뒤이어 벌어진 이른바 '여성사가 논쟁 (Historikerinnenstreit)'은 이러한 딜레마를 첨예하게 부각시킨 동시에 그 딜레마에서 벗어날 수 있는 실마리를 제공했다.[2] 콘츠는 간호사, 교사, 사회 사업가 등의 여성 하급 관료들이 나치의 단종(斷種) 정책에 적극 협력했을 뿐만 아니라, 일반 여성의 경우에도 남성들이 증오와 학살의 현실에서 잠시 벗어나 평온을 되찾을 수 있는 사적 공간, 즉 가정을 유지함으로써 나치즘에 공모했음을 보여준다. "아내들은 일상적 살육에 직면한 개별 남성들에게 안 전한 장소를 제공했다. 그곳에서 그들은 자신들이 저지른 행위가 아니라 그 들이라는 이유로 존중받았고"[3] 그리하여 나치 시대 독일 "어머니와 아내들 은…… 증오의 환경에서 사랑의 환상을 보존함으로써 나치 권력에 중요한 기여를 했다."[4]

콘츠의 저서와 그를 둘러싼 논쟁, 그리고 뒤이은 연구들은 나치 시대의 여 성들이 더 이상 무력한 희생자 또는 수동적 공모자가 아니라 나치의 학살에 다양한 방식으로 참여하고 체제 유지에 기여한 적극적 행위자였다는 사실을 드러냈다. 이제 페미니스트 역사가들은 여성을 하나의 동질적인 범주로 다 루기보다는 구체적인 집단 혹은 개인에 초점을 맞출 필요가 있다는 사실과 나치의 범죄를 가능케 했던 사회적 기반이 생각보다 넓다는 사실을 인정하

---

2) Claudia Koonz, *Mothers in the Fatherland-Women, the Family, and Nazi Politics* (New York: St Martin's Press, 1987). '여성사가 논쟁'이라는 표현은 Gisela Bock이 '역사가 논쟁(Historikerstreit)'을 빗대어 사용한 것이다. Gisela Bock, "Ein Historikerinnenstreit?", *Geschichte und Gesellschaft*, 18 (1992), pp.400-404. 이 논쟁의 성격과 함의에 대해서는 무엇보다 Anita Grossmann, "Feminist Debates about Women and National Socialism", *Gender & History*, 3, (1991), pp.350-358을 볼 것.

3) Koonz, *Mothers in the Fatherland*, p.419.

4) *Ibid.*, p.17.

게 된 것이다.

최근의 한 저서는 나치 시대 여성사·젠더사 연구가 어떤 방향으로 전개되고 있는지를 잘 보여주고 있다.[5] 뒤셀도르프 지역 여성들의 밀고를 다룬 이 연구는 비밀경찰인 게슈타포(Gestapo)가 대중의 지지를 받아 권력을 효과적으로 행사함으로써 사회 통제에 성공했다는 기존의 성과를 훨씬 뛰어넘어서 있다.[6] 현재 혹은 전 남편의 폭력성에 맞서 그들을 좌파, 공산주의자, 인종적으로 의심스러운 자로 비밀경찰에 밀고했던 현재 혹은 전 아내들, 심지어 다른 남성과의 사랑을 이루기 위해 남편을 은밀하게 고발하는 아내들은 사실상 밀고라는 수단을 이용해 비밀경찰로 매개되는 나치 국가 권력을 오히려 여성 자신들의 목적을 위해 다양한 방식으로 전유했던 것이다. 사실상 이러한 방식으로 "공적·사적 영역의 이분법은 위로부터 뿐만 아니라 아래로부터 해체된다. 공적·정치적 영역은 사적·가정적·개인적 영역으로부터 분리된 채 유지되지 않는다. 따라서 정치라는 '큰 세계'는 가정이라는 '작은 세계' 위에 군림하지 않는다. 이 둘은 구분할 수 없을 정도로 뒤얽혀 있다."[7] 쿤츠의 주장과는 달리 나치즘 아래에서는 가정도 더 이상 분리된 영역으로 존재하지 않았던 것이다.

그러나 이탈리아 파시즘으로 눈을 돌려보면 여성사·젠더사 연구는 여전히 낮은 수준에 머물러 있는 것이 사실이다. "이탈리아인들은 파시즘의 과거

5) Vandana Joshi, *Gender and Power in the Third Reich-Female Denouncers and the Gestapo, 1933-1945* (London: Palgrave, 2003). 최근의 연구 동향에 대해서는 2006년 한양대학교 비교역사문화연구소가 "Mass Dictatorship and Gender Politics"을 주제로 개최한 국제학술대회에서 발표된 Koonz의 글, "Mobilization in Mass Politics: Agency, Gender, and Race in National Socialist Germany"를 참조하라.

6) 이러한 기존 연구의 대표적인 예는 Robert Gellately, *The Gestapo and German Society-Enforcing Racial Policy, 1933-1945* (Oxford: Oxford University Press, 1990).

7) Vandana Joshi, "The 'Private' became 'Public': Wives as Denouncers in the Third Reich", *Journal of Contemporary History, 37*, (2002), p.435.

를 극복하는 방법을 진정으로 알고 있기나 한 것인가"라는 한 이탈리아 역사가의 탄식에서 알 수 있듯이 이탈리아인들이 무솔리니 시대를 기억하고 대면하는 방식,[8] 그리고 여성의 여전히 열악한 사회적 지위[9] 등과 같은 다양한 변수들의 작용으로 이탈리아 파시즘과 여성의 복합적 관계는 역사가들의 세밀한 연구를 기다리고 있는 실정이기 때문이다. 그러나 그렇다고 해서 이러한 주제에 대한 선구적 목소리가 없었던 것은 아니다. 이탈리아 출신의 좌파 이론가이자 저명한 페미니스트인 마리아 안토니에타 마치오키(Maria Antonieta Macciocchi)는 1975년에 발표한 선구적인 글에서 파시즘과 여성의 섹슈얼리티의 관계가 오랫동안 침묵의 대상이 된 점을 질타했다.[10]

마치오키의 주장에 의하면 파시즘은 수세기 동안 여성의 성적 복종을 이끌어냈던 기독교적·가부장적 이데올로기를 새로운 방식으로 활용함으로써 여성의 적극적인 지지와 동의를 이끌어낼 수 있었다. 여성이 "대중독재와 대중 전체주의 체제를 지지하게 되는 것은" 그것이 만들어내는 일종의 새로운 종교적 열정을 통해 촉발되는 여성의 복종성 때문이다. 사정이 이러함에도 파시즘이라는 역사 현장에서 여성이 모습을 감춘 이유는 무엇인가? 그것은 "지고의 존재로서의 여성, 절대적 선으로서의 여성"을 상정하는 "새로운

---

8) Claudio Pavone, "Introduction", *Journal of Modern Italian Studies*, 9, (2004), p.271. 또한 Ruth Ben-Ghiat, "A Lesser Evil? Italian Fascism in/and the Totalitarian Equation", *The Lesser Evil. Moral Approaches to Genocide Practices*, Helmut Dubiel, Cabriel Motzkin, eds., (London: Routledge, 2004), pp.137-153; Robert Ventresca, "Debating the Meaning of Fascism in Contemporary Italy", *Modern Italy*, 11, (2006), pp.189-209를 참조하라.

9) Giovanna Fiume, "Women's History and Gender History: The Italian Experience", *Modern Italy*, 10, (2005), p.231.

10) Maria Antonietta Macciocchi, "Female Seuality in Fascist Ideology", *Feminist Review*, 1 (1979), pp.67-82. 이 글은 1975년 밀라노에서 열린 학술대회에서 처음 발표되었으며, 그 이듬해 프랑스의 학술지 *Tel Quel*에 "Sexualité feminine dans l'idéologie fasciste"라는 제목으로 실렸다. 영역본은 프랑스어본을 번역한 것이다. 또한 같은 저자의 *La donna "nera"-"Consenso" femminile e fascismo*, (Milano: Feltrinelli, 1976)를 참조하라.

여성의 형이상학" 혹은 "여성의 신학" 때문이며, 이는 "프롤레타리아를 숭고한 혁명적 실재"로 격상시켜 "마치 천사처럼 무성(無性)의 존재"로 만드는 "조야하고 유치한 극좌파"의 논리와 불가분의 관계에 있기 때문이라는 것이다.[11]

　행위자로서 여성을 복원하는 일, 파시즘이라는 역사의 무대에 여성을 주인공 중 하나로 자리매김하는 일이야말로 반파시즘 문화 확산에 필수적이라는 마치오키의 선구적 목소리는 최근에 이르러 비로소 그 반향이 조금씩 감지될 뿐이다. 미국의 역사가 빅토리아 데 그라치아(Victoria de Grazia)의 역작 《파시즘은 어떻게 여성을 지배했는가》는 이러한 노력의 대표적 예로 간주될 만하다.[12] 그리고 이 저서 전후로 축적된 연구 성과들은 파시즘과 여성, 여성 파시스트, 파시스트 페미니즘과 같은 표현을 더 이상 낯설지 않게 만든 것도 사실이다.[13] 그러나 이러한 연구들은 그 성과만큼이나 많은 공백 또한 남기고 있다는 점 역시 부인하기 어렵다.

　이 글은 대중독재론의 연구 가설과 파시즘 일반 이론에 대한 최근의 연구 성과를 토대로 이탈리아 파시즘에 적극적으로 관여한 파시스트 여성들의 모습을 드러내는 데 그 목적이 있다. 사실상 파시즘은 퇴락하는 민족공동체를 혁명적으로 변화시킴으로써 새로운 민족공동체를 창설하고 이를 바탕으로

---

11) Macciocchi, "Female Sexuality in Fascist Ideology", p.68. Macciocchi와 같은 좌파 이론가가 이미 1970년대에 "대중독재", "대중 전체주의" 같은 개념을 사용하고 있다는 점에 주목할 필요가 있다.

12) Victoria de Grazia, *How Fascism Ruled Women-Italy, 1922-1945*, (Berkely: University of California Press, 1992).

13) Elisabetta Mondello, *La nouva italiana: La donna nella stampa e nella cultura del ventennio*, (Roma: Riuniti, 1987); Mariana Addis Saba, ed., *La corporazione delle donne-Ricerche e studi sui modelli femminili nel ventennio fascista*, (Firenze: Vallechi, 1988); Perry Willson, *Peasant Women and Politics in Fascist Italy-the Massaie Rurali*, (London: Routledge, 2002); Helga Dittrich-Johansen, *Le 'militi dell'idea'-Storia delle organizzazioni femminili del Partito Nazionale Fascista*, (Firenze: Olschki, 2002).

제국주의적 문명을 건설하려는 전체주의적 실험이었다.[14] 그리고 이러한 실험은 강압과 통제와 폭력의 방식으로만 표출되는 것이 아니다. 조국, 민족, 국가, 지도자와 같은 세속적 실제를 신성화하고 인간 존재의 의미를 부여하는 최고의 실재로 격상시키는 정치종교는 파시즘의 전체주의적 실험에서 핵심 역할을 했다.[15] 정치종교로 발현되는 파시즘의 전체주의적 실험이 펼치는 거대한 정치문화적·심리적·영성적 매트릭스 속에서 개인주의, 물질주의, 이기주의, 자유와 평등의 환상에 빠진 부르주아적 인간을 역동적·영웅적이며 폭력적이자 헌신적이며 단호한 인간, 한 마디로 파시스트적 인간형(Homo fascistus)으로 개조하는 소위 인간혁명(anthropological revolution)의 과업이 완수될 수 있다고 파시스트들은 믿었던 것이다.[16] 그리고 파시즘의 인간 개조 실험이 남성만을 목표로 하지 않았다는 사실은 두말 할 필요도 없다. 파시즘은 새로운 남성뿐 아니라 새로운 여성을 주조하려 했다.

독재 체제 아래에서도 대중이 행위 주체였다는 시각은 대중독재론의 핵심 전제 중 하나이다.[17] 대중독재론의 관점에서 보면 새로운 인간형을 창출하려는 파시즘의 전체주의적 실험 속에서도 이탈리아 여성들은 적극적인 행위 주체로서 담론의 수준이나 현실 수준에서 새로운 여성형을 다양한 방식으로 구상하고 또 구현할 수 있었다는 시각을 확보할 수 있게 된다. 그러므로 일

---

14) Emilio Gentile, "Fascism, Totalitarianism and Political Religion: Definitions and Critical Reflections on Criticism of an Interpretation", *Totalitarian Movements and Political Religions*, 5, (2004), pp.326-375.

15) 에밀리오 젠틸레, 〈정치의 신성화〉, 임지현·김용우 편, 《대중독재2: 정치종교와 헤게모니》, 책세상, 2005, 41~54쪽. 또한 Emilio Gentile, *Politics as Religion*, (Princeton: Princeton University Press, 2006).

16) Emilio Gentile, "L'homme nouveau du fascisme: Réflexions sur une expérience de révolution anthropologique", *L'homme nouveau dans l'Europe fasciste (1922-1945)- Entre dictature et totalitarisme*, Marie-Anne Matard-Bonucci, Pierre Milza, eds., (Paris: Fayard, 2004), pp.35-63.

17) 임지현, 〈대중독재 테제〉, 임지현·김용우 편, 같은 책, 597~615쪽.

부의 주장처럼,[18] 파시즘의 전체주의적 기획과 실험이 소수의 파시스트들로
부터 대중을 향해 아래에서 위로 강요되었다는 다소 일방적인 해석의 오류
에서 벗어날 수 있다. '라틴 페미니스트'로 자처하며 파시즘과 페미니즘을
'독창적인' 방식으로 결합하려 했던 테레자 라브리올라(Teresa Labriola)의 경
우와 몰락하는 파시즘과 무솔리니를 위해 목숨을 걸고 전쟁터로 나선 여성
지원부대(SAF)의 젊은 파시스트 여성 전사들이 흥미를 끄는 이유가 바로 여
기에 있다.

2. 파시스트 페미니즘 : 새로운 파시스트 여성성을 찾아서

"모범적인 아내와 어머니(sposa e madre esemplare)." 이탈리아 파시즘의
젠더 정책의 기조를 한 마디로 요약할 때 흔히 사용되는 표현이다. 여성을
온갖 공적인 영역에서 축출하고 오로지 남편을 받들고 조국과 민족의 영광
을 이끌 자식을 많이 낳아 잘 기르는 존재로 만들기 위한 노력은 파시스트의
주된 담론이었을 뿐만 아니라 제도적으로도 뒷받침된 것이 사실이다. 어느
누구보다도 무솔리니 자신이 이러한 여성 혐오 담론과 정책을 주도했다.
1932년 독일 작가와의 인터뷰에서 무솔리니는 그 자체의 본질적 결함으로
여성은 공적 영역에 부적합한 존재임을 단언했다.

여성은 수동적인 역할을 해야 마땅합니다. 여성은 분석적이지만 종합할 줄
몰라요. 수세기의 문명 전 기간을 통틀어 여성 건축가가 존재한 적이 있습
니까? 신전은 고사하고 움막 하나를 만들어달라고 여성에게 부탁해보세

---

18) 예컨대 Kevin Passmore, "Theories of Fascism: A View from the Perspective of Women's and
    Gender History", "Mass Dictatorship and Gender Politics"를 주제로 비교역사문화연구소가 개최
    한 국제학술대회 발표문 (서울: 한양대학교 비교역사문화연구소, 2006).

요. 불가능합니다. 여성은 모든 예술의 종합인 건축에 대한 감각이 없습니다. 그리고 이것이 여성의 운명을 상징합니다. 국가에서 여성의 역할에 대한 내 견해는 페미니즘과 격렬하게 대립됩니다. 물론 나는 여성이 노예가 되기를 원치 않습니다만, 만약 이곳 이탈리아에서 내가 여성에게 투표권을 준다고 하면 사람들은 나를 비웃을 것입니다.[19]

또 다른 곳에서 무솔리니는 여성의 가장 중요한 역할이 자식을 낳아 기르는 일임을 분명히 했다. 그는 1934년 《이탈리아 인민》에 기고한 글에서 여성이 직장을 가질 경우 생식과 출산을 저해하는 육체적·도덕적 습성을 낳을 것임을 경고했다. "여성의 노동은…… 실업뿐 아니라 인구 문제와 관련되어 있다. 노동은…… 생식에 대한 관심을 저하시키고 독립심과 출산을 기피하는 육체적·도덕적 습성을 조장한다." 게다가 여성의 취업으로 직장을 잃은 남성은 (성행위를 포함하여) "모든 의미에서 실업 상태"에 처해 방황하다가 가정을 부정하게 될 것이다. 그러나 여성을 직장에서 몰아내고 일을 얻게 되면 남성은 자신감을 회복하고 가정은 활력을 띠게 된다는 것이다. 그러므로 "같은 일이 여성에게는 생식 능력을 감소시킨다면 남성에게는 강력한 육체적·도덕적 남성성을 만들어낸다"는 것이다.[20]

파시스트 사회학자 페르디난도 로프레도(Ferdinando Loffredo)의 젠더 이론은 무솔리니의 여성관에서 드러나는 파시즘의 여성혐오주의를 극단적인 형태로 이론화한 대표적인 예 중 하나이다. 교육부장관이었던 주세페 보타이(Giuseppe Bottai)가 서문을 써준 유명한 《가족 정책》에서 로프레도는 여성

---

19) Emil Ludwig, *Talks with Mussolini*, (Boston: Little, Brown, and Company, 1933), p.170.
20) Benito Mussolini, "Macchina e donna", *Il Popolo d'Italia*, 31, (August, 1934); Sandro Bellassai, "The Masculine Mystique: Antimodernism and Virility in Fascist Italy", *Journal of Modern Italian Studies*, 10, (2005), p.329에서 재인용.

의 생물학적 특성을 다음과 같이 규정하면서 여성이 남성과 같은 교육을 받고 있다는 사실을 개탄했다.[21] "1년의 4분의 3을 아이를 몸 안에 품고 길러야 하며 1년 이상을 자신의 유기체가 만들어낸 분비물로 아이를 먹이도록 창조된 여성, 또한 적어도 사춘기가 될 때까지 아이를 기르고 교육할 자질을 부여받은 여성이 우리 문명에서는 마치 여성의 기능이 남성과 동등한 것인 양 같은 교육을 받고 있는 실정이다."[22] 그가 타자기의 발명이야말로 가족의 해체를 가져온 가장 유해한 사건 중 하나라고 주장하거나, 여성을 집 밖으로 나가게 만들고 육체의 매력을 과대평가하게 할 뿐만 아니라 심지어 여성의 생식기를 위태롭게 하고 어린이 양육에 쏟아야 할 육체적 힘을 낭비한다는 이유에서 여성의 스포츠를 반대한 것은 같은 극단적 성적 편견에서였다. 그러므로 그가 보기에 이 모든 문제의 유일한 해결책은 여성의 열등함을 확인하고 여성을 남성에게 철저하게 종속시키는 길뿐이다. "여성은 아버지이건 남편이건 남성에 철저히 종속된 상태로 되돌아가야 한다. 종속은 따라서 열등함을 의미한다. 정신적·문화적·경제적 의미에서."[23]

그러나 시야를 시간적·공간적으로 확대해보면 파시즘에서 모범적 아내와 어머니 담론만이 존재한 것은 아니라는 사실을 알 수 있다. 사실상 여성과 성적 차이에 대한 파시즘의 담론은 시기에 따라 달랐다. 예를 들어 초창기 파시즘은 여성 참정권을 옹호했으며, 적어도 1927년 무솔리니의 예수 승천일 연설(5월 26일) 전까지 여성 혐오의 입장을 공식화하지 않았다.[24] "여러

---

21) Ferdinando Loffredo, *Politica della famiglia*, (Milano: Bompiani, 1938). Loffredo에 대해서는 Alexander de Grand, "Women under Italian Fascism", *The Historical Journal*, 19, (1976), pp.965-966을 참조하라.
22) Loffredo, *Politica della famiglia*, p.351.
23) *Ibid.*, p.369.
24) Lucia Re, "Fascist Theory of 'Women' and the Construction of Gender", *Mothers of Invention-Women, Italian Fascism, and Gender*, Robin Pickering-Iazzi, ed., (Minneapolis: University of Minnesota Press, 1995), pp.78-79.

분 우리의 수가 줄어들면 제국을 만들 수 없습니다. 식민지가 되고 말 것입니다"라는 선언으로 요약되는 무솔리니의 이날 연설은 파시즘의 반(反)페미니즘 담론과 인구 정책을 공식화했으며, 1935년 에티오피아 침공을 전후하여 가속화되었다. 그러나 그 중에서도 비록 파시스트 체제의 공식 담론과 정책에 대항하는 것은 아니라고 하더라도 여성의 행위와 젠더 역할에 대한 좀 더 해방적이고 문화적으로 개방된 담론들이, 특히 여성 잡지들을 중심으로 존재했던 것이 사실이다.

또한 이러한 담론들이 일부 여성 잡지를 통해 산발적으로 등장했던 것은 아니다. 파시즘과 페미니즘의 접목을 시도했던 이른바 '라틴 페미니즘'은 좀 더 본격적이며 체계적인 방식으로 파시즘 아래에서 여성의 역할을 모색했던 대표적인 예라고 할 수 있다. 교육받은 부르주아 출신으로 이전에는 여성 참정권 옹호론자로 활동한 경력이 있는 여성들, 예를 들어 라브리올라, 모딜리아니(Olga Modigliani), 고스(Ella Goss) 등이 중심이 되었던 '라틴 페미니즘'은 '민족 페미니즘' 혹은 '순수 페미니즘'으로도 불렸다. 이들의 페미니즘은 사회주의 페미니즘의 평등주의와 영미 평등권 운동의 개인주의에 물들지 않았기 때문에 '순수'하며, 조국 이탈리아와 이탈리아인들에게 헌신한다는 점에서는 '민족적'이자 이탈리아 여성에게 고유한 특성, 즉 가족에 대한 헌신, 전통을 존중하는 태도 등을 고수한다는 점에서 '라틴적'이라는 스스로의 규정 때문이다.[25]

저명한 혁명적 생디칼리스트인 안토니오 라브리올라(Antonio Labriola)의 외동딸이며 이탈리아 최초의 여성 교수이자 변호사, 여성 참정권 옹호론자에서 파시스트로 전향한 테레자 라브리올라의 경우는 라틴 페미니스트 중 가장 흥미로운 예이다.[26] 라브리올라가 제시한 파시스트 여성성은 파시즘의

---

25) De Grazia, *How facism*, p.236.

인간혁명 기획이 제공한 담론적·실천적 공간을 나름대로의 방식으로 수용, 변형, 전유하려는 시도의 산물로 볼 수 있기 때문이다. 조국의 영광을 위해 헌신할 강인하고 전투적인 정서와 도덕으로 무장한 파시스트적 인간형을 만듦으로써 새로운 문명을 개척하려 했던 파시스트의 전체주의적 열망은 남성에게만 국한될 성격의 것은 아니었다.

물론 1927년 이후 파시즘의 공식 담론에서 이상적 파시스트 여성은 많은 자식을 낳아 조국과 민족을 위해 전장으로 보내는 헌신적인 모성으로 나타난다. 그러나 상황에 따라서 그것이 강인한 파시스트 여성 전사의 모습으로 나타날 가능성은 어디에나 존재했다. 라브리올라 역시 이런 맥락에서 재평가될 필요가 있다. 그럼에도 불구하고 라브리올라의 페미니즘은 무엇보다도 그녀가 열렬한 파시스트였다는 이유에서 오랫동안 묵살되었다. 또한 그렇지 않은 경우 그녀의 페미니즘은 파시즘에 봉사하려는 정치적 기회주의의 산물이며, 따라서 페미니즘이라는 표현을 적용하는 것조차 거북스러운 담론 정도로 간주되었다.

그러나 다른 시각에서 보면 라브리올라의 페미니즘은 파시스트 인간혁명 신화의 매트릭스가 열어놓은 두 가지 가능성, 다산과 헌신의 어머니와 전사적 여성 사이의 모순을 극복하고 조화시키려는 시도의 산물로 평가될 수 있다. 이러한 목표를 위해 라브리올라가 채택한 담론 전략은 먼저 남성과 여성 모두가 도달해야 할 이상적 덕성을 설정하는 것이다. "모든 덕성(virtù)은 남성에게 있고 여성에게는 아무런 덕성도 없다고 여겨져 남성의 모든 개별적 태도가…… 완전한 인간다움(umanità)의 지표로 간주될 정도이다…… 아니다, 나의 여성 친구들이여, 아니다. 나는 남성과 인간다움을 동일시하는 오

---

26) Michela de Giorgio, "Teresa Labriola", *Dizionario del fascismo*, 2, Victoria de Grazia, Sergio Luzzatto, eds., (Torino: Einaudi, 2003), pp.3-4.

류에 맞서 투쟁한다."[27] 라브리올라가 볼 때 남성뿐만 아니라 "여성으로서가 아니라 구분될 수 없는 인간 본성의 참여자로서 가지고 있는 무성(無性)의 자질들과 진리들이" 존재한다.[28]

라브리올라에게 그와 같은 자질은 '비릴리타(virilità)'라는 개념으로 응축된다. 사실상 라브리올라의 페미니즘 담론이 흥미로운 것은 먼저 오랫동안 남성다움을 의미했던 '비릴리타'를 남성성(mascolinità)에서 분리하는 데 있다. 그리고 한 걸음 더 나아가 라브리올라는 그것을 인간이라면 누구나 도달할 수 있는 보편적인 도덕적 범주로 격상시킨다. 말하자면 남성성과 '비릴리타'를 날카롭게 구분하고 여성도 도달할 수 있는, 더 나아가 반드시 도달해야 할 필수적인 자질로 만드는 것이다. 그러나 동시에 라브리올라는 여성을 여성답게 만드는 것은 모성이라는 사실을 강조한다. 따라서 그녀는 이상적인 파시스트 여성은 여성으로서의 자질을 간직함과 동시에 '비릴리타'를 보유한 존재, 혹은 그녀의 표현처럼 '돈나 비릴레(donna virile)'이다. 라브리올라가 말하는 '돈나 비릴레'는 '어머니의 마음'인 동시에 '비릴레(virile)한 정신'을 갖춘 존재로 요약할 수 있다.[29]

그렇다면 여성과 남성을 떠나 인간이라면 누구나 가질 수 있는 도덕적 범주인 '비릴리타'는 구체적으로 어떤 자질을 의미하는가? 또한 그와 같은 자질을 보유한 '돈나 비릴레'는 어떻게 정의할 수 있는가? 이 부분에서 라브리

---

27) Teresa Labriola, "Nell'orbita del femminismo: Valori reali e correnti fittizie nell'ora presente", *La donna italiana*, 7, (1930), p.544; Barbara Spackman, *Fascist Virilities-Rhetoric, Ideology, and Social Fantasy in Italy*, (Minneapolis: University of Minnesota Press, 1996), p.44에서 재인용. Spackman의 이 글은 현재까지 라브리올라의 페미니즘을 본격적으로 다룬 최초의 연구로 남아 있다. 이하에서 인용될 라브리올라의 글들은 모두 Spackman의 글에서 재인용된 것임을 밝힌다. 또한 'virile', 'virilità', 'donna virile', 'virilis femina' 등의 표현은 번역할 경우 발생할 수 있는 혼돈을 피하기 위해 원어 그대로 사용했다.

28) Teresa Labriola, "Spunto polemico", *La donna italiana*, 11, (1934), p.258.

29) Teresa Labriola, "L'assistenza quale dovere nazionale", *La donna italiana*, 10, (1933), p.67.

올라의 답변은 명확하지 않다. 예컨대 라브리올라는 '비릴리타'를 특정한 "인종과 민족에 소속되었음을 자각하는 데 필요한 자질" 혹은 "민족정신을 형성하는 데 필수적인" 도덕성과 같은 모호한 방식으로 제시하고 있다.[30] 물론 여성과 '비릴리타'를 연결시키려는 시도는 라브리올라가 처음은 아니다. 이미 르네상스 시대 이탈리아 휴머니스트들의 비르투(virtù, 덕성) 담론에서 학식이 뛰어난 여성이나 대의를 위해 자신을 희생한 여성은 '비릴리스 페미나(virilis femina)'로 규정된 바 있다. 그러나 여기서 '비릴리스 페미나'는 그 덕성으로 여성의 범주를 넘어섰지만 결국에는 남성성에 가까워지는 한 마디로 남성화된 여성성을 의미한다. 이 점에서 대의를 위해 자신을 희생한 여성은 자신의 여성성을 동시에 희생했다는 역설이 성립되는 것이다.[31] 라브리올라의 '돈나 비릴레'와 르네상스 휴머니스트들의 '비릴리스 페미나'의 차이점 또한 바로 여기에 있다. 라브리올라가 볼 때 르네상스 시대의 '비릴리스 페미나'는 현대 영미권의 평등주의 페미니즘이 내세우는 여성성과 마찬가지로 "남성적 행위의 굴욕적 모방"을 대가로 고유한 여성성을 저버린 예에 지나지 않기 때문이다.[32]

어떤 의미에서 르네상스 시대 여장부로 명성을 날렸던 카테리나 스포르차(Caterina Sforza)의 경우가 라브리올라가 말하는 '돈나 비릴레'에 더 가까워 보일 수 있다. 적들이 성을 포위하고 항복을 강요하면서 사로잡힌 아들의 생명을 위협하자 스포르차는 적들에게 자신의 성기를 내보이며 아들을 죽이라고, 아직 자신에게는 다른 아들을 만들 수 있는 주형이 있다고 외쳤다고 한다. 스포르차의 이러한 행위는 여성성을 상실하지 않으면서 동시에 '비릴리

---

30) Teresa Labriola, *I problemi sociali della donna*, (Bologna: Zanichelli, 1918), pp.60-61.

31) Juliana Schiesari, "In Praise of Virtuous Women? For a Genealogy of Gender Moral in Renaissance Italy", *Annali d'italianistica*, 7, (1989), pp.66-87.

32) Labriola, "Nell'orbita del fascism (Elogio della donna nouva)", *La donna italiana*, 4, (1927), p.645.

타'를 과시한 예로 해석할 수 있다. 왜냐하면 스포르차는 과감하게 성기를 내보임으로써 사적인 것을 공적으로 만들고 적의 위협에 굴복하지 않는 '비릴리타'를 실현하면서도 남성과는 다른 그녀의 여성성을 확인시켰기 때문이다. 그럼에도 불구하고 스포르차는 아들의 죽음을 방치(혹은 이용)함으로써 라브리올라가 말하는 '돈나 비릴레'의 범주에서 벗어난다. 라브리올라의 페미니즘에서 여성을 여성으로 만드는 가장 중요한 자질 중 하나가 '어머니의 마음'이기 때문이다. '어머니의 마음'과 '비릴레한 정신'의 결합이야말로 라브리올라가 추구하는 여성성의 핵심이기도 하다.

그러나 전반적으로 볼 때 라브리올라의 파시스트 페미니즘은 많은 모순을 남기고 있다. 무엇보다도 보편적인 도덕적 범주로 격상된 '비릴리타'의 개념은 여전히 모호한 채로 남아 있다. 과연 어원이나 그 의미에서 남성다움과 긴밀히 결합되어 있던 '비릴리타'와 남성성을 완전히 다른 별개의 범주로 구분하려는 그녀의 시도는 성공적이라고 평가받을 수 있을까? '비릴리타'를 보유한 존재로서의 '돈나 비릴레'는 어떻게 이해할 수 있을 것인가? '돈나 비릴레'에 대한 정확한 성격 규정이 라브리올라의 글에서 보이지 않는 이유는 무엇인가? 이 역시 '비릴리타'와 '마스콜리니타'를 구분하는 것이 전반적으로 실패했기 때문은 아닌가?

그럼에도 불구하고 모성과 '비릴레한 정신'을 동시에 지닌 존재, 혹은 여성다움을 유지하면서도 민족의 대의에 헌신할 수 있는 활력적인 여성성을 구축함으로써 공적 영역으로의 여성 진출을 북돋우려는 라브리올라의 시도는 그 자체로 흥미롭다. 사실상 라브리올라가 말하는 '비릴리타'는 그 정확한 개념 규정의 문제를 떠나 파시즘이 주창하는 인간혁명, 민족혁명, 나아가 파시스트 제국 건설 신화에 적극적으로 가담하려는 의지와 자세임에는 의심의 여지가 없어 보인다. 요컨대 라브리올라의 라틴 페미니즘이 흥미로운 점은 남성의 전유물로 간주되었던 파시즘을 탈젠더화, 혹은 다른 방식으로 젠더화함으로써 남성뿐 아니라 여성, 더 나아가 인류 전체가 추구해야 할 이상으로 보편화하고자 했다는 데 있다.

3. 제국, 전쟁, 그리고 파시스트 여성 전사

정복전쟁과 제국의 건설, 그 뒤를 이은 제2차 세계대전은 라브리올라가 열망했던 새로운 파시스트 여성형이 다양한 방식으로 그 구체적인 면모를 드러내는 중요한 배경이 되었다. 물론 파시즘의 제국 건설의 야망과 전쟁은 이탈리아 여성의 삶에 상반된 영향을 미쳤던 것은 사실이다. 한편, 이것은 '모범적인 아내와 어머니' 담론을 강화하고 제도적 측면에서도 여성을 사적 영역에 긴박하려는 시도를 가속화했다. 그러나 이것은 동시에 여성이 사적 영역의 부담에서 해방될 수 있는 기회를 제공했으며, 좀더 적극적으로 공적 영역으로 진출, 활동할 수 있는 기회가 되기도 했다.

흔히 전쟁과 여성 해방의 관계에 대한 평가는 전장으로 떠난 남성들의 자리를 여성이 메움으로써 공적 영역으로 진출할 수 있었다는 식의 논의에서 출발한다. 그러나 이탈리아 파시즘의 경우 이러한 논리는 크게 설득력을 얻지 못한다. 1935년 10월 3일 에티오피아 침공이 시작된 지 약 7개월 후 아디스 아바바(Addis Ababa)가 함락될 무렵 그곳에는 약 33만 명의 이탈리아군과 10만 명의 군속 노동자들이 배치되어 있었다는 통계가 있다.[33] 이 수치는 많은 수의 남성이 직장을 떠났을 가능성을 시사하지만, 그렇다고 여성들로 그 자리를 대체하려는 어떠한 공식적인 동원 캠페인도 벌이지 않았다는 사실에 주목할 필요가 있다. 이는 에티오피아 침공이 단기전으로 끝날 것이라는 예

---

33) Nicola Labanka, "Guerra di Etiopia", *Dizionario del fascismo*, 1, Victoria de Grazia, Sergio Luzzatto, eds., p.492.

상 때문이기도 했지만, 장기적인 경제 침체로 실업 상태에 있던 많은 남성들이 빈자리를 메울 수 있었기 때문일 가능성이 높다.[34]

파시스트 체제를 살았던 여성들에게 전쟁과 제국 건설이 미친 영향은 다른 곳에 있다. 에티오피아 침공을 전후한 전시 동원 체제의 강화, 약 7개월 동안 지속된 국제연맹의 경제 제재와 이에 대응하기 위한 자급자족 캠페인, 식민지 정복과 유지 등은 많은 이탈리아 여성들에게 이제까지 경험할 수 없었던 사회 참여의 새로운 기회를 부여했다. 리라화 방어를 위해 "조국에 금을 바치자"는 구호 아래 1935년 12월 18일 '결혼반지의 날(giornata della fede)' 로마를 필두로 전국에서 동시에 실시된 결혼 금반지 헌납운동은 여성 동원의 다소 과시적이며 극적인 예에 지나지 않는다.[35]

중요한 점은 전시 체제 여성 동원을 담당했던 여성 파시스트들의 역할이 크게 증대했을 뿐만 아니라 새로운 역할도 부여받았다는 데 있다. '결혼반지의 날' 행사의 조직을 비롯해 국제연맹의 경제 제재 반대 캠페인의 중요성을 선전하고, 대응방식을 교육하는 일에서부터 식민지 정착 여성을 위한 교육 프로그램 운영에 이르기까지 파시스트 여성단(Fasci Femminili)이 주도적인 역할을 담당했다. 이 시기 파시스트 여성단원의 수가 가파른 상승 곡선을 그리는 것도 이와 무관하지 않다. 1929년 10만 명 정도에 불과했던 파시스트 여성단원의 수는 1940년에는 대략 75만 명, 1942년에는 그 수가 100만 명을 상회했다.[36]

전쟁과 제국 건설로 촉발된 여성 동원 체제는 남성뿐 아니라 여성의 삶의

---

34) Perry Willson, "Empire, Gender and the 'Home Front' in Fascist Italy", *Women's History Review*, 16, (2007), p.488.

35) Petra Terhoeven, *Oro alla patria-Donne, guerre e propaganda nella giornata della Fede fascista*, (Bologna: Mulino, 2006) 참조.

36) Perry Willson, "Italy", *Women, Gender and Fascism in Europe 1919-45*, Kevin Passmore, ed., (New Brunswick: Rutgers University Press, 2003), p.27.

군사화를 가속화했다. 이 시기에 이르러 새로운 인간형을 주조하려는 파시즘의 전체주의 기획으로 새로운 유형의 여성이 등장하기 시작했음을 보여주는 증거들이 여기저기서 그 모습을 드러내기 시작했다. 식민지로 캠핑 여행을 떠나는 여성, 헬멧과 소총을 메고 로마에서 열병식을 벌이는 여성, 에티오피아 군사 정보 수집의 비밀 임무를 띠고 그곳으로 가 "마치 군인처럼 군용 트럭으로 여행하고 텐트에서 잠을 자며 캔에서 음식을 꺼내 먹고 동물 사냥에 나서는" 여성의 존재는 비록 그 수가 소수라 하더라도 전통적 행태와 의식으로부터 벗어난 새로운 파시스트 여성의 출현을 알리는 것이었다.[37] 사실상 식민지의 존재는 여성들에게 가정과 모성의 부담에서 벗어나 자신의 존재를 새롭게 규정하고, 때로는 남성성을 나름대로의 방식으로 전유할 수 있는 기회를 제공하기도 했다.

그러나 무엇보다도 파시스트 신여성의 전형을 보여주는 예는 1944년 결성된 '여성지원부대(Servizi Ausiliari Femminili : SAF)'일 것이다.[38] 패전과 독일군 점령의 암울한 분위기 속에서 급조된 이탈리아 사회공화국(Repubblica sociale italiana)의 군대를 지원하는 역할을 담당했던 SAF는 현재 남아 있는 기록으로 추산할 때 대략 4,400명 정도의 규모였다. 병원이나 군 지휘부 사무실, 병영, 매점 등에 투입된 이들은 대략 18세에서 35세 사이의 젊은 여성

---

37) Cristina Lombardi-Diop, "Pioneering Female Modernity: Fascist Women in Colonial Africa", *Italian Colonialism*, Ruth Ben-Ghiat, Mia Fuller, eds., (London: Palgrave, 2005), p.151.

38) Maria Fraddosio, "La donna e la guerra. Aspetti della militanza femminile nel fascismo: dalla mobilitazione civile alle origini del Saf nella Repubblica sociale italiana.", *Storia contemporanea*, 20, (1989), pp.1105-1181; idem, "The Fallen Hero: The Myth of Mussolini and Fascist Women in the Italian Social Republic (1943-5)." *Journal of Contemporary History*, 31, (1996), pp.99-124; idem, "La militanza femminile fascista nella Repubblica sociale italiana. Miti e organizzazione." *Storia e problemi contemporanei*, 24, (1999), pp.75-88. Fraddosio는 1980년대 중반 이후 줄곧 SAF 연구에 주력하고 있는 유일한 역사가이다. 이하 SAF에 대한 서술은 이들 연구를 주로 참고했다.

자원자들로, 중산층 출신이 다수였다. 제복을 입고 총기 사용법 및 간단한 군사훈련을 이수했지만 정당방위의 경우를 제외하고는 총기 사용이 허락되지 않았다. 또한 향수를 포함한 화장품, 흡연, 남성 병사와의 친밀한 관계 금지 등과 같은 자체의 엄격한 규칙을 준수해야 했다.

SAF 대원들이 남성과의 사랑과 모성을 스스로 포기하고 기꺼이 전선으로 향했던 것은 조국의 운명, 그것도 '배신당한' 조국을 구하기 위해서였다. 그리고 이러한 이들의 조국애는 '배신당한' 무솔리니 신화로 매개되고 구현되었다. 이들이 남긴 편지, 일기, 증언을 비롯한 다양한 자료는 이들의 열망과 사고방식을 알 수 있는 중요한 통로이다. 다음은 1945년 1월 카를라 베갈리 (Carla Begalli)라는 한 대원이 무솔리니에게 보낸 편지이다.

옥체를 보존하셔야 합니다. 당신 없이 우리의 삶은 있을 수 없기 때문입니다. 결코 잊을 수 없는 날들의 경험으로 우리는 이 사실을 뼈저리게 느끼고 있습니다. 그때 우리는 그토록 많은 눈물을 흘렸으며, 그토록 많은 굴욕을 삼켜야 했습니다. …… 당신은 우리의 신앙입니다. 오로지 당신만이 이탈리아를 구원할 수 있습니다. 저의 무례함과 사적인 태도를 용서하시기 바랍니다. 그러나 자신의 아버지에게 사람들은 늘 솔직히 말할 수 있습니다.[39]

베갈리의 편지에서 무솔리니는 사랑스러운 아버지의 모습을 띠기도 한다. 하지만 그 아버지는 동시에 자발적 헌신을 유발하기에 충분한 권위를 보유한 존재이기도 하다. 무솔리니에게 보낸 또 다른 편지에서 한 대원은 이렇게 고백하고 있다. "저는 배신자가 아니며 또 결단코 그렇게 되지 않을 것입니

---

39) Maria Fraddosio, "Fallen Hero", *Storia Contemporanea*, 20, (1989), p.109에서 재인용.

다. 당신은 어린 시절 늘 어머니가 사랑하고 숭배하고 따르라고 가르쳤던 그런 분이십니다. 그곳이 어디든, 무슨 일이 벌어지든 나는 당신을 따를 것입니다. …… 당신은 변치 않는 우리의 지도자이십니다. 당신께서 어디로 향하든 우리는 뒤를 따를 것입니다. 그리고 필요하다면 새로운 승리를 위해 무기를 들 준비가 되어 있습니다."[40]

패배한 조국에 대한 헌신과 무솔리니 신화는 예수의 부활과 연결될 때 그 극적인 모습을 드러낸다. 베네치아 출신의 SAF 대원 테레자 프란키니(Teresa Franchini)가 무솔리니에게 보낸 편지가 그 한 예이다. "조국의 부활에 대한 저의 흔들리지 않는 신앙을 당신께 말씀드리고 싶습니다. 하느님께서 당신을 끔찍한 불명예에서 구원하셨다면 그것은 이탈리아와 세계를 위한 숭고한 당신의 사명이 아직 완수되지 않았음을 의미합니다. …… 그들은 예수님께 그렇게 했듯이 당신을 십자가에 못박기를 원했습니다. 그러나 하느님의 정의는 그들보다 훨씬 강했습니다. 그리고 예수님처럼 당신 역시 당신의 인민을 구원하기 위해 다시 일어설 것입니다."[41]

대부분 파시스트 체제 아래에서 태어나 교육받은 세대로 무솔리니의 신화가 내면화되었을 가능성이 높다는 점을 감안할 때 SAF 대원들이 무솔리니 신화를 매개로 조국을 위해 헌신하려 했다는 점은 당연한 것으로 비칠 수 있다. 그러나 이는 피상적 관찰에 머무는 것이다. 이들의 무솔리니 신화는 몰락한 무솔리니, 실각과 구금, 나치에 의해 구조되어 그들의 도움으로 새로 구성된 국가의 수반이 된 병색이 완연한 무솔리니를 향한 믿음이었다. 마찬가지로 이들의 조국은 분단된 조국이며, 독일에 점령된 조국이자 싸워야 할 적은 이탈리아인 반파시스트 무장 세력이었다. 말하자면 이들은 파시즘의

---

40) *Ibid.*, pp.111-112에서 재인용.
41) *Ibid.*, p.111.

선전에 세뇌된 수동적 존재가 아니라 자신들이 처한 환경 속에서 무솔리니를 때로는 아버지와 십자가에 못박힌 예수로 전유했고, 붕괴된 파시스트 체제를 배신당한 조국으로 받아들였다. 따라서 이들은 자신들의 방식으로 대의를 위해 목숨을 건 투쟁을 선택함으로써 '모범적인 아내와 어머니'의 이상을 던져버린 적극적인 행위자였던 것이다.

1945년 3월 총살형에 처해지기 얼마 전 감옥에서 어머니에게 보낸 16세의 SAF 단원의 편지는 이들의 열망이 무엇인지를 역설적으로 보여주고 있다. "내가 하는 일이라고는 가득 쌓인 접시를 닦고 시트를 빨고 사람들이 잠자는 방을 정돈하며 수많은 사람들에게 전화하고 암호 메시지를 해독하는 사무 작업뿐이었습니다."[42] 이러한 불만의 원인은 제복을 입어야 마음이 편했고, 언젠가는 전선에 투입될 것이라는 희망을 버리지 않았던 그녀에게 기껏 주어진 일이라고는 전통적인 여성의 일 정도에 지나지 않았다는 데 있었다.

우리는 이들에게서 라브리올라가 상상했던 새로운 파시스트 여성의 전형을 발견할 수 있는가? 라브리올라가 상상했던 '비릴리타'가 이들을 통해 가장 적절한 모습으로 구현되었다고 볼 수 없는 것일까? 단언하기 쉬운 문제는 아니다. 그러나 우리가 이들을 '돈나 비릴레'로 부르건, 아니면 '여성 전사(donna soldato)'로[43] 이름 붙이건 간에 한 가지 부인하기 어려운 점이 있다. 그것은 새로운 인간형을 창출함으로써 민족공동체 전체를 개조하고 전투적·제국주의적 문명을 꿈꾸었던 파시스트 전체주의 기획의 매트릭스 속에서 이전에는 상상할 수 없었던 새로운 파시스트 여성형이 탄생했다는 사실이다.

---

42) Claudio Pavone, *Una guerra civile-Saggio storico sulla moralità nella Resistenza* (Torino: Bollati Boringhieri, 1991), p.440에서 재인용.

43) Maria Fraddosio, "La militanza femminile fascista nella Republica sociale italiana", *Storia Contemporanea*, 20, (1989), p.78.

SAF가 창건된 지 두 달 뒤 배포된 선전용 그림엽서에는 검은색 옷을 입은 할머니가 카키색 제복으로 단장한 젊은 SAF 대원에게 이렇게 말하고 있다. "나는 아이를 잉태해 내 역할을 다했다. 너는 너의 의무를 다해라. 그래야 이탈리아가 살아남을 수 있을 테니까."[44] 전쟁의 와중에 파시즘이 심각한 위기에 처했을 때 파시즘의 이상적 여성형이었던 모범적인 아내와 어머니는 죽음도 불사하는 헌신적인 신세대 파시스트 여성 전사에게 그 자리를 양보하지 않을 수 없었던 것이다.

2

독일 점령기 프랑스에서의
국가, 가족, 여성

고원

고원

경희대학교 객원교수. 경희대학교 사학과를 졸업하고, 프랑스 파리10대학교에서 페르낭 브로델 (Fernand Braudel)의 역사사상을 주제로 박사 학위를 받았다.

1. 점령자와 피점령자의 뒤섞인 삶

1940년부터 1944년까지 나치 독일의 점령 공간이었던 프랑스의 상황에 대해 상당히 많은 연구와 논쟁이 있어왔다. 서로 다른 정치적 입장과 상이한 시각에서 다양한 여러 논의들이 제출되었지만, 점령 공간을 표상하는 이미지나 당시 사회를 바라보는 구도에 있어서는 큰 차이를 보이지 않는다. 침략자 독일군, 대독협력자들, 영웅적인 레지스탕스 등 서로 명확하게 구분되는 이 세 가지 이미지가 나치 독일 지배 아래의 프랑스를 구성하며, 승리와 패배 혹은 협력과 저항 등의 이분법적 도식이 당시 사회를 이해하는 기본적인 구도라는 암묵적인 합의가 오랫동안 존재해왔다. 시대적 분위기, 정치적 환경에 따라 어느 한편을 강조하거나 또는 다른 한편을 옹호한다는 차이만이 있을 뿐이었다.[1]

이와 같은 상황에 변화가 생긴 것은 최근의 일이다. 독일군, 협력 정부, 레지스탕스와 같은 전통적인 주제에서 벗어나 점령기 프랑스 인구의 대다수를 차지하고 있던 일반인들의 사적인 삶에 대한 연구가 시도되고 있다.[2] 새로운 연구들에서 무엇보다 중요한 주제는 바로 '점령기 프랑스 사회의 여성들'이다. 일반인들의 사적인 삶에 대한 연구에서 여성의 문제가 중요하게 부각되는 이유는 우선적으로 점령기 프랑스 사회의 특수한 상황 때문이다. 당

---

1) 해방 이후 레지스탕스의 영웅적인 투쟁에 대한 강조에서 1970년대 이후 비시 정권의 자발적 협력에 대한 비판으로 사회적 논의가 변화하는 과정에 대해서는 Henry Rousso, *Le syndrome de Vichy*, (Paris: Le Seuil, 1990)(앙리 루소, 이학수 옮김, 《비시신드롬》, 휴머니스트, 2006)를 참조하라.

시 프랑스는 전쟁 발발 이후 약 200만 명에 달하는 성인 남성들이 전쟁포로로 수감되거나, 자의적·타의적으로 독일 공장에 송출되거나 아니면 해외로 추방되거나 혹은 레지스탕스 운동원으로, 자유 프랑스의 군인으로 입대한 상태였다. 반면, 프랑스에 주둔한 독일군의 숫자는 시기에 따라 최소 40만 명에서 최대 100만 명에 달하고 있었다. 기존 성인 남성의 상당수가 사라진 상황에서 점령자인 독일군과 피점령자인 여성들 사이의 사적이고 은밀한 관계는 점령기 프랑스 사회에서 보기 드문 일이 아니었다. 그렇지만 이 관계는 오랫동안 은폐되어왔으며, 최근 들어 '제2차 세계대전이 남긴 아이들'의 문제가 불거지면서 공식적인 연구 대상이 되고 있다.[3]

물론 이러한 연구들은 이제 시작 단계에 불과하므로 아직까지는 기존의 논의를 완전하게 대체할 수 있는 새로운 흐름을 만들어낼 정도의 수준은 아니다. 그보다는 이제까지의 논의에서 비어 있던 부분들을 채운다는 의도가 강하다. 예를 들어 정치사나 경제사 위주의 연구에서 소홀하게 다루어졌던 일반인들의 사적인 삶에 초점을 맞춤으로써 이제까지 잘 알려지지 않았던 제2차 세계대전 시기 점령 공간 아래에서 프랑스인들의 구체적인 생활 모습을 조명한다는 것이다.

이 글에서는 한 걸음 더 나아가 점령자와 피점령자 사이의 뒤섞인 삶에 관

---

2) 이러한 경향을 보여주는 연구로는 2006년과 2007년 한양대학교 비교역사문화연구소 주최로 열린 〈한국–프랑스 국제학술대회〉의 프랑스 측 발표 논문을 참조하라. Henry Rousso, "La mémoire de la IIème guerre mondiale en France: une question nationale, européenne, internationale", (2006); Jean-Pierre Azéma, "Pourquoi et comment résister?", (2006); Olivier Wieviorka, "Occupation ou Liberation? Les Ambivalences de la memoire normande", (2006); Fabrice d'Almeida, "La vie mondaine en France sous l'Occupation entre histoire et mémoire", (2007); Fabrice Virgili, "Aimer l'ennemi en France pendant la Seconde Guerre mondiale: relations, enfants et châtiments", (2007); Olivier Wieviorka, "Les femmes dans Résistance: de l'histoire au mythe?", (2007).

3) '제2차 세계대전이 남긴 아이들'은 나치 독일의 군대가 유럽 각 지역을 점령하던 시기 독일 군인들과 현지 여성들 사이에서 태어난 아이들을 말한다. Kjersti Ericsson and Eva Simonsen, dir., *Children of World War II. The Hidden Enemy Legacy*, (Oxford, New York: Berg, 2005)를 참조하라.

한 연구가 단순히 새로운 주제, 새로운 연구 대상을 개척한다는 의미에만 머무는 것이 아니라, 그 이상의 가능성을 가지고 있지 않을까를 질문하려고 한다. 제2차 세계대전 시기 프랑스 사회와 여성의 문제를 중심으로 이전의 논의와 최근의 연구 성과들을 교차시키면서 기존의 이분법적인 시각과 설명 구도에 문제를 제기하고 점령 공간에 대한 새로운 인식의 가능성을 모색해 보고자 한다.

2. 가족은 민족혁명의 기본 토대

1940년 독일군 침공 당시 프랑스 제3공화국의 부총리였던 필리프 페탱 (Philippe Pétain)은 파리 함락 이후 사임한 폴 레노(Paul Reynaud)의 뒤를 이어 총리에 취임한다. 그리고 다음 날 페탱은 독일에 휴전을 제안한다. 같은 해 7월 10일 프랑스 의회는 압도적인 지지로 페탱에게 전권을 부여하고, 이에 따라 프랑스 중부의 휴양 도시 비시를 수도로 하는 '프랑스 국가(Etat français)', 이른바 비시 정부가 공식적으로 출범하게 된다. 독일군과의 휴전 조약에 따라 프랑스는 두 개의 지역으로 분할되는데, 프랑스 국토의 3분의 2를 차지하는 독일군 '점령 지역'과 프랑스 비시 정부가 관할하는 '자유 지역'으로 나뉜다. 1942년 11월 영미 연합군의 북아프리카 상륙 직후 위기감을 느낀 독일군은 '자유 지역'까지도 완전히 점령해버리지만 비시 정권은 독일의 관할 아래에서도 계속 유지되었다.

이처럼 나치 독일의 점령 기간 동안 프랑스에는 공식적으로 두 개의 서로 다른 행정 권력이 존재하고 있었다. 물론 이 두 권력이 서로 대립적인 것은 아니었다. 비시 정부는 대독협력 정권이었으며, 독일군의 영향력에서 벗어날 수 없었다. 그러나 비시 정부가 전적으로 독일의 괴뢰 정권이었던 것은 아니다. 비시 정부의 성격과 관련하여 로버트 팩스턴(Robert Paxton)은 독일 나치즘에 대한 협력의 자발성을 강조한 바 있다. 그는 비시 체제가 독일의 일방적인 강요로 성립된 것이 아니며, 비시 정부의 이데올로기적 뿌리는 프랑스 우파의 보수주의에서 찾을 수 있다고 주장했다.[4]

팩스턴의 논의는 연구자들 사이에서 많은 논란을 불러일으켰지만, 비시 정부가 프랑스의 민족 전통을 강조하면서 '민족혁명'을 전면에 내세웠던 사실 그 자체는 부인할 수 없다. 비시 정부는 프랑스 패전의 원인을 제3공화국의 무능함 때문이라고 주장하면서 구 체제와의 철저한 단절을 천명했다. 그리고 '새로운 프랑스'의 재건을 위해 민족혁명을 제시했다. 정권의 수반인 페탱은 제1차 세계대전에서 베르됭 전투를 승리로 이끈 프랑스의 민족 영웅이었으며, 비시 정부가 대외적으로 표방한 민족혁명의 상징적 인물이기도 했다.

민족혁명을 위해 비시 정부가 무엇보다 강조한 것은 도덕성의 회복이었다. 그들은 이전 제3공화국이 몰락한 가장 큰 원인은 개인주의와 이기주의로 인한 도덕성의 파괴에 있다고 보았다. 제3공화국의 '공화주의적 개인주의'는 이기주의의 확산을 가져왔으며, 이는 도덕성의 파괴로 이어지고 사회의 무질서와 혼란을 만들어내 결국은 프랑스가 독일의 공격에 허약하게 무너질 수밖에 없었다는 것이다. 비시 정부는 도덕성의 회복이야말로 새로운 프랑스 건설의 가장 중요한 토대라고 주장했다. 도덕성을 회복하기 위해서는 우선 프랑스 사회에 널리 퍼져 있는 이기주의와 개인주의를 청산하고 국민들에게 새로운 가치를 제시할 필요가 있었다. 이에 따라 대혁명 이후 이제까지 프랑스 공화주의의 공식 이데올로기였던 '자유, 평등, 우애' 대신 공동체주의에 기반하는 '노동, 가족, 조국'이라는 새로운 가치가 제시되었다. 민족혁

---

4) Robert Paxton, *Vichy France-Old Guard and New Order, 1940~1944*, (London: Barrie & Jenkins, 1972).

명은 철저하게 권위적이고 위계적인 체제를 지향했으며, 더 나아가 프랑스 국민들의 일상생활까지도 변화시키려고 했는데, 이를 위해 일반인들에게 집단정신과 희생정신이 강요되었다.[5]

비시 정부가 민족혁명을 추진하는 과정에서 우리의 흥미를 끄는 것은 바로 가족의 중요성에 대한 강조이다. 가족은 민족혁명을 성공적으로 이끌기 위해 우선적으로 지켜야 할 가장 중요한 요소로 간주되었다. 비시 정부를 이끌었던 페탱은 사회의 기본 단위인 가족이 "인간을 이기주의에서 구해내고, 자신보다는 주위에 있는 사람들에게 헌신할 수 있도록 가르쳐주는 영적 공동체"라고 주장했다.[6] 도덕성의 회복은 가족이라는 기반 위에서 가능하며, 따라서 프랑스를 살리기 위해서는 먼저 가족을 살려야 한다는 것이다.

가족의 중요성에 대한 강조가 우리의 흥미를 끄는 이유는 그러한 모습이 비시 정부의 이념적 토대를 파악하는 데 중요한 실마리가 되기 때문이다. 비시 정부는 민족혁명을 통해 제3공화국과의 단절을 선언했지만, 민족혁명을 수행하기 위해 비시 정부가 실제로 시행했던 가족 정책은 이전 정부와의 연속선상에 있었다.[7] 출산을 장려하고 가족을 보호해야 할 필요성은 이미 제3공화국 시절에도 강조되고 있었다. 출산 장려를 위한 법안이 1920년에 제정된 바 있으며, 가족의 기능을 강화하기 위해 1939년에 가족법이 만들어지기

---

5) 비시 정부의 '민족혁명'에 대해서는 박지현, 《누구를 위한 협력인가—비시 프랑스와 민족 혁명》, 책세상, 2004 참조하라.

6) Pilippe Pétain, "Allocution du 25 mai 1941", *Discours aux Français: 17 juin 1940-20 août 1944*, Jean-Claude Barbas, ed., (Paris: Albin Michel, 1989), p.133.

7) Francine Muel-Dreyfus, *Vichy et l'éternel féminin*, (Paris: Le Seuil, 1996), p.95. 이외에도 비시 정부와 제3공화국과의 연속성에 관해서는 국내외에서 여러 연구가 수행된 바 있다. Gèrard Noiriel, *Les origines républicaines de Vichy*, (Paris: Éditions Hachette Littératures, 1999); Marc Boninchi, *Vichy et l'Ordre moral*, (Paris: PUF, 2005) 참조하라. 국내의 연구로는 박지현, 《누구를 위한 협력인가—비시 프랑스와 민족 혁명》; 신행선, 〈프랑스 비시 정부 시기 가족정책과 여성〉 《서양사론》 92(2007), 153~176쪽을 참조하라.

도 했다. 가족법의 제정은 출산이 국민의 의무이며, 국가가 개인의 사적 영역까지도 공식적으로 관리하기 시작한다는 것을 의미한다. 비시 정부의 가족 정책은 1939년의 가족법에 근거하면서 기존 정부의 노선을 보다 강화하고 구체화시켰다.

예를 들어 제3공화국이 출산을 장려하기 위해 1939년 가족법에 도입한 가족수당제도는 비시 정부 시기인 1941년 가족수당을 일반화하는 법안으로 이어졌다. 이 법안에 따라 국가는 기본 수당에서 아이가 둘인 경우는 10%, 셋인 경우는 30%, 그 이상은 한 명당 30%씩을 추가로 지급하며, 또한 세 명 이상의 자녀 중 막내가 학업을 계속하거나 직업교육을 받을 경우는 17세까지 수당을 지급했다. 다자녀 가족에 대한 물질적인 혜택과 함께 이혼 혹은 낙태에 대한 국가의 엄격한 규제가 동시에 실시되었다. 1941년에 제정된 법안은 결혼 후 3년 이내에는 이혼을 금지했으며, 1942년에는 가족을 포기하는 부모를 처벌하는 법안이 제정되기도 했다. 또한 1942년에는 낙태를 중형으로 규제하는 법안이 만들어졌는데, 이 법안은 1939년 가족법에 규정된 낙태 금지 조항을 더욱 강화시킨 것이었다.[8]

정책의 차원을 넘어서 가족의 중요성을 강조하는 담론으로까지 범위를 확장시켜본다면 비시 정부의 가족 이데올로기는 오랜 역사를 가지고 있다. 장 보댕(Jean Bodin) 이래로 국가와 사회의 구성에 관한 담론의 중심부에는 항상 가족의 중요성에 대한 강조가 자리잡고 있었다.[9] 가족은 항상 국가와 사회를 구성하고 유지시키는 기본 단위로 간주되어왔다. 1816년 보수적인 반

---

8) 이 법안에 따라 낙태에 관여한 간호사와 산파들이 20년의 징역형을 선고받는 일이 발생했으며, 1943년에는 여러 번에 걸쳐 낙태 시술을 한 산파가 사형에 처해진 경우도 있었다.
9) 장 보댕은 가족이 자연의 산물이며, 사회생활의 기본 단위라고 보았다. 그는 국가의 기원과 관련해서도 국가를 역사적으로 가족에서 유래한 것으로 간주한다. Jean Bodin, *Les six livres de la République*, (Paris, 1576)(장 보댕, 임승휘 옮김, 《국가론》, 책세상, 2005), p.11.

혁명파 전통주의자들이 1792년 이래 허용되었던 이혼제도를 폐지시킬 때 내세웠던 주요 근거가 바로 가족을 지켜야 국가가 유지될 수 있다는 것이었다.[10] 가족의 중요성에 대한 강조는 보수주의자들만의 주장이 아니었다. 1821년 《법철학 강요》에서 헤겔은 가족을 시민사회의 기초로 설명하고 있다. 헤겔에 따르면 "가족은 자연 도덕의 수호자이다." 따라서 그는 만일 가족이 사라진다면 국가는 독재를 초래하기 십상인 '생명 없는 집합체', 즉 군중들만을 상대하게 될 것이라고 주장했다. 19세기 대부분의 자유주의자들은 물론이며, 에티엔 카베(Etienne Cabet)와 장 바티스트 고댕(Jean-Baptiste Godin) 같은 사회주의자들까지도 국가와 가족의 관계에 대해서는 모두 헤겔과 같은 생각을 가지고 있었다.[11] 비시 정부의 가족에 대한 강조는 단순히 우파 보수주의 이데올로기의 계승이 아니라 국가와 사회에 관한 근대 담론에 기초하고 있었던 것이다.

그렇다면 우리는 왜 비시 정부가 표면적으로는 제3공화국과의 철저한 단절을 외치면서도 실상은 이전 정권의 정책을 이어받을 수밖에 없었는지를 이해할 수 있다. 그리고 더 나아가 프랑스 해방 이후 제4공화국 역시 외적으로는 비시 정부를 단죄하면서도 가족 정책은 그대로 유지할 수밖에 없었는지도 이해할 수 있다. 이들은 모두 근대국가라는 동일한 시스템 위에 구성된 정부이기 때문이다. 근대국가는 가족제도를 이용해 개인의 사적 영역을 관리하려고 했다.[12] 프랑스에서는 1804년 나폴레옹 법전의 편찬을 통해 국가

---

10) Philippe Ariès et Georges Duby, eds., *Histoire de la vie privée*, 4, (Paris: Le Seuil, 1987)(필립 아리에스, 조르주 뒤비 편집, 전수연 옮김, 《사생활의 역사 4》, 새물결, 2002), p.164.

11) 같은 책, 167~170쪽.

12) Louis Althusser, "Idéologie et Appareils idéologique d'Etat", *Positions*, (Paris: Editions Sociales, 1976), pp.81-137을 보라. 알튀세르에 따르면 가족제도를 이용한 근대국가의 개인의 사적 영역 관리는 중세 교회의 전략을 이어받은 것이다. 중세 교회와 가족제도와의 관계에 대해서는 Georges Duby, *Le chevalier, la femme et le pretre-le mariage dans la France féodale*, (Paris: Fayard, 1981)를 참조하라.

와 가족에 대한 근대 담론이 국가에 의해 최초로 제도화되기 시작했다.[13] 이후 국가는 가족제도에 대한 영향력을 점차 확대해나갔으며, 제3공화국 시기에 이르면 프랑스 근대국가 시스템의 정착과 함께 가족제도의 전면적인 관리를 위해 1939년 가족법이 제정되었다. 그리고 이러한 근대국가의 가족 정책은 비시 정부에 이르러 더욱더 강화되었다.

3. 전통주의의 복고 : 일터에서 가정으로

물론 비시 정부의 가족 정책이 국가와 가족에 대한 근대 담론의 흐름 속에 있다는 것 하나만으로 비시 정부의 이념적 토대를 모두 설명할 수는 없다. 국가와 가족에 대한 근대 담론 내부에는 다양한 정치 노선이 존재한다는 사실을 고려하면서 비시 정부의 고유한 위치를 가늠해보아야 한다. 이를 위해서는 가족 정책과 연결되어 있는 여성의 문제에 대해 좀더 살펴볼 필요가 있다. 여성의 문제는 비시 정부의 성격을 구체적으로 엿볼 수 있는 수단이 될 수 있을 것이다.

'새로운 프랑스'를 건설하기 위한 기본 전제로서 가정에 대한 비시 정부의 강조는 여성의 역할에 대한 규정으로 이어진다. 가족을 지키기 위한 구체적인 방법으로 가족 내 여성의 역할에 초점을 맞춘 것이다. 비시 정부는 여성들이 가정에 머물면서 가능한 많은 아이를 출산하고, 어머니와 아내라는 여성 본연의 책무에 충실해야 가족이 흔들리지 않으며, 가족이 건재할 때 새로운 프랑스의 건설도 가능하다고 주장했다. 이에 따라 남편의 아내로서, 아이들의 어머니로서 가정을 지키고 헌신하는 모습이 올바른 여성상으로 제시되었다. 그리고 이와 함께 여성이 남성을 흉내내어 짧은 머리에 바지를 착용

---

13) 나폴레옹 법전은 소유권과 가족법이 중심 내용을 이루고 있다.

하고, 지나친 화장에 유행을 쫓으면서 가사 이외의 일에 몰두하는 행위는 사회적 비난의 대상이 되었다.[14]

우리가 주목해야 할 점은 국가, 가족, 그리고 여성의 관계에 대한 이러한 논리가 비시 정부 시기에 처음 등장한 것은 아니라는 사실이다. 비시 정부 이전에도 프랑스 전통주의자들(traditionalists)은 항상 앞에서 언급한 것과 같은 논리를 주장했다. 왕정복고 시대 대표적인 전통주의자였던 루이 드 보날드(Louis de Bonald)가 1815년 12월 26일 하원에서 행한 '이혼 폐지'를 위한 연설에서도 동일한 논리를 찾아볼 수 있다. 그에 따르면 결혼은 단순한 개인적 계약관계가 아니라 종교적·정치적 행위이다. 가족이 온전하게 유지되기 위해서는 강력한 부권의 확립이 무엇보다 중요하다. 국가의 초석이 되는 가족은 그 자체가 아버지를 정점으로 하는 군주제 국가와 같은 것이다. 아내는 남편에게 복종해야 하고, 미망인이 된 후에는 조상 대대로 내려오는 집을 물려받은 장남에게 복종해야 한다. 가족의 안정은 국가의 안위와 연결되어 있다. 따라서 "민중의 손에서 국가를 되찾기 위해서는 가족을 아내와 아이들에게서 되찾아야 한다."[15]

이러한 논리는 제3공화국 시대에도 이어진다. 1873년에 등장한 브로이 내각이 사회 개혁을 위해 전면적으로 내걸었던 슬로건이 바로 '도덕질서(ordre moral)'의 구축이었다. 그들은 1871년 패배와 사회 동요의 책임이 자기 의무를 망각한 여성들 그리고 그에 따른 가족의 해체에 있다고 주장하면서 '문란해진' 풍속과 '비뚤어진' 성역할을 강하게 비난했다. '국가 시스템'과 '도덕

---

14) Domonique Veillon, "La vie quotidiennne des femmes", *Le règime de Vichy et les français*, Jean-Pierre Azéma et François Bédarida, ed., (Paris: Fayard, 1992), p.629; 비시 정권의 열렬한 지지자였던 알프마리팀의 도지사는 1941년 4월 여성들의 바지 착용을 금지하는 조치를 내리기도 했다. Michèle Cointet-Labrousse, *Vichy et le fascisme*, (Brussels: Complexe, 1987), p.187.

15) Philippe Ariès et Georges Duby, pp.163-165.

질서', 그리고 '가족'과 '여성의 역할'을 연결짓는 비시 정부의 논리는 프랑스 전통주의에 뿌리를 두고 있었던 것이다.[16)]

'일터에서 집으로', '사회에서 가정으로'라는 슬로건이 비시 정부의 선전문을 통해 프랑스 여성들에게 강조되었다. 비시 정부는 이데올로기적인 선전뿐만 아니라 관련 법안의 제정을 통해 프랑스 여성들의 사적인 삶을 통제하고 아내로서, 어머니로서의 '올바른 여성상'을 실제적으로 구현하기 위해 노력했다. 1940년 10월 11일자 법안은 결혼한 여성이 공직에 취업하는 것을 금지했으며, 예외적으로 28세 이하의 젊은 여성의 경우에만 남편감을 구할 수 있도록 2년간의 채용을 허가했다. 이미 공직에서 일하고 있는 여성들은 남편이 실업자가 아니고, 자식이 세 명 이하인 경우 의무적인 무급 휴가를 통해 가정으로 돌아가도록 규제했다. 또한 매년 5월 마지막 일요일을 '어머니의 날'로 제정해 국가적 차원에서 주도하는 공식적인 문화행사를 실시하기도 했다. 비시 정부가 어머니의 날을 제정한 데에는 어머니와 자식이라는 사적인 관계에 사회적인 의미를 부여하고, 이러한 의미를 공적인 기념행사를 통해 국민들에게 각인시키려는 의도가 내포되어 있었다.[17)]

4. 점령기 여성들의 구체적 삶

이상과 같은 비시 정부의 정책들은 '위로부터의 강요'라고 할 수 있다. 물

---

16) 비시 정부와 제3공화국의 도덕질서 시기와의 연관성에 대해서는 Marc Boninchi, *Vichy et l'Ordre moral*을 참조하라. 도덕질서의 시기는 제3공화국 초기 대통령이었던 아돌프 티에르(Adolphe Thiers)가 점차 공화주의로 경도되는 것을 우려한 왕당파들이 마크마옹(MacMahon)을 새 대통령으로 선출하고, 브로이 공작을 수상으로 임명하면서 시작된다. 브로이 내각은 1874년 5월까지 지속되었고, 1877년 몇 달 동안 재집권하기도 했다.

17) 박지현, 〈전쟁문화와 여성의 관계-'비시 프랑스'의 여성상을 중심으로〉《역사와 문화》9, 문화사학회, 2004, 33~55쪽.

론 강요된 정책만 가지고 당시 프랑스 사회의 현실을 모두 설명할 수는 없다. 정책에 대한 분석은 정부의 성격을 명확하게 드러내주지만, 실제로 사회가 어떻게 작동되었는지는 또 다른 문제이다. 국가의 정책과 개인의 삶이 반드시 일치하는 것은 아니기 때문이다. 비시 정부의 경우도 민족혁명의 완수를 위한 전통주의적인 정책들이 당시 프랑스 여성들의 일상생활을 전면적으로 규제하려 했던 것은 사실이지만, 규제의 존재 그 자체만 가지고 그녀들의 사적인 삶을 직접적으로 이야기하기는 힘들다. 따라서 보다 생산적인 논의를 위해서는 위로부터 강요된 정책뿐만 아니라 당시 프랑스 여성들의 구체적인 삶까지도 아울러 이야기해야 할 것이다.

하지만 실제 연구로 들어가면 문제는 그렇게 단순하지 않다. 당시 프랑스는 독일군에게 점령당한 상태였기 때문이다. (곧 이야기하겠지만) 점령 공간이라는 사회적 조건은 비시 정부의 정책과 프랑스 여성들의 삶 모두에 지대한 영향을 미쳤다. 결국 비시 정부의 정책, 여성들의 구체적인 삶, 그리고 점령 공간이라는 사회적 조건의 이 세 가지 요소가 서로 얽히며 만들어내는 현실을 전체적으로 살펴보는 수밖에 없다.

제2차 세계대전 시기 프랑스에서 점령자와 피점령자 사이의 뒤섞여진 삶에 관한 논의가 시작된 것은 비교적 최근의 일이다. 이 주제에 관한 논의가 이처럼 지체된 이유는 당시의 사안들이 현재의 시간과도 긴밀하게 맞닿아 있으며, 따라서 해석 과정에서 발생하는 정치적인 미묘함 때문일 것이다.[18]

어쨌든 이러한 논의는 아직 걸음마 단계이기 때문에 당시 프랑스 사회의 구체적인 현실을 전체적으로 보여주기에는 부족한 점이 많지만, 그럼에도

---

18) 제2차 세계대전에 대한 기억이 전후의 역사적인 조건들에 의해 은폐되는 과정과 관련하여 Olivier Wieviorka, "Occupation ou Liberation? Les Ambivalences de la memoire normande", 《2006 제1차 한국-프랑스 국제학술대회 자료집》(한양대학교 비교역사문화연구소, 2006)을 보라. 또한 저항과 협력의 기억에 대해서는 Henry Rousso, Le syndrome de Vichy를 참조하라.

불구하고 당시 여성들의 삶과 관련하여 흥미 있는 자료들이 나오고 있다.

무엇보다 독일 병사와 프랑스 여성 사이에서 태어난 아이들에 관한 통계 수치는 점령기 프랑스 사회의 한 단면을 볼 수 있는 부분이다. 독일 당국의 조사에 따르면 1941년 봄부터 태어나기 시작한 독일 아버지와 프랑스 어머니의 아이들은 1942년 가을을 기준으로 약 5만 명에서 7만 명 정도로 추정된다. 통계에 의하면 1943년 봄에는 아이들이 약 8만 5,000명 정도라고 한다.[19] 대략적인 수치이기는 하지만 이 통계는 1940년 여름, 독일군의 프랑스 주둔 직후부터 독일 병사와 프랑스 여성들이 사적인 관계를 맺기 시작했고, 이러한 관계는 무시할 수 없는 정도이며 시간이 지남에 따라 꾸준히 증가했음을 알 수 있다.

점령자인 독일 병사와 피점령자인 프랑스 여성 사이의 사적이고도 은밀한 관계는 당시 프랑스 사회에서 격렬한 비난의 대상이 되었다. 이 여성들의 행동은 적에 대한 노골적인 협력으로 간주되었다. 이웃들은 경멸에 찬 시선으로 바라보았으며, 레지스탕스가 은밀하게 뿌린 반독일 팸플릿에는 원색적인 욕설이 실리기도 했다. 해방이 가까워지면서 관계된 여성들에 대해 삭발이라는 형태의 직접적인 공격이 가해지기도 했다. 독일군과 '내통'한 여성들의 '삭발'은 해방 직후 1946년까지 프랑스 전역에서 공공연하게 행해졌다.[20]

---

19) Fabrice Virgili, "Aimer l'ennemi en France pendant la Seconde Guerre mondiale: relations, enfants et châtiments", 《2007 제2차 한국-프랑스 국제학술대회 자료집》, 한양대학교 비교역사문화연구소, 2007, 3쪽.

20) 연합군의 노르망디 상륙작전 직후인 1944년 7월부터 독일군과 관계가 있었던 여성을 체포하여 공개적으로 그녀의 머리를 삭발하는 일이 프랑스 전역에서 이루어졌다. 1946년 초까지 2만 명에 달하는 여성들이 '민족의 이름으로' 처벌을 받았다. 전쟁이 끝난 직후의 프랑스 사회는 패배로 인해 상처받은 민족의 자존심을 치유할 그 무엇인가가 필요한 상황이었다. '삭발'은 적들과 '불륜'을 저지른 여성들의 더럽혀진 육체를 처벌함으로써 점령군에게 짓밟힌 프랑스의 '순결'을 정화할 수 있다는 믿음에 기초하고 있었다. 독일 병사와 사적인 관계를 가진 프랑스 여성들의 삭발 사건과 그에 내재된 정치적 의미에 대해서는 Fabrice Virgili, "Les 《tondues》 à la Libération: le corps des femmes, enjeu d'une réappropriation", Clio, no.1, (1995)를 참조하라.

해방 이후에도 오랫동안 이 여성들의 삶은 학술적인 연구의 대상이 되지 못했다. '협력' 대 '저항'이라는 마니교적 이분법이 사람들의 시선을 독일군과의 사랑이라는 '이적 행위' 그 자체에만 집중하도록 만든 것이다.[21] 점령기 프랑스와 관련한 많은 연구에서 이 여성들의 삶은 무시되거나, 기껏해야 레지스탕스의 영웅적인 투쟁을 부각시키기 위한 조연 정도로만 출연했을 뿐이다.

그렇지만 '협력' 대 '저항'이라는 마니교적 이분법에서 벗어나 점령 공간이라는 특수한 역사적 상황을 바라본다면 당시 프랑스인들의 구체적인 삶에 대한 보다 의미 있는 논의가 가능할 것이다. 독일 병사와 사랑에 빠졌던 프랑스 여성들의 경우도 그녀들의 행동에만 집중하기보다는 그 배후의 역사적 조건에 대해 질문해볼 필요가 있다. 왜 그녀들은 독일군과 관계를 가졌을까? 우선 1940년부터 1944년까지 프랑스에 주둔하고 있던 독일 병사와 프랑스 주민과의 관계가 단지 점령자와 피점령자의 관계로만 형성되어 있었던 것은 아니라는 점이다. 적지 않은 기간 동안 한 지역에서 생활하며 이들은 여러 가지 사정에 의해 사적인 관계로 얽히는 경우가 종종 발생했다. 그렇기 때문에 독일군과 프랑스 여성 사이의 관계는 다양한 수준에서 바라볼 필요가 있다. 그들의 관계는 아주 단순하게 본다면 세상 어디에서나 흔히 볼 수 있는 남녀 간의 개인적인 애정 문제였을 수도 있으며, 혹은 사랑이라는 맹목

---

21) 점령자인 독일군과 피점령자인 프랑스 여성 간의 사적인 관계가 학술적인 연구 대상이 된 것은 아주 최근의 일이지만, 이미 대중매체에서는 이러한 '은밀한 관계'를 주제로 한 작품들이 1968년 이래로 적지 않게 생산되고 있었다. 온정주의적인 독일 장교와 가장의 역할을 떠맡은 젊은 프랑스 미망인 사이의 '우호적인' 관계를 다룬 TV 드라마, 포로수용소를 무대로 사형 집행인과 희생자의 애정관계를 설정한 영화, 심지어 파리의 매음굴에서 벌어지는 프랑스 창녀와 독일 SS친위대 장교 간의 성적 유희를 묘사하는 X 등급의 영화 등이 오랫동안 은폐되었던 기억을 조금씩이나마 상업적인 차원에서 전개된 바 있다. Fabrice d'Almeida, "La vie mondaine en France sous l'Occupation entre histoire et mémoire", 《2007 제2차 한국-프랑스 국제학술대회 자료집》, 2~4쪽을 참조하라.

적인 감정을 통해 시대의 어두운 분위기에서 벗어나 잠시나마 전쟁을 잊게 하는 수단이기도 했을 것이다.

하지만 점령 공간이라는 특수한 역사적 조건을 고려한다면 점령기 프랑스 사회의 열악한 경제 상황도 이 '잘못된 관계'의 주요한 배경이었을 것이다. 당시 프랑스는 전쟁의 패배로 인한 심각한 경제난에 시달리고 있었다. 독일에게 막대한 재원을 압수당한 상황이었으며, 비시 정부의 대독협력 비용이 총 국가 수입의 약 58%에 달할 정도로 경제적인 어려움을 겪고 있었다. 반면, 생산의 주축이 되어야 할 성인 남성들은 절대적으로 부족했다. 전쟁 발발 이후 약 200만 명에 달하는 성인 남성들이 전쟁포로로 수감되거나, 자의적·타의적으로 독일 공장에 송출 또는 해외로 추방되었고 혹은 레지스탕스 운동원으로, 자유 프랑스의 군인으로 입대한 상태였다. 남성 가장이 사라진 상황에서 가족의 생존을 위해서는 여성들이 돈을 벌기 위해 경제 활동을 할 수밖에 없었고, 이에 따라 여성 노동의 규모가 급속도로 확대되었다.[22] 이러한 현실 속에서 점령군과의 교제는 여러 가지 특혜와 함께 무엇보다 일상생활에서의 물질적인 도움을 얻을 수 있는 확실한 수단이었다.[23]

5. X출산 : 전통주의와 축복받지 못한 출산의 봉합

결국 앞에서 언급한 모습들은 당시 프랑스 사회에서 비시 정부가 공식적으로 주입하려 했던 전통주의적 가족 이데올로기와 그에 따른 정책들이 개인들의 실제적인 삶을 전적으로 통제하는 데에는 그다지 성공적이지 못했다는 사실을 보여준다. 이는 이미 살펴본 것처럼 점령 공간이라는 특수한 상

---

22) 신행선, 〈프랑스 비시 정부 시기 가족정책과 여성〉, 170~171쪽.
23) 이와 함께 점령기 프랑스 사회에서 독일 병사들을 상대로 은밀한 매춘이 급증했다는 점에도 주목할 필요가 있다. Fabrice Virgili, "Aimer l'ennemi en France pendant", p.2.

황, 특히 점령자와 피점령자가 한 지역에서 함께 뒤섞여 생활하고 있다는 상황 때문이었다.

문제는 비시 정부가 통제하지 못한 개인들의 삶, 그들의 사적인 감정, 욕망의 분출이 비시 정부의 공식적인 이데올로기와 명백하게 상충되는 것이었음에도 불구하고 정부 차원에서는 아무런 조치를 취할 수 없었다는 점이다. 독일과의 전쟁 과정에서 100만 명이 넘는 프랑스 남성들이 전쟁포로로 수감되었고, 이들은 휴전 이후에도 송환되지 못하고 있었다. 비시 정부는 빠른 시일 내에 포로들이 송환되도록 힘쓸 것이며, 그때까지 그들을 기다리는 가족들을 보호하겠다고 공언한 바 있었다. 그러나 포로들의 젊은 부인과 딸들이 점령군 병사들과 교제하고 있는 상황을 방관할 수밖에 없는 것이 비시 정부가 처한 상황이었다.

문제는 여기서 끝나지 않는다. 애정관계의 결과로 태어난 아이들은 비시 정권의 커다란 고민거리였다. 아직 전쟁 상황이었고, 따라서 공식적으로 점령군인 독일 병사와의 사이에서 태어난 아이들이 주위의 축복을 받는 경우는 극히 드물었다. 더욱이 독일군과 프랑스 여성 사이의 관계는 사회적인 승인을 거치지 않고 비공개적으로 맺어진 경우가 대부분이었다. 그렇기 때문에 독일군과의 사이에서 아이를 갖게 된 여성들은 주변 이웃은 물론이고, 때로는 가족들에게조차도 그 사실을 숨겨야 했다. 또한 임신한 여성들이 출산을 할 때쯤이면 아이의 아버지는 이미 멀리 전방으로 전출된 경우도 많았다. 결국 대부분의 경우 아이의 출산은 전적으로 산모 혼자만의 몫이었다.

산모가 낙태를 시도하는 경우도 드물지 않았지만, 비시 정권은 낙태를 엄격하게 금지하고 있었기 때문에 수월한 방법은 아니었다. 전통적으로 프랑스는 가톨릭 국가였으므로 종교적인 이유에서 낙태를 부정적으로 바라보는 시각이 사회적으로 확산되어 있었다. 그러나 무엇보다 국가 규모에 비해 인구가 부족하다는 현실적인 문제가 있었다. 제1차 세계대전에서 프랑스는 가장 많은 전사자를 낸 국가였고, 이로 인해 생겨난 사회적인 문제들을 극복하기 위해 출산율을 높이려는 정부의 정책이 제2차 세계대전이 발발하기 이전부터 꾸준히 진행되어왔다. 1920년 피임과 낙태 금지법이 시행되었고, 1928년에는 출산 휴가제도가 실시되었다. 가정을 사회의 기본 단위로 상정하고, 어머니로서의 여성을 강조했던 비시 정권 시기에 들어서면 출산 정책은 더욱 강력하게 추진되기도 했다. 이러한 상황에서 독일군과 프랑스 여성 사이에서 태어난 '축복받지 못한' 아이들은 비시 정권을 난처하게 만들었다. 점령군과의 사적인 관계에 대해서는 모른 척 침묵할 수 있었지만, 그 결과로 인해 태어난 수만 명의 아이들에 대한 문제까지 외면할 수 없었기 때문이다. 어떤 형태로든 문제를 해결할 방안을 마련하는 것이 필요했다.

출산과 관련한 비시 정부의 기본 방침을 유지하면서, '비정상적인' 관계를 통해 태어나는 아이들의 문제를 해결하기 위해 1941년 9월 출생 비밀에 관한 법안을 토대로 X출산(Accouchement sous X)제도가 시행되었다. X출산이란 산모가 병원에서 아이를 낳을 때 신분을 밝히지 않고 익명으로 출산하는 것을 말한다. X출산의 뿌리는 프랑스 가톨릭의 오랜 역사적 전통에 기원하고 있다. 중세 시대 교회에서는 임신 중절이나 영아 살해를 막기 위해 신생아를 수도원에 버리도록 공개적으로 권장했다.[24] 17세기에는 수도원에 아이를 버리는 탑을 마련하여 몰래 출산을 한 산모가 그 안에 신생아를 넣은 후 옆에 설치되어 있는 종을 울리면 수도원에서 사람이 나와 아이를 데려가는 관습이 있었다. 이 관습은 1904년까지 지속되다가 같은 해 6월 '열린 사무실(bureau ouvert)' 제도로 대체되었다. 산모가 신생아를 익명으로 버릴 수 있는 것은 변함없었지만, 탑 대신 담당 사무실에 버리는 점이 달랐다. 비시 정부는 이러한 가톨릭의 전통을 법적으로 제도화시켰다. 태어나는 아이는 부모

---

24) Jacque Le Goff, *Pour une autre moyen âge* (Paris: Gallimar, 1977), pp.133-135.

가 누구인지 모르는 상태에서 다른 집의 양자로 들어가게 된다. X출산제도를 이용하면 아이의 출생과 관련한 모든 정보는 완전히 폐기되고, 출생 배경을 추적할 수 있는 어떤 근거도 찾을 수 없게 된다. 출산에 필요한 제반 비용은 국가에서 부담하며, 출산 이후에도 산모는 무료로 병원의 의료 혜택을 받을 수 있었다.[25]

그렇지만 X출산제도가 문제의 근본적인 해결책은 아니었다. 단지 점령자와 피점령자 사이의 뒤섞여진 삶에서 파생된 문제들에 대한 뒷수습에 불과할 뿐이었다. 오히려 X출산의 제도화는 비시 정부가 주창했던 전통주의 이데올로기의 실제적인 영향력이 한계를 가지고 있었음을 우회적으로 보여주는 예증이라고 할 수 있을 것이다.

6. 정부 정책과 점령 공간 그리고 여성들의 삶

제2차 세계대전 시기 독일 점령 아래에서의 프랑스에 관한 연구는 오랫동안 협력 대 저항이라는 이분법의 영향에서 벗어나지 못했다. 1970년대 초 팩스턴의 비시 정부 연구는 레지스탕스의 영웅적인 투쟁에만 매몰되어 있던 기존의 논의를 확장시키는 효과를 가져왔지만 협력 대 저항이라는 기본 구도를 완전히 변화시키지는 못했다. 하지만 근래 들어 독일 점령기 프랑스 사회의 연구에 조금씩 변화가 생겨나기 시작했다. 이제까지 정치사와 경제사에 집중되어 있던 연구의 흐름에서 탈피하여 사회사적·문화사적 접근이 시도되고 있는 것이다. 그 결과 독일 점령기 프랑스인들의 일상적인 삶이 연구의 새로운 주제로 부각되고 있다. 물론 새롭게 등장하는 사회사적·문화사적

---

25) X출산 법령은 1953년, 1956년, 1986년 등 몇 차례 수정을 거친 후 1993년 민법에 편입되었다. 오늘날 X출산제도가 법적으로 보장되는 국가는 프랑스와 룩셈부르크 두 나라뿐이다. 현재 프랑스에는 X출산으로 태어난 사람이 40만 명에 이르고, 한 해에 평균 400건의 X출산이 이루어지고 있다.

연구들은 이제 시작 단계에 불과하기 때문에 아직까지는 기존의 논의를 완전히 대체할 수 있는 전혀 새로운 시각을 만들어낼 정도의 수준은 아니다.

이 글에서는 '독일 점령기 프랑스의 여성들'에 관한 논의 중심으로 새로운 연구의 흐름을 이전의 연구 성과들과 교차시키면서 기존의 이분법적인 시각과 설명 구도에 문제를 제기하고, 점령 공간에 대한 새로운 인식의 가능성을 모색해보고자 했다. 이제까지 독일 점령기 프랑스 여성에 관한 연구는 주로 당시 지배 정권이었던 비시 정부의 가족과 여성 정책을 중심으로 논의되어왔다. 그러나 비시 정부의 정책에 관한 논의는 당시 여성들이 처한 상황의 일부분만을 설명할 수 있을 뿐이었다. 기본적으로 정책에 대한 논의는 정부의 성격 규명에 초점이 맞춰지기 때문이다. 여성에 대한 연구는 여성들의 실제적인 삶과 그들이 경험한 구체적인 현실 중심으로 이루어져야 한다. 그런 점에서 최근 새롭게 등장하고 있는 사회사적·문화사적 연구들은 기존 연구의 한계를 보완해주는 역할을 수행한다고 할 수 있다.

하지만 여기서 한 걸음 더 나아간다면 점령 공간이라는 특수한 상황 속에서 당시 여성들의 삶에 대한 연구는 당시 사회의 실제적인 모습에 대한 연구이기도 하다. 점령기 여성들의 삶에는 정치 권력의 문제와 독일 점령이라는 역사적 특수성까지도 밀접하게 연관되어 있기 때문이다. 따라서 여성들의 삶에 대한 연구는 이제까지 비어 있던 부분을 새로 채운다는 의미뿐만 아니라, 그녀들의 삶을 통해 당시 사회를 다른 각도에서 새롭게 재조명해본다는 의미 또한 내포하고 있다.

이러한 관점을 토대로 이 글에서는 먼저 여성과 관련한 비시 정부의 정책과 그 이데올로기의 기본 성격에 대해 검토해보았다. 또한 독일 점령이라는 특수한 상황 속에서 점령자인 독일 병사와 피점령자인 프랑스 여성의 뒤섞여진 삶의 관계를 통해 비시 정부의 정책과 이데올로기의 한계를 짚어보고, 이러한 한계가 다시 비시 정부의 정책에 어떤 영향을 미쳤는지 고찰해보았다. 정부의 정책과 독일 점령의 특수성, 그리고 여성들의 삶 이 세 가지 요소가 어떻게 맞물려 점령 공간이라는 역사적 상황을 만들어냈는지 구체적으로 살펴봄으로써 당시 프랑스 사회를 협력 대 저항의 이분법으로 바라보는 기존의 시각을 넘어서고자 한 것이다.

---

* 이 글은 2007년 2월 21일 비교역사문화연구소와 대구사학회가 공동으로 개최한 학술대회 "대중독재와 젠더정치"에서 발표되고, 《대구사학》 92집(2008년 8월)에 게재된 글을 수정, 보완한 것이다.

파시즘과 페미니즘 사이에서:
영국파시스트연합의 여성 활동가들

염운옥

염운옥

이화여대 지구사연구소 연구교수. 영국의 우생학과 모성주의를 주제로 박사 학위를 받았고, 우생학의 역사와 여성사를 연구해왔다. 저서로는 《생명에도 계급이 있는가?: 유전자 정치와 영국의 우생학》이 있으며, 공저로는 《기억과 몸》, 《일상 속의 몸》 등이 있다.

1. 영국 파시즘의 여성을 향한 '인간혁명'

영국 파시즘은 독일 나치즘이나 이탈리아 파시즘이 획득한 지위를 누리지 못했다. 파시스트 정당은 정권을 장악하지 못했을 뿐만 아니라 전국 규모 선거에서 의석을 확보하지도 못했다. 1930년대 가장 중요한 파시스트 조직인 오스월드 모즐리(Oswald Mosely)의 '영국파시스트연합(British Union of Fascists)'의 당원수는 절정기인 1934년에 4만 명에서 5만 명 정도에 불과했다. 영국파시스트연합은 1937년 이스트 런던 지방선거에서 유권자 5분의 1의 표를 얻는 데 그쳤을 뿐이다. 영국 파시즘이 대륙 파시즘에 비해 상대적으로 약체였다는 사실은 부정할 수 없을 것이다.

그러나 영국 파시즘이 정권을 장악하지 못했기 때문에 정치적 영향력이 미약했다고 결론짓기는 이르다. 최근 연구에서 밝혀지고 있듯이 파시즘은 영국의 정치 문화에 잠복해 있는 한 요소였고, 대륙에서와 마찬가지로 영국에서도 역시 파시즘이 꽃필 수 있는 토양은 풍부하게 존재했기 때문이다. 예를 들어 앨런 사이크스(Alan Sykes)는 모즐리의 파시즘을 제1차 세계대전 이전 사회제국주의(social imperialism)나 인종재생(race regeneration) 담론의 연장선에서 파악한다. 사이크스에 따르면 파시즘은 단순한 '극우(Far Right)'가 아니라 자유주의 정치의 스펙트럼을 넘어서 '제3의 대안'을 모색하는 '급진우파(Radical Right)' 정치운동의 변종이다. 급진우파운동은 제2차 세계대전 후 모즐리의 유니언운동(Union Movement)이나 1970년대의 국민전선(National Front)으로 이어져 영국 우파의 정치 문화의 한 줄기를 형성했다는

것이다.[1]

사실 영국 사회가 파시즘에 대해 수용적이었는가의 여부 문제는 그 자체
가 논란의 대상이다. 전통적인 입장은 영국의 정치 문화는 파시즘에 지향적
이었다는 것이다. 영국 사회에 독특한 예의, 절충, 관용 등의 가치관이 파시
즘과 같은 극단적인 주장의 침투를 어렵게 했다는 주장이다. 그러나 최근 영
국 사회를 '관용적'으로 규정하는 인식은 '만들어진' 국민적 정체성의 신화
에 불과하다고 해석하는 견해가 유력하다. 영국 역시 대륙 국가들과 마찬가
지로 조건이 갖추어진다면 파시즘에 경도될 내재적 경향성을 가지고 있었다
는 것이다.[2] 파시즘이 실패한 원인은 오히려 잘 정비된 보수당과 노동당의
양당 체제, 특히 1920년과 30년대 보수화된 대중의 요구를 반영한 보수당의
성공에서 찾아야 할 것이다.

그동안 영국 파시즘 연구사에서는 파시스트 정당의 주변성, 영국의 정당
구조와 정치 문화, 인종, 민족, 공동체의 문제, 정치폭력과 정치질서의 문제,
유럽 파시즘 운동과 영국의 관련 등이 활발하게 논의되었다. 1990년대에 들
어서 여기에 열기를 더한 것이 여성사, 젠더사의 시각에 의한 영국 파시즘
연구이다. 1990년대 이후 모즐리 가족 문서의 출간, 다이애나 모즐리(Diana
Mosely) 같은 핵심 인물의 전기 출판 등이 영국 파시즘에서 여성 주체의 역
할에 대한 역사 연구를 자극했다. 2002년 11월에는 MI5 정부비밀문서도 공
개되었다. 1920년과 30년대 영국 파시스트 여성의 역사에 관한 선구적 연구
로는 마틴 더럼(Martin Durham)[3]과 줄리 고트리브(Julie Gottlieb)[4]의 논문과

---

1) Alan Sykes, *The Radical Right in Britain*, (London: Palgrave Macmillan, 2005), p.2.

2) Tony Kushner and Kenneth Lunn, "Introduction", *Traditions of Intolerance-Historical Perspectives on Fascism and Race Discourse in Britain*, Tony Kushner, Kenneth Lunn, eds., (Manchester: Manchester University Press, 1989), p.8; Kenneth Lunn, "British Fascism Revisited: A Failure of Imagination?", *The Failure of British Fascism-The Far Right and the Fight for Political Recognition*, Mike Cronin, ed., (London: St. Martin's Press, 1996), p.174.

저서를 들 수 있다.

고트리브의 연구는 파시스트 운동에 여성의 능동적 참여를 분석해 파시즘이 여성을 생물학적 지위에 묶어두고 가정에 가두는 이데올로기에 불과했다는 통설을 반박했다. 고트리브의 연구 이전에도 클라우디아 콘츠의 《아버지 나라의 어머니들(Mothers in the Fatherland)》[5]은 나치 시대 독일 여성들에 관해 '희생자인가 공범자인가'의 이분법을 넘어설 수 있는 시각을 제시한 바 있다. 고트리브 연구의 긍정성은 파시즘을 지지했던 여성들을 파시즘의 남성 중심주의에 기만당하고 희생된 수동적 존재가 아니라 스스로의 판단에 의해 운동에 참가한 자율적이고 능동적 존재로 기술하고 있다는 점에 있다.

그러나 로저 그리핀(Roger Griffin)이 서평에서 지적하고 있듯이 파시즘에 대한 고트리브의 해석은 조지 모스(George Mosse)로부터 시작된 1980년과 90년대 파시즘 연구의 '새로운 합의(new consensus)'가 제시한 신지평과 함의를 간과하고 있다.[6] '새로운 합의'란 스탠리 페인(Stanley Payne), 로저 이트웰(Roger Eatwell), 에밀리오 젠틸레(Emilio Gentile), 조지 모스 등에 의해 이루어진 '파시즘이란 무엇인가'에 대한 연구자들 간의 일종의 느슨한 공감대를 지칭하는 표현이다. '새로운 합의'에서 핵심적 요소는 파시즘의 신화성과 혁명성, 그리고 민족주의이다.[7]

---

3) Martin Durham, *Women and Fascism*, (London: Routledge, 1998); Martin Durham, "Gender and the British Union of Fascists", *Journal of Contemporary History*, 27, no. 3, (July 1992), pp.513-529.

4) Julie Gottlieb, *Feminine Fascism-Women in Britain's Fascist Movement 1923-1945*, (London: I.B. Tauris, 2000); Julie V. Gottlieb, "Women and British Fascism Revisited: Gender, the Far-Right, and Resistance", *Journal of Women's History*, 16, no.3, (2004), pp.108-123.

5) Claudia Koonz, *Mothers in the Fatherland-Women, the Family and Nazi Politics*, (New York: St. Martin's Press, 1987).

6) Roger Griffin, "Book Review: Julie Gottlieb, *Feminine Fascism*", *European History Quarterly*, 32, no. 4, (October 2002), p.615.

여성에 관해 이야기하자면 파시즘의 속성인 극단적인 민족주의는 여성을 국민으로 승화시키는 이데올로기로 작용했다. 파시즘에서 민족은 개인의 삶을 초월적인 지위로 격상시키는 매력을 발산하는 실재이다. 따라서 민족 구성원은 생명을 이루는 세포와 같이 민족공동체를 위해 헌신해야 하며, 개인의 삶은 민족공동체 속에서만 그 의미와 가치가 인정될 수 있는 것이다. 그런데 민족 재생의 신화가 실현되기 위해서는 그에 걸맞은 새로운 유형의 인간을 만들어야 한다. 파시스트적 인간형의 창조야말로 파시즘의 궁극적인 목표이며, 이런 의미에서 파시즘은 '새로운 인간(new man)'의 창조를 기획하는 '인간혁명(anthropological revolution)'이다. '새로운 합의'가 주목하는 부분은 바로 파시즘의 이러한 혁명성이다.

파시즘의 젠더정치에 대한 연구는 바로 이 부분을 천착해야 한다. 요컨대 '인간혁명'이라는 파시즘의 속성은 여성 주체들에게 어떻게 작용했는가, 파시스트 운동에 참여한 여성들은 민족공동체에 자신을 어떻게 일체화시키고자 했는가를 물어야 한다. 그러나 고트리브의 저서는 이러한 문제제기를 놓치고 있다. 그렇기 때문에 방대한 사료에 근거한 실증적 연구에도 불구하고 파시즘의 '보수 혁명적' 성격을 포착하는 데 성공하지 못한 채 낡은 파시즘 개념으로 되돌아가고 있는 것이다.

스테판 버거(Stefan Berger)의 비교 연구에서 볼 수 있듯이 영국은 전체주의 국가가 아니었음에도 불구하고 자발적 동원에 기초한 제2차 세계대전 시기 영국의 총력전 체제는 나치 독일보다 중앙집권적이며 효율적이었다.[8] 서구 민주주의 국가와 전체주의 국가의 구조적 차이가 전쟁 수행에서 그리 크

---

7) 파시즘의 정의를 둘러싼 소위 '새로운 합의'에 관해서는 김용우, 《호모 파시스투스: 프랑스 파시즘과 반혁명의 문화혁명》, 책세상, 2005. 제1부 제2장 '파시스트 문화혁명'을 참조하라.
8) 스테판 버거, 〈독일과 영국의 총력전 체제〉, 임지현·김용우 편, 《대중독재 1: 강제와 동의 사이에서》, 책세상, 2004, 149~174쪽.

지 않았다는 버거의 연구는 대중독재의 틀을 통해 민주주의와 독재 친화성의 문제를 제기한다. 의회 민주주의와 독재 체제 사이의 거리가 그리 멀지 않다는 대중독재 패러다임은 대중독재 체제가 성립되지 않았던 영국의 경우를 분석하는 데 있어서도 시사적이다.

이 글에서는 대중독재의 패러다임을 염두에 두고 고트리브의 연구를 비판적으로 검토한 위에서, 영국파시스트연합 활동가 여성들의 궤적을 추적함으로써 여성 파시스트들이 자기 정체성을 어떻게 확립해갔는지를 분석하고자 한다. 여성들이 영국파시스트연합에 참여함으로써 얻고자 했던 것은 무엇이었는가, '새로운 인간형'의 창조라는 파시즘의 혁명성과 민족주의는 여성들에게 어떻게 작용했는가, 영국 파시즘에서 여성 주체(women agency)는 어떻게 작동했는가를 물을 때 주목해야 하는 논점은 페미니즘과 파시즘의 관계이다. 영국파시스트연합의 여성 중에는 전투적 참정권 운동가에서 파시스트로 변신한 인물들이 존재했기 때문이다.

여성 파시스트들은 참정권운동의 경험을 파시즘에 접목하고자 했다. 그리고 1918년 여성 참정권 획득 이후에는 변화된 페미니즘을 파시즘에 활용하고자 했다. 이 글에서는 페미니즘과 파시즘의 관계를 분석하기 위해서 참정권운동의 유산과 1918년 이후 페미니즘이 파시즘과 어떤 관계를 맺고 있는가, 여성 파시스트들은 페미니스트 어젠더에 어떻게 대응했는가에 대해 분석하고자 한다. 분석을 위한 사료로는《블랙셔츠(The Blackshirt)》,《액션 (Action)》,《파시스트 위크(Fascist Week)》,《여성 파시스트(The Woman Fascist)》등 영국파시스트연합의 정기 간행물을 주로 이용했다.

2. 참정권운동의 유산과 여성 파시스트

프랑스 파시즘 연구자 케빈 패스모어(Kevin Passmore)가 환기시켜주듯이 사실 젠더사 연구와 접목된 여성 책임론의 부상은 영국뿐만 아니라 유럽 파시즘에 공통되는 현상이다. 파시스트 엘리트에 여성 비율이 높은 것 역시 영국에 국한된 현상이 아니었으며, 남성 중심의 위계질서를 강조하는 파시스트 정당도 실제 활동에서는 원칙에 얽매이지 않는 유연한 태도를 보였던 것이 사실이다. 파시즘 운동에 참여한 독일, 이탈리아, 스페인, 프랑스, 영국, 미국의 여성 대중들은 참여와 지도자 숭배를 통해 해방감과 동료애를 경험했다고 믿었다. 패스모어가 지적하고 있듯이 "권위주의적 보수운동이나 파시스트 운동에서 여성의 지위 문제는 파시즘 일반(generic fascism)을 이해하는 기존 개념들이 재고되어야 함을 암시한다."[9]

영국 파시즘에는 나치 독일의 게르트루트 숄츠 클링크(Gertrud Scholtz-Klink)와 같은 '거물' 여성 지도자는 없었다. 하지만 영국파시스트연합 당원의 약 24%는 여성이었으며, 영국파시스트연합 내부에서는 여러 명의 여성들이 활약했다. 에드워드 시대 참정권운동의 전통에서 보면 여성 파시스트 중에 가장 주목할 만한 예는 참정권 운동가에서 파시스트로 전향한 예일 것이다. 메리 리처드슨(Mary Richardson), 노라 엘람(Norah Elam), 메리 앨런(Mary Allen) 등 참정권 운동가 출신 여성들은 전투적 페미니즘의 유산을 안고 파시즘에 투신했다. 그녀들은 '선거'는 '빈 수레'이며, '민주주의'는 '침몰하는 배'라고 비난하며 과거 참정권운동의 장외 투쟁방식과 전투성을 파시스트 운동에서 부활시켰다.[10] 엘리트 정치인의 전유물이 되어버린 현재 영국의 의회정치는 대중의 의사를 대변할 수 없으며, 따라서 인민의 의사를 직접 반영할 수 있는 방법을 파시즘의 대중정치를 통해서 찾겠다는 것이다.

파시즘의 특징이 강인한 남성성에 대한 숭배이며 영국 파시스트 남성들이

---

9) Kevin Passmore, "introduction", *Women, Gender and Fascism in Europe, 1919-45*, (New Brunswick: Rutgers UP, 2003).

10) Gottlieb, *Feminine Fascism*, p.147.

페미니즘에 대해 공공연한 적대감을 표현했다는 사실을 상기한다면, 영국파시스트연합에 참정권 운동가 출신 여성들이 참여했다는 사실은 일견 모순처럼 보일지 모른다. 그러나 참정권 운동가 출신 여성들의 참여는 대대적인 환영을 받았다. 1936년 노라 엘람을 영국파시스트연합의 선거 후보로 소개하면서 모즐리는 "이제 국가사회주의가 영국 여성을 가정으로 돌려보내려 한다는 오해는 불식될 것"[11]이라고 선언했다. 참정권 운동가 출신 여성들에게 맡겨진 역할은 전투적 참정권운동이 파시즘의 선구였다는 담론을 구성하는 것이었다. 참정권운동에서 이탈한 여성들은 페미니즘과 파시즘을 조화시키고자 했다.

여성 활동가와 지지자들은 자신들의 파시즘 참여를 종교적 경험, 즉 '개종'으로 회상했다. 그녀들에게 파시즘 운동의 참가는 왜 '개종'으로 인식되었나? 파시스트 활동가 여성들의 자기 정체성 형성은 종교의 형식을 빌려 경험되었다. 영국파시스트연합 여성들을 고무시킨 최대의 영웅은 지도자 모즐리였으며, 세속 종교 파시즘의 교주 모즐리는 메시아였다. 왜 파시즘이 여성들에게 호소력을 발휘했는가에 대해 빌헬름 라이히는《파시즘의 대중심리(The Mass Psychology of Fascism)》에서 "국군주의의 효과는 리비도의 메커니즘에 기초하고 있었다. 유니폼이 주는 섹스어필한 효과, 리드미컬한 군대식 행진의 에로틱한 효과, 군대식 절차의 전시효과를 가장 잘 이해하는 사람들은 유식한 정치가들이 아니라 판매원이나 비서 같은 평범한 여성들이었다"[12]고 적절하게 분석했다.

리처드슨과 엘람, 앨런은 자신들의 파시즘으로의 '개종'을 페미니즘에 대한 일탈이나 배신이라고 인식하지 않았다. 참정권·파시즘 운동은 이들에게

---

11) *Action*, 28, (November 1936).
12) Wilhelm Reich, *The Mass Psychology of Fascism*, (London: Harmondswirth, 1970), p.66.

그리 다른 것이 아니었기 때문이다. 사실 전투적 참정권운동에서 원(原)파
시즘(proto-fascism)의 요소를 찾아내는 것은 그리 어렵지 않다. 팽크허스트
(Pankhurst)가(家)의 두 모녀 에멀린(Emmeline)과 크리스타벨(Christabel)이 여
성정치연합(the Women's Social and Political Union)을 주도한 방식은 독재적
성격이 강했으며, 과격파 참정권운동과 파시즘은 민족주의, 국수주의, 강한
리더십, 영웅 숭배, 민족 재생에 대한 낭만적 열정 등의 요소를 공유했다. 여
성정치연합의 운동방식에 대해 온건파 참정권 운동가인 페미니스트 세실리
해밀턴(Cecily Hamilton)은 "여성정치연합은 독재의 시작이었으며, 에멀린 팽
크허스트는 레닌, 히틀러, 무솔리니의 선구자"라고 비난했다.[13] 에멀린과 크
리스타벨은 제1차 세계대전이 발발하자 즉각 전쟁에 대한 지지를 표명하고
전쟁 중에는 참정권 캠페인을 자제할 것과 전시 노동에 여성이 적극 참여할
것을 촉구했다. 두 사람의 민족주의적 태도는 팽크허스트 가문 출신이지만
어머니나 언니와는 달리 전쟁 중에도 참정권 획득을 위한 캠페인을 중지하
지 않고 반전운동과 결합해 여성의 정치적 권리를 주장했던 사회주의 페미
니스트 실비아 팽크허스트(Sylbia Pankhurst)와는 대조적이었다.

　　노라 엘람은 1930년대 노섬턴에서 영국파시스트연합 예비 후보로 활약했
다. 엘람은 1918년 선거에서도 무소속 후보로 출마한 적이 있었으나 낙선했
다. 자신이 보수당이나 노동당 후보로 출마하지 않은 것은 기존 정당에 대한
불신감의 표현이라고 회고했다.[14] 엘람은 참정권 획득이 과연 여성운동의
승리인가에 강한 의문을 제기하고, 오히려 여성운동의 실패라고 비판했다.
여성 투표권의 획득은 여성의 지위를 실질적으로 향상시키지 못했을 뿐만
아니라 전쟁 방지, 실업과 빈곤 문제 해결, 불량 주택 개선 등 사회 문제 어

---

13) Cecily Hamilton, *Life Errant* (London, 1935), p.68, quoted in Julie Gottlieb, *Feminine Fascism*, p.159.
14) Norah Elam, "Fascism, Women and Democracy", *Fascist Quarterly*, 1, no. 3, (1935), pp.290-298.

느 것 하나도 해결하지 못했다는 것이다. 엘람은 여성 참정권운동이 얻어내지 못한 여성의 권리들을 파시스트 운동이 성취할 수 있을 것이라는 희망을 품었다.

1935년에 쓴 〈파시즘, 여성, 그리고 민주주의〉에서 엘람은 영국 여성들이 선거권을 획득하고 성취한 것이 과연 무엇이었는가를 되묻고 있다. 그녀는 첫 선거에서 당선된 여성 최초의 의원은 영국과는 아무 상관도 없는 미국인이자 백만장자의 아내인 낸시 애스터(Nancy Astor)와 아일랜드인으로 사회주의자이며 신페인 당원인 콘스탄스 마키비츠(Constance Markiewicz)였다는 점을 상기시키고 있다.[15] 두 사람 모두 '영국 여성'의 진정한 대표자가 아니라는 것이다. 엘람의 이러한 반응은 당시 다른 여성 단체들이 '자매애'를 발휘해 애스터의 당선을 환영한 것과는 대조적이다.[16]

메리 앨런은 1924년 직접 비행훈련을 받은 경험이 있었으며, 1934년 영국파시스트연합은 글로스터셔에서 비행 클럽을 운영하기도 했다. 제2차 세계대전이 임박한 1938년 7월 영국파시스트연합의 신문 《행동(Action)》은 아멜리아 에어하트(Amelia Earhart), 진 배튼(Jean Batten), 한나 라이치(Hanna Reitsch) 등 여성 비행기 조종사들의 무용담을 실었다. 근대의 여성 영웅은 비행과 관련되었다. 비행의 속도감은 근대성의 은유인 동시에 이제 막 날갯짓을 시작한 파시스트 운동을 상징했다.[17]

파시즘이 여성 비행사들에게서 동시대의 여성 영웅의 이미지를 발견했다면, 역사 속의 여성 영웅들은 사적 영역에 머물지 않고 공적 영역에서 자아 성취에 성공한 여성들이었다. 모즐리도 튜더 시대 '메리 잉글랜드'의 부활을 부르짖었다. 따라서 16세기 영국을 해양 강국으로 발전시킨 처녀왕 엘리자

---

15) Elam, "Facism, Women and Demacray".
16) Barbara Caine, *English Feminism 1780-1980*, (Oxford: Oxford University Press, 1997), p.205.
17) Gottlieb, *Feminine Fascism*, p.97.

베스나 소(小)피트 수상의 조카로 중동 지방을 여행한 선구적 여성 모험가 레이디 헤스터 스탠호프(Hester Stanhope)와 같은 인물이 찬양의 대상으로 부각된 것은 당연한 일이었다.[18]

메리 리처드슨의 경우는 드라마틱한 이야기를 제공한다. 팽크허스트의 여성정치연합에서 활약하던 그녀는 가장 악명 높은 전투적 페미니스트 중 한 명으로서, 청원서를 전달하기 위해 조지 5세의 마차에 뛰어드는 소동을 벌이기도 했다. 1914년 3월 글래스고에서 에멀린 팽크허스트가 체포되자 이에 대한 항의로 내셔널 갤러리에 소장된 벨라스케스의 작품 〈거울 속의 비너스(Rokeby Venus)〉을 칼로 찢어 유명해졌다. 1916년 노동당에 입당했고, 노동당 후보로 1922년, 24년, 31년 세 차례 선거에 출마한 경력이 있다. 《아반티(Avanti)》를 편집하던 시절의 무솔리니에 대해 알고 있었으며, 로마를 방문한 적도 있었던 것으로 추정된다. 그러나 1922년 로마 행진 이후 원칙을 배반한 무솔리니에게 실망했다는 비난의 편지를 보냈다고 한다.[19]

리처드슨은 1933년 12월에 영국파시스트연합에 참가하자 곧 여성분과 선전 담당 총책임자로 발탁되기도 했다. 그녀는 참가의 이유를 "기존 의회정치의 제국 정책에 대한 실망" 때문이며, "제국 건설에서 여성의 역할을 통감"[20]한다고 밝히고 있다. 리처드슨은 페미니스트와 파시스트로서 이중의 정체성을 가지고 있었다고 보인다. 사회주의 페미니스트 실비아 팽크허스트의 파시즘 공격에 대해 리처드슨은 "실비아는 이탈리아 파시즘을 통해 영국 파시즘을 비난한다. 하지만 이탈리아 여성은 결코 영국 여성이 누리는 정도의 지위에 도달한 적이 없기 때문"[21]에 양자를 동일시해 파시즘을 비판하는 것은

---

18) *ibid.*

19) Gottlieb, *Feminine Fascism*, pp.335-336.

20) "Ex-Suffragette joins the BUF: Mussolini's Prediction", *Fascist Week*, no.7, (Dec. 22-28th, 1933).

부당하다고 반박했다.

메리 리처드슨은 참정권운동의 유산을 계승한다는 의식을 강하게 표명했으며, 동일 노동 동일 임금, 남녀평등 임금과 같은 페미니스트 어젠더를 파시즘에 도입하고자 했다. 그녀의 여성분과 선전 담당 총책임자의 활동은 오래가지 못했다. 1935년 11월 리처드슨은 파시스트 운동에 고용된 여성들의 불평등한 임금에 항의하는 시위를 주도했다가 영국파시스트연합에서 추방당했다. 영국파시스트연합을 떠난 후 리처드슨은 동시대의 또 다른 급진적 페미니스트 단체인 '식스 포인트 그룹(Six Point Group)'에서 영국파시스트연합의 여성 정책의 허구성을 폭로하는 연설을 한 것으로 알려져 있다.[22] 리처드슨의 시도가 실패한 후 파시스트 젠더정치에서 여성의 주체성은 어떻게 드러났는가? 영국파시스트연합 내부에서 여성의 세력화를 분석하기 이전에 먼저 영국파시스트연합 여성분과 내에서 이루어진 성별 분업과 여성성을 둘러싼 갈등에 대해 살펴보고자 한다.

3. 성별 분업과 여성성에 대한 인식

영국파시스트연합은 1933년 3월 레디 모즐리(Lady Mosely)의 주도 아래 여성분과를 창설함으로써 파시즘에 대한 여성의 지지를 제도화했다. 파시스트 운동에서 여성들은 자신의 역할을 단순한 보조 업무나 허드렛일에 한정시키지 않았다. 그들은 '차 끓이기' 같은 봉사 업무뿐만 아니라 각 지부의 관리 책임과 블랙셔츠나 대표로 활동하며 파시스트 신문을 판매하고 기금을 모으며 대중 연설을 하기도 했다. 또한 아동 클럽이나 청년 클럽을 운영하고

---

21) Mary Richardson, "My Reply to Sylvia Pankhurst", *The Blackshirt*, no. 62, (29 June, 1934).
22) Durham, *Women and Fascism*, pp.64-65.

펜싱이나 유도 훈련 등 스포츠 활동에 참가했다.

남성 회원과 함께 선전 팸플릿을 배포하고, 집회에 참석하는 등 남성과 나란히 정치 활동을 하며, 남성과 같은 스포츠 활동을 한다는 면에서 여성들은 양성이 평등하다고 믿었을 것이다. 그러나 성별 분업이라는 가부장제 이데올로기는 영국파시스트연합 내에서도 작동했다. 영국파시스트연합의 남성 활동가들 사이에는 페미니즘에 대한 반감이 여전했으며, 민족공동체의 이름으로 양성 간의 적대감이나 대결을 자제해야 한다고 주장했다. 성별 분업 담론은《블랙셔츠》,《액션》,《여성 파시스트》같은 영국파시스트연합의 정기 간행물 지면을 통해 자주 확인할 수 있다.

성별 분업 담론과 가부장제 이데올로기에 순응하는 여성상은 약 1년이라는 짧은 기간 동안 발행되었던 계간 소식지《여성 파시스트》에서도 확인할 수 있다.《여성 파시스트》의 지면에서는 중산층 여성들에게 자원봉사에 참여해줄 것을 촉구하고 있다.[23] 보수를 받지 않는 자선 활동은 전통적으로 여성의 영역에 속한다고 여겨져왔다. 사회적 차원에서 보면 자선 활동은 사회 복지 서비스에 비용을 지출하지 않고도 사회적으로 필요한 케어 노동을 손쉽게 얻는 방법 중 하나였다. 물론 여성 개인에게 자원봉사가 가정의 울타리를 벗어나 공적 영역으로 진출하는 하나의 계기가 되는 것은 틀림없다. 그러나 여성들에게 경제적 자립을 위해 일자리를 찾으라고 요구하는 대신 무보수의 자원봉사를 권장하는 것은 결국 '빵을 벌어오는 가부장'의 그늘 아래 여성을 종속시키는 결과를 낳는다는 비판을 면하기 어렵다. '검은 블라우스'를 입은 여성 파시스트들은 '검은 셔츠'의 남성들과 나란히 구호를 외치며 발맞추어 행진했다. 하지만 이들은 동시에 젠더화된 노동의 성별 분업 역시

---

23) *The Woman Fascist*, no. 6, Tuesday, May 10th. *The Woman Fascist* since then incorporated into the 'Women's Section' column in *The Blackshirt and Action*.

받아들이고 있었다.

1933년 영국파시스트연합에 가입한 올리브 호크스(Olive Hawks)는 영국 파시스트연합 지면에 자주 이름을 올렸으며, 앤 브록 그릭스(Ann Brock Griggs)와 함께 메리 리처드슨이 탈당한 이후 차세대 여성 지도자로 활약한 인물이다. 영국파시스트연합 지면에 실린 여성의 노동시장에 대한 접근성, 어린 여공들의 낮은 임금 실태, 여성 실업 문제 등에 대한 호크스의 발언과 소설 《그린 가(街)에 희망은 있는가?(What Hope for Green Street?)》는 파시즘 의 젠더정치에 내재한 모순을 드러내준다. 호크스를 통해 우리는 여성의 노 동할 권리와 여성의 '자연적' 의무 사이에서 이를 조화시키고자 갈등하는 한 여성 파시스트의 고민을 읽을 수 있다.

제2차 세계대전이 발발하자 영국 정부는 '보호조치(Defence Regulation) 18B 1(a)'를 발동해 모즐리 부부를 포함한 747명의 파시스트 활동가들을 구 금했다. 호크스도 구금된 주요 활동가 중 한 명이었다.《그린 가(街)에 희망 은 있는가?》는 호크스가 구금된 기간 동안 쓴 단편소설이다. 소설은 릴리와 찰리 사이에 사생아가 태어난다는 에피소드로 이루어져 있다. 하지만 이 소 설에서 '사생아 출생'이라는 사건은 결코 산아 제한이나 여성의 성적 해방을 주장하기 위한 소재로 쓰이지 않았다. 또한 여성의 경제적 자립에 대한 인식 도 미약하다. 미혼모가 된 릴리가 어떻게 생계를 꾸려나갈지, 앞으로 어떤 인생을 살아가게 될지에 대한 관심 역시 부재되어 있다. 실수로 아버지가 된 찰리는 심적 부담을 견디지 못하고 도망가려 하지만, 찰리의 가족들은 릴리 의 아기를 따뜻하게 받아들인다. 일자리를 잃었음에도 불구하고 가장인 찰 리의 아버지는 아기를 받아들이고, "아버지가 아니면 할아버지라도 아이를 거두어야 한다"[24]고 말한다. 사생아가 가부장의 보호 아래 편입됨으로써 찰

---

24) Olive Hawks, *What Hope for Green Street?*, (London: Jarrolds, 1945), p.50.

리의 가족은 다시 평온을 되찾는다.

또한 이 소설에서 호크스는 '매혹적인 파시즘(fascinating fascism)'에 매혹 당하지 않는 대중에 대해 불만을 토로하고 있다. 의류 창고 점원인 피터라는 등장인물은 입버릇처럼 "경력을 좀더 쌓아 웨스트엔드 지점으로 옮겨갈 테야"[25]라고 말하며, 사회적 상향 이동에 대한 열망을 드러낸다. 저자 호크스는 상향 이동의 사다리를 기꺼이 올라가려는 대중의 욕망에 공감하면서도 파시즘이 무엇인지, 공산주의가 무엇인지에는 관심조차 없고 그저 정치 집회 맨 뒤에서 잡담이나 즐기는 대중에게 실망감을 나타내고 있다.[26]

영국파시스트연합이 발행하는 신문과 잡지 지면에는 '파시스트 문화혁명'을 통해 민족의 재생을 달성하자는 문구가 자주 등장한다. 민족 재생 담론은 재생의 수단으로서 모성의 몸을 지닌 존재인 여성에 관심을 가진다. 그런데 '국민'을 '인종'으로 보는 사고는 가부장제의 틀을 초월할 수 있는 가능성을 내포하고 있다. 인종적 사고는 미혼모와 혼외 자녀에 대한 보살핌과 배려의 주장으로 나타나기 때문이다. 실제로 영국파시스트연합의 어떤 여성은 이탈리아의 모성과 아동복지정책, 혼외 자녀에 대한 나치의 관용적 정책을 예로 들면서 영국에서도 결혼하지 않은 어머니들이 자신과 자녀를 위해 생계를 꾸려갈 수 있는 기회를 가져야 한다고 주장하기도 했다.[27]

사실 인종적 사고나 우생학의 논리에 충실히 따른다면 일부일처제 가족은 '보다 좋은 생식'에 방해로 작용할 가능성을 내포하고 있다. 일부일처제는 우수한 자질을 가진 개인의 재생산을 장려한다는 우생학의 전략을 방해한다. 결혼제도 밖에서 태어난 자녀라도 '건강하고 우수하다면' '인종'의 미래를 위해 유익한 존재가 될 수 있다. 인종 담론이나 우생학 담론은 가족제도

---

25) *Ibid.*, p.21.
26) *Ibid.*, p.19.
27) 1936년 1월 *The Fascist Quarterly*에 실린 Rosanlind Raby의 글.

를 해체할 수도 있는 논리 구조를 갖는다.

따라서 영국파시스트연합의 성별 분업과 여성성에 대한 담론이 여성의 주체성을 가부장제에 종속시킨다고 결론 내리기는 아직 이르다. 다음 글에서는 궁극적으로는 가부장제에 종속되면서도 가부장제를 전복할 수 있는 가능성을 내재한 민족 재생 담론이 어떻게 발현되었는지, 또 어떤 한계를 지니고 있었는지의 논점을 모성주의 페미니즘(maternalist feminism)의 틀을 통해서 분석해보고자 한다.

4. 모성주의 페미니즘과 파시즘

영국파시스트연합의 여성 활동가들은 파시즘의 요구를 동시대에 지배적이었던 페미니즘의 경향인 '새로운 페미니즘(new feminism)', 즉 '모성주의 페미니즘'의 요구와 조화시키고자 했다. 모성주의 페미니즘은 제1차 세계대전이 끝나고 여성 참정권이 주어진 이후 등장한 페미니즘의 신조류를 말한다. 밀리센트 포셋(Millicent Fawcett)이 이끌었던 온건파 참정권운동 그룹 '참정권운동단체전국연합(National Union of Suffrage Societies)'의 지도자 엘리너 래스본(Eleanor Rathbone)은 1918년 평등시민권단체전국연합(National Union of Societies for Equal Citizenship)을 발족시켰다. 평등시민권단체전국연합은 보다 넓은 범위의 여성 대중들에게 호소력을 발휘할 수 있는 '새로운 페미니즘'의 의제를 제시했다. 새로운 페미니즘은 기혼여성을 여성 해방운동의 주체와 대상으로 설정했다.

1933년 평등시민권단체전국연합의 새로운 의장에 취임한 에바 후박(Eva Hubback)은 페미니스트는 가족수당, 산아 제한, 국가에 의한 모성복지서비스 입법과 같은 의제를 위해 노력해야 한다고 선언했다. 우생주의자이기도 했던 그에게 '새로운 페미니즘'은 인구의 재생산에 영향을 주는 모든 개혁을 포괄해야 하는 것으로 규정되었다. 평등시민권단체전국연합의 활동 목표는 모성과 자녀 양육에 관련된 복지 서비스를 법률로 제정하도록 정부에 압력을 행사하는 것이었다.[28]

엘리너 래스본과 함께 제1차 세계대전 이후 등장한 모성주의 페미니즘을 대표하는 인물인 에바 후박은 세 명의 자녀를 둔 미망인으로서 페미니스트는 '어머니'이어야 한다고 주장했다. 그녀는 해방된 여성에게 모성이 매력적인 것이 되도록 만드는 것, 또 페미니즘과 모성의 조화가 일생의 관심사였다. 후박은 여성운동의 주체와 대상을 '독신여성'이 아니라 '기혼여성'으로 상정하고, 기혼여성의 지위 향상, 재산권의 획득, 여성 고용 확대, 아동 및 모자 복지 입법 등을 평등시민권단체전국연합이 추구해야 할 정책 방향으로 삼았다.[29]

남성과 여성의 차이와 여성의 특수한 입장을 강조하는 래스본과 후박의 '새로운 페미니즘'에 대해 평등파 페미니스트는 성별 분업을 고착시키고, 빅토리아 시대의 가정 중시 이데올로기와 가부장제로 회귀하는 것이라고 비난했다. 1927년 모성보호 입법 도입에 관한 찬반 토론에서 대립했던 반대파는 평등시민권단체전국연합을 탈퇴하고, 과격파 참정권 노선을 계승한 페미니스트 단체로 옮겨갔다. 평등파 페미니스트 세실리 해밀턴은 모성보호 입법이 여성의 몸을 '영원히 임신을 위해 준비된 상태'에 놓이게 한다고 비판했다. 또한 위니프레드 홀트비(Winifred Holtby)와 베라 브리테인(Vera Brittain)과 같은 젊은 페미니스트들은 가족수당이나 산아 제한의 도입 자체에는 찬

---

28) Women's Library: Hubback Papers, "The Women's Movement-Has It a Future?", pp.6-7.
29) "Obituary, Eva M. Hubback (Goldman, P) (1888-1949)", *Eugenics Review*, 41, (1949-50), p.141; Diana Hopkinson, *Family Inheritance-A Life of Eva Hubback*, (London: Staples, 1954); Brian Harrison, *Prudent Revolutionaries-Portrait of British Feminism between the Wars*, (Oxford: Clarendon Press, 1987).

성하지만, 이러한 정책이 모든 여성에게 모성의 발현을 강요하고 전통적 여성성과 성 역할에 여성을 가두는 결과를 초래할 수 있다는 점을 경계했다.[30]

1918년의 여성 참정권 실현은 오랜 여성 참정권운동의 결실이기도 했지만, 여성들이 전쟁에 협력한 대가로 주어진 결과이기도 했다. 참정권 획득은 전투적 페미니즘의 재등장을 가로막는 역할을 했다. 제1차 세계대전이 끝나자 전쟁에서 상처 입고 돌아온 남성들에게 공격을 가하는 일은 자제해야 했고, 전쟁 기간 중 남성들을 대신해 산업 각 분야에서 생산에 종사했던 여성들에게 언론은 이제 가정으로 돌아가라고 외쳐댔다.[31] 참정권 획득 이후 등장한 '새로운 페미니즘'은 모성의 강조를 통해 더 많은 여성들의 구체적 삶에 한 걸음 더 다가갔고, 기혼여성들을 동지로 만들었다는 점은 긍정적으로 평가할 수 있다. 그러나 불평등한 젠더관계에 대한 비판이라는 페미니즘 본연의 모습에서 멀어짐으로써 보수화되었다는 비판에서 자유로울 수 없었다.

이러한 '새로운 페미니즘'의 어젠더는 영국파시스트연합 정기 간행물 지면에서도 집중적으로 다루어졌다. 여성분과에 할당된 지면은 출생률 하락, 인구 문제, 위생, 임산부 사망률, 아동 복지 등의 주제들로 채워져 있었다. 올리브 호크스나 앤 브록 그릭스는 영국파시스트연합 지면에 실린 글에서 건강한 자녀 출산과 양육을 통해서만 종의 재생을 이룩할 수 있다고 주장했다. 그들이 주장한 것은 '퇴화(degeneration)'를 방지하기 위한 '파시스트 혁명'을 통한 '재생(regeneration)'이었다.

하지만 이들은 산아 제한에 대해서는 직접적인 언급을 회피하고 침묵으로 일관했다. 산아 제한과 소위 '부적합자(unfit)'에 대한 강제적 불임 수술에 대한 파시즘의 정책을 묻는 질문에 모즐리는 다음과 같이 원칙적으로는 찬성

---

30) Susan K. Kent, "The Politics of Sexual Difference: World War I and the Demise of British Feminism", *Journal of British Studies*, 27, (July 1988), pp.243-244.
31) *Ibid.*, p.238.

이지만, 산아 제한보다는 '적합한(fit)' 계층의 출산을 장려하는 방향에 무게를 두어야 한다는 견해를 밝힌 바 있다.

> 근대 과학의 모든 지식과 마찬가지로 산아 제한 지식은 원하는 사람이면 누구나 이용할 수 있어야 한다. 파시즘은 적자의 생식을 보장하고, 생활 수준의 향상을 권장한다. 오늘날 산아 제한은 잘 알려져 있지만 상대적으로 부유한 층에서 주로 실행되고 있다. 산아 제한은 극빈층에는 거의 알려져 있지 않고 실행되지도 않고 있다. 그 결과는 국민적 이해관계에 반하는 것이다. 파시즘이 자각해야 하는 애국주의는 경제적 안정과 함께 오늘날 산아 제한을 실시하고 있는 계층의 대가족 구성을 장려하는 것이다. 오늘날 산아 제한에 반대하는 사람들만이 파시즘의 국민적 자각의 결과를 보장할 수 있다. 하지만 부적합자에 대해서는 자녀를 출산하지 않도록 격려하거나 자발적인 단종을 하는 것으로 충분하다. 어느 누구도 의사에 반하는 불임 수술을 강요당해서는 안 된다.[32]

그런데 여성들에게 더 시급한 관심사는 출산 장려가 아니라 산아 제한이었다. 산아 제한이 출산을 기피하는 이기적인 풍조가 아니며, 여성 개인의 이기적인 선택이 아니라는 주장을 하기 위해 필요한 것은 여성 개인의 몸이라는 사적 영역을 신성한 민족공동체라는 공적 영역과 연결짓는 일이었다. 따라서 영국파시스트연합의 지면을 통해 산아 제한을 이야기하는 대신 파시스트 여성들은 임산부 사망률이 여전히 높다는 통계 수치를 제시하며 사태의 심각성을 호소하는 전략을 택했다.

---

32) Oswald Mosley, *Fascism-100 Questions Asked and Answered*, (London: BUF publication, 1936), p.4.

사실 피임 대신 임산부 사망률을 거론하는 것은 페미니스트 단체들이 산아 제한의 필요성을 우회적으로 주장하기 위해 사용하는 전형적인 레토릭이었다. 제1차 세계대전 이후 실질 임금의 상승과 위생 개혁 덕분에 유아 사망률은 현저히 하락한 반면, 임산부 사망률은 1930년대까지도 여전히 높았다. 1920년과 30년대에 산아 제한 수단의 보급을 위해 캠페인을 벌인 단체들은 친(親)우생학 경향을 보인 마리 스톱스(Marie Stopes)의 '건설적인 피임과 인종 진보를 위한 협회(Society for Constructive Birth Control and Racial Progress)'에서부터 반(反)우생학 노선을 분명하게 표명한 도라 러셀(Dora Russell)과 스텔라 브라운(Stella Browne)의 '노동자산아제한그룹(Worker's Birth Control Group)'에 이르기까지 그 성격이 다양하다. 하지만 이들 단체 역시 피임 수단의 보급을 주장하기 위한 주요 논거로서 높은 임산부 사망률을 거론했다.

한편, 여성들의 절박한 요구에 비해 정부의 대응은 느리고 미진했다. 1920년대 민간 산아제한운동 단체의 활동이 활발하게 전개되었음에도 불구하고 보건부는 여전히 피임 지식의 유통을 금지하는 태도를 바꾸지 않았다. 예를 들어 1922년에는 대니얼스라는 한 방문 간호사가 산아 제한에 관한 정보를 유포했다는 이유로 현직에서 해고되자 여성 단체들의 대대적인 항의와 청원이 있었다. 산아제한운동 단체뿐만 아니라 우생협회(Eugenics Society) 역시 공적 건강 서비스 항목에 산아 제한 도입을 촉구하는 청원에 참여했다.[33]

보건부가 태도를 바꾸어 의회 승인 없이 은밀하게 피임 지식의 유통을 용인하는 문서 'Memo 153/MCW'를 발표한 것은 1930년의 일이었다. 이 문서는 "임신 상태를 지속하는 것이 의학적인 견지에서 판단해 여성의 건강에 유해하다고 판단되는 경우에 한해서만 지방 당국이 모자복지센터에서 산아

---

33) "The Last Ten Years: Mrs Hodson's Record of Work for Eugenics", *Eugenics Review*, 24, (1932-33), p.25.

제한에 관한 지식을 조언할 수 있다"[34]고 규정했다. 그러나 이는 마지못해 도입한 미봉책에 불과한 조치로 423개 센터 중에서 1937년까지 피임 지도를 위한 진료소가 실제로 개설된 곳은 95개소에 지나지 않았다.[35]

파시스트 조합 국가의 이상적인 여성상은 생물학적 운명에 충실하게 인종 재생을 위한 성스러운 의무를 다하는 '어머니'의 이미지이다. 영국파시스트 연합의 여성 파시스트들은 이러한 모성주의 담론을 채택함으로써 가부장제를 강화하는 결과를 낳았다. 모성주의는 가부장제의 안티테제가 아니라 가부장제의 보완물이다. 가부장제가 사회적·문화적 상징이라면 남성과 여성은 이를 강화하거나 저항할 수 있다. 그리고 여성들은 세력화의 한 방법으로 가부장적 문화를 지지할 수 있으며, 실제로 그렇게 하기도 했다. 여성들은 가부장제의 단순한 희생자가 아니었다. 따라서 파시스트 여성들을 가부장제의 희생자로 치부하는 것은 여성 주체의 능동성에 대한 몰이해의 소산일 것이다.[36] 1920년과 30년대 소수의 급진적 페미니스트 그룹을 제외한 다수의 모성주의 페미니스트와 여성 단체들이 인종 재생 담론과 우생학을 지지하고 있었음을 상기한다면, 유독 파시즘만을 '안티 페미니스트'라고 비난하는 것은 공평하지 못한 비판이 될 것이다.

이상적인 파시스트 여성상은 모성, 즉 '종의 어머니'로 집약할 수 있지만, 전통적인 어머니상과 근대적 파시스트 어머니상의 차이를 인식하는 것 역시 중요하다. 도덕적이고 정신적인 역할이 강조되었던 전통적인 어머니와 달리

34) Ministry of Health Memorandum, "Birth Control", *Memo 153/MCW*, (July 1930), Audrey Leathard, *The Fight for Family Planning-the Development of Family Planning Services in Britain 1921-74*, (London: Macmillan, 1980), p.49에서 재인용.

35) Lesly Hoggart, "The Campaign for Birth Control in Britain in the 1920s", *Gender, Health and Welfare*, Anne Digby, John Stewart, eds., (London: Routledge, 1996), p.161.

36) Ralph M. Leck, "Theoretical Issues: Conservative Empowerment and the Gender of Nazism. Paradigms of Power and Complicity in German Women's History", *Journal of Women's History*, 12, no. 2, (Summer 2000), p.157.

영국 파시즘이 이상으로 삼은 어머니상은 강인하고 건강하며, 동시에 매력과 지성을 갖춘 이미지였다. 또한 어머니와 주부는 소비자이자 가정의 디자이너로서 가사노동의 근대화에 관심을 보이는 존재였다. 1920년과 30년대 영국은 대량 소비사회로 전환하는 단계에 위치해 있었고, 파시스트의 젠더 정치 역시 대량 생산과 대량 소비의 새로운 사회 환경에 조응하는 양상을 보였다. 예를 들어《데일리 메일(Daily Mail)》지에서 주관하는 '이상적 가정 전시회(Ideal Home Exhibition)'에 관한 기사를 영국파시스트연합 신문의 여성난에서 찾아볼 수 있다. 당시 여성 잡지나 전시회는 노동 절약방법과 미국식 과학적 경영방식을 가정에 도입해야 한다고 여성들을 계몽했다. 말하자면 가정은 평범한 여성들이 가사노동의 합리화를 통해 근대화를 경험하는 실험장이었다.

그렇다면 파시즘 운동에서 한편으로는 연설가 및 선전가로서 여성의 적극적 활동을 고무하면서, 동시에 다른 한편으로 미래 파시스트 국가의 여성성을 모성 역할과 주부 역할이라는 여성적 영역에 투사하는 것 사이의 모순을 어떻게 설명할 수 있을까? 이에 대한 하나의 답은 파시즘 내부의 다양성, 이질적·대립적 견해의 공존, 여성 동원을 위한 전략, 대륙 파시즘의 원리와 영국파시스트연합의 적극적이고 전투적인 여성 활동가 사이의 긴장으로 설명할 수 있다.

또 하나의 해답은 조합국가(corporate state)라는 만병통치약이었다. "여성은 조합국가에서 한 조합을 대표할 자격이 있는가?"라는 질문에 대해 모즐리는 다음과 같이 답했다.

여성은 산업이나 직업 분야에 따라 구성된 모든 조합에 가입할 수 있다. 더구나 여성의 대다수를 차지하는 주부이자 어머니는 파시즘에 의해 효과적인 대표성을 처음으로 부여받게 될 것이다. 파시스트 국가에는 주부와 어머니를 위한 특별한 조합이 만들어질 것이다. 이런 조합에서는 모성복지, 아동복지와 같은 여성 문제를 다루게 될 것이다. 주부와 어머니 조합은 식량 가격, 주택, 교육 등의 분야에서 국가를 돕게 될 것이다. 실제 경험에 바탕을 둔 주부의 의견은 사회주의자 교수나 독신여성 정치가의 견해보다 가치 있는 것이다."[37]

조합국가 모델에서 여성은 노동자, 소비자, 주부로서 위치지워진다. 조합국가의 가정생활에는 이상화된 성격이 부여되고, 가정을 효율적으로 경영하는 것은 민족의 재생을 위해 필수적인 요건이 된다. 주부로서 가정을 경영하거나 가사노동에 고용된 여성을 대표하는 '가정 조합(Home Corporation)'은 파시스트 조합국가의 요체이며, 주부의 경력도 직업으로 인정해야 한다는 것이다.

5. 페미니즘과 파시즘의 이중적 정체성의 여성 파시스트

영국파시스트연합에 참여한 여성 파시스트는 능동적인 주체였지만, 가부장제를 강화하는 주체였으며 페미니즘과 파시즘의 이중적 정체성 사이에서 방황하는 존재였다. 메리 리처드슨과 노라 엘람, 메리 앨런 등 제1세대 여성 파시스트들은 참정권운동의 유산을 안고 파시즘에 투신해 평등파 페미니즘 담론을 파시즘에 접목하고자 했다. 리처드슨의 경우는 페미니즘과 파시즘 사이에서 갈등하다가 일찍이 파시즘의 무대에서 사라지고 말았다.

제2세대 여성 파시스트들로 분류할 수 있는 올리브 호크스와 앤 브록 그릭스는 모성주의 페미니즘의 담론을 파시즘과 조화시키고자 했다. 영국파시

---

37) Mosley, *Fascism-100 Questions*, p.2.

스트연합의 여성 활동가들은 모성주의 페미니즘의 담론을 채택, 반복했다. 그 결과 파시스트 운동은 여성 대중의 요구에 다가갈 수 있었고, 이들의 욕망을 흡수할 수 있었다. 모성주의 페미니즘이 주장한 모성과 아동복지센터, 출생 전 클리닉, 가족수당과 같은 복지 서비스는 입법을 통해 점진적으로 실현되었다. 물론 파시즘이 정권을 장악하는 데 실패했기 때문에 파시스트의 페미니즘이 독자적인 여성 정책으로 실현될 공간이 영국에서는 존재할 수 없었다. 영국파시스트연합의 여성들에게 파시즘과 페미니즘의 조합은 여성 주체의 세력화를 위한 현실적인 선택이었다. 이러한 선택을 통해 영국파시스트연합에 참가한 여성 활동가들은 자신들의 정체성을 구성했다. 그러나 이는 한편으로는 여성에게 권력을 부여함과 동시에 다른 한편으로는 여성의 평등을 향한 요구를 부정하는 '양날의 칼'이었다.

---

* 이 글은 2007년 2월 21일 비교역사문화연구소와 대구사학회가 공동으로 개최한 학술대회 "대중독재와 젠더정치"에서 발표되고, 《대구사학》 92집(2008년 8월)에 게재된 글을 수정, 보완한 것이다.

팔랑헤당 여성단의 정체성 문제

황보영조

황보영조

경북대학교 사학과 교수. 에스파냐 근현대사, 특히 에스파냐 내전과 프랑코 체제 연구에 집중하고 있다. 공저로는 《대중독재의 영웅 만들기》, 《대중독재3》 등과 번역서로는 《히스패닉 세계》, 《대중의 반역》, 《정보와 전쟁》, 《스페인사》, 《전쟁의 패러다임》 등이 있다. 주요 논문으로는 〈스페인 내전 연구의 흐름과 전망〉, 〈프랑코 체제와 대중〉 등이 있다.

1. 여성단을 바라보는 두 부류의 시각

팔랑헤당은 1933년 호세 안토니오 프리모 데 리베라(José Antonio Primo de Rivera, 이하에서는 호세 안토니오로 약칭)가 설립한 정당이다. 호세 안토니오는 그 이듬해인 1934년 여동생 필라르 프리모 데 리베라(Pilar Primo de Rivera, 이하에서는 필라르로 약칭)에게 여성단(Sección Femenina)[1] 조직을 부탁했다. 이에 필라르는 당시 여섯 명의 젊은 여성들과 함께 여성단을 조직했다. 이 여성단은 1977년 국민운동(Movimiento Nacional, 팔랑헤당의 별칭)의 해체와 더불어 사라질 때까지 43년 동안이나 존속했으며, 전성기 때는 단원수가 60만 명을 넘기도 했다. 프랑코 체제 아래에서는 특히 여성성 형성의 책임을 도맡아 활동하기도 했다.[2]

20세기 초만 해도 스페인의 정치와 국가 건설은 대부분의 유럽 국가와 마찬가지로 주로 남성들의 몫이었다. '대중의 국민화' 또한 주로 남성들을 대상으로 한 것이었다.[3] 여성들은 이러한 국민 건설 과정과 공적 영역에서 제외되었다. 하지만 이탈리아에 파시즘 체제가 들어서고 독일에 나치즘 체제

---

1) 다른 곳에서는 이를 '여성부'로 옮겼으나, 정부 부처의 여성부와 혼동할 우려가 있어 '여성단'으로 옮긴다.

2) Victoria Lorée Enders, "Problematic Portraits. The Ambiguous Historical Role of the SF of the Falange", *Constructing Spanish Womanhood - Female Identity in Modern Spain*, Victoria Lorée Enders, Pamela Beth Radcliff, eds., (New York: State University of New York Press, 1999), p.376.

3) Victoria de Grazia, *How Fascism Ruled Women-Italy 1922-1945*, (Berkeley: University of California Press), p.6.

가 들어서면서 여성들의 역할과 의무가 국가 의제의 일부로서 관심의 대상이 되기 시작했다. 뒤이어 등장한 프랑코 체제 또한 이것에 대한 관심을 기울이기 시작했다. 이제 여성들을 국가 건설의 필수적인 동반자로 인식하기 시작한 것이다. 이에 각종 기관들을 설치하고 법을 선포해 여성들이 조국의 어머니와 딸의 의무를 다하도록 했다.[4] 이런 점에서 여성단의 위상과 역할은 매우 중요했다.

한편, 스페인 여성들이 역사 연구의 주목을 받기 시작한 것은 프랑코가 사망한 뒤이다. 그것도 프랑코 치하의 억눌린 역사를 회복하는 차원에서 진행되었다. 그러다 보니 좌파 정당 관련 여성들이 먼저 주목을 받았다. 역사가들은 정치적·경제적·사회적 억압 아래 침묵한 이 여성들의 목소리를 되찾아주는 데 심혈을 기울였다.[5] 반면, 우파 여성들에 대한 연구는 거의 진행되지 않았다.

여성단에 대한 연구도 프랑코 사후의 이러한 시대적 분위기를 반영했다. 1990년대 중반 들어서까지 여성단을 다룬 연구 논문은 고작 네다섯 편에 불

---

4) Aurora Morcillo Gómez, "Shaping True Catholic Womanhood: Francoist Educational Discourse on Women", *Constructing Spanish Womanhood-Female Identity in Modern Spain*, Victoria Lorée Enders, Pamela Beth Radcliff, eds., (New York: State University of New York Press, 1999), p.51

5) 당시 학문적인 연구 성과뿐만 아니라 침묵한 자들의 회고록도 쏟아져나왔다. 대표적으로 Tomasa Cuevas Gutiérrez, *Cárcel de mujeres(1939-1945)*, 2, (Barcelona: Sirocco, 1985); *Mujeres de la Resistencia*, (Barcelona: Sirocco, 1986); Giuliana Di Febo, *Resistencia y movimiento de mujeres en España 1936-1976*, (Barcelona: Icaria, 1979); Nieves Castro Feito, *Una vida para un ideal-Recuerdos de una militante comunista*, (Madrid: De la Torre, 1981); Mika Etchebehere, *Mi guerra de España*, (Madrid: Plaza y Janés, 1976); Lidia Falcón O'Neill, *En el infierno-Ser mujer en las cárceles de España*, (Barcelona: Ediciones Feministas, 1977); Juana López Manjon, *¿Y quién soy yo?-Memorias de la Guerra Civil en Ubeda*, (Málaga Torroy-Costa, 1986); Federica Montseny Mañé, *Cent dies de la vida de una dona*, (Barcelona: Sagitario. 1977); *Mis primeros cuarenta años*, (Espulgas de Llobregat: Plaza y Janés, 1987); Dolores Ibarruri Gómez, *Memorias de Dolores Ibarruri, Pasionaria. 1939-1977*, (Barcelona: Planeta, 1985) 등을 들 수 있다.

과했다.[6] 그러다가 1999년 프랑코 체제 기간 동안 여성단이 여성의 정체성 형성에 얼마나 기여했을까 하는 문제가 제기[7]되면서 비로소 역사 연구의 쟁점으로 떠올랐다.

여성단을 바라보는 시각은 크게 두 부류로 나눌 수 있다. 좌파 역사가들 및 활동가들의 시각과 전 여성단 단원, 특히 '새걸음(Nueva Andadura)' 단체 회원들[8]의 시각이다. 좌파들은 여성단이 프랑코 정권과 협력하여 여성들을 억압한 것으로 보았다. 그들은 여성단이 희생적이고 경건하며 수줍어하고 무지한, 전통적인 스페인 여성의 이미지를 강화하는 데 주된 관심을 보였다고 비판했다. 전 여성단 단원들은 물론 이런 시각을 거부했다. 특히 고위급 단원 출신들은 여성단이 스페인 여성들에게 우익 진영의 다른 여성 단체들과는 다른 독특한 정치적 대안을 제시했다고 생각했다. 그들은 스페인 여성들의 처지를 개선하는 데 자신들의 삶을 바쳤다고 생각했으며, 그런 신념으로 살아간 자신들의 삶에 감사했다.[9] 이러한 시각차는 결국 여성단의 성격에 대한 이해에서 비롯된 것으로 보인다.

---

6) Mª Teresa Gallego Méndez, *Mujer, Falange y Franquismo*, (Barcelona: Taurus, 1983); María Inmaculada Pastor, *La educación femenina en la postguerra(1939-1945); El caso de Mallorca*, (Madrid: Ministerio de Cultura, Instituto de la Mujer, 1984); Rosario Sánchez López, *Mujer Española-una sombra de destino en lo universal*, (Murcia: Universidad, D. L., 1990); Luis Suárez Fernández, *Crónica de la Sección Femenina y su tiempo 1934-1977*, (Madrid: Asociació Nueva Andadura, D. L., 1992).

7) Enders, "Problematic Portraits"

8) '새걸음'은 필라르와 테레사 로링(Teresa Loring), 기타 전 여성단 단원들의 주도로 1980년대 초 마드리드에서 결성된 단체이다. 목적은 여성단의 자료를 발굴, 보존하는 데 있었다. 이들이 수집한 자료는 현재 왕립역사학술원(Real Academia de Historia)에 소장되어 있다. Fondo de la Asociación de 'Nueva Andadura', Serie Azul/Roja.

9) Inbal Ofer, "Historical Models-Contemporary Identities: The Sección Femenina of the Spanish Falange and its Redefinition of the Term 'Femininity'", *Journal of Contemporary History*, 40, no. 4, (2005), p.664; Victoria Lorée Enders, "Problematic Portraits", *Journal of Contemporary History*, 40, no. 4, (2005), p.378.

좌파들의 비판 내용을 좀더 자세히 세 가지로 요약해볼 수 있다. 첫째는 여성성에 관한 것이다. 프랑코 체제 아래에서 여성성 형성의 책임을 지고 있던 여성단은 심성 변화와 사회생활 개혁을 중시했다. 여성단은 이를 실현하기 위한 열쇠가 교육에 있다고 보고 이상적인 여성성 형성을 위한 정교한 교육 체계를 마련했다.[10] 이렇게 마련된 규범과 표준이 프랑코 국가의 문화 규범을 강화시켜주었다. 그런데 문제는 "이러한 행동 규범들이 순종형의 여성을 길러내기 위해 소녀들의 자발성이나 주도성, 창조성을 말살하려는 것과 다름없었다"[11]는 것이다. 마드리드페미니스트회(Colectivo Feminista de Madrid)는 이것에서 한 발 더 나아가 "전통적 의미의 스페인 여성—사랑하는 아내, 희생적인 어머니, 가톨릭 신자, 사회 질서 유지를 위해 단정함, 순종, 침묵을 미덕으로 여기는 위선적이고 무지하고 교양 없는 사람—을 가능한 많이 보존하고 더욱 악화시키는 데 몰두했다"며 지독한 경멸을 표시했다.[12]

한편, 이 여성성 문제와 관련해 자유주의 및 급진주의 여성들은 여성단이 자신들의 성을 배신한 것이라고 보았다. 1961년 필라르가 코르테스 대의원으로서 추진한 '여성의 정치권, 직업권, 노동권에 관한 법'이 코르테스를 통과한 적이 있었다. 이들은 스페인 여성들의 법적 지위 개선을 위한 필라르의 이러한 노력마저 불충분한 것으로, 심지어는 나쁜 신념에서 비롯된 것으로 보았다. 여성단은 한편으로는 여성들의 노동권을 위한 입법운동을 전개하고, 다른 한편으로는 여성의 직업 노동에 의문을 제기하는 야누스적인 행태를 보였다는 것이다.[13]

---

10) Elena Posa, "Una educación especialmente femenina", *Cuadernos para el Pedagogía*, 3, 1977, p.34.
11) *Ibid.*, p.32.
12) Colectivo Feminista de Madrid, "El feminismo español en la década de los 70", *Tiempo de Historia*. 3, no. 27, 1977, p.31.
13) Rosario Sánchez López, *Mujer Española*, p.45.

둘째는 '사회 정의'에 관한 것이다. 여성단은 팔랑헤당이 스페인의 사회 정의를 대변한다는 호세 안토니오의 원칙을 시종일관 고수했다. 그들은 이 사회 정의를 스페인에서 출생한 아이는 어느 누구도 출생 조건에 의해 불이익을 받지 않아야 한다는 것으로 이해했다. 그리고 뒤에서 살펴보겠지만 이를 실현하기 위해 건강, 위생, 빈민의 문화와 교육 수준 개선 등의 운동을 펼치기도 했다. 하지만 좌파들은 여성단의 이러한 노력을 주민들을 미혹하는 위선과 권모술수에 불과한 것으로 보았다.[14]

셋째는 프랑코 체제와의 협력 문제이다. 한때 프랑코 감옥에 수감된 바 있는 리디아 팔콘(Lidia Falcón)은 프랑코 체제를 파시즘 체제로 보고 그 정치적 범죄를 요약하면서 여성단의 체제 협력 문제를 다음과 같이 언급했다.

> 스페인에서 40년간 득세한 파시즘은 (……) 남성 프롤레타리아트와 농민들을 짓밟고 문화를 파괴했으며 문학에 대한 검열을 실시하고 극장을 폐쇄했으며 스페인 지식인들과 대학생들을 두 세대 동안 추방했다. 뿐만 아니라 무엇보다도 여성들을 잔인하게 착취했으며 그들을 억압하고 그들에게 모욕을 주었다. 이는 파시즘적 남성주의만이 할 수 있는 것이었다.[15]

이러한 맥락에서 좌파들은 여성단이 추진한 활동들을 '스페인 여성들의 진보'를 위한 것이 아니라, 자녀들이 팔랑헤주의 스페인을 건설하는 데 이바지하도록 여성들을 이념적으로 세뇌시키기 위한 것이었다고 보았다.[16] 이러

---

14) Giuliana di Febo, *Resistencia y movimiento de mujeres*, p.146.

15) Lidia Falcón O'Neill, "Spain: Women Are the Consicience of Our Country", *Sisterhood is Global*, Robin Morga, ed., (New York: Anchor, Doubleday, 1984), p.627; Enders, "Problematic Portraits." p.380에서 재인용.

16) Posa, "Una educación especialmente femenina", p.34.

한 비판의 근저에는 분명 나름대로의 정치적 판단이 깔려 있었다. 비판은 여기에서 더 나아가 계급적 판단에까지 이르렀다. 곧 여성단이 대중의 참여 문화 대신 프티 부르주아와 도시의 문화를 옹호하고 엘리트 문화를 발전시켰다고 보았다.[17]

물론 전 여성단 단원들은 좌파들의 이러한 비판을 거부했다. 그들은 여성단에 대해 좌파들과 다른 정체성을 주장하며 그들 나름대로의 해석을 제시했다. 그것을 요약하면 자신들이 정치적 대안을 제시했고, 그 길을 걸었다는 것이다. 이것은 엔더스(Enders)가 여성단 출신들의 목소리를 듣기 위해 1989년에서 1991년에 걸쳐 실시한 전 여성단 단원들과의 인터뷰 내용을 통해 확인할 수 있다.[18] 그들은 1930년대에 '정치적 불만'을 공유했던 젊은 소녀들로서 좌파 정당은 물론 전통적 우파 정당도 따르지 않았다고 한다. 여성단의 고위직을 지낸 콘차(Concha)의 말이 이를 잘 대변해주고 있다.

> 스페인에서 벌어진 많은 일들에 대한 책임이 우파에게 있는 것처럼 보였습니다. 공산주의 사상이 우리와 맞지 않았기 때문에 우리는 좌파와도 제휴하지 않았습니다(우리는 일반적으로 가톨릭적인 생의 개념과 아울러 가족, 가족적 전통, 관습을 중시하는 개념을 지니고 있었습니다). 하지만 (……) 폐쇄적인 우파의 개념을 좋아하지도 않았습니다.

다른 여성단 단원 토마사(Tomasa)는 여기에서 더 나아가 자신들을 가톨릭 행동(Acción Católica)을 비롯한 우파의 보수 반동적 동료들과 확실히 구

---

17) López, *Mujer Española*, p.78.
18) Enders, "Problematic Portraits", pp.382-387.

별했다.

> 가톨릭 행동은 퇴행적 여성들로 구성되었습니다. 반면에 우리는 매우 진보
> 적이고 매우 전진적인 사람들로 구성되었습니다. 가톨릭 행동은 영적 훈련
> 과 도덕적 훈련 등 종교적 형태의 활동에 치우쳤습니다. 그러나 여성단의
> 정신과 목적은 그보다 훨씬 광범했습니다.

이들은 이렇듯 우파와의 차별성을 강조하면서 좌파의 것도 우파의 것도
아닌 제3의 정치적 대안 이데올로기를 만들어냈다고 했다. 콘차는 이를 다음
과 같이 이야기했다.

> 우리 가족은 모두 공화주의자들이었습니다. 그래서 우리는 모두 팔랑헤당
> 으로 피신했습니다. 우리는 우파도 아니었고, 그렇다고 공산주의자도 아니
> 었습니다. 그래서 우리는 균형을 모색해야 했지요. 사회 프로그램 같은 공
> 산주의의 좋은 점을 취하고 조국과 종교, 가족과 전통 같은 우파의 좋은 점
> 을 취해야 했지요. 이 두 가지를 결합시켜야 했습니다.

여성단의 이데올로기는 곧 공산주의 이데올로기와 우파 이데올로기에서
각각 좋은 점을 선택해 결합시킨 대안적인 결과물이라는 이야기이다.

이상에서 살펴본 여성단을 바라보는 두 부류의 시각은 매우 대조적이다.
무엇이 이런 차이를 만들어냈을까? 그것은 정치적 좌파와 정치적 우파의 뿌
리 깊은 적대감일 것이다. 적대감에 똬리를 튼 이분법적 시각이 여성단에 대
한 다양한 인식과 경험마저 사상(捨象)해버리고 만다. 따라서 여성단에 대한
다양한 경험을 제대로 살려내기 위해서는 이분법적 시각을 넘어선 새로운
접근이 필요하다. 새로운 접근의 출발은 물론 기존의 적대감에서 자유로운

객관적인 연구 자세일 것이다. 이 글의 목적은 이런 차원에서 여성단의 정체성을 되짚어보는 데 있다. 이를 통해 프랑코 체제와 관련한 여성단의 위상과 역할, 그리고 프랑코 체제 아래의 스페인 여성들에게 미친 여성단의 영향을 살펴볼 수 있을 것이다.

여성단의 정체성을 규명하기 위해서는 먼저 연구 주제를 명확히 할 필요가 있다. 정체성을 파악하기 위해서는 여성단이 주장한 바와 실제로 행한 내용, 곧 이론과 실천을 살펴보면 될 것이다. 따라서 이론 차원에서는 여성단이 제시한 주요 이데올로기와 대표 모델을 분석하고, 실천 차원에서는 여성단이 매우 중시한 교육과 사회봉사의 내용을 살펴보고자 한다.

여성단은 앞에서 언급한 것과 같이 43년 동안이나 존속했기 때문에 시대의 변화에 따라 굴곡이 없지 않았다. 프랑코 체제 아래에서는 이를 1959년을 기점으로 삼아 크게 전기와 후기 두 시기로 나누어 살펴볼 수 있다. 1959년은 프랑코 체제가 자립과 국제적 고립의 단계를 마감한 해이자, 경제 안정화 계획[19]을 통해 경제 정책을 수정한 해이다. 이 밖에도 소비사회로의 진입과 이촌향도, 관광객 증가, 이민 증가 등으로 여성의 지위와 역할에 다소 변화가 생기기도 한다.[20] 이 글에서는 편의상 프랑코 체제와 관련한 여성단의 정체성을 압축적으로 들여다볼 수 있는 전기로 그 시기를 한정해 다루기로 하겠다.

---

19) 경제 안정화 계획은 인플레이션 증가와 심각한 국제 수지 적자로 파산에 직면한 1956년 경제 위기를 타개하기 위한 조치였다. Stanley G. Payne, *The Franco Regime 1936-1975*, (Madison: University of Wisconsin Press, 1987), pp.469-471.

20) Mª del Carmen Agulló Díaz, "Transmisión y evolución de los modelos de mujer durante el franquismo (1951-1970)", *Historia y Fuentes Orales-Historia y Memoria del Franquismo. 1936-1978*, Trujillano Sánchez, José Manuel y Gago González, José María, eds., (Ávila: Fundación Cultural Santa Teresa, 1997), pp.497-502.

2. 여성단의 이론

1) 주요 이데올로기

여성단은 팔랑헤당과 대체로 그 운명을 같이했다. 1936년 2월 인민전선이 팔랑헤당을 불법화하자 여성단도 마찬가지로 불법화되었으며, 1937년 4월 프랑코가 모든 정당을 팔랑헤당의 깃발 아래 모으는 통합령(Decreto de Unificación)을 통해 팔랑헤당 구조를 확대, 개편하자 여성단도 프랑코 진영 유일의 공식 정당[21] 산하에 소속되었다. 하지만 제2차 세계대전 이후 이 둘 사이에는 중대한 차이가 생겨났다. 프랑코가 히틀러의 독일과 무솔리니의 이탈리아와 거리를 두기 시작하면서 팔랑헤당의 여러 부서와 업무가 사라지거나 단순한 관료 조직으로 바뀌게 되었는데, 여성단의 경우는 그렇지 않았다. 여성단은 프랑코 체제가 종말을 고할 때까지 원래의 이데올로기 및 프로그램과 조직을 유지했다. 그 비결은 단장인 필라르에 있었다.[22] 호세 안토니오가 내전 중인 1936년 11월 알리칸테 감옥에서 처형된 반면, 필라르는 프랑코 정권 내내 생존하면서 여성단 활동을 계속할 수 있었다.

여성단의 주요 이데올로기를 마련한 결정적인 계기는 1937년 1월에 개최된 제1차 전국평의회(Consejo Nacional)였다. 여성단은 이 대회를 통해 팔랑헤당 설립자 호세 안토니오의 이상을 여성단의 이데올로기로 재확인했다. 호세 안토니오의 말은 언제나 절대적이고 영원한 진리를 전달하는 것으로 여겨졌다. 모든 정치적 논쟁의 마지막 전거도 "호세 안토니오가 말한 대로"라는 말이었다.[23] 따라서 호세 안토니오의 비전이 여성단 이데올로기의 핵

---

21) 이 정당의 공식 명칭은 'Falange Española Tradicionalista y de las JONS' 인데, 이를 줄여서 그냥 팔랑헤당이라고 부른다. 이것을 '국민운동'으로 부르기도 한다.

22) Kathleen Richmond, *Las mujeres en el fascismo español-La Sección Femenina de la Falange, 1934-1959*, (Madrid: Alianza Editorial, 2004), p.24.

심을 이룬다고 볼 수 있다.

그렇다면 호세 안토니오의 비전이란 무엇인가? 그의 비전은 한 마디로 말해 지역주의, 정당, 계급투쟁으로 인한 해체를 종식시키고 팔랑헤 국가를 건설하는 것이었다. 당시 스페인은 '심각한 질병'을 앓고 있었는데,[24] 그 질병은 모든 시민이 노조나 정당의 이해관계가 아니라 공공의 선을 위해 일할 때 '치료'된다고 보았다. 이를 위해 자연스럽고 상보적인 사회 단위들, 이를테면 가족과 공동체로 구성된 새로운 국가를 제안했다. 이를 팔랑헤 국가라고 부르는데, 이 국가가 남녀, 노사, 사회계급 간의 불화를 치유하고 가톨릭 국가 스페인을 회복해 세계 지도 국가로서의 역사적 사명을 감당해나갈 것이라고 했다.[25] 호세 안토니오의 이러한 비전은 팔랑헤당을 다른 우파 정당들과 구별시키는 매우 독특한 것이었다. 이 비전을 스페인인들에게 불어넣어 그들을 변화시키는 것이 '팔랑헤 혁명'이다.

호세 안토니오는 팔랑헤 혁명 이데올로기의 초석으로 '사회 정의'를 강조했다. 여기서 사회 정의는 "아이가 출생하면서 출생으로 인한 특권이나 영향이 없는, 다른 아이들과 동일한 기회를 갖는 것"을 의미한다.[26] 호세 안토니오는 이를 위해 은행과 공공 서비스의 국유화를 주장했고, 노동자들의 '거대 생산자 조합'화, 곧 국가조합주의(Nacional-sindicalismo)를 핵심으로 하는 경제 개혁 프로그램을 마련했다.[27] 그리고 건강과 위생, 빈민의 문화 수준 및 교육 수준 개선운동을 전개해나갔다. 이것은 우파의 보수적 입장과 다른 팔

---

23) Richmond, *Las mujeres en el fascismo español*, p.80.
24) J. Ortega y Gasset, *España invertebrada*, (Madrid: Revista de Occidente en Alianza Editorial, 1981), p.2.
25) Enders, "Problematic Portraits", pp.382-383.
26) *Ibid.*, p.384.
27) J. A. Primo de Rivera, *Textos de doctrina política*, (Madrid: DN de la SF de FET y de las JONS, 1966), pp.341-342.

랑혜당의 매우 독특한 견해라고 볼 수 있다.

한편, 여성의 지위와 역할에 대해서는 팔랑혜당이 전통 가톨릭을 신봉하고 있었기 때문에 여성단 또한 가톨릭의 견해를 받아들였다. 곧 여성의 지위는 남편을 돕는 배필이었으며, 그 임무는 어머니가 되는 것이었다. 이 임무는 신성한 것이었다.[28] 필라르가 여성의 본질은 순종이며, 여성의 자아실현 방식은 자기희생이라고 거듭 강조한 것도 같은 맥락이다.[29] 그녀의 주장에 따르면 여성은 남성과 경쟁하거나 그를 대신하려고 해서는 안 되었다. 남성과 동등해지려는 바람은 "현학적이고 어리석은 것이며, 여성으로서 실패가 확실한 길"이었다. 여성의 임무는 남편을 이해하고 가정생활을 더욱 흥미롭고 매력적이게 만드는 것이었다.[30] 여성성을 부정하고 모성을 피하며 남편의 '좋은 여자 친구'가 되려는 '근대 여성'이 신여성이 아니라, 남편의 일에 관심을 보이고 공적 활동에 시달린 남편에게 조용한 안식처를 제공해주는 여성, 자식을 가르치며 어머니로서 행복을 느끼는 여성이 신여성이었다.[31] 여성은 자신의 이러한 '자연스런' 자질에 알맞은 좁은 영역에서 활동을 해야 했는데, 그 영역이 바로 가정이었다.[32] 따라서 여성이 할 수 있는 가장 값진 역할은 '가족의 품'으로 돌아가는 것이었다.[33] 내전 이후의 어수선한 사회경제적 배경 속에서는 이것이 '가정의 재정복'으로 표현되었다.[34] 가정의 재정복은 전후의 분열된 사회에 '새로운 질서'를 부여하기 위한 작업으로 프랑코

---

28) Enders, "Problematic Portraits", p.376.
29) Pilar Primo de Rivera, *Discursos, Circulares, Escritos*, (Madrid: Afrodisio Aguado, 1943), pp.45-46. 호세 안토니오 또한 "여성은 순종과 섬김과 헌신의 삶을 받아들인다"며 이 점을 언급한 적이 있다. J. A. Primo de Rivera, *Obras Completas*, (Madrid: D. N. de Prensa y Propaganda de FET y de las JONS, 1942), pp.167-168.
30) De Rivera, *Discursos. circulares*, p.259.
31) Geraldine M. Scanlon, *La polémica femenista en la España contemporánea (1868-1974)*, (Madrid: Ediciones Akal, S. A., 1986), p.324.
32) Enders, "Problematic Portraits", p.376.

체제의 안정화와 밀접한 관련이 있었던 것으로 보인다.[35]

　이상에서 살펴본 여성단의 여성상은 '하느님을 위한 여성, 조국을 위한 여성, 가정을 위한 여성'으로 요약할 수 있다. 이를 다른 말로 표현하면 "경건한 여성, 애국적인 여성, 여성적인 여성"[36]이 될 것이다. 여성단은 이처럼 여성의 역할을 가정으로 국한시키는 '가내 여성' 이데올로기를 천명했다.[37] 여성단이 이렇듯 가내 여성 이데올로기를 천명했지만 여성 고용의 현실에 대해서는 이상하게도 애매모호한 입장을 취했다. 여성의 노동이 남성의 일자리를 위협하는 것이어서는 안 되지만, 그것이 국가 경제에 이바지하는 점은 긍정적으로 수용해야 한다는 것이다. 이러한 여성 노동관은 독일의 나치 체제나 이탈리아의 파시즘 체제 아래에서도 동일하게 나타났다.[38] 1940년대에 발행된 여성단 잡지들[39]은 전쟁미망인이나 독신여성 등 이른바 '불행한 여성들'에게는 생계 수단으로 노동이 필요하다는 입장을 취했다.[40] 일부 여

---

33) De Rivera, *Discursos. circulares*, pp.23-24. 여성단은 페미니즘 때문에 소녀가 혼자서 극장과 무도회와 해변에 갈 수 있게 되었고, 남자 친구들을 만나게 되었다고 보고 페미니즘 불신운동을 전개했다. Geraldine M. Scanlon, *La polémica feminista en la España contemporánea*, p.329; Ricardo Delgado Capeáns, *La mujer en la vida moderna*. (Madrid: Bruno del Amo, 1953), pp.102-105.

34) Sección Femenina, *Consejos nacionales (libro primero)*, (Madrid: SF de FET y de las JONS, s. f.), p.99.

35) Helen Graham, "Gender and the State: Women in the 1940s", *Spanish Cultural Studies-An Introduction. The Struggle for Modernity*, Helen Graham, Jo Labanyi, eds., (Oxford: OUP, 1995), p.184.

36) Díaz, "Transmisión y evolución de los modelos de mujer", pp.492-497; Oliva Reina, *Experiencias de educación*, (Madrid: Ed. Ra y Fe, 1939), pp.23 y 31.

37) Mª Jesús Dueñas Cepeda, "Modelos de mujer en el franquismo(1940-1960)", *La Voz del Olvido: Mujeres en la historia*, de la Rosa Cubo, Cristina y et. als. (coord.), (Valladolid: Secretariado de Publicaciones e Intercambio Editorial Universidad de Valladolid, 2003), p.94.

38) P. Wilson, "Women in Fascist Italy", *Fascist Italy and Nazi Germany-Comparisons and Contrasts*. R. Bessel, ed., (Cambridge: Cambridge University Press), 1996, pp.85-86.

39) 대표적으로 《레비스타 '이'(*Revista 'Y'*)》와 《메디나(*Medina*)》를 들 수 있다.

40) Richmond, *Las mujeres en el fascismo español*, pp.56-57.

성들에게는 노동을 허용해준 것이다. 심지어 "젊은 여성들에게는 경력을 쌓을 기회를 제공해주고, 결혼을 하지 않은 다른 여성들에게는 개인적인 노력으로 생활을 영위할 직업을 제공해주는 데 국가와 (국민)운동이 관심을 가져야 한다"[41]고 선언하기도 했다. 이것은 경제적 필요를 채워야 하는 여성들에 대한 국가의 책임을 선언한 것이라고 볼 수 있다. 잡지들은 한 걸음 더 나아가 고용 정보를 제공하면서 특정 직업을 찬미하기도 했다. 이를테면 법학 박사 과정을 밟고 있는 여성을 "뭔가가 되고자 하는 야망을 지닌 여성"으로 기술했다.[42] 노동이 야망을 실현하는 수단으로 소개된 것이다. 하지만 그러면서도 기혼여성은 작업장과 공장에서 배제한다는 원칙을 여전히 고수하고 있었다.[43] 여성단의 여성 노동관은 이렇듯 애매모호하면서도 모순된 측면을 지니고 있었다.

마지막으로 여성단은 여성의 건강과 복지를 위해 스포츠와 체육을 강조했다. 1939년 이전에는 필라르의 말과 같이 스포츠와 체육을 수치스러운 것으로 생각했다.[44] 하지만 1948년에는 여성단이 모든 공립과 사립 학교의 체육교육을 담당했다.[45] 여성단이 이처럼 체육교육에 뛰어든 것은 아름다운 체형이 건강한 모성과 연결된다고 생각했기 때문이다. 따라서 모성의 사명에 충실하기 위해서는 몸에 더 많은 관심을 기울이는 것이 필요했다. 여성단이 발행한 한 잡지는 "강인한 어머니에게서 건강한 자녀들을 많이 얻는 것이 중

---

41) M. Sanz Bachiller, *La mujer y la educación de los niños*, (Madrid: Ediciones Auxilio Social, FET y de las JONS, 1939), p.94.

42) Richmond, *Las mujeres en el fascismo español*, p.58.

43) Giuliana di Febo, "'Nuevo Estado', nacionalcatolicismo y género", *Mujeres y hombres en la España franquista-Sociedad, economía, política, cultura*, Nielfa Cristóbal, Gloria eds., (Madrid: Editorial Complutense, S. A., 2003), p.20.

44) Pilar Primo de Rivera, *Recuerdos de una vida*, (Madrid: Dyrsa, 1983), p.279.

45) Sección Femenina, *La Sección Femenina-Historia y organización*, (Madrid: SF de FET y de las JONS, 1952), p.98.

요하다"는 히틀러의 말을 인용하면서 "어머니 여성이 제일 중요한 시민"임을 강조했다.[46] 이러한 이론을 배경으로 한 리듬운동은 곧 애국운동으로 연결되었다. 이것은 리듬운동이 체제 지지를 위한 표현 수단이 될 수 있다는 말이다. 여성단이 신체의 아름다움을 부각시킨 레니 리펜슈탈(Leni Riefenstahl)의 〈올림픽〉을 비롯한 독일 스포츠 영화에 관심을 보인 것[47]은 바로 이러한 맥락에서라고 볼 수 있다.

2) 대표 모델

이상에서 살펴본 팔랑헤 혁명의 내용, 여성의 지위와 역할, 바람직한 여성상에 대한 이해를 도와주는 것이 있는데, 그것은 바로 여성단이 선정한 역사적 대표 모델이다. 이 모델을 분석해보면 여성 활동주의의 유형과 여성성의 의미에 대한 여성단의 입장을 좀더 분명히 알 수 있을 것이다.

여성단은 수호성인으로 성녀 테레사를, 역사적 전형으로 카스티야의 이사벨 여왕을 각각 선택했다. 성녀 테레사는 카르멜회를 개혁한 카르멜회 수녀이자 성 야고보와 더불어 17세기 스페인의 공동 수호성인으로 선정된 인물이다. 이사벨 여왕은 1492년 무슬림을 이베리아 반도에서 몰아냄으로써 가톨릭의 재정복을 완수한 인물이다. 여성단의 선전과 안내서에는 이들의 생애가 여성의 역사적 전형을 대표하는 것으로 이상화되어 있었다. 두 사람 모두 탁월한 지적 능력을 지닌 혁명가로 소개되었다. 성녀 테레사는 수녀회를 설립하면서 스페인을 이리저리 질주했고, 이사벨 여왕은 무어인과 유대인, 귀족 등 수많은 적들과 대면했다. 성녀 테레사는 반대자들의 저항에 맞서 엄격한 규칙을 마련해나갔으며, 이사벨 여왕은 아라곤의 왕 페르난도와 결혼

---

46) Richmond, *Las mujeres en el fascismo español*, p.65.
47) Luis Suárez Fernández, *Crónica de la Sección Femenina y su tiempo 1934-1977*, (Madrid: Asociació Nueva Andadura, D. L., 1992), p.156.

하면서 개인의 행복을 포기했다. 이러한 모범들은 여성단 간부들이 지녀야 할 기본 덕목으로 자리매김했다.[48] 이를테면 사회봉사 과정을 위한 정치교육 프로그램에 다음과 같은 질의응답이 나온다.

> 여성부의 수호성인이 누구입니까?
> 성녀 테레사입니다.
> 왜 이분을 선택했습니까?
> 스페인의 성녀이기 때문에, 그리고 그녀의 미덕과 성품이 우리의 모범에 매우 적합하기 때문에 선택했습니다. 하지만 무엇보다도 여성단을 보호하기 위해서 선택했습니다.[49]

성녀 테레사의 매력은 무엇보다도 종교적 헌신과 지적인 독립성이었다. 이 점을 잘 드러내고 있는 것이 여성단 주간지《메디나(Medina)》의 편집장을 지낸 호세 루이스의 글이다. 그는 내전 종전 후 여성의 활동을 공적 영역으로 확장해야 한다는 주장을 하기 위해 성녀 테레사의 생애를 고찰한 후 여성단 단원들에게 다음과 같은 지적을 했다.

> 지난 2년간의 위기는 (……) 우리로 하여금 우리의 모든 역량을 결집하라고 촉구하고 있다. (……) 따라서 오늘날 스페인에서는 조국을 위한 불굴의 봉사를 제공하기 위해 (가정의) 포근함을 희생해야만 한다. (여러분에게) 필요한 것 대부분은 감정적이고 수줍음을 타는 여성성과 모순되지 않는다. 다만, 이따금씩 거대하고 지루하며 슬픔으로 가득 차는 과업이 있을 뿐이

---

48) Richmond, *Las mujeres en el fascismo español*, p.88.
49) Sección Femenina, *Enciclopedia elemental*, (Madrid: E. Giménez, 1959), p.118.

다. (……) 이 둘을 결합하는 것은 어렵다. 여성적이 되고 부드러움으로 가득 차면서 동시에 통찰력이 있고 원대한 것-그것은 바로 우리의 어머니 성녀 테레사이다.[50]

이와 동일한 내용을 이사벨 여왕의 생애 이야기에서도 발견할 수 있다. 1941년에 간행된 내전에서 사망한 여성단 단원들을 기념하는 소책자에서 이사벨을 선택한 이유를 다음과 같이 설명했다.

> 스페인 역사에는 성 페르난도의 어머니 베렝가리아나 여성적인 지혜를 구현한 마리아 몰리나(María Molina)와 같은 여왕들이 있었다. 그런데 우리가 이사벨에게만 관심을 갖는 이유는 그녀만이 팔랑헤당 여성들의 지고한 열망을 대변하기 때문이다. 이 여성들의 일부는 통치의 자질을 보여주었고, 다른 이들은 사랑스런 어머니이자 훌륭한 조언자였다. 그리고 이들 모두는 모범적인 애국자들이었다. (……) 하지만 이교도들로부터 스페인의 마지막 영토를 탈취하고 직관을 통해 비전에 찬 콜럼버스를 지원한 카스티야의 이사벨만이 진정한 가톨릭과 애국의 이름으로 여성이 무엇을 할 수 있는지를 보여준 영원하고도 확실한 인물이다.[51]

이 인용문은 여성 활동의 중심 구성요소로 두 가지를 제시하고 있다. 하나는 여성들이 자신들의 역할을 어머니와 (남성을 위한) 조언자로 국한시켜서는 안 된다는 것이고, 다른 하나는 그 목적이 종교적 혹은 민족적인 목적을 실현하는 것이어야 한다는 것이다.

---

50) Ofer, "Historical Models", pp.667-668.
51) *Ibid.*, p.668.

이상에서 간략히 살펴본 성녀 테레사와 이사벨 여왕의 모델은 본질상 남성적인 것으로 간주된 활동 유형과 특징이 여성의 것이 될 수도 있음을 보여준다. 이는 앞에서 살펴본 가내 여성 이데올로기와는 상치되는 내용이다. 그렇다면 이 모순을 어떻게 설명할 것인가? 이것에 대해서는 두 가지 추측이 가능하다. 첫째는 가내 여성 이데올로기는 일반 여성들 대상의 이데올로기이고, 대표 모델은 특별한 여성들을 상정한 모델로 보는 것이다. 여기서 특별한 여성들이란 여성 지도자들을 일컫는다. 여성단의 경우 간부 여성들이 여기에 해당할 것이다. 둘째는 가내 여성 이데올로기나 대표 모델이 지향하는 바가 모두 동일하다고 볼 수 있다. 곧 체제의 안정화와 민족의 번영이 그것이다. 가정의 영역에서도 출산 및 자녀교육과 내조를 통해 인구를 증가시키고 체제를 안정화하는 데 이바지할 수 있다.[52] 이렇게 보면 주요 이데올로기와 대표 모델의 궁극적인 지향점이 매우 중요한 것으로 부각된다. 그것은 곧 체제의 안정과 민족의 번영이다.

3. 여성단의 실천

앞에서 언급한 것과 같이 여성단의 정체성을 파악하기 위해서는 이러한 이론적인 차원의 내용과 더불어 여성단이 실제로 행한 바를 아울러 살피는 것이 필요하다. 당시 여성단이 다양한 사업을 추진했지만, 크게 교육과 사회봉사로 나뉜다. 이를 간략히 살펴보면 다음과 같다.

---

52) 실제로 기혼여성의 직장 퇴출은 체제의 출산장려정책과 밀접한 관련이 있다. Helen Graham, "Gender and the State", p.186.

1) 교육

여성단은 1936년 7월 단원수가 2,500명에 불과한 소규모 조직이었다. 하지만 단원수가 꾸준히 증가해 여성단 자체 추산에 따르면 내전 말 그 수가 무려 58만 명에 달했다.[53] 내전 중 여성단의 목적은 "국가조합주의 투사들을 지원하는 것"이었다.[54] 여성단 단원들은 이를 위해 후방과 최근 정복한 지역에서 다양한 지원 활동을 펼쳤다. 간호 활동과 환자 방문, 제복 수선, 피난민과 고아 돌보기 등이 주요 활동이었다. 그런데 내전이 종결되면서 이러한 지원 활동의 필요성이 사라지자 여성단은 그 활동 영역을 교육으로 확장해나갔다. 교육은 다시 간부 양성교육과 일반 여성교육, 제도권 교육 세 분야로 나뉘어 추진되었다.

먼저 간부 양성교육이다. 여성단은 유능한 간부를 길러내기 위해 우선 조직을 재정비했다. 그 결과 1939년 여성단은 교육팀, 단원팀, 청년팀, 문화팀, 사회(위생 보급 및 지원)팀, 도농연맹팀, 사회봉사팀, 언론홍보팀, 행정팀, 법률자문팀, 해외봉사팀, 대학생팀 등 13개 분과로 나뉘었다. 단원들은 평단원에서 전국 대의원에 이르기까지 10단계의 수직적 위계로 구분되었다. 특히 17세 이하의 단원들은 연령에 따라 들국화단(7~10세), 화살단(11~13세), 청색화살단(14~17세)으로 편성했다. 이 소녀들을 여성단 내의 간부직으로 훈련시킬 필요성이 대두되어 내전 당시부터 이미 간부양성소(escuela de mandos)가 설립·운영되었다.[55]

대표적인 간부양성소는 바야돌리드 주 메디나 델 캄포(Medina del Campo)

---

53) Sección Femenina, *La Sección Femenina: Historia y organización*. (Madrid: SF de FET y de las JONS, 1952), p.20.

54) Richmond, *Las mujeres en el fascismo español*, p.29.

55) Mª del Carmen Agulló Díaz, "'Azul y rosa': Franquismo y educación femenina", *Estudios sobre la política educativa durante el franquismo*, Mayordomo, Alejandro, coord., (Valencia: Universitat de València, 1999), p.254.

의 라모타(La Mota) 성에 설립된 호세안토니오 간부양성소(Escuela Mayor de Mandos 'José Antonio')였다. 메디나 델 캄포는 카스티야의 심장부에 위치해 있다는 지리적 의미뿐만 아니라, 엘시드(El Cid)의 한 동지가 무어인들로부터 재정복한 땅이라는 역사적 의미가 서려 있는 곳이다. 1475년 이 땅을 기증받은 이사벨 여왕은 성의 복원과 확장을 지시했고, 이렇게 재건된 라모타 성은 스페인 황금세기에 그 전성기를 구가했다.[56] 종전 후 1939년 메디나 델 캄포에서 개최된 대규모 집회에서 프랑코가 여성단의 업적을 치하한 후 여성단 간부양성소 설립 지원을 약속했다. 그 결과 3년간의 공사를 거쳐 1942년 5월 양성소의 문을 열게 되었다. 필라르의 표현을 빌리면 이 양성소는 "전통과 호세 안토니오식 혁명의 종합"[57]판이었다.

　일상의 교육 활동과 건물 내부 구조를 통해 군사적·정신적 측면을 구현하면서 그 장식은 전통을 담아냈다. 예배의식과 명상, 기도 등의 종교 활동에서는 여성이 수동적인 순종자가 아니라 적극적인 참여자가 되었다. 더 나아가 여성을 국가의 정신과 경제를 재건하는 적극적인 참여자로 바라보는 인식이 존재했다. 이것은 전통과 근대가 병존하는 팔랑헤주의 특유의 메시지에서 비롯된 것으로 보인다. 성의 이름을 따서 라모타라고 줄여 부르기도 하는 이 호세안토니오 간부양성소는 여성단 교육기관의 본원으로서 여성단이 설립한 다른 교육기관의 모델이 되기도 했다.[58] 이사벨라카톨리카 간부양성소(Escuela Mayor de Mandos 'Isabel la Católica')도 '라모타'와 유사하게 지금의 하엔(Jaen) 주에 위치한 라스나바스(Las Navas) 성을 복원해 설립한 양성소이다. 이 두 양성소가 여성단 간부양성소의 양대 축을 이루었다.

---

56) Sección Femenina, *Escuela Mayor de Mandos 'José Antonio', Castillo de la Mota, mayo 1942-mayo 1962*, (s. l.: SF de FET y de las JONS, 1962) 참조하라.

57) Pilar Primo de Rivera, *Recuerdos de una vida*, (Madrid: Dyrsa, 1983), p.177.

58) Richmond, *Las mujeres en el fascismo español*, pp.33-34, 93-97.

간부양성소가 여성단의 각 지부를 책임질 간부들을 양성한 교육기관이라면 가정학교(Escuela de hogar)는 일선에서 일반 여성들을 교육한 교육기관이다. 1937년 자발적인 교육 과정으로 시작된 가정교육 프로그램은 곧 가정학교 설립으로 이어졌다. 여성단은 1939년 마드리드 여성 감옥 내에 가정학교를 개설하고 일부 수감자들을 대상으로 매일 5시간씩 1년 내내 정치와 종교, 가정교육 수업을 제공했다. 이 과정을 이수한 수감자들에게는 과정 이수 시간만큼의 형기를 단축해주는 혜택이 주어졌다. 다른 가정학교들은 기혼여성들에게 야간 수업을, 하녀들과 보육원 유모 및 직원들에게 주간 수업을 각각 제공했다. 전국적으로 확산된 이 가정학교는 여성들에게 전후의 어려운 경제 상황을 극복할 지혜를 가르쳐주었다. 한 대의원이 1940년 전국 평의회에서 "최소의 비용으로 최대의 노동을 이끌어내기 위한 최소의 (……) 식단을 연구해야 합니다(……) 여성단이 이 작업을 시작했습니다(……) 이미 영양 프로그램의 윤곽이 갖춰져 있는 가정학교를 통해 우리의 생각을 실현해나갈 것입니다"[59]라고 언급한 것을 볼 때 가정학교가 가정의 영양 프로그램까지 신경썼음을 알 수 있다. 이는 내전 후의 '보릿고개' 시절 매우 중대하고 심각한 문제였다.

도시와 마을과 일부 여성 단체에서 실시한 가정학교의 교육이 1941년에는 가정(Hogar)이라는 과목으로 통합되어 제도권 교육기관인 모든 초중등 교육기관에서도 실시되었다. 그 목적은 예비 주부들에게 예절과 재봉, 원예, 사회생활, 위생, 영양, 쇼핑, 종교, 팔랑헤 교리 등에 관한 지식을 제공하는 것이었다.[60] 교재에는 여성의 가내 '사명'을 다룬 16, 17세기의 여성 이미지들과 말없이 실을 잣고 천을 짜며 뜨개질을 하는 모범 여성들의 표상이 아울

59) Sección Femenina, *Consejos nacionales (libro segundo)*, (Madrid: SF de FET y de las JONS, s. f.), pp.33-34.

60) Mª Teresa Gallego Méndez, *Mujer, Falange y Franquismo*, (Barcelona: Taurus, 1983), pp.76-81.

러 제시되었다.[61] 이렇듯 가정이 공립과 사립 학교의 교과목으로 수용되고, 1946년에는 필수과목으로 지정되면서 여성단의 역할은 더욱 증대되었다.[62] 이것은 진정한 여성 중등교육은 가정교육이어야 한다는 필라르의 다음과 같은 숙원이 성취된 것이라고 볼 수 있다.

> 여성은 우리가 여성적인 생활이라고 부를 수 있는 모든 것을 알아야 한다. 가정교육은 여성의 중등교육에 해당할 것이다. 설계도를 잘 그리지 못하면 좋은 건축가가 될 수 없다. 수학을 잘 모르고서 훌륭한 기사가 될 수 없다. 여성들도 마찬가지이다. 여성의 본거지는 가정이다. 요리와 다림질, 바느질은 때가 되면 해결해야 할 문제들이다. 따라서 이에 대한 자질을 함양해야 한다.[63]

2) 사회봉사

또한 여성단은 사회봉사(Servicio Social) 프로그램을 통해 보건·복지 활동을 전개했다. 이 사회봉사는 사실 1937년으로 거슬러 올라간다. 팔랑헤당의 복지국장인 메르세데스 산스 바치예르(Mercedes Sanz Bachiller)가 노인과 병자, 전쟁고아를 지원하기 위해 바야돌리드에 사회구제(Auxilio Social)를 설립한 것이 계기가 되었다.[64] 산스 바치예르는 이 사업을 위해 여성판 군복무 개념을 도입했다. 17세에서 35세의 독신여성들에게 조국을 위해 6개월간 무

---

61) Giuliana di Febo, "'Nuevo Estado', nacionalcatolicismo y género", *Mujeres y hombres en la España franquista-Sociedad, economía, política, cultura*, Nielfa Cristóbal, Gloria, eds., (Madrid: Editorial Complutense, S. A., 2003), p.33.

62) Richmond, *Las mujeres en el fascismo español*, pp.46-47.

63) Sección Femenina, *Enciclopedia elemental*, (Madrid: E. Giménez, 1959), pp.623-624.

64) S. Ellwood, *Spanish Fascism in the Franco Era-Falange Española de las JONS 1936-76*, (Basingstoke: Macmillan, 1987), p.34.

료 봉사를 하게 한 후 그들에게 봉사 필증을 수여한 것이다. 이 증명서는 전후 공무원에 진출하거나 여권 발급 및 운전면허를 취득할 경우 제출이 의무화되면서 그 가치가 증대했다. 여성단이 이 사회구제사업을 떠맡게 된 것은 1939년 들어서였다.

이렇게 창설된 사회봉사제도는 1940년 5월 법령으로 재정비되었다. 6개월 사회봉사가 이론과 실제의 두 단계로 나뉘었고, 이론 단계에서는 가정과 육아, 종교, 정치교육이 집중적으로 실시되었다. 사회봉사는 일반적으로 여성단 가정학교의 3개월 수련과 매일 6시간 이상씩 진행되는 3개월 봉사로 이루어지지만 다른 방법이 없었던 것은 아니다. 이를테면 등록금을 지불한 학생의 경우 3개월 수련을 6주간의 집중 과정으로 줄일 수 있었고, 중고등학교의 가정 과목을 이수한 여대생들의 경우 3개월 수련 기간 중 2개월을 면제받을 수 있었다. 그리고 환자와 기혼자, 자녀를 둔 홀어머니, 8자녀 가정의 맏딸, 가족 부양의 책임을 진 소녀들은 면제를 받았다. 아울러 사회봉사 수행 증명서나 사회봉사 면제 증명서 제출 요구가 강화되어 취업자격증을 취득하거나 행정직 공무원에 응시할 경우, 공기업이나 정부 출연 기관의 직책을 수행하거나 공무 혹은 정치 관련 업무를 수행할 경우, 국외 여행용 여권과 운전면허증, 수렵면허증을 취득할 경우, 예술과 스포츠, 문화, 레크리에이션, 기타 이와 유사한 내용을 담당하는 기관이나 협회의 회원이 될 경우 이를 제출해야 했다.[65]

사회봉사는 앞에서 살펴본 교육, 곧 가정교육, 정치교육, 체육의 연장이었다. 이것은 '여성의 전인교육' 과업을 시행하기 위해 프랑코가 여성단에 부여한 하나의 수단이었다.[66] 여성단은 이를 통해 여성들로 하여금 "일상의 노

---

65) Scanlon, *La polémica feminista en la España contemporánea*, p.327.

66) Sección Femenina, *Consejos nacionales (libro segundo)*, (Madrid: SF de FET y de las JONS, s. f.), p.11.

동과 자녀, 요리, 가구, 정원"에 관심을 갖게 만들었다.[67] 이렇게 보면 사회
봉사는 여성단이 여성들의 삶에 깊숙이 관여할 수 있는 수단이기도 했다. 사
회봉사팀 단원들은 학교와 병원, 고아원, 노인정 등에서 일하거나 주방을 보
조하고, 여성단 직영 작업장의 빈민들을 위한 의복과 아기 바구니 수선 작
업을 했다. 1940년대에는 사실 주민들의 대다수가 도심 외곽에 거주하면서
농업 생산에 종사했기 때문에 이 사회봉사 프로그램은 이른바 '농촌 재건
프로그램'이나 다를 바 없었다.[68] 실제로 도농연맹팀(Hermandad de la
Ciudad y el Campo)[69]을 통해 보건지도사(divulgadora)들을 투입하기도 했
다.[70] 이들의 주요 업무는 보건 예방교육이었다. 이것은 영양실조와 전염병
이 창궐하던 전후 사회에 매우 절실한 활동이었다. 이들은 위생과 어린이 양
육에 대해 상담하고 농촌 의사들과 협력하며, 유아 사망률을 감소시키기 위
해 면역 캠페인을 벌이기도 했다. 심지어는 결혼을 앞둔 여성들에게 건강한
배우자 선택의 필요성과 혼전 검사의 장점을, 그리고 임산부들에게는 낙태
의 불법성과 위험성을 일깨워주기도 했다.[71] 이 밖에도 문자교실과 도서관
시설, 농공 기술교육 등의 다양한 서비스를 제공했다.

　이러한 사회봉사는 국민 생활에 적극 이바지하는 것이 여성단의 사명이라
는 필라르의 바람을 실현시킬 주요 수단이었다. 필라르는 1939년에 보건 지
도사들을 향해 "여러분 각자는 1만 명이나 1만 2,000명의 여성을 교육할 중
요한 사명을 띠고 있습니다"라며 국가의 지원 정책에 참여해줄 것을 호소한

---

67) Femenina, *Consejos nacionales*, p.12.
68) 팔랑헤당은 초기에 농촌을 "에스파냐의 영원한 근원"으로 인식하고서 농촌사회를 재건하는 데 주
　　력했다. Richmond, *Las mujeres en el fascismo español*, p.150.
69) 도농연맹은 도시와 농촌 주민들 간의 조직적 협력을 위해 신설된 팀이다. 두 지역 사회의 상호 협
　　력이 서로에게 도움을 줄 것이라는 취지에서 만들어졌다.
70) Graham, "Gender and the State", p.193.
71) Richmond, *Las mujeres en el fascismo español*, p.54.

바 있다. 이러한 요청은 내무부장관 라몬 세라노 수녜르(Ramón Serrano Suñer)의 "여러분들은 이런 식으로 오늘날 우리 국민들의 절반이 처한 비인간적인 주거환경을 결핵이나 증오가 틈타지 못할 즐거운 집으로 바꾸는 데 관심을 가져야 합니다"[72]라는 1940년 여성단 총회 연설에서도 잘 나타나 있다. 그는 이 총회에서 농촌사회의 안정화를 위해 힘써줄 것을 촉구했다. 당시 여성단의 사회봉사에 거는 기대가 그만큼 컸다고 생각할 수 있다.

3) 효과와 반응

이상에서 살펴본 여성단의 교육과 사회봉사는 과연 어떤 효과를 거두었으며, 이에 대해 스페인 여성들은 실제로 어떤 반응을 보였을까? 이것은 매우 중요한 질문이자 매우 궁금한 질문임에도 불구하고 답을 구하기 매우 어려운 질문이다. 앞으로 이것에 대한 일상사적인 연구가 진행될 것을 기대하며, 간단하면서도 단면적인 답을 구해보면 다음과 같다.

먼저 출산 장려와 모성 강조, 여성의 가정 복귀 추진 등 이른바 '여성성' 프로젝트의 효과를 생각해보자. 스페인의 현대사가인 헬렌 그레이엄(Helen Graham)은 결론적으로 이 여성성 프로젝트가 이론가들이 의도한 대로 작동하지 않았다고 보았다.[73] 이를테면 체제의 출산장려정책을 지원하기 위해 여성단이 여성들에게 다산의 기쁨을 설득하기는 했지만 별다른 성과를 거두지 못했다. 특히 가난한 여성노동자들의 경우는 가정의 경제난을 해결하기 위해 어떻게 해서든 산아 제한을 할 수밖에 없었다. 당시는 내전으로 남성 생계 책임자가 없는 가구가 50만에 달하는 실정이었다. 남자들이 사망하거나 아니면 노동수용소나 감옥에 수감 중인 경우가 대부분이었다. 처형된 자

---

72) Femenina, *Consejos nacionales*, p.88; Richmond, *Las mujeres en el fascismo español*, p.54.
73) Graham, "Gender and the State", pp.193-194.

들과 투옥된 자들의 가족들은 연금권을 박탈당하는 것은 물론 벌금을 물거나 팔랑헤 당원들의 습격을 받기도 했다.[74] 설사 남성 생계 책임자가 있다고 하더라도 여성들이 가계를 위해 노동전선에 뛰어들어야 했다. "엄마가 400 페세타에 딸을 판다"는 신문 표제가 등장할 정도로 당시 사정은 매우 궁핍했다. 그러다 보니 1960년대 들어 경제가 도약할 때까지 스페인의 출산율은 1930년대 수준에도 미치지 못했다.[75] 이는 내전 직후 여성들의 물질적인 생존 투쟁 때문에 여성성 프로젝트가 제대로 작동하지 않았음을 보여주는 대표적인 사례라고 할 수 있다.

사회봉사의 경우도 이론상으로는 독신여성들 모두가 이행해야 했지만 실제로는 면제를 받는 경우가 많았다. 결혼이 보편적인 면제 수단이었고, 1940년대 중반부터는 산업노동자들도 면제의 혜택을 받게 되었다. 따라서 사회봉사를 위해 '소집된' 여성들 대부분은 중산계급의 독신여성들이었다.[76] 실제로 사회봉사 과정을 이수하기 위해 등록한 여성들은 소수에 불과했다. 1940년에 처음으로 제시한 사회봉사에 관한 통계에는 그해에 여성단이 3만 1,397명의 여성들에게 봉사 필증을 수여한 것으로 되어 있다.[77] 이 소수의 여성들은 아마도 공공 부문 취직이라는 절실한 필요 때문에 봉사 과정을 이수했을 것이다. 생활이 부유한 여성이나 대학을 졸업하지 않은 여성, 취업 의사가 없는 여성들은 이를 회피했다.[78] 결국 영수증이 필요한 경우가 아니면 의무적인 성격이 강한 사회봉사를 여러 가지 이유로 회피하기 일쑤였다. 요컨대 여성들을 동원하기 위한 여성단의 야심찬 시도는 이렇다 할 성공을

---

74) 이는 1939년 제정된 정치책임법에 의해 허용된 내용들이다.

75) Graham, "Gender and the State", pp.188-192.

76) *Ibid.*, pp.192-193.

77) Femenina, *Consejos nacionales*, p.188.

78) Richmond, *Las mujeres en el fascismo español*, p.48.

거두지 못했다고 볼 수 있다.[79)]

4. 여성단의 정체성 문제

결론적으로 여성단이 과연 프랑코 정권과 협력해 여성들을 억압한 단체일까, 아니면 나름대로의 정치적 대안을 제시한 단체일까? 여기서는 좌파들이 비판한 세 가지 내용을 중심으로 이를 따져보도록 하자. 먼저 여성성에 관한 것이다. 여성단이 추구한 여성성은 좌파들이 지적한 대로 전통적 의미의 스페인 여성, 순종형 여성, 가내 여성이었다. 그러나 그렇다고 해서 이를 소녀들의 자발성, 창조성, 주도성을 말살하려는 것과 위선적이고 무지하고 교양 없는 사람을 양산하기 위한 것이었다고 보는 데는 무리가 있다. 여성단이 이데올로기 차원에서 그러한 의도를 가지고 있지는 않았다.

둘째로 사회정의에 관한 것이다. 이것은 팔랑헤 혁명과도 관련이 있는 것으로, 일단 이데올로기 차원에서는 좌익의 길도 우익의 길도 아닌 제3의 정치적 대안의 길인 것으로 보인다. 하지만 실천(프락시스)의 차원에서는 여성단의 사회정의 구현 노력을 주민들을 미혹하는 권모술수로 볼 수도 있고, 그렇지 않다고 볼 수도 있을 것이다. 실천 주체의 입장에서 본다면 그것이 팔랑헤 혁명의 일환이라고 볼 수 있겠지만, 해석 주체의 입장에서는 이를 이렇게도 볼 수 있고 저렇게도 볼 수 있는 법이다.

셋째로 프랑코 체제와의 협력 문제이다. 가내 여성 이데올로기이든 여성 노동과 여성 스포츠에 대한 견해이든 모두 체제의 안정화에 이바지했을 공산이 크다. 더 나아가 대표 모델은 여성의 역할을 민족 번영의 차원으로까지

---

79) 하지만 이러한 상황은 1960년대 이후 여권과 운전면허를 취득하려는 여성들의 수가 증가하면서 바뀌게 된다.

끌어올리기도 했다. 하지만 교육과 사회봉사의 결과를 볼 때 그 효과가 생각보다는 제한적이었을 것으로 보인다.

요컨대 여성단의 정체성을 규명함에 있어서 여성단이 주장한 이론과 실제로 행한 실천의 차이를 구별하는 것이 필요하다. 전 여성단 단원들이 주장하는 것과 같이 그 이론은 정치적 대안을 제시한 것으로 보인다. 하지만 비록 실제적인 효과가 제한적이라 하더라도 그것이 체제를 유지하는 데 순기능을 한 것은 사실이다. 필라르가 1946년 제10차 전국 평의회에서 행한 "우리가 스페인 모든 국민을 위한 하나의 도덕을 만들어냈다면 그것은 조국에 봉사할 즐거운 기회를 제공한 사회봉사였을 것이다. 그런데 대부분의 여성들에게는 이것이 반드시 수행해야 하는 끔찍한 의무로 여겨졌을 것이다"[80]라는 연설이 이를 잘 증명해주고 있다. 모든 국민을 위한 하나의 도덕을 만들고, 사회봉사를 통해 조국에 봉사할 길을 연 것은 분명 여성단이 여성의 국민 만들기와 조국애 형성에 이바지했음을 인정한 것이다. 하지만 그 효과는 그것을 끔찍한 의무로 여길 정도로 제한적이었다.

이상과 같이 여성단을 바라보는 데는 좌우의 이분법적 인식을 지양할 필요가 있다. 대신 여성단 간부와 평단원, 계층과 지역, 그리고 교육 수준에 따른 다양한 경험을 고려해야 할 것이다. 그렇게 해야 여성단의 인식에 대한 다양한 층위를 밝혀낼 수 있을 것이다.

---

80) De Rivera, *Discursos. circulares*, pp.27-28.
* 이 글은 〈지중해지역연구〉 제9권 제2호(2007. 10)에 발표한 것을 수정, 보완한 글이다.

이탈리아 파시즘의 젠더정치와 여성 주체성
-빅토리아 데 그라치아의 논의를 중심으로

장문석

장문석

영남대학교 사학과 교수. 〈이탈리아의 대기업과 국가: 피아트의 경우, 1918~1943〉으로 박사학위를 받은 후 지속적으로 기업사를 연구하고 있다. 저서로는 《민족주의 길들이기》가 있으며, 주요 논문으로는 〈피아트와 파시즘: 기업은 국가를 어떻게 활용했는가〉가 있다.

1. 이탈리아 파시즘의 젠더정치 고찰

오랫동안 이탈리아 파시즘의 젠더정치는 이탈리아에서 진지한 학문적 관심사가 아니었다. 그 일차적 원인으로 이탈리아 역사학계에서 여성사라는 장르 자체가 상대적으로 늦게 발전한 점을 거론할 수 있지만, 무엇보다 중요한 원인으로는 파시즘에 대한 특정한 해석이 학계의 지배적인 전통이었음을 지목할 수 있다. 이 전통 해석에 따르면 파시즘은 '대자본의 대변인'으로서 위기에 빠진 이탈리아 자본주의를 구원하고, 나아가 재활성화한 권위주의적이고 보수주의적인 성격의 독재 체제였다. 물론 파시즘이 예전에는 찾아볼 수 없는 급진적 민족주의와 대중정치의 혁명적 수사를 거침없이 구사한 것은 사실이다. 그러나 전통 해석에 따르면 그런 급진적이고 혁명적인 수사의 배후에서 파시즘이 실제로 보여준 것은 기성제도를 옹호하고 그와 타협하는 예의 권위적이고 보수적인 모습이었다.[1]

이러한 해석적 통념은 파시즘의 여성 정책에 대한 해석에도 반영되었다. 파시즘은 여성을 예찬하는 입바른 언사에도 불구하고 결국 모성 담론에 기초하여 퇴행적이고 반동적인 가부장적 질서를 강화했을 뿐이라는 인식이 굳

---

[1] 이러한 전통 해석의 원형을 보여주는 것이 바로 1933년 코민테른의 테제이다. 이에 따르면 파시즘은 "금융 자본의 가장 반동적이고 국수주의적이며 제국주의적인 분파의 공공연한 테러 독재"이다. 이와 같은 '마르크스주의적' 혹은 '공산주의적' 해석에서 파시즘은 필경 '대자본의 대변인'이었다. Roger Griffin, *International Fascism-Theories, Causes and the New Consensus*, (London: Oxford University Press, 1998), p.59에서 재인용.

어졌다. 요컨대 파시즘은 미약하나마 여성주의(feminism)의 세례를 받으면서 점차 자신의 권리를 자각해나가던 여성들을 오히려 권위적이고 보수적인 질서 속에 수동적인 존재로 가두어놓았다는 말이다. 이로부터 이탈리아에서 진정한 여성 해방은 오직 파시즘에 반대하는 형태로만 가능했다는 결론이 논리적으로 유추되었다. 그리하여 파시즘은 반여성주의(anti-feminism)와 동일시되면서, 반파시스트 저항운동(레지스탕스)이야말로 진정한 여성 주체성을 실현한 역사적 통로로 간주되기에 이르렀다. 이러한 상황에서 파시즘의 젠더정치를 진지하게 연구할 모티프가 사라졌으리라는 것은 능히 짐작하고도 남음이 있다.

그러므로 최근에 파시즘의 젠더정치를 운위하는 현실 자체가 파시즘에 대한 최근의 변화된 해석 풍토를 반영한다고 할 수 있다. 최근의 많은 연구들은 파시즘을 단순히 권위주의적이고 보수주의적인 독재로 보는 것에 반대하면서 파시즘이 인간과 사회를 '전체주의적으로' 개조하려는 혁명적 충동을 간직한 20세기의 새로운 대중정치의 실험이었다는 점을 강조하고 있다. 특히 파시즘이 대중을 억압하는 소수의 권위주의적 독재 체제라기보다는 광범위한 대중의 지지와 동의에 기초한 혁명적 민족주의의 정치운동임을 주장한다. 즉 파시즘은 대중을 효과적으로 동원했고, 반대로 대중은 파시즘의 정치에 적극적으로 참여했다는 말이다. 이로부터 학계에서는 파시즘을 단순한 '립 서비스'로 보는 대신, 파시즘이 추구한 전체주의적 기획과 그에 대한 대중의 복잡한 태도를 진지하게 고려해야 한다는 일정한 '합의'가 도출되기에 이르렀다.[2]

파시즘의 젠더정치가 진지한 학문적 관심사로 떠오른 것도 바로 이와 같은 연구사적 맥락에서였다. 다시 말하면 파시즘을 단순히 여성 억압적인 체제로 보기보다는 인간과 사회를 개조하려는 파시스트 체제의 일관된 정치적 목표를 위해 여성 대중을 동원하고, 그들의 동의를 획득하기 위해 시도한 전체주의적인 성격의 새로운 대중정치로 보아야 한다는 것이다. 또한 그러한 정치적 맥락에서 파시즘 시기에 이탈리아에서 여성 주체성이 형성된 구체적인 과정을 분석해야 한다는 새로운 문제의식이 파시즘의 젠더정치라는 문제를 독자적인 연구 주제로 부각시켰다.

이와 같은 새로운 문제의식에 따르면 여성 주체성이 제2차 세계대전 말기의 레지스탕스를 통해서만 실현되었다고 가정하는 전통적인 입장은 문제가 있다. 이 전통적인 입장은 '파시즘＝반여성주의', '반파시즘＝여성주의'라는 이분법적 도식 아래에서 파시즘 시기에 여성 주체성이 보여주는 다층적인 면모를 너무나 단순하게 파악하고 있는 것으로 보인다. 그러나 최근의 많은 연구자들은 파시즘에 대한 여성들의 태도가 능동적이고 명시적인 반파시즘 외에도 무관심, 체념, 수동적 반대 등 실로 다양한 형태를 띠고 있었다는 데 주목해야 한다고 강조한다.[3] 나아가 파시즘의 젠더정치가 갖는 사뭇 새로운 차원들에 주목하면서 파시즘이 여성들을 효과적으로 동원했고, 반대로 여성들도 파시스트 체제에 적극적으로 가담했다고 주장하고 있다.[4] 적극적인 가

---

2) 이러한 해석의 대표자는 에밀리오 젠틸레(Emilio Gentile)와 로저 그리핀(Roger Griffin)이다. 젠틸레에 따르면 파시즘은 유일 정당의 기치 아래 새로운 원칙과 가치와 신조를 통해 사회와 습속을 파시스트화하고, 이탈리아인들의 성격 자체를 개조하려는 '인간혁명(anthropological revolution)'이었다. 그런가 하면 그리핀에 따르면 파시즘은 퇴락한 민족의 갱생을 위해 '새로운 인간', 즉 '호모 파시스투스(Homo Fascistus)'를 만들기 위한 혁명적 민족주의 정치였다. 젠틸레와 그리핀의 해석은 확실히 파시즘이 광범위한 대중의 '동의'를 향유한 체제였다는 렌초 데 펠리체(Renzo De Felice)의 견해에서 중요한 영감을 받은 것으로 보인다. Emilio Gentile, "Fascism in Power: The Totalitarian Experiment", *Liberal and Fascist Italy*, Adrian Lyttelton, ed., Short Oxford History of Italy Series, (Oxford: Oxford University Press, 2002); Griffin, *International Fascism*, pp.1-20; Renzo De Felice, *Mussolini il Duce I: gli anni del consenso, 1929-1936*, (Torino: Einaudi, 1974). 젠틸레와 그리핀을 아우르는 파시즘에 대한 최근 해석, 즉 '새로운 합의' 해석을 알려면 김용우, 《호모 파시스투스: 프랑스 파시즘과 반혁명의 문화혁명》, 책세상, 2005, 46~64쪽을 참조하라.

3) 이러한 입장을 잘 보여주는 것으로는 다음의 문헌을 참조하라. Luisa Passerini, *Fascism in Popular Memory-The Cultural Experience of the Turin Working Class*, (Cambridge: Cambridge University Press, 1987); Idem, *Storie di donne e femministe*, (Torino: Rosenberg & Sellier, 1991), pp.19-42.

담까지는 아니라도 이탈리아 여성들이 파시스트 체제를 수용하고 그에 공모한 과정을 외면한 채 그들을 일관되게 체제의 희생자로 파악하는 전통적인 입장은 확실히 문제가 있는 것으로 보인다. 언뜻 생각해보아도 파시즘에 대한 여성들의 태도는 매우 다양했을 것임이 분명하다. 일반적인 경우까지는 아니더라도 상당수의 여성들이 보인 파시즘에 대한 열광과 이로부터 유추할 수 있는 여성들에 대해 파시즘이 발산한 모종의 매력을 무시하기는 어려워 보인다. 그렇다면 파시즘이 일방적으로 가부장적 질서를 강화한 반동적 현상이었다고 보는 통념을 재고해볼 필요가 있지 않을까라고 생각한다.

이러한 맥락에서 이탈리아 파시즘의 젠더정치에 대해 빅토리아 데 그라치아(Victoria de Grazia)가 수행한 일련의 연구들에 주목할 만하다. 그녀는 미국에서 활동하는 역사가이지만, 파시즘 시기의 여성사에 대한 그녀의 연구는 이탈리아에 수입되어 널리 수용되면서 이탈리아 학자들의 연구를 자극했다. 그녀는 일찍이 파시즘이 대중의 지지와 동의를 창출하기 위해 노력하는 과정에서 형성된, 이른바 '동의의 문화(culture of consent)'에 천착하면서 파시즘의 젠더정치와 파시즘 치하에서의 여성 주체성의 형성이라는 문제를 '여성의 국민화(nationalizing women)'라는 역사적 맥락에서 포괄적으로 논의했다. 데 그라치아는 파시즘 치하 여성 문제의 실태가 갖는 거의 모든 측면을 두루 망라하면서 지금까지 나온 다양한 논의를 종합하여 하나의 균형 잡힌 견해를 제시하고자 했다. 즉 파시즘의 젠더정치가 보여주는 새로움을 간과하지 않으면서 그것의 한계를 적절하게 논의했다는 말이다. 그녀는 파시즘이 이탈리아 현대사에서는 처음으로 여성들의 동의를 얻기 위한 시도였음에 주목하면서도, 이 시도가 여성들을 지배하려는 파시즘 특유의 성향과 충돌

---

4) 이러한 입장을 잘 보여주는 것으로 다음의 논문을 참조하라. Maria Fraddosio, "The Fallen Hero: The Myth of Mussolini and Fascist Women in the Italian Social Republic, (1943-1945)", *Journal of Contemporary History*, 31, (1996).

하면서 실패로 귀결된 역사를 추적했다. 특히 그녀의 주장에서 흥미로운 것은 "여성성에 대한 파시스트적 문화 모델과 상업적 문화 모델의 경쟁"을 논한 대목인데, 그녀는 이 경쟁에서 파시즘의 전체주의적 젠더정치가 결국 패배하고 승리한 쪽은 개인주의에 기초한 대중소비주의임을 암시했다. 다시 말하면 '신여성'을 창출하려고 했던 파시즘의 요란한 전체주의적 기획에도 불구하고, 여성들은 당시에 점차 발전하고 있던 소비자본주의의 현실에 침잠해 있었다는 것이다.[5]

확실히 데 그라치아는 파시즘의 젠더정치가 보여준 새로운 '동의의 문화'라는 차원을 진지하게 다루고 있지만, "파시즘은 여성들을 어떻게 지배했는가"라는 그녀의 책 제목에서 암시하고 있듯이 기본적으로 파시즘을 허구적인 모성 담론으로 포장된 가부장주의로 파악하면서 파시즘의 성공보다는 실패의 차원을 더 부각시키는 전통 해석의 편에 서 있는 것으로 보인다.[6] 물론 파시즘의 젠더정치가 종내 파산한 것은 사실이다. 그렇기는 해도 파시즘이

---

5) Victoria de Grazia, "Nationalizing Women: The Competition between Fascist and Commercial Cultural Models in Mussolini's Italy", *The Sex of Things-Gender and Consumption in Historical Perspective*, Victoria de Grazia, Ellen Furlough, eds., (Berkeley, Los Angeles and London: University of California Press, 1996), pp.337-358. 또한 데 그라치아의 '동의의 문화'에 대해서는 Victoria de Grazia, *The Culture of Consent-Mass Organization of Leisure in Fascist Italy*, (Cambridge: Cambridge University Press, 1981)를 참조하라.

6) 데 그라치아는 파시즘이 여성 대중을 '국민화'하려고 시도했음에 주목했다. 그러나 이러한 '국민화'는 자유주의적인 방식이 아니라 권위주의적 방식으로 이루어졌음에 주목하면서 파시즘이 새로운 기회를 제공한 만큼 새로운 억압을 부과했음을 강조했다. 요컨대 데 그라치아는 "근대성의 요구와 전통적 권위를 재부과하려는 욕망 사이에서 드러난 파시스트 국가 내부의 심오한 갈등"을 보아야 한다고 역설한 것이다. 결국 파시스트 가부장주의의 이러한 갈등 혹은 모순은 파시즘에 대한 여성의 정치적 반대를 야기했고, 진정한 여성 해방은 파시즘 이후의 시기로 연기되었다. 다시 말해서 파시즘의 젠더정치는 내적 모순에 의해 파산하고 말았다는 것이다. Victoria de Grazia, *How Fascism Ruled Women-Italy, 1922-1945*, (Berkeley, Los Angeles, Oxford: University of California Press, 1992), pp.1-17; Idem, "How Mussolini Ruled Italian Women", *A History of Women in the West-V. Toward a Cultural Identity in the Twentieth Century*, Françoise Thébaud, ed., (Cambridge, Mass., London: The Belknap Press of Harvard University Press, 1994), pp.145-148.

새로운 목표와 수단을 통해 여성을 (지배했을 뿐만 아니라) 포섭해나간 역사, 다시 말하면 여성이 파시즘이 채택한 새로운 목표와 수단을 수용한 (동시에 포기한) 역사를 좀더 상세히 조명해야 마땅했다. 단적으로 말해서 데 그라치아는 파시즘의 젠더정치가 보여준 새로움을 (간과하지는 않았으되) 충분히 보여주지 못했다는 느낌이 든다. 특히 강하게 의문이 드는 지점은 파시즘과 소비주의 사이의 '경쟁'을 논한 대목이다. 이 부분에 이르면 파시즘의 대중정치가 이탈리아 현대사에서 소비주의가 정치적으로 활용될 수 있는 가능성을 최초로 꿰뚫어보고 이 가능성을 실현시키고자 한 진지한 시도였다는 사실, 그러니까 파시즘과 소비주의 사이의 ('경쟁' 외에) '공모'의 차원을 무시하고 있는 것은 아닌가 하는 느낌을 지울 수 없다.[7]

이 글에서는 주로 데 그라치아의 해석을 중심으로 파시즘의 젠더정치가 보여주는 새로운 (그러나 모순적인) 면모를 해명하고, 나아가 파시즘 치하의 이탈리아에서 여성 주체성이 보여주는 다양한 (그리고 모순적인) 모습을 개략적으로 재구성해보고자 한다. 또한 국내에 이탈리아 파시즘의 젠더정치에 대한 연구가 일천하다는 점을 염두에 두면서 파시즘의 특정한 여성 정책이나 특정한 지역의 여성들의 태도에 집중하기보다는 다양한 연구 성과에 기초해 파시즘의 젠더정치와 그에 대한 여성들의 태도를 일반적인 수준에서 정리하고자 한다. 그러므로 이 글의 목표는 이탈리아 파시즘의 젠더정치에 대한 데 그라치아의 해석을 비판적으로 평가하는 것이며, 그런 점에서 이 글

---

7) 물론 데 그라치아는 "정치의 언어와 소비의 언어 사이의 갈등뿐만 아니라 공존"에 주목한다는 점에서 파시즘과 소비주의 사이의 ('경쟁' 외에) '공모'의 차원을 완전히 무시하지는 않는다. 그러나 '공존'과 '공모'는 분명히 다르다. '공존'은 상호 연결성보다는 상호 무관성의 뉘앙스를 더 강하게 내포한다. 결국 그녀는 "상업적 문화 생산물들의 의미에 대한 규정은 말할 것도 없고 그것들의 생산을 지배하는 데서 노정한…… 파시스트 정책의 무능함"을 지적한다는 점에서 소비주의에 대한 파시즘의 몰이해와 파시스트 소비 정책의 실패를 강조한다. 요컨대 파시즘과 소비주의는 긴밀히 연결되어 있었다기보다는 본질적으로 상충되거나 적어도 관련이 없었다는 말이다. De Grazia, "Nationalizing Women", pp.355-356.

은 본격적인 연구를 위한 시론적 성격의 글임을 미리 밝혀둔다.

이러한 목표를 위해 이 글에서는 일단 파시즘이 선전한 이상적인 여성의 이미지들을 통해 파시즘의 이데올로기적 목표가 무엇이었는지를 추론하고, 실제로 여성들을 어떻게 동원했는지에 대해 살펴볼 것이다. 파시즘의 여성 동원은 일견 광범위한 여성층에 미치고 있었다는 점에서 우리의 시선을 사로잡는데, 그렇다면 여성들이 다양한 파시스트 조직에 참여한 동기가 무엇이었는지를 묻지 않을 수 없다. 이 참여 동기의 문제와 관련해 소비주의를 포함한 다양한 '근대성'의 공간이 당시 여성들에 대해 가졌던 의미를 따져보아야 할 것이다. 물론 파시스트 조직에 여성들이 참여한 것을 파시즘에 대한 여성 대중의 '동의'가 표현되었다는 식으로 파악하는 것은 지나치게 성급한 태도일 것이다. 오히려 진실은 여성들이 파시즘을 다양한 방식으로 전유했다는 것인데, 바로 이와 같은 전유의 형식들이 파시즘 치하에서 여성 주체성이 형성된 과정을 올바르게 이해하는 데 결정적으로 중요한 요인이라고 생각한다.

2. 파시즘의 여성 이미지 만들기

제1차 세계대전은 여성 문제와 관련하여 유럽의 각국 정부에 다음 두 가지의 시급한 과제를 제기했다. 하나는 전시에 광범위하게 동원되고 '해방된' 여성들에게 한층 폭넓은 권리를 부여하여 명실상부한 시민으로 포섭해야 한다는 과제였다. 또 다른 하나는 그렇게 '해방된' 여성들의 압력에 대응하면서 여성들의 사회적 역할을 정확하게 지정하는 과제였다. 데 그라치아의 표현을 빌리자면 '민주화'와 '인구 문제'가 바로 제1차 세계대전 직후 유럽의 각국 정부가 풀어야 했던 두 가지 숙제였던 셈이다. 또한 데 그라치아는 이 두 가지 과제가 한편으로는 여성 보통선거권의 실현으로 상징되는 정치적 민주화와 다른 한편으로는 민주화와 여성 해방의 압력에 대응하면서 보수적인 가족 정책을 수립하고 실행하는 문제로 구체화되었다고 보았다.[8]

제1차 세계대전 직후 이탈리아에서 급속히 부상한 새로운 정치운동으로서 파시즘도 이러한 상황에서 자유로울 수 없었다. 최초에 파시즘은 여성의 권리에 대해 자못 파격적이고 심지어 혁명적인 태도를 취했다. 파시스트들은 자유주의자들이 방기한 여성 문제에 적극적으로 대응하면서 여성 참정권을 요구했고, 그에 따라 일부 페미니스트들이 파시스트 운동에 가담하기도 했다. 그러나 여성 문제에 대한 파시즘의 태도는 일관되지 않았다. 예를 들어 파시즘의 두체 무솔리니는 어떤 곳에서는 여성 참정권을 간단없이 옹호하다가도 다른 곳에서는 보통선거권에서 여성을 배제해야 한다는 발언을 서슴지 않았다. 여성 문제에 대해 무솔리니가 보인 이러한 모호함은 사실 무관심을 반영한 것이었다. 이를 잘 보여주는 것이 바로 세기 전환기 밀라노에서 여성 영농학교를 설립하기도 한 여성 활동가 아우렐리아 요스(Aurelia Josz)의 회고이다. 그녀는 1923년 무솔리니와 독대하여 여성 영농교육의 절실함을 설득하면서 자금을 요청했다. 그러나 무솔리니의 반응은 냉담했다. 요스는 무솔리니로부터 여성 영농교육은 촌각을 다투어 처리해야 할 중요한 문제가 아니라는 답변만을 들었을 뿐이다.[9]

그러나 1920년대 후반부터 그와 같은 무관심한 태도는 변하기 시작했다. 변화는 파시스트 체제가 대중의 동의를 획득하기 위한 노력을 적극적으로 개시하면서부터 감지되었다. 예를 들어 체제가 '곡물 전투(battaglia del grano)'를 표방하며 '농촌 예찬(ruralismo)'의 노선을 추구했을 때 요스가 그렇게도 바랐던 여성 영농교육의 문제는 농촌 여성의 동원이라는 맥락에서

---

8) De Grazia, "How Mussolini Ruled", p.122.
9) Perry R. Willson, "Cooking the Patriotic Omelette: Women and the Italian Fascist Ruralization Campaign", *European History Quarterly*, 27, no.4, (1997), p.536.

진지하게 다루어지기 시작했다. 특히 대공황 이후 1930년대 초에 파시스트 체제가 "인민에게로 가자"는 슬로건을 내걸고 본격적으로 인민주의적 노선을 추구했을 때 인민의 절반으로서 여성은 중요한 정치적 변수로 간주되었다. 각종의 파시스트 여성조직이 창설되고 발전한 것도 대체로 이 시기였다. 그리고 이탈리아가 1936년에 에티오피아를 정복하고 '이탈리아 제국'을 선포하며 그에 대한 국제사회의 응징으로 경제 제재 조치가 취해져 '자급자족(아우타르키)' 체제로 전환했을 때 준전시 체제 아래 여성 동원이 초고속으로 확대되었다.[10] 이러한 맥락에서 1936년 5월 7일 '에티오피아의 정복자' 무솔리니는 로마의 베네치아 궁 발코니에서 광장에 포진한 약 10만 명 이상의 여성 청중들에게 다음과 같이 선포했다.

> 동아프리카에서 우리 군대가 승리한 것은 바로 여러분들, 로마와 이탈리아의 여성들 덕택입니다. 파시스트 이탈리아는…… 여러분들에게 어렵고도 결정적인 임무를 부과했습니다. 그 임무란 경제 제재에 맞서 이탈리아 가정을 요새로 만드는 일이었습니다. 여러분 여성들은 이 임무를 완수했습니다. 조국은 여러분들에게 충심의 헌사를 바치는 바입니다.[11]

---

10) 제임스 그레고르(A. James Gregor)에 따르면 파시즘의 젠더정치는 몇 단계를 거치며 변화했다. 1919년부터 적어도 1925년까지 파시즘은 여성 보통선거권을 옹호했다는 점에서 '다소간 진보적(mildly progressive)'이었다. 그러나 1927년부터 인구 정책을 공격적으로 추진하면서 보수적 방향으로 선회하며, 마침내 1929년부터 1935년까지의 시기에는 반여성주의적 태도를 좀더 노골적으로 드러냈다. 이 시기에 여성들은 단지 어머니와 아내라는 '보충적인' 역할에 만족해야 했다. A. James Gregor, *Italian Fascism and Developmental Dictatorship*, (Princeton: Princeton University Press, 1979), pp.281-291. 또한 Maria Fraddosio, "Le donne e il fascismo. Ricerche e problemi di interpretazione", *Storia Contemporanea*, XVII, no.1, (febbraio 1986), pp.111-112를 보라.

11) Gigliola Gori, *Italian Fascism and the Female Body-Sport, Submissive Women and Strong Mothers*, (London, New York: Routledge, 2004), p.67에서 재인용.

이처럼 여성 동원의 문제가 파시스트 체제에 의해 진지하게 고려되면서 '조국이 필요로 하는' 이상적인 여성상이 적극적으로 선전되기 시작했다. 대체로 보아 체제가 안착한 1925년부터 전쟁에 돌입하기 직전인 1935년 사이에 널리 선전된 '신여성'의 이미지는 명백히 가부장제의 담론에 근거하여 조국의 역군을 많이 낳아 잘 기르는 어머니의 모습이었다. 이는 1920년대 중반 이후 체제가 추구한 적극적인 인구 증가 정책의 논리적 귀결이기도 했다. 흥미롭게도 모성의 이미지는 직접적으로는 두체의 어머니로서 높은 수준의 교양과 종교적인 신념을 가졌던 로사 말토니(Rosa Maltoni), 즉 무솔리니 자신의 기억에 따르면 "과묵하고 온화하며 그러면서도 무척이나 강인한" 두체의 어머니에 비교되었다. 두체의 아내 역시 이상적인 어머니의 본보기로서 강조되었다. 그녀가 바로 과묵하고 인내심이 많은 다산(多産)의 주부였던 라켈레 무솔리니(Rachele Mussolini)였다. 두체가 가장 사랑한 딸 에다도 한편으로는 스포츠를 즐기는 근대적 여성으로 치장되기도 했지만, 기본적으로는 아버지에 순종하고 남편에 헌신하며 가사일로 분주한 어머니로서 체제의 이상적인 여성의 본보기로 널리 알려지게 되었다.[12]

이와 같은 여성상은 결국 하나의 이미지, 즉 마돈나로 집약된 것으로 보인다. 필경 성모 마리아는 저 유명한 '피에타'의 이미지가 잘 보여주듯이 자식에 대한 사랑을 신성의 수준으로 승화시킨 어머니의 전형이었다. 예를 들어 여성 작가들의 문학 활동에 비판적이었던 파시스트 평론가 루이지 토넬리(Luigi Tonelli)의 다음과 같은 이야기는 파시즘이 추앙한 이상적 여성이 마리아의 모습으로 현현하며 마리아의 기표는 가정 밖의 세계에 참여하는 자유로운 여성, 즉 '커리어 우먼'과는 정면으로 대립하는 '가정의 천사'라는 기의와 훌륭한 짝을 이루고 있음을 잘 보여준다.

---

12) Gori, *Italian Fascism*, p.60.

여성은 글을 쓰는 대신 올바른 삶을 살도록 권장되어야 한다. 그녀는 좋은 아내이자 귀감이 되는 어머니가 될 수 있도록 도움을 받아야지, 공허하고 쓸모없는 '명사' 따위가 되어서는 안 된다. …… 내가 알기로 이런 생각은 시대에 한참 뒤떨어진 것이다. 그러나 남자의 미래는 달콤하면서도 비탄에 젖은 마리아의 무릎에 있지, 메마르고 격정에 휩싸인 사포나 오로르 뒤팽(조르주 상드의 본명—인용자 주)의 무릎에 있지 않다.[13]

그런데 파시즘이 선전한 이상적인 '신여성'의 이미지가 오직 모성의 마돈나였다고 생각하는 것은 잘못이다. 실제로 많은 연구들이 마돈나의 이미지에 압도되어 파시즘을 전통으로 회귀하는 보수 체제로 단정짓고는 한다. 그러나 파시즘의 '신여성'은 다른 면모도 지니고 있었는데, 그것은 강인한 여성 전사인 아마조네스이다. 이 여성 전사의 이미지는 동아프리카전쟁이 본격화된 1936년에서 제2차 세계대전이 끝나는 1945년까지의 시기에 대대적으로 홍보되었다. 물론 이때에도 여성의 역할은 기본적으로 남성의 보조로 국한되었지만, 예전에 비해서는 조국의 과업에 더 깊이 투신할 것이 요구되면서 결과적으로 여성의 사회 참여가 적극적으로 권장되었다. 그리고 이에 따라 이상적인 여성의 몸도 다산을 상징하는 풍만한 몸에서 적당한 근육질의 강인한 몸으로 바뀌었다. 여성의 스포츠 활동이 널리 선전되고 확산된 것도 바로 이러한 연유에서였다. 이제 여성들은 '남성적인' 진정한 파시스트가 되어야 했다.[14]

특히 1943년 무솔리니가 실각한 뒤 감금되었다가 탈출하여 북부에서 파

---

13) *Almanacco della donna italiana*, III, no.3, (1922), p.239: Robin Pickering-Iazzi, "Introduction", *Unspeakable Women-Selected Short Stories Written by Italian Women during Fascism*, (New York: The Feminist Press at the City University of New York, 1993), p.7에서 재인용.

14) Gori, *Italian Fascism*, p.69.

시즘 최후의 보루로서 '이탈리아 사회공화국'을 선포한 이후 많은 젊은 여성들이 단순히 은유적이 아니라 현실적으로 아마조네스가 되었다. 전쟁 말기의 절망적인 군사적 상황에서 파시스트 급진주의가 재활성화됨과 동시에 이상적인 여성상이 '어머니-아내'의 모델에서 '여성-병사'의 모델로 급선회한 것이다. 사실 '어머니-아내'의 모델이 여성의 고유한 영역, 즉 사적인 가사의 영역을 특화시킴으로써 양성의 차이를 확인했다면, '여성-병사'의 모델은 여성이 남성의 고유한 영역, 즉 공적인 국가의 영역을 침범함으로써 궁극적으로 양성의 차이를 말소했다고 할 수 있다. 이러한 맥락에서 제2차 세계대전 말기 이탈리아 여성들이 파시스트 정치조직 및 군사조직에 참여한 것을 연구한 마리아 프라도시오(Maria Fraddosio)는 '여성-병사'의 모델이 육체적 활력과 용기 같은 전형적인 '남성성'의 표준에 가장 가까운 이상적 원형이었다고 보았다. 그녀에 따르면 '이탈리아 사회공화국'의 '여성보조부대(Servizio ausiliario femminile:Saf)'의 근무 수칙은 여성들의 전투 행위를 금지했지만, 실제로 많은 여성들이 남성들과 나란히 전투에 임하려는 욕구를 가지고 있었다. 또 실제로 전투에 참여하기도 했다고 한다. 1944년 1월에 나온 Saf의 한 월간 소식지는 '여성-병사'의 이런 욕구를 다음과 같이 보고하고 있다.

> 훈련 과정이 열정적으로 이수되고 있다. 군율이 극기와 자기희생의 정신을 강화하고 있다. 많은 여성들은 한시라도 빨리 동료들과 함께 싸우다 전사함으로써 진정한 이탈리아인으로서 영예로운 길을 걷고자 하는 욕구를 표현한다.[15]

---

15) Fraddosio, "Fallen Hero", pp.122-123.

결국 이 두 가지 이미지 모델, 즉 마리아와 아마조네스는 파시즘이 표상한 이상적인 여성상이었다고 할 수 있다. 그런데 이 두 여성상은 결코 평화롭게 공존하거나 하나에서 다른 하나로 쉽게 이동하기 어려웠음을 기억해야 한다. 마리아가 가부장적 질서로 회귀하는 '전통'의 표상이라면, 아마조네스는 가부장적 질서에서 해방된 '근대성'의 표상이라는 점에서 그러했다. 쉽게 말해서 마리아가 여성을 가정의 틀 속에 집어넣으려고 했던 반면, 아마조네스는 여성들의 사회정치적 임무를 새로이 일깨우는 역할 모델로 기능했다. 이는 파시즘의 젠더정치가 마리아로 상징되는 '전통'과 아마조네스로 상징되는 '근대성' 사이에서 심히 동요하며, 그 어떤 일관된 노선도 추구할 수 없었던 모순적인 한계를 뚜렷이 드러내는 것이다.

그럼에도 중요한 점은 이와 같은 모순적인 한계에도 불구하고 파시즘이 여성에게 (그 이전까지는 전혀 없었던) 새로운 공적 역할을 부여하고 배분했다는 사실이다. 이러한 판단은 비단 남성의 고유한 영역, 즉 공적인 국가의 영역을 침범한 아마조네스의 이미지와 '여성-병사'의 모델에만 근거해서 내려진 것이 아니다. 파시즘이 여성에게만 고유한 영역, 즉 사적인 가사 영역과 관련된 마리아의 이미지와 '어머니-아내'의 모델이라는 전통주의적인 역할을 부과했을 때에도 중요한 점은 그러한 가부장제에 종속된 여성의 역할조차 '조국의 과업'으로 간주되면서 여성이 공식적으로 호명되었다는 사실이다. 1936년 4월자 《파시스트 여성(La donna fascista)》지의 한 기사에는 다음과 같은 구절이 실려 있다. "하나가 아니라 둘, 셋의 아들을 조국에 바칠 수 있는 자식 많은 어머니가 된다는 것은 얼마나 자랑스러운 일인가."[16]

데 그라치아도 파시스트 독재가 여성의 본분이 모성에 있음을 강조하면서

---

16) Perry Willson, "Italy", *Women, Gender and Fascism in Europe, 1919-45*, Kevin Passmore, ed., (New Brunswick: Rutgers University Press, 2003), p.22에서 재인용.

'가정의 수호자(custodi del focolare)'로서 아이를 낳고 기르는 여성의 고유한 임무가 국가의 이해관계와 합치된다는 점을 역설했다고 본다. 하지만 여성들이 "가구 밖의 일에 관계되지 않는 한, 그들은 가족의 개별적 이해관계를 민족의 집단적 이해관계와 관련시킬 수 없었다"[17]고 주장하는 대목에서는 선뜻 동의하기 어렵다. 왜냐하면 이 주장은 '가구 밖의 일', 즉 사회 진출을 여성 해방과 동일시하는 통념에 근거하여 파시즘의 젠더정치에서 여성의 가사라는 극히 '사적인' 내용이 '공적으로' 의미가 부여되고 있었음을 간과하고 있기 때문이다. 실제로 파시즘이 사적인 것(가정)과 공적인 것(사회)의 구별을 거부하고 '어머니-아내'를 민족의 공적 임무에 '참여'시키려고 했으며, 여성들도 '어머니-아내'의 역할이 공적 의무라고 느꼈음에 주목해야 한다고 생각한다. 이와 비슷한 맥락에서 무솔리니가 제1차 세계대전에서 전사한 자들의 어머니와 미망인을 위해 특별한 기념식과 단체를 조직한 것과 여성 십계명의 첫 계율로서 아이를 갖는 것―"수가 힘이다"―을 내세운 인구정책을 펼친 것 등 모두가 여성의 고유한 역할에 공적 성격을 부여한 실례들이다. 요컨대 마리아 안토니에타 마치오키(Maria-Antonietta Macciocchi)의 표현을 빌리면 무솔리니는 "여성과 파시즘의 관계를 혁신한 자 혹은 발명한 자"였다.[18]

3. '전통'과 '근대성'이 혼합된 공간

이미지와 선전은 동원과 조직을 위한 것이다. 파시즘은 이탈리아사에서 처음으로 여성들을 대규모로 동원하고 조직한 생생한 실례를 보여주고 있

---

17) De Grazia, "How Mussolini Ruled", p.144.
18) Maria-Antonietta Macciocchi, "Female Sexuality in Fascist Ideology", *Feminist Review*, 1, (1979), p.70.

다. 과연 파시스트당(Partito Nazionale Fascista : PNF)은 "진정으로 대중적인 여성 당원을 거느린 이탈리아 최초의 정당"[19]이었다. 이를 통해 PNF는 파시스트 체제에 대한 여성 대중의 동의를 획득하고자 분투했다. PNF 산하의 가장 유명한 여성조직은 '여성동맹(Fasci femminili)'이었다. '여성동맹'은 1926년에 정식 발족한 뒤 1930년대에 파시즘의 대표적인 여성 대중 조직으로 발전하여 1934년에는 회원수가 30만 4,313명에 달했고, 1942년에는 놀랍게도 100만 명에 육박했다.[20] '여성동맹'은 주로 상층 및 중간 계급 여성들을 중심으로 사회복지 업무에 주력했다. 이 영역에서 파시스트 여성들은 바느질 작업장을 운영하고 가사를 가르치며, 임산부의 집을 방문하고 가난한 어머니들에게 우유를 배급하며 아동들을 위한 치료소를 운영했다. 또 여성들을 위한 직업소개소를 운영하며 '모성의 사명'을 훌륭하게 이행할 수 있도록 소녀들에게 보육법을 가르치기도 했다.[21]

'여성동맹' 산하의 가장 거대한 분과 조직으로는 '농촌여성(Massaie rurali)'이 있었다. '농촌여성'은 1933년 '파시스트 농업노동자동맹'의 일부로 창설되었으나, 이듬해 '여성동맹'에 흡수되었다. 이 조직은 농촌 여성들의 삶을 향상시킨다는 목표 아래 '근대적이고 합리적인' 방식으로 여성들이 농사일과 가사를 수행할 수 있도록 훈련시키고자 했다. 구체적으로는 주로 여

---

19) Willson, "Italy", p.18.

20) '여성동맹' 산하에는 다시 연령별 하위 단체들이 있었다. 8세에서 13세 사이의 여성 아동은 '이탈리아 여성아동단(Piccole italiane)', 13세에서 18세 사이의 소녀는 '이탈리아 소녀단(Giovani italiane)', 18세에서 21세 사이의 여성은 '파시스트 젊은 여성(Giovani fasciste)'에 소속되었다. 그러나 '이탈리아 여성아동단'과 '이탈리아 소녀단'에 대한 통제권은 1929년 '여성동맹'으로부터 교육부장관이 관할하는 '민족연합회(Opera nazionale)'로 이관되었다. '파시스트 젊은 여성'은 '여성동맹' 산하에서 꾸준히 발전하여 1932년에는 회원수가 14만 5,199명에 달했다. Alberto De Bernardi e Scipione Guarracino, a cura di, *Dizionario del fascismo-storia, personaggi, cultura, economia, fonti e dibattito storiografico*, (Milano: Paravia Bruno Mondadori Editori, 2003), p.297.

21) Willson, "Italy", p.21.

성의 고유한 일로 여겨지던 가금류와 토끼 사육, 공예, 채마밭 가꾸기, 위생 관리법과 보육법 등을 집중적으로 가르쳤다. '농촌여성'의 회원수는 1935년 2만 2,504명에서 1937년 89만 5,514명을 거쳐 1942년 말경에는 약 250만 명에 달했다. 그 밖에 주목할 만한 분과 조직으로는 '가사노동분과(Sezione Operaie e Lavoranti a Domicilio: SOLD)'가 있었는데, 이는 1937년에 창설되어 노동계급 주부들을 대상으로 활동을 펼쳤다. 이 '후발 주자'도 짧은 시간에 급속도로 성장하여 1942년 7월경에는 151만 4,860명에 달하는 회원수를 자랑했다.[22]

그렇다면 이처럼 파시스트 체제가 전례 없는 수준에서 여성 대중을 광범위하게 조직화할 수 있었던 동력은 어디에서 나왔는가? 여성 대중의 조직화를 오직 체제의 강압적인 명령 아래에서 이루어진 과정으로 보는 단순한 시각은 더 이상 유지되기 어렵다. 오히려 우리가 던져야 할 역사적인 질문은 그러한 체제의 조직화 노력에 여성들이 동참한 동기가 무엇인가 하는 문제이다. 그럴 때에만 행위 주체로서의 여성의 능동성을 올바르게 조명할 수 있을 것이다.

확실히 당원증이 가져다주는 물질적 혜택으로 유인된 '기회주의적' 동기가 있었음을 부정할 수 없다.[23] 그러나 최근의 많은 연구들이 주목하는 부분은 그러한 동기 외에도 파시즘이 제공한 새로운 기회 공간들이 여성의 잠재적인 욕망을 일깨웠던 측면이다. 파시스트 체제는 여성의 가치를 새삼 강조했으며, 이는 (반드시 의도된 것은 아닐지라도) 여성이 자신의 사회정치적 존재

---

22) *Ibid.*, pp.25-27.
23) 1930년대 가령 파시스트 노동조합 가입자 수가 폭발적으로 증가한 데는 분명 이러한 물질적 동기가 있었을 것이다. 스테파노 무소(Stefano Musso)와 같은 연구자는 당원 등록이 정치적 동의라기보다는 현실적 필요에서 나온 것, 즉 "빵을 위한 당원증(tessera del pane)"에 불과했다고 본다. Stefano Musso, "Società industriale nel ventennio fascista", *Storia di Torino: VIII-Dalla grande guerra alla liberazione, 1915-1945*, a cura di Nicola Tranfaglia, (Torino: Einaudi, 1998), p.416.

성을 새로이 자각하는 계기를 제공했다. 예를 들어 '농촌여성'의 활동은 이탈리아사에서 최초로 농촌 여성들에게 (옳든 그르든) 조국과 민족에 기여하는 존재라는 점을 일깨워주었다. 물론 이데올로기적 선전만이 주효한 것은 아니었다. 이데올로기적 선전은 언제나 현실적 활동을 수반했다. '농촌여성'이 전개한 다양한 활동은 농촌 여성들이 예전에는 접하지 못했던 새로운 '근대성'의 이기들을 체험하는 데 큰 도움을 주었다.

사실 농촌 여성들에 대한 이와 같은 이데올로기적 가치 부여와 '근대성'의 체험을 동시에 보여주는 흥미로운 사례가 바로 '애국적 오믈렛'이다. 이것은 1930년대 후반 '자급자족 체제'가 강요된 시절 '농촌여성'이 보급하고자 한 대중적 요리를 가리키는 말이다. 즉 달걀, 토마토, 푸른 채소로 만들어져 외관상 적·백·녹의 이탈리아 삼색기를 연상시키는 효율적이고도 간편한 메뉴였다. 한 파시스트 홍보에 따르면 '애국적 오믈렛'은 여성들이 가사에 전념할 때조차 "민족을 위해 그들의 손이 움직이며 그들의 심장이 고동치고 있음"을 보여주는 것이었다. 여기서 유의할 점은 당시 농촌 여성들이 대부분 문맹이었음을 고려하면 '애국적 오믈렛'의 조리서는 별로 신통한 보급 수단이 아니었다는 사실이다. 따라서 당시 급속하게 보급되고 있던 라디오라는 근대적 이기가 대체 수단으로 사용되었는데, 이는 농촌 여성들에게 '근대성'을 체험하는 훌륭한 통로가 되었다. 물론 라디오의 대중적 보급에도 불구하고 1935년 말까지도 여전히 절반 이상의 농촌 마을에 라디오가 없었다는 한계를 잊어서는 안 되지만 말이다.[24]

'애국적 오믈렛' 외에도 여성들은 다양한 파시스트 조직을 통해 '근대성'의 새로운 기회 공간들을 체험할 수 있었다. 오르비에토에 있었던 여성 체육학교는 육체적으로 단련된 근대적 여성의 몸을 상징하는 전형적인 근대적

---

24) Willson, "Cooking the Patriotic Omelette", pp.535-536.

공간이었다. 그런가 하면 많은 젊은 여성들은 파시스트 조직이 제공하는 여행을 통해 다른 세계와 접할 기회를 가질 수 있었다. 뿐만 아니라 백화점과 영화, 타블로이드 신문은 여성과 세계를 이어주는 유력한 근대적 매체들이었다. 특히 이러한 매체들을 통해 여성들의 욕망을 크게 일깨웠던 것이 바로 패션이었다. 젊은 여성들은 자수와 뜨개질을 배우면서 개인적 스타일에 열중했는데, 토요일마다 서는 시장은 수공 의상들과 장신구들을 놓고 한바탕 떠들썩한 거래가 이루어지기도 했다.[25]

물론 데 그라치아가 지적했듯이 파시즘이 이데올로기적으로 반소비주의 성향을 가지고 있었음은 사실이다. 대중소비와 개인적 스타일은 부르주아적 악덕으로 배격되었다.[26] 예를 들어 할리우드 영화에 나오는 금발의 육감적인 입술을 가진 날씬한 여배우의 몸과 이 몸을 치장한 사치스러운 스타일은 평가절하되었다. 아닌 게 아니라 마리아와 아마조네스는 육감적인 그레타 가르보의 반명제였던 셈이다. 나아가 파시스트 국가가 소비 억압적 체제임을 웅변으로 보여주는 더욱 확실한 증거는 체제가 시종일관 저임금 정책을 고수했다는 사실이다. 그럼에도 1930년대의 이탈리아 사회는 점점 더 소비주의에 노출되었으며, 이러한 상황을 가리켜 데 그라치아는 "정치의 언어와 소비의 언어 사이의 갈등뿐만 아니라 공존"으로 묘사하기도 했다.[27]

그러나 이 표현은 오해를 불러일으킬 수 있다. 앞에서도 지적했듯이 정치와 소비가 서로 무관하게 독립적으로 발전했다는 그릇된 생각이 바로 그것이다. 그보다는 오히려 파시즘의 정치가 근대적 소비의 공간들을 의도적으

25) De Grazia, "Nationalizing Women", p.341.

26) 프라도시오에 따르면 이른바 '파리 유행(pariginismo)'과 '미국주의(americanismo)'는 파시즘에 의해 종종 "부르주아적 현상이자 사회적 역병에 비견될 만한 근대 여성 세계의 표현"으로 신랄하게 비난받곤 했다. Maria Fraddosio, "La donna e la guerra. Aspetti della militanza femminile nel fascismo: dalla mobilitazione civile alle origini del Saf nella Repubblica Sociale Italiana", *Storia Contemporanea*, XX, no.6, (ottobre, 1989), p.1-111.

로 여성들에게 개방했거나 혹은 무의식적으로 여성들을 소비의 공간들로 인도했던 측면에 주목할 필요가 있다. 그리고 파시스트 체제는 근대적 산업 발전의 가시적 산물들을 체제의 업적으로 재빨리 포장했고, 이를 파시즘에 대한 대중적 지지를 확보하는 유력한 수단으로 활용했다. 그렇다면 소비가 정치의 유력한 수단이 될 수 있음을 입증한 것에 파시즘이 보여준 진정한 새로움이 있다고 할 수 있다. 실제로 여러 구술사의 연구들은 당시 많은 이탈리아인들이 파시즘이 도입한 '근대성'의 표상들—자동차, 오토바이, 비행기, 영화, 라디오, 스포츠—에 열광했고, 이것이 이탈리아 대중이 파시즘을 수용하는 데 크게 기여했음을 보여준다. 예를 들어 프랑코 롤레라는 당시의 한 노동자는 '근대성'의 찬란한 상징으로 보인 이탈리아 선박들을 떠올리며 "이탈리아인이라는 사실에 대한 일종의 긍지가 있었다"고 술회했다.

> 파시즘이 무엇인지는…… 에, 이미 잘 이해되고 있지요. 지금 우리는 그것을 잘 이해하고 있어요. 하지만 당시에는 왜 파시즘에 맞서 싸워야 하는지 잘 이해되지 않았지요. …… 역시 왜 무솔리니가 엘리엇(Eliot)에 대해서, 프랑스에 대해서 말했는지도 그렇구요. …… 그는 어떤 곳에서는 이든(Eden)에 대해서, 어떤 곳에서는 영국에 대해서, 아니, 체임벌린(Chamberlain)인가. …… 어쨌든 말했습니다. 예전에 우리는 이런 '악습들(vizi)'을 전혀 갖고 있지 않았다! 그는 우리를 '이탈리에타(l'Italietta)'라고

---

27) De Grazia, "Nationalizing Women", pp.341, 355-356. 전체적으로 볼 때 데 그라치아는 파시즘이 소비주의를 정치의 수단으로 활용하는 데 실패한 측면을 더욱 부각시킨다. 예를 들어 여성들을 제한적으로나마 체제로 흡수하고 그들을 위한 훈련 프로그램을 마련하는 데 게을렀다고 자못 비판적으로 지적하는 것이다. 즉 오르비에토의 체육학교도 1931년에 설립되고, 1936년 이후에야 본격적으로 발전한 것이 그러한 '게으름'을 웅변하는 하나의 사례라면, 다른 또 하나의 사례는 1937년에 가서야 여성노동자들에 대한 감독관들을 위해 '피아트 1100' 모델의 차량을 주문한 것이었다고 한다. De Grazia, "How Mussolini Ruled", p.143.

불렀죠. 아니, 그보다 먼저…… 만일 단눈치오(d'Annunzio)가 없었다면…… 아무도 없다…… 그리고 말이죠, (그 후에) 이탈리아인이라는 사실에 대한 일종의 긍지가 있었죠! 이게 있었어요. 에, 그래요, 그렇습니다. 배 이름인데, 룩스(la Lux)인가…… 아니, 렉스(la Rex)였습니다. 제노바를 출발해서 뉴욕으로 갔죠. 훈장을 받았어요! 우와! 프랑스인들보다 더 뛰어났죠! …… 결국 프랑스인들은 다른 배를 만들었죠. …… 결국 이런 일이 있었어요. 북극…… 거기에 노빌레(il Nobile)호가 있었죠. 북극에 간 노빌레…….[28]

일단 이러한 새로움을 인정하고 나면 반소비주의로 이끌리는 파시즘의 이데올로기적 목표와 소비주의가 지배하는 '근대성'의 현실 사이의 잠재적이면서 현실적인 충돌에 주목하는 것이 마땅한 순서일 것이다. 과연 그러한 충돌 양상들은 데 그라치아가 충분히 보여준 바 있다. 예를 들어 그녀는 소비주의에 의해 고무된 외모와 스타일에 대한 여성들의 집착에서 파시즘에 대해 잠재적으로 적대적인 개인주의적이고 부르주아적인 나르시시즘과 동시에 상업적인 문화재의 생산을 통제하지 못하는 파시즘의 무능력을 발견했다.[29] 데 그라치아에 따르면 이와 같은 파시즘과 소비주의 사이의 대립을 극명하게 보여준 스펙터클이 바로 1939년 5월 28일에 거행된 로마의 키르쿠스 막시무스(대전차 경기장)에서 베네치아 광장까지 이어진 성대한 여성 퍼레이드 행사였다. 이 행사에서 강인한 몸매에 제복을 입은 여성들과 다양하고 실로 잡다한 의상을 차려입은 여성들의 행렬이 선명하게 대조되었다. 이 장면에서 데 그라치아는 전체주의적 획일성과 개인주의적 창의성의 대립과 갈등

---

28) Maurizio Gribaudi, *Mondo operaio e mito operaio-spazi e percorsi sociali a Torino nel primo Novecento*, (Torino: Einaudi, 1987), p.152.

29) De Grazia, "Nationalizing Women", pp.353-355.

을 보았다. 요컨대 그녀의 표현을 빌리면 이 스펙터클은 "대중 세력의 집산주의적 이미지와 근대 패션산업에 고유한 배타성과 개별성의 추구 사이에 존재하는 근본적인 긴장"을 유감없이 보여주었다는 것이다.[30]

그러나 파시즘 치하 패션의 역사를 연구한 유제니아 파울리첼리(Eugenia Paulicelli)의 생각은 다르다. 그녀는 로마의 퍼레이드에서 (데 그라치아에 의해) 개인주의적 창의성의 표상으로 해석된 행렬이 사실은 이탈리아 각 지방의 민속 의상을 갖춰 입은 여성들의 행렬이며, 이는 필경 이탈리아의 다양한 지역적 전통의 풍요로움을 과시하려는 파시즘의 민족주의적 이념을 충실히 반영한 것이라고 보았다. 그러므로 퍼레이드는 친근한 전통적 여성과 강인한 근대적 여성, 즉 "현저한 긴장이 없지는 않지만, 어쨌든 지방적인 것과 민족적인 것, 전통적인 것과 근대적인 것, 다산의 어머니와 오르비에토 체육학교의 학생, 곧 차이를 드러내면서 동시에 여성들을 통제하려는 목적을 지닌 같은 이데올로기의 두 산물이요, 같은 동전의 양면으로 판명된 서로 상반된 모습들"을 보여주는 장면인 것이다.[31] 요컨대 1939년 로마의 여성 퍼레이드 행렬은 데 그라치아에게 '개인주의'와 '전체주의'의 대립으로 표상된 반면, 파울리첼리에게는 '전통'과 '근대성'의 모순적 결합으로 이해되었다.

이러한 해석상의 차이는 무엇을 의미하는가? 비록 파울리첼리가 명시적으로 언급하고 있지는 않지만, 그녀의 주장이 갖는 함의는 획일성에 어긋나는 다양성을 보면서 '개인주의'와 '전체주의'의 충돌을 말하는 데 그라치아의 논의가 다소 성급한 일반화이며, 오히려 다양한 요소들을 하나의 목표 아래 배치하고 통합하는 전체주의의 전유 과정을 올바르게 해명해야 한다는 것이다. 그리고 명백히 파울리첼리에게 이와 같은 '다양성의 전유'는 근본적

---

30) *Ibid.*, pp.351-352.
31) Eugenia Paulicelli, *Fashion under Fascism-Beyond the Black Shirt*, (Oxford, New York: Berg, 2004), p.25.

으로 볼 때 '전통'과 '근대성'을 혼합해 '이탈리아적인 것(italianità)'을 주조하고자 한 파시즘의 모순적인 성격에서 유래하는 것이다.[32] 이제 마지막으로 살펴볼 부분은 파시즘의 전체주의를 이탈리아 여성들이 다양한 조건에서 다양한 방식으로 전유한 과정이다. 이 문제까지 해명해야만 비로소 파시즘의 젠더정치가 보여준 성공과 실패를 온전히 이해할 수 있을 것이다.

4. 파시즘 전유의 형식들

이탈리아 여성들이 파시즘의 전체주의를 전유한 한 가지 극단적인 방식은 전투적 애국심을 통해 파시즘(과 그 상징인 두체)과 자신을 동일시하는 것이었다. 이러한 전유의 형식을 대표하는 이들이 바로 전쟁 말기에 '이탈리아 사회공화국'의 여성부대인 Saf에서 활동한 여성들이었다. 그들은 '조국의 명예를 위해' 남성들과 나란히 전투에 참여한 파시스트 소녀 전사들이었다.[33] 이들 중 한 명은 전황이 극도로 불리해진 1944년 12월 17일의 일기에 전날 두체의 연설을 듣고 난 뒤 열정에 북받쳐 이렇게 적어놓았다. "두체가 밀라노에서 연설을 했다. 우리 모두를 휘어잡은 위대한 연설이었다. 우리가 여전히 희망을 품을 수 있을까? 어떤 사건에서든, 사태가 어찌 굴러가든 나는 이탈리아의 명예를 드높이기 위해, 그리고 우리 조국에 새로운 면모와 새로운 삶의 방식을 찾기 위해 이 비극적인 나날들에 행해진 모든 것은 결코 망각되

---

32) 물론 파울리첼리는 "이탈리아의 민족 정체성"을 주조하려는 파시즘의 시도가 궁극적으로 실패했다는 것을 부정하지 않는다. 그러나 파시즘은 민족 정체성을 주조하려고 한 과정에서 중요한 영감을 발전시켰다. 즉 파시즘은 "다양한 문화, 지방적이고 민족적인 전통, 근대성과 전통, 문학상의 과거 인물, 민속, 정반대의 여성성의 모델, 체육 선수와 다산의 어머니, 도시 소비자와 '농촌 여성'을 자신의 것으로 만들려고 하면서 한데 결합하여 활용할 수 있었다." Paulicelli, *Fashion under Fascism*, p.154.

33) Maria Fraddosio, "'Per l'onore della Patria.' Le origini ideologiche della militanza femminile nella Rsi", *Storia Contemporanea*, XXIV, no.6, (dicembre, 1993), p.1,155.

지 않으리라 확신한다."[34]

그리고 전쟁 말기 또 다른 방식으로 '조국의 명예를 위해' 파시즘에 저항한 여성 레지스탕스 활동가들은 정확히 Saf의 파시스트 소녀 전사들의 대척점에 위치해 있었다고 할 수 있다. 그런데 이처럼 서로 정반대의 방향에서 극단적인 선택을 한 이 여성들이 있던 곳은 바로 전쟁이라는 사뭇 예외적인 공간이었고, 바로 이 전쟁 상황이 여성들의 정치적 주체성이 활발하게 발전한 조건이었던 것으로 보인다. 하지만 이보다 더 우리의 주목을 끄는 것은 일상의 공간에서 이탈리아 여성들이 파시즘의 전체주의를 어떻게 전유했는가 하는 문제이다. 이러한 맥락에서 여성들의 검은 제복 착용은 파시즘의 전체주의적 젠더정치를 일상의 공간에서 잘 보여주는 사례들 중 하나로서, 이에 대한 여성들의 반응이 흥미롭다. 파시즘의 검은 제복은 파시스트 혁명이 추구한 새로운 규율과 질서를 상징하는 소품이었다. 그런데 이 획일적이고 불편해 보이는 소품은 뜻밖에도 뭇 이탈리아 여성들에게 환영받았던 것으로 보인다. 구술사가인 루이자 파세리니(Luisa Passerini)는 '이탈리아 소녀단'의 검은 셔츠와 흰 블라우스로 구성된 제복을 엄마에게 만들어달라고 떼쓰는 한 소녀에 대한 기억을 언급하면서, 당시 파시즘의 검은 제복이 소녀들에게 선망의 대상이 되었음을 시사한다. 그리고 이는 멋진 외모와 이를 꾸며주는 의상이 새 옷을 입고 싶고 또래의 일원이 되고 싶은 소녀들의 열망을 자극했고, 파시즘의 제복이 그러한 욕구를 일정하게 충족시켜주었음을 암시한다.[35]

그러나 데 그라치아는 다른 면에 주목했다. 그것은 획일적인 제복을 개인적인 취향으로 변형함으로써 기표로서의 제복이 뜻하는 복종의 기의를 개인

---

34) Maria Fraddosio, "Fallen Hero", p.115.
35) Passerini, *Fascism in Popular Memory*, pp.129-130.

주의적 나르시시즘의 기의로 바꾸어내는 저항적인 전유의 과정이다. 예를 들어 검은 망토를 어깨 너머로 내려뜨림으로써 흰 블라우스에 달려 있는 메달들을 보이게 하려고 애썼던 한 소녀에 대한 기억은 데 그라치아에 따르면 집단적 획일성 속에서 개별성을 가꾸려는 노력을 잘 보여주는 것이다. 이러한 제복의 변형은 좀더 확대 해석하면 여성 타이프라이터가 자신의 손톱을 반짝이게 다듬고 담배를 피우며 자신의 입술을 사랑스럽게 삐죽이 내미는 것과 마찬가지로, 타인을 의식하고 외모를 연출하며 자아에 도취되는 개인주의적 나르시시즘의 진부한 사례라고 할 수 있다.[36]

저항적인 전유는 좀더 미묘한 방식으로도 이루어졌다. 파시스트 체제는 조국에 헌신할 남편과 아들을 내조하고 양육하는 여성의 모성을 한껏 강조했다. 그러나 '공공화된' 제국의 위대한 모성은 극히 사적이고 가족주의적인 차원에서 전유되기도 했다. 예를 들어 자신의 아들이 전쟁터에 나가 목숨을 잃을지도 모른다는 평범한 어머니들의 두려움은 자기 자식을 병역 회피자나 탈영병으로 만들 수 있었다. 명백히 이러한 모성은 조국을 '위한' 것이 아니라 조국에 '맞선' 것이었다. 이와 관련하여 토리노의 한 여성노동자는 다음과 같이 반문했다. "우리 여성들이 어른이 되면 전쟁터에 나가야 할 많은 아이들을 가져야 한다는 게 과연 정당하고 인간적인 일이에요? 오, 아니에요! 우리는 우리 아이들을 사랑해요. 우리가 없는 형편에서도 아이들을 정성껏 기르는 이유는 아이들의 더 나은 미래를 위해서이지, 조국을 위해서가 아니거든요."[37]

그런가 하면 이보다 좀더 명료한 형태의 저항적인 전유도 볼 수 있다. 여성이 아이를 적게 갖는 것, 그리고 이를 위해 피임을 하는 것도 체제의 출산

---

36) De Grazia, "Nationalizing Women", pp.353-354.
37) De Grazia, "How Mussolini Ruled", pp.138-139.

장려정책에 대한 저항의 기호로 읽힐 수 있다. 실제로 파세리니가 인터뷰한 세 아이를 둔 피오라라는 여성은 이렇게 말했다.

> 슬하에 자식이 얼마나 됩니까?
> 피오라: 셋이죠.
> 모두 살아 있나요?
> 피오라: 그럼요, 그럼요. 모두 살아 있어요. 난 더 가질 수도 있었어요. 하지만 무솔리니를 괴롭히기 위해 그러지 않았죠. 아시잖아요.[38]

    사실 이와 같이 제복을 선망한다거나, 제복을 비틀어 개인적 스타일을 추구하는 행위, 그리고 애국주의 대신 가족주의를 선택한다거나 인구 정책을 사보타주하는 행위 등은 모두 여성 레지스탕스 활동가(혹은 그의 역상이라고 할 수 있는 Saf의 파시스트 소녀 전사)와 같은 극단적인 정치적 주체성 외에도 여성 주체성이 다양한 형태로 발현될 수 있었음을 잘 보여준다. 그리고 이러한 여성 주체성은 파시즘이 새로이 열어놓은 기회 공간들에 대한 기대와 실망, 애정과 염증이 교차하는 실로 복잡한 욕망들을 때로는 투명하게, 때로는 혼탁하게 반영했다. 여성들의 이러한 욕망을 한두 단어로 간단히 규정하기란 쉽지 않다. 과연 당대의 여성 작가들도 이 욕망을 표현할 적절한 말을 찾기 위해 고심하고 있었다. 1926년 노벨문학상 수상자이기도 한 그라치아 델레다(Grazia Deledda)는 그러한 욕망을 풍경에 투사하면서 다음과 같이 표현했다.

    너른 강, 반짝이는 수면과 수평선, 그리고 강둑에서 뻗어나간 나무숲이 그

---

38) Passerini, *Fascism in Popular Memory*, p.150.

녀로 하여금 거룻배 한 척이…… 멈춰서 자기를 실어 강을 달려 자기를 저
멀리 미지의 땅으로 데려갔으면 좋겠다는 탄성을 불러일으켰다.[39]

물론 파시즘은 여성들의 욕망을 자극하기는 했지만 실현은커녕 억압했을
뿐이다. 그런 점에서 데 그라치아가 제대로 보았듯이 여성 주체성의 많은 부
분이 파시즘에 의해 억압되었으며, 파시즘은 여성 동원에 실패했다. 그러나
잊지 말아야 할 중요한 사실은 그러한 실패가 파시즘에만 있었던 것은 아니
라는 점이다. 파시즘 이전의 자유주의 국가도, 파시즘 이후의 공화국도 ‘미
지의 땅’을 향한 여성들의 염원을 충족시켜주지는 못했다. 이를테면 레지스
탕스가 파시즘에 대한 비판은 충족시켜주었으되, 여전히 가부장제에 대한
비판을 제기하지 않았음은 분명하다. 다시 데 그라치아가 예리하게 지적했
듯이 레지스탕스의 승리를 축하할 시간이 왔을 때 놀랍게도 여성들의 기여
는 대체로 “침묵 속에 잊혀졌다.”[40]

당연히 이러한 판단이 파시즘의 정치적 책임을 상대화하고 경감하려는 것
으로 이해되어서는 곤란하다. 파시즘은 이전 시대로부터 물려받은 여성 억
압의 제도와 담론을 폐절할 수 있다는 환상을 다소나마 성공적으로 여성들
에게 심어주었으나, 궁극적으로는 전쟁의 내핍과 고통, 죽음이라는 훨씬 더
잔인한 억압을 덧씌웠을 뿐이기 때문이다. 그리고 남편과 아들을 잃은 여성
들의 통곡보다 더 잔인한 것은 전후 파시즘이 도덕적으로 단죄되고, 심지어
‘악마화’되고 난 뒤 한때 (자의든 타의든) 파시즘의 대의를 위해 싸우다 죽은
남편과 아들, 그리고 딸을 위해 드러내놓고 슬퍼할 수도 없게 만든 파시즘의
정치적 책임이다. 이는 아들을 잃은 어머니의 비탄을 통해 신성한 모성을 상

39) Grazia Deledda, “Portrait of a Country Woman”, *Unspeakable Women*, Pickering-Iazzi, ed., p.71.
　　또한 Pickering-Iazzi, “Introduction”, *Unspeakable Women*, p.17의 설명을 참조하라.
40) De Grazia, “How Mussolini Ruled”, pp.147-148.

징하는 마돈나, 즉 파시즘이 이상적 여성상으로 내세운 마돈나의 모습과는 오히려 정반대되는 장면이 아닐 수 없다.

5. 이탈리아 파시즘의 성공과 실패

이탈리아 파시즘은 그 자체 모순에 찬 운동이자 체제였다. 파시즘의 이와 같은 성격은 파시즘의 젠더정치와 관련해서도 그대로 적용된다. 파시즘은 마리아로 표상되는 '어머니-아내'의 모델과 아마조네스로 표상되는 '여성-병사'의 모델을 동시에 선전했다. 이러한 모순은 전통적인 가부장적 질서에 고유한 '어머니-아내'라는 역할 모델을 근대적인 대중 동원에 이용하는 목표와 수단 사이의 괴리에서도 재차 확인할 수 있다. 파시즘의 이데올로기적 목표를 추구하는 수단으로서 전통적인 민족적 소품들을 근대적인 매체들에 접목시키려는 시도 역시 이러한 모순성을 보여주기는 마찬가지이다. 결국 이 모든 사실 속에서 일관되게 확인할 수 있는 것은 파시즘이 목표 자체, 목표와 수단, 그리고 수단 자체에서 서로 상반된 요소들, 즉 대체로 '전통'과 '근대성'으로 분류할 수 있는 갖가지 모순적인 요소들의 집합이었다는 점이다.

그러나 이러한 모순에도 불구하고, 아니 차라리 이러한 모순을 통해 파시즘이 정치적으로 새로운 실험을 시도했다는 점을 잊어서는 안 된다. 파시즘이 (가부장적 이데올로기에도 불구하고) 예전까지 공적 담론에서 잊혀진 존재였던 여성에게 새로운 공적 역할을 부여함으로써 민족적 존재로서 여성을 호명하고 조직했다는 사실은 정말 새로운 것이었다. 나아가 '근대성'의 기회 공간들이 갖는 무한한 정치적 가능성을 활용하고자 한 파시즘의 시도 역시 (전통적 요소들이 광범위하게 온존했음에도 불구하고) 혁신적인 것이었음은 두말할 필요도 없다. 요컨대 파시즘은 '어머니-아내'의 모델과 '여성-병사'의 모델을 조국을 위한 공적 과업 속에 통합시켰고, '전통'과 '근대성'을 파시즘의 전체주의적인 정치적 기획 속에 결합시키고자 했다.

이렇듯 근대화와 파시즘이 착종된 새로운 환경에서 이탈리아 여성들은 자신들의 욕망을 극히 명료한 방식에서 극히 은밀한 방식에 이르기까지 다양한 전유의 형식을 빌려 투사했으며, 그런 가운데 다양한 형태의 (적극적이거나 소극적인, 명시적이거나 암시적인, 정치적이거나 비정치적인) 여성 주체성이 발현되었다. 그리고 이러한 맥락에서 가령 1930년대에 널리 확인되는 개인주의와 소비주의에 기초한 여성 주체성의 형식들을 파시즘이 효과적으로 관리하고 통제하지 못했다는 것도 부정할 수 없는 사실이다. 이는 데 그라치아가 날카롭게 지적했듯이 개인주의와 소비주의로 표출된 여성의 욕망이 파시즘에 대한 저항이나 적어도 비순응주의와 미묘하게 뒤얽혀 있었음을 시사한다. 이와 동시에 이러한 저항과 비순응주의는 반대로 파시즘의 한계와 실패를 입증하는 증거로 간주할 수도 있다.[41]

그럼에도 파시즘의 한계와 실패를 전쟁 말기 여성들의 정치적 행동주의(레지스탕스)에 대한 보증수표로, 나아가 전후 대중 소비주의의 완전한 승리를 파시즘의 예정된 죽음을 추인하는 사망진단서로 간주하는 시각은 기본적으로 사후적인 판단일 뿐이라는 점에서 입증하기 매우 어려울 것이다.[42] 이러한 시각은 개인주의에 기초한 소비주의와 집산주의에 기초한 전체주의가 결코 양립할 수 없다는 전형적인 자유민주주의적 가정에 입각해 있다는 점에서 소비주의에 내재해 있는 문화적 획일성에 주목하는 사람들을 만족시킬 수 없을 것이다. 그런가 하면 파시즘에 대한 동의와 저항을 말끔히 구분하고

---

41) *Ibid.*, pp.145-146.
42) 실제로 데 그라치아는 전후 소비주의의 승리가 파시즘의 패배를 재확인했다는 강한 암시를 곳곳에서 내비치고 있다. 예를 들어 다음과 같은 진술을 볼 수 있다. "파시즘이 남긴 끔찍한 유산을 견뎌내면서 여성들은 1960년대에 그들 집안에까지 들이닥친 소비혁명의 도래와 1970년대에는 여성들을 위한 더욱 해방된 습속의 도래를 경험했다." 그러나 이런 식의 진술은 파시즘과 소비주의를 대립관계로만 보게 한다는 점에서 문제가 있다. De Grazia, *How Fascism Ruled*, p.288.

전체주의와 소비주의를 정면으로 대립시키는 견해를 취하는 한 동의와 저항, 전체주의와 소비주의가 겹치는 부분을 설명하기란 불가능할 것이다. 그리고 파시즘이 결국 실패했다는 사실에도 불구하고 여전히 남아 있는 또 하나의 사실, 즉 역대 그 어떤 이탈리아 정부도 성취하지 못한 20여 년 간의 장기 집권이 보여주는 파시즘의 내구성을 결코 설명하지 못할 것이다. 그렇기 때문에 데 그라치아가 이러한 설명의 공백들을 남겨둔 채 미국식 '시장 제국(Market Empire)'이 20세기 유럽에 침투해간 과정으로 관심을 돌린 것이 무척이나 아쉽게 느껴진다.[43]

---

43) Victoria de Grazia, *Irresistible Empire-America's Advance through Twentieth-Century Europe*, (Cambridge, Mass.: The Belknap Press of Harvard University Press, 2005).

* 이 글은 2007년 2월 21일 비교역사문화연구소와 대구사학회가 공동으로 개최한 학술대회 "대중독재와 젠더정치"에서 발표되고, 《대구사학》92집(2008년 8월)에 게재된 글을 수정, 보완한 것이다.

6

비시 정권의 여성 동원

이학수

이학수

해군사관학교 군사전략학과 교수이며, 동 대학 박물관장을 역임하기도 했다. 파리8대학에서 〈부르부네 지방의 농민들〉로 역사학 박사 학위를 받았다. 전공은 프랑스 현대 정치문화사이며, 한국어 논문과 불어 논문 등 약 20여 편을 발표했고, 번역서로 《비시 신드롬》이 있다.

1. 비시 정권은 여성을 어떻게 동원하고 통제했는가

비시 정권은 프랑스가 제2차 세계대전에서 독일에게 패배한 뒤 1940년 6월에 설립된 친독 정권이다. 따라서 비시 정권은 제3공화정과의 단절을 강조하기 위해 민족주의를 주장하면서 실제로는 반공화국, 친가톨릭, 반자유주의에 근거한 복고 사상을 전면에 내세웠다. 또한 비시 정권은 독일 제3제국처럼 권위주의와 가부장제에 근거한 반페미니즘을 지향한 남성적 정치 기구였다고 할 수 있다. 그렇다고 해서 비시 정권의 정치적 이념을 단순히 농촌 또는 땅에 뿌리를 둔 의고주의로 분류하거나, 독일 제3제국의 정책을 모방한 나치의 부속 정권 정도로 파악하는 것은 무리가 있어 보인다.

현재 비시 정권에 대한 연구가 국내외에서 활발하게 진행되면서 여성 문제에 대한 조명도 다양한 각도에서 이루어지고 있다. 프랑스에서는 비시 정권기의 여성들을 페미니즘 시각[1]과 일상사적 시각[2]에서 접근하는 연구가 대종을 이루고 있다. 그 중에서도 특히 여성의 신체에 대한 정치사회학적 분

---

1) Christine Bard(sous la direction de), *Un siècle d'antiféminisme*, (Fayard, 1999); Hélène Eck, "French Woman under Vichy", *A History of Women. V. Toward a Cultural Identity in the Twentieth Century*, Georges Duby, Michelle Perrot, ed., (Françoise Thébaud ed.), (Harvard: Harvard University Press, 1994), pp.194-225.

2) Dominique Veillon, Vivre et survivre en France 1939-1947, (Editions Payot & Rivages, 1995); Dominique Veillon, "La vie quotidienne des femmes", in Jean-Pierre Azéma et François Bédarida(sous la direction de), *Le Régime de Vichy et les Français*, (Paris: Fayard, 1992), pp.629-639; Robert Gildea, *Marianne in Chains-Daily Life in the Heart of France During the German Occupation*, (Picador, 2004).

석을 한 뮈엘-드레퓌스의 연구[3]가 돋보인다. 최근에는 비시 정권기의 여성 노동,[4] 레지스탕스 운동과 여성 문제,[5] 대독협력 여성들의 삭발 여성 문제,[6] 노르망디 지방을 중심으로 연합군이 여성에게 가한 폭력[7] 등에 대한 연구 성과도 나오고 있다. 국내의 비시 정권 연구는 과거사 청산 차원에서 접근한 경우[8]와 이어 비시 정권의 성격,[9] 비시 정권과 여성 문제 등을 중심으로 최근에 비교적 활발하게 진행되고 있다. 구체적으로는 가족법 문제,[10] 비시 프랑스의 여성성,[11] 독일군과 프랑스 여성 사이에서 출생한 아동 문제[12] 등을 조명한 연구들이 있다. 앞으로도 독일 점령기에서 살아남은 대중들의 기억

---

3) Francine Muel-Dreyfus, *Vichy et l'eternel féminin-Contribution à une sociologie politique de l'ordre des corps(XXe siecle)*, (Editions du Seuil, 1996).

4) Miranda Pollard, *Reign of Virtue-Mobilizing Gender in Vichy France*, (University of Chicago Press, 1998); _____, *Images of Women in the New France-Vichy and the Regulation of Female Sexuality 1940-1944(Barnard Occasional Papers on Women's Issues)*, (Barnard College Women's Center, 1986); _____, "La politique du travail féminin", *Le Régime de Vichy et les français*, Jean-Pierre Azéma et François Bédarida(sous la direction de), (Paris : Fayard, 1992), pp.242-250.

5) Marie Rameau, *Des femmes en Résistance 1939-1945*, (Éditions Autrement, 2008); Laurence Thibault(sous la direction de), *Les femmes et la Résistance*, (La Documentation française, 2006); Christine Audibert-Boulloche, Françoise de Boissieu et Françoise Dupont, *Femmes dans la guerre 1940-1945*, (Éditions du Félin, 2004); Collectif, *Les Femmes dans la Résistance en France*, (Tallandier, 2003).

6) Fabrice Virgili, *La France virile-Des femmes tondues à la Libération*, (Payot, 2000).

7) Luc Capdevila, *Les Bretons ou lendemain de l'occupation-Imaginaire et comportement d'une sortie de guerre 1944-1945*, (Presses universitaires de Rennes 2, 1999); Olivier Wieviorka, "Occupation ou Libération? Les ambivalence de la mémoire normande", 《한국-프랑스 국제학술대회 발표 자료집》(한양대학교 비교역사문화연구소, 2006).

8) 주섭일, 《프랑스의 나치협력자 청산》, 사회와연대, 2004: 이용우, 《프랑스의 과거사 청산. 숙청과 기억의 역사, 1944~2004》, 역사와비평사, 2008.

9) 박지현, 《누구를 위한 협력인가-비시 프랑스와 민족혁명》, 책세상, 2004: 신행선, 〈비시 프랑스-민족혁명(Révolution nationale)의 이상과 현실〉, 《서양사론》 79호(2003. 12), 183~207쪽.

10) 신행선, 〈프랑스 비시(Vichy) 정부 시기 가족정책과 여성〉, 《서양사론》 92호(2007. 3), 153~176쪽.

11) 박지현, 〈전쟁문화와 여성-비시 프랑스의 여성성을 중심으로〉, 《역사와 문화》 9(2004), 33~55쪽.

12) 고원, 〈제2차 세계대전 시기 독일 점령하의 프랑스와 여성들〉, 《대구사학》 92집(2008. 8), 99~117쪽.

문제, 삭발 여성 문제, 레지스탕스, 과거 청산 문제 등을 중심으로 계속해서 연구가 진행될 것으로 보인다.

지금까지 비시 정권과 여성과의 문제는 남성 대 여성, 또는 공적 영역과 사적 영역의 구분, 페미니즘과 안티 페미니즘으로 구분해 다루어졌다. 이런 경우 대개 여성들은 비시 정권의 희생자 또는 공범자로 나타나거나, 체제의 피해자로 나타나는 경우가 많았다. 하지만 비시 정권 시기를 살았던 여성의 일상생활을 복원하고 그들의 시각에서 바라보게 될 경우 지금까지의 이분법적 범주는 상당히 설득력을 잃게 될 것이다. 왜냐하면 비시 정권과 여성들과의 관계는 정권이 일방적으로 여성들을 동원한 것으로 보이지만 동시에 여성들이 정권에 저항한 측면이 있기 때문이다. 따라서 이 글에서는 행위 주체로서의 여성의 주체성을 복원시켜 대중독재 체제 아래에서 여성들이 보여주는 복합적인 존재방식을 재구성하여 비시 정권과 여성과의 관계를 분석해보고자 한다.

비시 정권이 체제의 기본 이념으로 내세웠던 가장 중요한 가치 중 하나는 가족이었다. 따라서 비시 정권은 모범적인 가정과 가정을 지키는 훌륭한 어머니상을 제시하면서 여성의 역할을 중시하고 강조하는 정책을 추진했고, 또한 정권 유지를 위해 여성들을 동원하고자 했다. 이것은 나치 정권이나 이탈리아 정권과는 달리 비시 정권은 정권 지지 세력인 정당이 없었기 때문에 모색된 일종의 대안적 성격이 강한 것이었다.

따라서 이 글에서는 비시 정권이 여성들을 어떻게 동원하고 통제했는가에 대해 그리고 비시 정권이 가정과 가정을 지키는 여성들을 지원하는 일련의 법령들을 발표하고, 정권 지지 세력을 확보하기 위해 친비시 정권 여성 단체들을 결성한 과정에 대해 구체적으로 살펴볼 것이다. 또한 비시 정권이 가톨릭을 정권 후원 세력으로 설정하고 가톨릭 가치관과 여성의 도덕성을 연계시키고자 한 사실을 중점적으로 살펴보려고 한다. 이것은 비시 정권이 추구하는 가치관과 가톨릭 종교가 추구하는 가치관이 서로 동일한 바탕에 근거하고 있었음을 밝혀줄 것이다. 그리고 비시 정권이 결혼 문제, 출산 문제, 피임, 낙태 문제 등에 간여하면서 여성을 비시 정권에 통합시키려고 한 사실들을 살펴보고, 마지막으로 비시 정권 치하에서의 여성들의 일상생활을 부분적으로 복원해보고자 한다.

2. 비시 정권의 여성 단체

비시 정권의 집권 명분은 제3공화정의 무능으로 프랑스 사회에 도덕적 위기가 만연했으며, 이로 인해 결국 독일과의 전쟁에서 패배하고 말았다는 논리에 근거하고 있었다. 따라서 프랑스가 전쟁 이전의 상태로 돌아가기 위해서는 민족혁명이 필요하다고 주장했다. 이는 공화국 전통과 단절하고, 새로운 도약을 해야 한다는 것을 의미했다. 우리가 잘 알다시피 비시 정권이 내건 민족혁명(Révolution nationale)의 원리는 제3공화정이 내세운 자유-평등-우애가 아니라, 바로 노동-가족-조국에 근거하고 있었다. 이 중에서 가장 중요한 것은 가족이며, 가족을 지탱하는 핵심은 당연히 여성이었다.

전쟁 패배 직후 프랑스 사회에서는 패전 책임이 누구에게 있는가?라는 패전 책임 논란에 휩싸였다. 일부 국민들은 여성들에게 패전 책임을 묻는 분위기에 경도되어 있었다. "제3공화정 시절의 여성들은 남자처럼 바지를 입고 머리는 짧게 깎고 담배를 피우면서 남자 흉내를 냈으며, 가사에 충실하기보다 화장을 짙게 하고 유행을 좇은 나머지 아내와 어머니의 역할을 제대로 하지 못했다"는 식이었다. 그 결과 프랑스가 독일과의 전쟁에서 패배하고 말았다는 주장이 제기되었다.[13] 그러나 전쟁 패배의 책임은 결코 여성들에게 물을 수 있는 성격의 문제가 아니다. 예를 들면 마르크 블로크(Marc Bloch)와 같은 역사가는 독일과의 전쟁에서 프랑스가 패배한 요인을 찾으려고 고심했는데, 그가 보기에 가장 큰 원인은 바로 군 지도부의 경직 때문이었다. 즉 독일군은 속도전이라는 새로운 개념을 도입하고 군인의 규율과 리더십 분야에서 일대 개혁을 단행하여 성공했지만, 프랑스 군대는 제1차 세계대전의 전쟁 개념에서 한 치도 나아가지 못하고 군 지도부가 무사안일에 빠져 있었다는 것이다. 마르크 블로크는 프랑스와 독일 간의 전쟁을 "투창 대 총의 전쟁이었고, 이번에는 프랑스가 원시인 역할을 했다"고 평가했다.[14] 비시 정권은 패전의 원인을 진정으로 찾기보다는 그것을 제3공화정의 좌파 정치지도자나 여성들에게 전가하고 대신 가족의 복원을 민족혁명의 주요한 과제로 삼았다.

　비시 정권이 출발하자마자 우선적으로 시도한 과업은 가족공동체와 여성 및 프랑스의 미래를 책임질 아동과 청소년들을 보호하는 일련의 법령을 제정하는 일이었다. 일부 역사가들은 비시 정권의 여성 정책과 가족 정책은 선구적이었으며, 따라서 해방 이후에 설립된 제4공화정도 비시 정책의 가족 정책을 고스란히 유지했다는 주장을 하고 있다. 물론 비시 정권의 가족 정책은 이미 제3공화정 말기에 확보된 것이라면서 앞의 주장에 대해 비판을 제기하는 학자들도 있다.[15] 또 일부 연구자들은 비시 정권이 예산을 확보하여 그러한 법령이나 정책을 실천할 여력이 없었기 때문에, 애초부터 실천이 불가능한 것을 시도한 선언적 의미 정도로 과소평가하기도 한다.

　일단 비시 정권이 여성들과 관련하여 어떠한 정책들을 실시하고, 어떠한 법령들을 발표했는지 먼저 살펴보기로 하자. 비시 정권은 가족공동체를 유

---

13) Dominique Veillon, "La vie quotidienne des femmes", *Le Régime de Vichy et les français*, Jean-Pierre Azéma et François Bédarida (sous la direction de), (Paris: Fayard, 1992), p.629.
14) 마르크 블로크, 김용자 옮김, 《이상한 패배. 1940년의 증언》, 까치, 2002, 34~44쪽.
15) Antoine Prost, "L'évolution de la politique familiale en France de 1939 à 1981", *Le mouvement social*, no.129, (octobre-décembre, 1984), pp.7-29; 신행선, 〈프랑스 비시(Vichy) 정부 시기의 가족 정책과 여성〉, 161쪽.

지하기 위해 '어머니의 날(Fête des Mères)'을 제정하여 어머니가 소중하다는 것을 선언했다. 그러면서 비시 정권은 결혼한 모든 여성들을 공직 업무에서 제외하는 법(1940년 10월 11일 법령)을 제정하여 그들을 노동시장으로부터 가정으로 복귀시키려고 했고, 출산율을 높여 부족한 인력을 확보하고자 했다. 물론 여성들을 가정으로 복귀시키려는 데는 남성의 실업률을 완화시키려는 목적도 있었다.

'1940년 10월 11일 법'에 따라 50세 이상의 여성들은 퇴직해야만 했다. 남편이 가족을 부양할 수 없는 경우 3자녀 이상을 가진 여성만이 예외적으로 고용 혜택을 받았으며, 또 28세 이하의 미혼여성들은 결혼할 때까지 2년간 더 근무할 수 있었다. 뿐만 아니라 공공 부문에서는 남녀 모두 자신의 직업을 유지하기 위해서는 유대교나 비밀 단체(프리메이슨 단체)에 속하지 않는다는 서류에 서명을 해야 했다. 대부분의 여성들이 이 서류에 서명을 했고, 시몬 드 보부아르(Simone de Beauvoir)를 포함하여 이 서류에 서명한 여성들은 평생 동안 자신의 행동을 후회하기도 했다. 서명을 거부한 남녀들은 직장에서 해고되거나 가혹한 처벌을 받았다. 우체국 직원으로 근무하던 여성 1만 9,000명이 무더기로 해고되었다.[16] '가족위원회법'은 여성들을 가정으로 돌려보낼 목적으로 입안되었으나 실제 햇빛을 보지는 못했다. 독일은 국내 경제 활동 인구를 보충하기 위해 프랑스의 청년노동자들을 독일에 파견할 것을 프랑스에 강요했으며, 프랑스 역시 남성노동자들의 부족으로 대규모의 여성 인력을 생산 공장에 투입해야 했기 때문이다.

페탱 정권은 남성적 질서에 기반을 둔 사회를 구축하고자 했다. 비시 정권은 정당을 설립하여 지지 세력을 구축하는 대신 지방 유력자들과 엘리트들에게 의지하려고 했다. 비시 정권이 정당 설립을 시도했다 하더라도 나치 독

---

16) Thalmann, *Vichy et l'antiféminisme*, p.234.

일이 정당을 허용했을지는 의문이지만, 전시 체제여서 동원이 용이했기 때문에 비시 정권은 정당의 필요성을 느끼지 않았을 것으로 보인다. 또한 비시 정권은 소수자들인 프랑스의 적(공산주의자, 프리메이슨 단원, 레지스탕스 대원, 유대인, 집시, 외국인 등)을 공격했지만, 이 범주에 포함되지 않는 여성들에게는 '도덕적 혁명'을 요구했다. 이것은 과거 사회주의와 함께 프랑스 사회에 만연했던 퇴폐적인 도덕을 끝내고 새로운 도덕을 세우려는 목적 때문이었다. 당연히 여성들은 아내와 어머니라는 '선천적 소명'에서 일탈할 경우 비난을 받았다. 비시 정권은 생활방식과 경박함으로 여성의 소명으로부터 일탈하게 되면 그것을 프랑스 국가를 타락시키는 행위로 보았기 때문이다.

비시 정권은 프랑스 여성들에게 겸손, 헌신, 진정한 본성과 일치하는 희생 정신 등과 같은 전통적인 덕성을 요구하기 위해 새로운 법령들을 제정한 뒤 그것들을 선전하고 교육시키려고 했다. 비시 정권이 프랑스 여성들과 관련하여 추구한 것은 생물학적이고 사회적인 계서에서 여성들의 진정한 자리를 재발견하는 것이었으며, 이것은 바로 가족과 조국에 대한 봉사로 나타났다. 또 대독협력운동에서 여성들의 역할이 미미했던 것은 여성은 가정에 머물러야 한다는 일종의 내적 검열이 작동되었기 때문이다. 비시 정권이 레지스탕스 여성 대원들을 공격한 것은 레지스탕스 운동이 비시 정권을 적으로 삼았기 때문이기도 하지만, 동시에 그녀들의 행동이 여성의 본성에서 벗어나는 행위였기 때문이다.

비시 정권은 1939년 7월 29일 공포된 '가족법'으로 이미 강화된 출산 정책을 더욱 촉진하기 위해 '가족자문위원회'(1940년 6월), 가족 관련 업무를 전담하는 '가족사무국(Commissariat général à la famille)'(1941년 9월), '가족고위위원회(Conseil supérieur de la famille)'(1943년 6월)와 같은 부서들을 신설하고 지방에 지부를 두었다. 이 중 일부 기구들은 해방 이후에도 존속되었는데, 특히 '1942년 12월 법'에 의해 설립되었던 가족 관련 단체들이 살아남기도 했다. '가족수당제'의 발전과 같은 조치들, '다자녀 가족수당제', 미혼모들에게까지 확대하여 적용한 '단일급수당제'(allocation de salaire unique, 아이가 있고 소득원이 한 곳뿐인 세대에 지급하는 수당), 수유 중인 여성들에게 배부한 '우대카드제도(carte nationale de priorité)' 등은 1945년 임시 정부의 행정 법령에 포함될 정도로 시대적 요구를 반영한 조치로 평가되었다. 하지만 비시 정권은 가족과 여성을 지원하는 여러 법령을 예산 부족 때문에 대부분 시행할 수가 없었다. 비시 정권의 여성 정책, 가족 정책 등을 선언적인 것으로 과소평가하는 것은 이러한 한계 때문이다.

비시 정권은 가족과 여성을 보호하는 일련의 법령을 제정함과 동시에 정권 지지 기반으로 삼기 위해 여성 단체들을 조직했다. 1941년 국민통합과 가족 보호를 목표로 '서민가족운동(Mouvement populaire des familles)' 단체가 설립되었다. 민족혁명 정신을 지닌 열성적인 여성들에게 올바른 사회의식을 형성하게 하고, 여성이 지닌 선천적 소명을 이해시키기 위해서였다. 이 단체를 본받아 1942년 '전쟁포로 여성연합회(Fédération des femmes de prisonniers)'가 결성되었는데, 이 단체의 회원수는 무려 3만 명에 달했다. 전쟁 패배와 독일 점령의 결과로 대두한 비시 정권의 이와 같은 여성 정책은 프랑스 사회를 파괴하려는 모든 불순한 의도를 차단하고 비시 정권을 지지하는 외곽 단체를 결성하는 데 그 목적이 있었다.

1940년 리옹 근교의 소도시 에퀼리(Écully)에 가톨릭노동청년회(JOC) 창립자 중 한 명인 잔 오베르 피카르(Jeanne Auber-Picard)의 주도로 '국립여성간부양성학교(École nationale des cadres féminins)'가 설립되었다. 여성간부학교는 실업 상태에 있던 젊은 여성들을 일정 기간의 연수를 마치게 한 뒤 사회로 진출시켰기 때문에, 비시 정권이 여성 지도자들을 대거 가정으로 복귀시킴으로써 발생한 여성 지도자 부재 현실을 부분적으로 보완하는 것처럼 보였다. 오베르 피카르는 여성 간부들을 청년가톨릭운동과 사회보장 분야에 취업시켰다.[17] 가톨릭 사회 행동 단체들은 비시 정권의 행정위원회에 사회 사업 업무를 법제화할 것을 요구함으로써 여성간부학교 출신자들을 간접적으로 지지했다. 그들은 선출직인 도의회 의원들과 지자체 의원들이 담당하는 업무를 간부학교 출신의 유능한 여성들이 대신하기를 바랐기 때문이다.

'민족혁명(Rénovation nationale)'의 가치들을 여성교육에 침투시키는 문제를 논할 때는 양차 세계대전 시기에 활약했던 가톨릭 여성 단체들의 역할을 인정해야만 할 것이다. 이러한 가장 대표적인 조직으로는 1929년 앙드레 뷔티야르(Andrée Butillard)와 에메 노보(Aimée Novo)가 창립한 '여성시민사회연합(Union féminine civique et sociale：UFCV)'이 있다. 사실 이 단체가 가톨릭 사회주의 영향으로 여성교육과 소비자운동을 주도한 시점은 제3공화정 시기까지 거슬러 올라간다. 물론 가톨릭 여성 단체들의 활동은 가톨릭교회의 범위를 넘어설 경우 그것이 여성운동과 관련이 깊다 해도 지나치게 소극적이었다는 한계를 지니고 있었다는 사실도 동시에 지적해야 할 것이다.

'여성시민사회연합' 단체의 기관지《사회생활과 여성(La Femme dans la vie sociale)》은 당파성을 띤 잡지는 아니었지만, 마레샬의 후원 아래 여성들의 시민 활동 노력을 고무하는 데 영향을 미친 것은 사실이다. 이 단체가 창설될 당시 회장을 역임한 앙드레 뷔티야르는 1943년부터 '주부, 인간 진보의 여성노동자(mère au foyer, ouvrière du progrès humain)'를 변호하는 단체를 이끌었으며, '가장'인 남편의 법적 지위를 옹호한 공로로 교황을 단독 알현하기도 했다. '여성시민사회연합'의 하부조직인 '주부여성동맹(Ligue de la Mère au foyer)'은 여성들을 재교육하고, 정신적으로 여성을 재무장하기 위한 목적으로 설립되어 활동하다가 1946년에 해산되었다.[18]

---

17) Jeanne Picard-Aubert, *A l'écoute de trois générations-700 témoins de 15 à 90 ans s'expriment sur la foi, la famille, l'Eglise, l'amour et la vie dans la societé actuelle,* (Paris: Editions de l'Atelier, 1995).

전국에 걸쳐 설립되었던 '학부모학교(Ecole de parents)'는 전통적인 모성 상을 전파하는 단체였다. 가톨릭 여성운동 지도자인 뷔티야르는 의사의 아내이면서 작가인 마르그리트 르브룅(Marguerite Lebrun)에게 여성학교 설립과 교육 프로그램 기획을 제의했다. 르브룅 여사는 필명인 '베린 부인'으로 불리는 여성 명사였다. 루소와 몬테소리 교육의 추종자였던 베린은 새로운 교육에 관심이 많았고, 여성들을 대상으로 성교육에 관한 강연을 하다가 미국에서 유행하던 '학부모학교' 제도에서 힌트를 얻어 프랑스 여성교육에 대한 구상을 했는데, 그것이 바로 '학부모학교'였다. 1929년에 '학부모학교'에서 첫 강의가 시작되었다. 비시 정권의 민족혁명에 감동을 받은 베린 여사는 페탱이 설립한 '프랑스 가정자문위원회'에 참가하기도 했다. 그녀는 '학부모학교'의 전국 조직망을 갖춘 뒤 비시 정권이 원하는 새로운 여성, 즉 의료 활동에 종사하고 훌륭한 어머니인 신여성을 창조하는 일에 매진했다.

베린은 학교교육보다 가정교육의 우위성을 전통적인 심리학 개념으로 풀어 설명한 것으로도 유명하다. 그녀는 성교육을 고교 수업 시간에 할애하는 것을 반대했고, 남녀공학을 거부했으며, 대신 남학생과 여학생을 완전히 분리하여 교육할 것을 주장했다.[19] 비시 체제 아래에서 베린은 '진정한 프랑스 어머니'상을 제시했으며, '노동-가정-조국'의 기치 아래 어머니들은 프랑스 국민들을 통합하기 위한 세속 사도가 될 것을 주장했다. 베린이 구상한 프랑스 여성은 비시 정권이 상정했던 여성상과 거의 일치했던 것으로 보인다.

비시 정권의 홍보와 나치 독일군과의 협력을 위해 비시 정권은 '청년여성단체'라는 미혼여성들로 구성된 단체를 조직했다. 이 단체에 소속된 젊은 여

---

18) Thalmann, *Vichy et l'antifeminisme*, p.236.

19) Annick Ohayon, "L'école des parents ou l'éducation des enfants éclarée par la psychologie de l'enfant(1929~1946)", *Bulletin de psychologie*, no. 449, tome 53, (fasc., 5)(2000), pp.635-642.

성들은 주로 비시 정권을 지지하는 행사나 프랑스 주둔 독일군 장교 모임에 동원되었다. 또한 비시 정권은 전문 기술을 지닌 여성노동자들이나 젊은 여성노동자들을 대대적으로 동원하여 독일 공장에서 일하도록 강요했다. 실제로 많은 프랑스 여성들이 자의반 타의반으로 독일 공장에서 노동을 했다.

페탱이 창설한 '전투원부대(Légion des combattants)'는 남성조직이었지만, 1942년 가을부터 여성들을 이 부대에 파견하여 의료-사회봉사 활동에 참여하도록 했다. 도 단위에서도 이 조직의 지부가 설립되었다. 비시 정권이 여성 외곽 단체를 조직하고 이러한 조직들을 통해 여성들이 활동하도록 유인한 것은 여성들의 역할이 비시 정권 유지를 위해 필수불가결하다는 것을 인식하고 있었기 때문이다. 비시 정권의 여성 동원은 비록 독일이나 이탈리아의 여성 동원보다는 그 정도가 약했지만, 과거 제3공화정 시기의 사회당이나 공산당과 비교할 경우 거의 비슷한 수준이었음을 알 수 있다. 차이라면 비시 정권이 제3공화정 당시에 소외된 여성들과 보수적인 가치관을 가진 여성들을 동원했다는 점이라고 할 수 있다.

비시국가위원회가 구상하던 헌법 조문에는 여성들에게 투표권을 부여하는 내용이 포함되어 있다.[20] 1942년 드골 역시 자유 프랑스 내에서 여성에게 시민권을 부여하겠다는 약속을 하고, 1944년 4월 21일 정치권의 평등을 선포하고 법령에 서명했다. 사실 여성 투표권은 제3공화정 아래에서는 좌파와 우파에 의해 공히 장기간 거부되고 있었고, 이 분야는 이웃 국가들에 비해 프랑스가 늦었던 것이 사실이다. 그러다가 여성들로부터 지지를 이끌어내기 위해 비시 체제와 자유 프랑스가 경쟁적으로 여성의 권익을 약속한 것으로 보인다.

---

20) 프랑스 여성 투표권의 역사에 대해서는 다음 논문을 참조하라. 김용자, 〈프랑스의 여성참정권〉, 《역사학보》 150호(1996), 337~366쪽.

이상과 같은 가족과 관련된 조치들은 '기업노사운영위원회(comités sociaux d'entreprises)', 지자체, 비시 체제 아래의 사회봉사 부문에서 활동하는 일부 여성들에게 보상하는 측면에서 시행되었다. 일부 여성들은 도덕, 질서, 정신의 유지와 같은 비시 정권의 정책을 따랐기 때문에 그 보상으로 수당을 받았고, 특이한 경우 비시 정권으로부터 박해를 받던 일부 여성들이 가족수당제도의 혜택을 입기도 했다. 후자의 예로는 레지스탕스 대원인 베르티 알브레히트(Berthie Albrecht)의 경우이다. 그녀는 독일 점령 치하에서 생활고로 고통받는 여성들을 돕기 위해 비밀리에 사회봉사 업무의 책임자가 되었고, 비시 정권으로부터 박해를 받고 있던 여성들에게 가족수당 혜택을 주었다. 하지만 그녀는 신분이 탄로나 1942년 5월 31일 나치에 의해 발드마른의 프렌(Fresnes) 감옥에 수감된 후 처형되었다.[21]

비시 정권이 제정한 법령과 여러 조치들이 가족 보호와 출산 장려라는 명확한 목적을 가지고 있었다고 하더라도, 그것이 결국 개인의 권리를 억압했다는 점을 문제로 지적하지 않을 수 없다. 왜냐하면 비시 정권은 결혼 후 3년이 지나지 않은 여성의 이혼을 금지하는 '1941년 4월 이혼법'과 '남편이 전쟁으로 인해 격리되어 있는 가정의 존엄성을 보호하기 위한' '1942년 12월법'에 근거하여 가정을 포기하는 여성들을 더 가혹하게 처벌하려고 했기 때문이다.[22]

가족 내 주부의 위치에 대한 비시 정권의 정책 및 담론과 가장이 없는 가족들의 생계를 책임지면서 동시에 독일의 인력 요구에 응해야 했던 여성들의 현실 사이에는 엄청난 괴리가 있었다. 이러한 모순 때문에 비시 정권은 1942년 9월 이전에 제정한 여성 노동을 제한하는 조치들을 스스로 폐기해야

21) Mireille Albrecht, *Mémoires de résistants*, (Fiche Média. INA - 01/01/2002 - 00h32m38s).
22) Rita Thalmann, "Vichy et l'antiféminisme", *Un siècle d'antiféminisme*, Christine Bard (sous la direction de), (Fayard, 1999), p.233.

만 했다. 많은 프랑스 남성들이 전쟁포로로 독일에 억류되어 있었고, 노동을 위해 독일 공장에 끌려갔기 때문이다. 남성 노동력이 부족하게 되자 공장을 가동하고 공공 부문의 노동력을 여성들로 채워야만 했다. 1943년 말까지 약 4만 3,000명의 여성들이 체신부와 철도국에서 근무했고, 그 수는 전체 근무자의 절반에 해당했다. 이는 바로 1942년과 비교할 때 여성 노동 인구가 53% 증가 한 것을 의미한다.

비시 정권은 자신들이 설정한 여성 정책을 스스로 허물 수밖에 없었던 모순 이외에도, 비시 정권의 여성 정책이 한계에 부딪히게 된 것은 다음과 같은 이유들 때문이다. 우선 비시 정권의 여성 정책과 가족 정책은 여성의 권리와 자유를 부정하는 차별적 법령들이었다는 점이다. 체제에 대한 확고한 통합 정도에 따라, 체제로부터의 배제 정도에 따라 이 법령들은 다양하게 적용되었다. 즉 프랑스 여성으로 태어나 그녀가 가톨릭 신자라면 외국 남성이나 비기독교 남성보다 더 존엄성을 지닌 국민이 될 수 있었다. 비시 정권은 1926년 프랑스에서 처음 시작된 '어머니의 날' 축제를 대대적으로 선전했지만 완전히 프랑스적인 어머니들만 이 축제와 관련되었다. 아내와 어머니라는 본래의 소명을 프랑스 여성들에게 부여하는 비시 정권의 공식 담론들은 일부 구성원들의 배제를 전제로 한 것이었기 때문에 진정한 사회 통합과는 거리가 있다고 보아야 할 것이다.

두 번째는 비시 정권의 여성 및 가족 정책이 봉착한 심각한 문제는 프랑스에서 많은 가족들이 해체 상태에 있었다는 점이다. 당시 150만 명의 남성들 (남편, 아버지, 약혼자, 남동생, 아들)이 독일에 포로로 잡혀 있었기 때문에 그들의 가족들은 사실상 해체된 상태였다.[23] 뿐만 아니라 비시 정권이 그렇게 가

---

23) Geneviève Dermenjian et Sarah Fishman, "Les femmes de prisonniers de 1940", *Vingtième siècle*, (janvier-mars, 1996), pp.98-109.

치를 부여하고 높이 외쳤던 가족들이 바로 비시 정권 스스로 훼손한 경우가 많았다. 바로 '불량한' 유대인, 외국인, 외국이나 다른 지역에 수감된 정치적 반대자, 비인도적 조건으로 집단 수용된 집시들처럼 파산된 가족들이 이 경우에 속했다. 무엇보다도 비시 정권의 여성 및 가족 정책이 안고 있던 가장 근본적인 허약성은 경제적 궁핍이었다. 1942년부터 물자 부족현상과 1942년 11월 11일 프랑스 전 지역이 독일 점령 지역이 되는 상황의 악화는 페탱 정권에 우호적이었고, 살아남기 위해 어쩔 수 없이 대독협력을 선택할 수밖에 없었던 많은 여성들로부터 저항을 야기했다.

프랑수아즈 테보가 밝히고 있듯이 아내-어머니-주부라는 구호는 이미 양차 세계대전 동안에도 광범위하게 프랑스에 퍼져 있었다.[24] 따라서 가정에서의 여성 역할에 대한 담론이 비시 정권 치하에 나타났다고 해서 그것이 사람들에게 생소하지도 충격적이지도 않았다는 주장은 일리가 있어 보인다. 그러한 전통은 '조국을 구한 장군'이라는 페탱의 가부장적 이미지의 성공에서도 쉽게 찾아볼 수 있고, 비시 체제의 사회사업에 여성들이 적극적으로 참여한 것에서도 쉽게 추론이 가능하다. 하지만 비시 정권은 여성에 관한 법령들을 발표했으나 그것들을 일관되게 시행할 수 없었고, 여성 단체를 통해 정권 지지 기반을 다지는 목적도 제대로 달성할 수가 없었다. 비시 정권은 자신의 외곽 여성 단체들에게 모순된 가족 정책과 예산 부족으로 실질적인 도움을 줄 수 없었고, 더구나 극심한 물자 부족과 독일로의 여성 인력 송출로 여성들로부터 반발을 사게 됨으로써 결국 여성 동원 정책은 실패로 끝나고 말았다.

---

24) Françoise Thébaud, "Les effets antiféministes de la Grande Guerre", *Un siècle d'antiféminisme*, Christine Bard (sous la direction de), (Fayard, 1999), pp.149-166.

3. '가톨릭교회의 딸들'과 비시 정권

비시 정권이 자신의 지지 세력으로 가장 신뢰하고 의존했던 단체는 가톨릭 집단이었다. 두 집단이 추구하는 가치관과 철학이 서로 일치했고, 더구나 비시 정권의 주축 세력과 가톨릭교회는 제3공화정 내내 소외되어 있던 사람들이었다. 비시 정권 아래에서 개인적 권한의 후퇴, 특히 여성 권리의 후퇴 현상이 진행된 점을 부인할 수 없겠지만, 비시 정권은 가톨릭의 전폭적인 지지로 적어도 1942년까지는 단일 정당을 창당하거나 파시스트나 나치식으로 여성들을 체계적으로 조직하고 대규모로 동원하는 일은 피할 수 있었다. 프랑스 가톨릭 기관지는 툴루즈의 살리에르 주교의 다음과 같은 강론을 게재했다.

> 신을 학교와 법정과 국민으로부터 내쫓은 것에 대해 주여, 당신께 용서를 비나이다. 행여 1940년 전쟁에서 쉽게 승리했다 하더라도 (신이 없는 승리라면) 그것이 무슨 소용이겠습니까?[25]

독일과의 전쟁에서 패배했지만 신이 없는 전쟁 승리보다는 신이 있는 전쟁 패배가 덜 파국적이라는 입장을 보이면서 노골적으로 나치 독일과 비시 정권을 지지하는 발언을 했다. 뿐만 아니라 가톨릭 작가인 폴 클로델(Paul Claudel) 역시 가톨릭을 냉대했던 조국 프랑스보다는 독일 치하의 가톨릭 사회를 더 지지하고 나섰다.

프랑스는 교수, 변호사, 유대인, 프리메이슨 등으로 구성된 급진적인 반가

---

25) *La Croix*, (28 juin 1940).

톨릭 당파의 60년에 걸친 지배에서 해방되었다. 정부는 신의 가호를 빌고, 그랑드 샤르트뢰즈 수도원을 수도자들에게 되돌려주었다. 비시 정권이 들어서고 난 후에야 비로소 프랑스가 보통선거제도와 의회정치에서 벗어날 희망이 보이고 있었다.[26)]

강제노동국(STO)에 의해 65만 명의 프랑스 청년들이 독일로 송출되는 바람에 프랑스 여성들이 대규모로 강제 동원되는 것을 어느 정도 피할 수 있었다. 그래도 4만 5,000명의 프랑스 여성들이 독일 공장에서의 노동을 선택했다. 높은 급료에 유혹되거나 다른 사람을 대신해 독일로 가는 경우, 혹은 독일에서 자유를 얻기 위한 경우도 있었다. 어쩔 수 없는 강요에 의해 독일행을 선택한 경우도 있었지만 이런 경우는 드물었다. 가톨릭교회는 강제노동국이 프랑스 청년들을 강제 동원할 때 특별한 입장을 표명하지 않았다. 이러한 상황에서 교회가 명백한 반대 입장을 밝히지 않을 경우 일반 신자들은 가톨릭 교계가 그러한 조치들을 묵인하는 것으로 이해했을 것이다.

비시 정권 당시 프랑스 가톨릭의 경우 추기경주고연합회가 교회 입장을 결정했고, 이 조직 내에서는 세 추기경들의 영향력이 가장 컸던 것으로 알려져 있다. 파리 대주교 쉬아르(Suhard) 추기경은 비시 정권을 지지하는 입장을 해방 직전까지 고수했다. 리옹 대주교 제를리에 추기경은 가톨릭청년운동 출신의 교직자로, 1942년 9월 이전에는 비시 정권을 지지했으나 비시 정권이 유대인 추방에 간여하자 비시 정권 지지를 철회했다. 릴 대주교 리에나르(Liénard) 추기경은 마레샬의 후원자이기는 했지만 1944년에 비시 정권과의 관계를 청산했다. 비록 비시 정권과 나치 독일에 대한 가톨릭교회 고위 성직자들의 입장이 다소 모호하기는 했지만 명백한 반대 입장을 취하지 않

---

26) 필립 아리에스·조르주 뒤비 편집, 김기림 옮김, 《사생활의 역사 5》, 새물결, 2006, 294~295쪽.

을 경우, 교계 지도자들의 태도는 일반 신자들에게 지지하는 것으로 비쳤을 것이다. 공산당과 레지스탕스 진영에서는 가톨릭 종교 지도자들이 점령 기간 내내 나치즘에 대항하는 대신 비시 정권과 대독협력자들을 지지한 것은 일종의 범죄 행위라고 강하게 비난하기도 한다. 더구나 교계 지도자들이 연합국의 폭격이나 레지스탕스의 활동을 테러로 매도하고 비난한 것은 해방 이후에도 두고두고 논란이 되었다. 해방 이후 바티칸 당국은 대독협력자로 고발당한 성직자들의 단죄를 거부했지만 앞에서 언급한 세 명의 프랑스 추기경은 모두 자신의 직책에서 해임되었다.[27]

가톨릭교회는 여성 신자들의 보호자 역할을 해야 했음에도 불구하고, 여성들에게 자기 권리를 희생하고 개인적 자유의 희생을 감수토록 하는 일종의 이데올로기 역할을 한 것은 명백해 보인다. 가톨릭교회가 비시 정권과 대독협력자를 지원하게 된 역사적 연원은 1905년 정교 분리와 제3공화정 아래에서 철저히 격리된 점 때문으로 해석된다. 따라서 가톨릭교회는 1930년대 10년간 유행했던 평등주의가 프랑스 사회를 성적·정치적·사회적·문화적 무정부주의 상태로 만들었다고 비난했다. 당연히 가톨릭교회는 타락한 프랑스의 '재탄생'이라는 명분으로 공식 담론을 통해 비시 정권으로 하여금 전통적 가치의 원천을 발견하도록 요구했다. 가톨릭의 권위에 대한 존경과 '자연적 계서제'에 대한 존경, 복종이라는 가톨릭 가치, 희생·자선 등과 같은 덕목이 비시 정권이 추구하는 가치관과 거의 동일했다. 또 가톨릭교회의 계서제로 인해 교회의 이러한 태도와 입장은 남성 신자들보다 특히 '가톨릭의 딸'들에게 강한 영향력을 미쳤을 것으로 판단된다.

사회사업은 제2차 세계대전 이전부터 가톨릭 자선 단체들에 의해 이미 진

---

27) Wilfred D. Halls, "Les Catholiques, l'intermède de Vichy, et la suite", *La France sous Vichy-Autour de Robert O. Paxton*, Sarah Fishman etc., (IHTP/ CNRS, 2000), pp.245-246.

행되고 있었지만, 전쟁에서의 패배와 독일 점령으로 야기된 물질적·정신적
궁핍 상태는 과거 어느 때보다 구호의 손길이 더 필요했다. 사회사업 부문은
따라서 비시 체제에 소속된 여성들이 우선적으로 참여할 수 있는 분야였다.
하지만 이것은 청년들의 정신 개조를 지원하는 형태로 나타났다. 즉 가톨릭
의 구호 활동은 종교교육과 가톨릭 가치를 강화하는 방향에서 이루어졌던
것이다. 비시 정권의 지원을 받아 종교교육과 가톨릭 도덕교육이 학교 교과
목에 다시 등장했으며, 수도원 소속 사립학교들이 공립학교보다 우월적 지
위를 누렸다. '사립교육학부모회(Association des parents de l'enseignement
libre: APEL)'는 80만 명의 회원을 자랑하면서 강력한 가톨릭 지지자 역할을
담당했고, 이들의 활동이 활발해질수록 공립학교들은 크게 위축되었다. 수
업 부진 아동들을 위한 보충수업과 교사양성학교(교육대학), '저항적 교육기
관들'은 폐지되었고, 대신 고전을 가르치는 엘리트 중등교육이 강화되었다.
비시 정권은 페탱 정부의 기준에 적합하지 않다고 판단된 교사들과 교과서
를 교육 현장에서 퇴출시켰다. '1942년 3월 법'은 가사교육과 가정교육을 의
무화했지만, 이 업무를 감당할 수 있는 교사 부족과 공립학교 교사들의 비협
조로 큰 성과를 거두지는 못했다.

산업혁명을 거치면서 '신성한' 노동자가 생산의 한 도구에 불과해지면서
물질만능 시대가 열리자 교황 레오 3세는 노동헌장 회칙을 발표했다. 변화하
는 세계의 새로운 요청에 호응하여 가톨릭 신자들로 하여금 정의사회를 건
설하자는 취지였다. 1925년 프랑스의 조셉 카르댕 추기경이 사회 변혁을 시
도하기 위해 교회 청년 단체를 조직했는데, 이것이 바로 '가톨릭노동청년회
(Jeunesse ouvrière chrétienne: JOC)'이다. 청년 남녀 노동자들이 노동 환경을
변화시키고 일상생활 속에서 크리스천 정신으로 노동사회를 재건하는 것이
이 단체의 목표이기도 했다. 출범 10년 만인 1935년에 벨기에에서 국제대회
가 개최되었고, 이후 전세계로 퍼져나갔다. 비시 정권이 출범했을 당시 프랑

스의 가톨릭노동청년회 조직은 상당한 정도로 구축되어 있었다.

가톨릭 청년운동은 나치 독일의 과도한 우려로 독일 점령 지역의 경우 교회를 벗어나서는 활동이 금지되었다. 반면, 비점령 지역인 프랑스 남부 지역에서는 적어도 1942년 11월까지는 왕성한 활동을 벌였다. 비시 정권의 역대 교육부장관들과—마지막 장관이었던 아벨 보나르를 제외하면—청년체육부 책임자들은—이들 역시 보수적인 가톨릭 운동가 출신이다—가톨릭 청년운동이야말로 비시 정권이 자신의 토대를 강화하는 데 절실한 청년, 건전하고 규율을 갖춘 청년을 형성하는 데 가장 적합한 제도로 보았다. 비시 정권을 지지하는 여성들이 가족출산교육위원회에 포진하게 되었으며, 여성 '가톨릭노동청년회'는 잔 오베르 피카르가 대표하고 있었다. 그녀는 그렇게 적극적이지는 않았지만 '가톨릭청년여학생' 단체에도 관여하고 있었다.

앞에서 언급한 '여성시민사회연합(UFCV)'이 1930년대에 활동한 것과 비시 정권기에 활동한 것을 비교해보면 약간의 차이를 보이고 있음을 알 수 있다. 이 단체는 취지나 방향이 같다고 해도 특정 단체가 가톨릭 계통이 아닐 경우 서로 교류를 하지 않은 것으로 나타난다. 예를 들면 여성국제위원회(Conseil international des femmes : CIF) 프랑스 지부인 '전국프랑스여성위원회(section française du Conseil international des femmes)'와 같은 단체는 여성의 권리 신장과 여성 인권 옹호라는 점에서 가톨릭 단체와 서로 밀접한 관계가 있었지만, 전자의 거듭된 요청에도 불구하고 가톨릭 단체가 반응을 보이지 않았다. 비시 정권기에 여성 단체들이 서로 연합하고 힘을 실어주었다면 보다 더 많은 영향을 미쳤을 것으로 보인다. 가톨릭 여성 단체들은 이혼 문제와 반유대주의 반대운동에도 관여하기를 꺼려했다. 그리고 제3공화정 말기로 접어들면서 여성 노동 문제에 대해서도 점차 적대적인 입장을 표명했다. 대신 여성이 가정에 머물 수 있도록 지원하는 비시 정권의 조치들을 크게 환영했다. '여성시민사회연합'은 오귀스트 이삭(Auguste Issac)이 회장으로 있던 다섯 명 이상의 자녀를 둔 남성 조직인 '대가족협회(La plus grande famille)'와 공동 보조를 취했다.[28]

안느 코바의 연구에 의하면 제3공화정 시기부터 가톨릭 여성운동 단체들은 가톨릭 사상, 모성성과 여성의 가정 복귀를 주창하고 있었다.[29] 가톨릭 여성 단체들은 비시 정권이 대두하기 이전부터 이러한 입장을 취하고 있었기 때문에 가톨릭 여성 단체가 비시 정권이 추구하는 바를 지원했다기보다 역으로 비시 정권이 가톨릭 여성 단체가 지향하는 가치를 수용하여 민족혁명의 동력으로 사용하고자 한 것으로 보는 것이 더 설득력 있어 보인다. 물자 부족과 독일의 프랑스 전체 점령, 유대인 체포와 독일 이송이라는 충격적인 사건 등은 가톨릭 여성들로 하여금 비시 정권 지지나 대독협력과 같은 자신들의 입장을 되돌아보는 계기가 되었을 것이다. 1942년 7월 16일과 17일 대대적인 유대인 체포사건이 발생했다. 프랑스 경찰은 노인과 아동을 포함하여 1만 2,884명의 유대인을 체포하여 파리 북쪽에 위치한 드랑시의 동계 경기장(벨로드름디베르)에 집결시킨 후 독일로 이송했다. 비점령 지역에서는 8월 7일부터 10월 10일까지 1만 2,000명의 유대인들을 체포하여 드랑시로 이송했고, 그 후 이들을 아우슈비츠로 보냈다.

유대인 체포사건을 두고 먼저 종교계 일각에서 반발이 일어났다. 일단의 목사들과 프로테스탄트 전국위원회, 가톨릭의 일부 주교들이 비시 정권의 '행위'에 항의함으로써 그동안 비시 정권에 대한 종교계의 암묵적 지지가 깨지고 말았다. 가톨릭 측에서는 툴루즈 대주교와 몽토방 주교가 유대인 체포사건을 강력하게 항의했는데, 이들의 태도는 대부분의 가톨릭 지도자들이

---

28) Thérèse Doneaud et Christian Guérin, *Les Femmes agissent, le monde change-Histoire inedite de l'Union féminine civique et sociale*, (Cerf, 2005), pp.54-78.

29) Thérèse Cova, *Au service de l'Église, de la patrie et de la famille-Femmes catholiques et maternité sous la IIIe République*, (Éditions L'Harmattanm, 2000), pp.194-195.

비시 정권에 충실한 것과는 대조를 이루었다. 1942년 8월 10일에 공표된 살리에주 몬시뇰(Mgr Saliège)의 항의는 비시 정권의 금지 지시에도 불구하고 비밀리에 국민들에게 전파되었다. 이외에도 마르세유 교구의 제를리에(Gerlier) 추기경은 강도는 다소 온건했지만 유대인 체포사건에 대한 항의를 표명했고, 비시 정권은 그의 성명서가 전국으로 전파되는 것을 차단해야만 했다.[30] 유대인 체포, 이송, 부모와 아이들의 결별 등은 가톨릭 신자들에게 심대한 충격을 주었고, 비시 체제에 대한 이들의 여론은 급격히 악화되었다.

가톨릭 여성 지도자들은 자신들의 종교적 활동이 비정치적이라고 판단했겠지만 사실은 정치적 활동이었다. 또 페탱의 지지와 비시 정권을 분리하여 판단한 독일 점령 초기의 입장을 유지하면서 페탱 지지는 교회의 입장과 배치되지 않는다고 믿고 있었다. 하지만 강제노동국의 노동력 송출과 유대인 독일 이송 문제와 일부 가톨릭 지도자들이 비시 정권을 비판함으로써 결국 나중에는 가톨릭 세력도 비시 정권을 비판하게 되었고, 비시 정권 후반기로 갈수록 가장 보수적이고 덜 정치적 입장을 지녔던 '교회의 딸들'도 비시 정권 지지에서 점차 멀어져갔다.

4. 비시 정권과 여성의 육체

남편이 독일에 포로로 잡혀 있는 여성들이 가장 참기 힘들었던 것은 혼자 가정을 지키는 일이었다. 남편들의 편지는 정기적으로 배달되지 않았고, 따라서 포로 남편들의 건강에 대한 그녀들의 우려는 상상을 초월할 정도였다. 아이들이 추위와 배고픔을 호소할 때 그녀들은 전시 상황에서의 삶이 너무

---

30) Pierre Laborie, *L'opinion française sous Vichy-Les français et la crise d'identité nationale 1936-1944*, (Paris: Le Seuil), 2001, p.282.

나 고통스러워 신경쇠약증을 앓을 정도였다. 당연히 노동 계층의 여성들이 더 심한 고통을 받았다. 130만 명의 프랑스 남성들이 전쟁포로로 독일에 잡혀 있었고, 이 중 76만 명이 결혼하여 아이를 둔 남성들이었다. 여기에다 노동자로 독일에 송출되었거나 레지스탕스 운동에 투신한 남성, 해외로 도피해야 했던 자들을 포함할 경우 약 200만 명의 프랑스 남성들이 가족으로부터 떠나 있었다. 반면, 프랑스에 주둔한 독일군의 숫자는 대략 40만 명에서 100만 명 정도였다. 프랑스 성인 남성의 상당수가 부재한 상황에서 일상생활에서 서로 부딪히며 접해야 했던 점령자인 독일군과 피점령자인 프랑스 여성 사이에 사적이고 은밀한 관계가 형성된 것은 점령기 프랑스 사회에서 보기 드문 일이 아니었다.[31]

파리를 비롯한 대도시에는 비시 정권이 요구하는 순응주의에 맞서, 또 식품과 물자 부족의 시기에 짧은 주름치마를 입고 굽이 높은 구두를 신은 채 또래 남자들과 밤새 재즈를 추는 긴 머리의 젊은 여성들(zazous)이 있었다. 이들은 전쟁이 주는 염증에서 탈출하기 위해 또 비시 정권에 저항의 표시로 자신들의 정열을 다른 형태로 표출했음을 볼 수 있다.[32] 비시 인근의 농촌에서 비시 정권의 임시 수도 비시로 몰려든 소녀들은 시골에서의 생활과는 다른 도시에서의 생활에 활력과 해방감을 느끼고 있었다. 그녀들은 가톨릭 종교와 농촌에서의 단조로운 농업 노동, 보수적인 부모의 억압으로부터 탈출하여 임시 정부 수도 비시에 입주한 기관 사무실에 취직하거나, 비시에 소재한 여러 호텔의 종업원이 되었다. 이들 중 일부는 독일군과 식사하고 춤추며, 그들의 성적 파트너가 되기도 했다.[33] 남편이 부재한 일부 여성들은 프

---

31) 고원, 〈제2차 세계대전 시기 독일 점령하의 프랑스와 여성들〉, 100쪽.
32) Emmanuelle Rioux, *Les zazous*, mémoire de maîtrise, université Paris X-Nanterre, (1987), pp.65-67.
33) 이학수, 〈임시 수도 비시와 비시의 주민들〉, 《역사와 경계》 63호(2007. 6), 61쪽.

랑스 남성과 은밀한 관계를 맺거나, 독일 군인들과 비정상적인 관계를 맺기도 했다. 당연히 독일 점령기에는 독일 장병들을 대상으로 한 매춘이 급격하게 증가했다.[34] 이상과 같은 비정상적인 관계에서 원치 않는 임신을 했을 경우 대개 낙태를 원했지만 당시에는 낙태가 불법이었다.

'1920년 법'으로 낙태와 피임이 엄격하게 금지되기도 했지만, 양차 세계대전 동안에는 피임약도 피임기구도 구할 수 없었다. 하지만 당시 여성 한 명의 출산 아동이 두 명 이하로 낮아진 것을 보면 '수공업적 피임 기술'이 '현대적 피임법'에 앞서 존재했음을 알 수 있다. 1871년 보불전쟁 직후 1918년의 제1차 세계대전 직후, 그리고 제2차 세계대전 시작과 함께 프랑스 정부가 출산 문제를 어떻게 관리하고 통제하려고 했는지 살펴볼 필요가 있다.

프랑스에서는 1870년에서 1871년의 패배 이후 프로이센에 복수해야 한다는 국민 감정이 낙태 및 산아 제한 반대와 연계되었다. 전쟁을 치르고 나면 언제나 생명은 신성해지는 법이며, 이런 시기에는 대체로 낙태를 유아 살해와 동일시했다.[35] 하지만 10년이 지나자 상황은 바뀌었다. 1880년대 산아 제한 풍조가 다시 유행했는데, 그 근저에는 사회주의의 대두에 영향을 받은 정치적 목적이 깔려 있었다. 즉 "자궁 파업을 통해 고용주들이 더 이상 풍부한, 따라서 저렴한 인력의 혜택을 누리지 못하게 만들고, 부르주아 계급의 국가에 더 이상 총알받이를 제공하지 않기 위해서였다."[36] 그 결과 산아제한협회가 창설되었다. 하지만 당시의 피임 정보에 의하면 질외 사정이 가장 널리 행해졌고, 그 피임에 실패할 경우 낙태를 할 수밖에 없었다. 당연히 낙태는

---

34) Fabrice Virgili, "Aimer l'ennemi en France pendant le Seconde Guerre Mondiale: relations, enfants et châtiments", 《제2차 한국–프랑스 국제학술대회 자료집》(한양대학교 비교역사문화연구소, 2007), 2~3쪽.
35) 조르주 뒤비·미셸 페로 편집, 권기돈·정나원 옮김, 《여성의 역사 4》, 새물결, 1998, 549쪽.
36) 필립 아리에스·조르주 뒤비 편집, 《사생활의 역사 5》, 348쪽.

여성들의 몫이었다. 여성들은 혼자 낙태를 하거나 필요하면 아무런 죄책감 없이 서로가 서로를 돕기도 했다. 당시 여성들은 태아가 움직이는 4개월이 되기 전까지는 살아 있는 생명체가 아니라고 믿고 있었다.

하지만 제1차 세계대전으로 인구가 급격히 줄어들자 이러한 산아 제한에 대한 열정은 사라지게 된다. 1920년에 피임과 낙태금지법이 제정되었고, 1928년에는 출산휴가제도가 실시되었다. 하지만 1930년대 다시 '수공업적 피임 시대'가 시작되었고, 낙태를 하는 추세도 증가했다. 시어도어 젤딘 (Theodore Zeldin)에 따르면 1920년에서 1939년 사이에 매년 350건의 낙태만이 사법부에 회부되었으나 배심원들은 낙태자의 단죄를 거부했다.[37] 비시 정권의 대두와 함께 출산 정책은 보다 더 엄격하게 적용되었고, 그 여파로 일시적이기는 하지만 1943년에 출산율이 증가하는 '베이비 붐' 현상이 나타났다.[38] 하지만 성적 욕망의 부산물이건 생계를 위해 육체를 판 후유증이건 낙태가 엄격히 제한받는 상황에서도 낙태는 시행될 수밖에 없었다. 프랑스 여성과 독일 군 사이에서 비합법적으로 출생한 아이들의 문제는 비시 정권을 곤욕스럽게 만들었다. 점령군과의 사적인 관계에 대해서는 모른 척할 수 있었지만 출생 아동에 대해서는 외면할 수 없어 대두된 해결 방안이 바로 X 출산제도였다. 이는 산모가 병원에서 출산할 때 신분을 밝히지 않고 익명으로 출산하는 제도를 말하는데, 이렇게 출생한 아동의 숫자는 1943년 봄 기준으로 약 8만 5,000명에 달했다.[39]

낙태금지법인 '1920년 법'은 '1939년 7월 법'으로 한층 더 강화되었다.

37) 같은 책, 354쪽.
38) 같은 책, 351쪽.
39) 자세한 내용은 고원, 〈제2차 세계대전 시기 독일 점령하의 프랑스와 여성들〉, 112-114쪽; Kjersti Ericsson and Eva Simonsen, dir., *Children of World War II. The Hidden Enemy Legacy*, (Oxford, New York : Berg, 2005) 참조.

구체적인 내용을 살펴보면 낙태 시술자는 10년 징역을, 낙태 시술을 받은 여성은 6개월에서 2년의 징역에 처하도록 했다. 그러다가 비시 정권은 '1942년 2월 법'으로 낙태 범죄를 반국가사범과 같은 범죄로 간주했다. 이러한 새로운 조치는 나치 제3제국의 낙태법 도입과 맥락을 같이하고 있다. 나치는 아리안족의 태아를 낙태하는 자는 사형에 처하는 법률을 도입했다.[40] 히틀러는 인류 문명을 창시하는 인종, 전달하는 인종, 파괴하는 인종 등으로 구분했는데, 이 중에서 아리안 민족만이 문명의 유일한 창시자이며, 따라서 아리안 민족은 성스러운 소명을 지닌 종족이라고 판단했다.[41] 당연히 아리안의 아이를 낙태한다는 것은 상상할 수도 없는 일이었다.

1943년 7월 비시 정권은 프랑스의 법 전통과 관습을 무시하면서 낙태 시술을 한 여성인 마리 루이즈 지로(Marie-Louise Giraud)를 기요틴으로 보냈다. 그녀는 당시 40세였고, 가정을 가진 어머니였다. 그녀는 비눗물을 자궁에 넣는 낙태 시술을 27차례나 했는데, 한 번에 500프랑에서 2,000프랑을 받았다. 그녀가 낙태 시술로 번 총 수입은 1만 3,000프랑으로 하녀의 1년 수입과 맞먹는 액수였다.[42] 물론 이 처형은 본보기를 보이고자 한 유일한 여성 처형 사건이었다. 하지만 당시는 전시여서 낙태 수술을 받아야 하는 여성들의 수는 증가했고, 비록 지로와 같이 처형을 당하지는 않았지만 낙태법 위반으로 처벌을 받는 여성들의 수는 늘어만 갔다. 1940년 1,200건이었던 것이 1942년에서 1944년까지 매년 평균 4,000건이나 되었다.[43]

---

40) Rita Thalmann, "Vichy et l'antiféminisme", *Un siècle d'antiféminisme*, Christine Bard(sous la direction de), (Fayard, 1999), p.233.

41) 빌헬름 라이히, 황선길 옮김, 《파시즘의 대중심리》, 그린비, 2006, 125쪽.

42) Miranda Pollard, "Vichy and Abortion: Policing the Body and the New Moral Order in Every day Life", *France at War. Vichy and the Historians*, Sarah Fishman, Laura Lee Downs, Ioannis Sinanoglou, Leonard V. Smith, Robert Zaretsky, eds., (New York : Berg, 2000), p.193.

43) Thalmann, "Vichy et l'antiféminisme", p.233.

비시 정권이 여성들 신체에 어떠한 태도를 취했는지의 문제와 관련하여 알렉시 카렐(Alexis Carrel)에 대해 살펴보자. 그는 리옹 출신 의사로 독실한 가톨릭 신자였다. 종교적 문제로 동료 의사들과 갈등을 겪다가 미국으로 건너가서 1904년부터 1939년까지 시카고대학과 록펠러재단 의학연구소에서 근무했다. 이때 그는 융곽 외과와 인체 조직 배양에 기여한 공로로 1912년 노벨의학상을 수상하기도 했다. 또한 그는 혈관 봉합기술을 발전시켰고, 장기 이식의 선구자로 세계적인 명성을 얻기도 했다. 제1차 세계대전 직후 영국 화학자 헨리 데이킨(Henry Drydale Dakin)과 함께 잠시 프랑스에 왔다가 카렐-데이킨법이라는 화상 치료법을 개발했다. 그는 또 항생제 개발로 수많은 전상자들의 생명을 구하기도 했다. 레지옹도뇌르 훈장을 수상한 그는 이때 필립 페탕과 인연을 맺었던 것으로 알려져 있다. 그는 미국으로 돌아간 뒤 인공 심장 분야에서도 선구적인 연구를 하여 수준을 한 단계 높였다.[44]

1935년 카렐은 《인간, 미지의 존재》를 출판했는데, 이 책은 수개 국어로 번역되어 1950년까지 인기를 누린 유명한 책이 되었다. 그는 이 책에서 다음과 같은 획기적인 주장을 펼쳤다.

> 인간 사이에 새로운 관계를 설정해야 한다. 구식 이데올로기들을 생명에 대한 과학 개념으로 대체해야 한다. 각 개인으로 하여금 그가 가진 모든 유전적 가능성들을 조화롭게 개발해야 한다. 사회 계급을 폐지하고 생물학 계급으로 대체해야 한다. 민주주의 대신 생명주의(biocratie)를, 인간을 형제애와 사랑의 법칙으로 합리적으로 인도되도록 길들여야 한다. 생명의 목적은 이익 추구가 아니다.[45]

---

44) *Le Monde*, (1er juillet 1986).
45) Alexis Carrel, *L'Homme, cet inconnu*, (Paris: Plon, 1935), p.135.

문제는 카렐이 이 저서에서 일련의 기피 인물들에 대한 안락사를 포함한 우생학과 범죄자들을 교정하기 위해 채찍을 사용하는 방안을 지지한 점이다. 살인자, 무장 강도, 아동 유괴범, 가난한 자들을 대상으로 사기친 자, 공공의 신뢰를 심각하게 훼손한 자 등이 기피 인물에 포함되었다.[46]

카렐은 장 쿠트로(Jean Coutrot)가 이끄는 '퐁티니 회합'에 정기적으로 참석했으며, 자크 도리오(Jacques Doriot)가 당수로 있던 프랑스 파시스트 정당인 프랑스 인민당(PPF)에 가입하기도 했다. 1941년 카렐은 페탱 원수를 만났고, 페탱은 카렐을 '인류 문제 연구를 위한 프랑스 재단' 이사장에 임명했다. 이 재단의 설립 목적은 모든 활동에서 프랑스 인구를 보호하고 진보시키며 발전시키는 데 필요한 최선의 방안들을 연구하는 데 있었다. 따라서 초기에는 비시 정권과 무관하게 독립적인 성격을 띠고 있었기 때문에 대독협력자들과 레지스탕스 대원들이 서로 구분되지 않은 채 재단 연구원으로 근무할 수 있었다. 그러나 프랑수아 페루(François Ferroux)가 당시 재단 사무국장이었는데, 이사장인 카렐과 갈등을 겪다가 사임하게 되면서 재단은 대독협력 단체로 변해갔다. 프랑스 재단은 촉탁 의사제도, 결혼 전 건강검진 카드 관리(1942년 12월 16일 법), 학생생활기록부 등과 같은 제도를 만들었으며, 또 인구학, 영양 섭취, 주거, 여론조사 등의 업무를 수행했다.[47]

비시 정권 지지자이지만 외과의사로서 업적과 명망, 프랑스 재단의 긍정적인 기여 등으로 카렐은 공개적으로 이름이 언급되지 않던 일종의 '기피 인

---

46) *Ibid.*, pp.162-169.

47) Francine Muel-Dreyfus, *Vichy and the Eternal Feminine-A Contribution to a political Sociology of Gender*, (Durham: Duke University Press, 2001), pp.295-301. 1944년 카렐은 스위스 주재 프랑스 대사직을 제의받았으나 건강을 이유로 거절했다. 파리가 해방되자 카렐은 심장병으로 집에 침거해 있었다. 그는 제4공화국 임시정부가 표적으로 삼았던 요주의 인물 중 한 명이었다. 1944년 8월 21일 직무를 정지당했으며, 이어 프랑스 재단도 해체되었다. 많은 미국인들이 그를 후원했으며, 아이젠하워 대통령은 카렐을 건드리지 말라는 지시를 내리기도 했다. 카렐은 1944년 11월 5일 자택에서 사망했다.

물'이었다. 그러다가 1991년 국민전선 정당의 이민 정책을 두고 녹색당이 공격을 가하자 당시 국민전선의 2인자인 브뤼노 메그레가 "(자신들이 이념적 지도자로 존경하는) 카렐이야말로 최초의 진정한 환경주의자였다"고 역공하면서 카렐은 대중 앞에 등장하게 되었다. 언론에서 공개적으로 다루어지면서 카렐은 나치 정권 이론의 공모자로 비난받게 되었다. 카렐의 우생학 이론, 필립 페탱과의 관계, 나치 지지자로 유명했던 찰스 린드버그(Charles Lindbergh)와의 친분 등이 쟁점이 되었고, 특히 1936년 자신의 책《인간, 미지의 존재》독어 번역본이 출간되었을 때 그가 썼던 서문이 문제가 되기도 했다.

> 독일에서는 정부가 소수 인종, 정신병자, 범죄자들의 증가를 대처하는 조치를 취했습니다. 이러한 부류는 위험 인물로 드러날 때에는 제거되어야 합니다. 가장 이상적인 조치입니다.[48]

이러한 내용 때문에 일부 학자들은 카렐이 나치의 절멸 정책에 이론적 기반을 제공했다고 평가하고 있다. 파트릭 토르와 뤼시앙 보나페는 우생학과 범죄자 안락사를 지지한 카렐의 입장과 나치 정권의 T-4 안락사 프로그램 사이에는 밀접한 관계가 있다고 주장했다.[49] T-4 프로그램이란 신체적·정

---

48) Didier Daeninckx, *L'affaire Alexis Carrrel, un Prix Nobel précurseur des chambres à gaz.* http://www.amnistia.et/news/enquetes/negauniv/carrel/carrel.htm.

49) Patrick Tort et Lucien Bonnafé, *L'Homme cet inconnu? Alexis Carrel, Jean-Marie Lepen et les Chambres à gaz,* (Éditions Syllepse, 1996), pp.162-164. 반면, 카렐을 옹호하는 사람들도 있다. 프랑스 외과아카데미 회원이자 프랑스 이식수술연합회 회장인 르네 퀴스(René Küss)와 같은 의사는 카렐을 독가스실의 선구자라고 비난하는 것은 역사적 사실을 모르는 사람들의 주장이라고 주장하고 있다. *Le Figaro,* 31 janvier 1996. 어쨌든 극좌운동 단체와 반파시스트 단체의 청원이 있었고, 알렉시-카렐대학(리옹1대학 의과대학)은 1996년 라에넥(Laënnec) 의과대학으로 이름을 바꾸었으며, 프랑스 전국의 지방자치단체에서 도로나 학교, 공공 건물에 카렐로 불리던 시설물 명칭들은 모두 다른 이름으로 바뀌었다.

신적 불구의 독일 자국 시민들에게 자비로운 죽음을 선사하는 계획으로, 이 프로그램을 주도한 본부가 베를린 티에르가르텐 4번지에 위치했기 때문에 T-4로 불리게 되었다.

비시 정권은 비록 나치 정권처럼 정신질환자들을 가스실로 보내지는 않았다 하더라도 막스 라퐁(Max Lafont) 박사가 주장했듯이 정신병동에 수감된 환자들을 영양 결핍으로 사망에 이르게 하는 '자비로운 절멸'을 허용함으로써 남녀 약 4만 명 이상을 죽음에 이르도록 방치했다.[50] 이상으로 미루어 짐작컨대 카렐의 사상은 나치 독일의 절멸 사상과 연결되어 있으며, 유대인을 가스실로 보내는 절멸 정책과 유전적 질환이 있는 환자나 집시들을 제거하는 우생학과 밀접하게 연결되어 있음을 알 수 있다. 카렐은 비시 정권을 지지한 의료 지식인으로서 인간의 신체를 통제하고 조절할 수 있다는 주장을 펼쳤다. 비시 정권이 여성의 육체를 통제하고 간섭하여 출산율을 높이고 출산을 저해하는 피임과 낙태를 금지한 것은 카렐의 우생학적 이론에 근거했던 것임을 알 수 있다.

결국 비시 정권은 여성들의 신체에 개입하여 낙태를 금지하면서 인구 증가율을 높이고 가톨릭 교리에 위배되는 낙태를 근절하고자 했다. 하지만 비시 정권의 여러 정책들은 여성들의 삶을 전적으로 통제하지는 못했다. 비시의 젊은 여성들은 독일군과의 관계에서 오히려 해방감을 맛보았으며, 대도시 일부에서는 젊은 여성들이 비시 정권이 추진하는 가치관에 정면으로 도전하는 경우도 있었다. 더불어 전시라는 특수한 상황이 주는 요인이 있었지만, 일부 여성들의 욕망을 통제하고 간섭하는 데도 실패하고 말았다. 오히려 비시 정권은 비정상적 출산에 대한 해결책인 X출산제도를 마련해야 했다.

---

50) Max Lafont, Lucien Bonnafé et Fondation [Pi], *L'extermination douce-La mort de 40,000 malades mentaux dans les hôpitaux psychiatriques en France, sous le régime de Vichy*, (Éditions de l'AREFPPI).

결국 비시 정권은 여성들의 육체에 간섭, 통제하고자 했지만 원래의 의도와는 달리 실패했음을 알 수 있다. 비시 정권 시기를 살았던 프랑스 여성들에 대한 연구를 새로운 방향에서 접근하면서 우리는 여성의 신체에 대한 여러 문제들을 재조명할 수 있을 것이다.

낙태, 피임 금지, 남녀 구분, 성적 담론의 신비화 등으로 판단해보건대 비시 정권은 성을 은밀하고 신비주의로 파악하려 했음을 알 수 있다. 따라서 여성에 대한 비시 정권의 성 이데올로기는 시대의 변화에 역행하는 반동적인 입장이었다. 영혼과 영혼의 순수성에 대한 강조는 성적으로도 순수한 세계관을 요구했지만, 이는 결국 성적 무감각이었다고 할 수 있다. 이는 가부장적이고 권위적인 비시 정권이 안고 있던 성에 대한 억압과 성에 대한 소극성이 외부로 표출된 것으로 보아도 크게 틀리지 않을 것이다. 따라서 여성의 신체에 개입하여 여성을 동원한다는 비시 정권의 계획은 실패로 끝날 수밖에 없었다.

5. 비시 정권 시기의 여성의 일상

비시 정권 아래에서 여성들은 식량 부족으로 많은 고통을 받았다. 당시는 빵과 고기, 치즈, 설탕 등 모든 식료품이 배급제였고, 남편과 아이들을 위해 식료품을 구하는 일은 여성의 몫이었다. 지금은 너무나 유명해진 다음의 두 경우를 보더라도 당시 파리를 비롯한 대도시에 살았던 여성들의 고통을 이해할 수 있을 것이다.

> 1941년 1월 어느 토요일, 우디(Houdy) 정육점 앞에서 줄을 서서 기다린 그 순간을 결코 잊을 수가 없다. 그날 밤은 깜깜했고 함박눈이 내리고 있었다. 톨로제(Tholozé) 거리 위쪽에서 등불을 든 그림자들이 움직이는 것을 보았

다. 사람들이 미사를 보러 가는 것처럼 보였다. 이미 정육점 창살 앞에 줄을 서 있던 50여 명의 사람들은 쇠창살 너머 정육점 주인을 쳐다보고 있었다. 그 순간 정육점 주인은 도마-제단 앞에서 제의를 입고 미사를 집전하는 신부처럼 보였다.[51]

고기는 토요일 9시부터 배급되었기 때문에 사람들은 정육점 앞에서 배급표를 들고 기다려야만 했다. 그런데 종종 고기가 동나기 때문에 배급표가 있어도 고기를 구할 수가 없었다. 그래서 여성들은 남들보다 더 일찍 가게 앞에서 줄을 서야 했다. 새벽부터 줄을 서서 정육점 문이 열리기를 기다리는 것이 마치 등불을 들고 새벽 미사에 참석하러 가는 사람들 같아 보였고, 정육점 주인은 마치 미사를 집전하는 신부처럼 권위 있어 보였다는 메타포이다.

1941년 말 일드프랑스의 작은 마을에 정착한 한 나이 많은 채소 가게 주인은 "프랑스가 200년 전으로 후퇴한 것 같아요. 전쟁 전 채소 진열대에는 야채 더미가 빼곡하게 쌓여 있었고, 통조림과 통조림 사이로는 엄지손가락이 들어가지 않을 정도였지요. 지금은 텅 비어 있네요"라고 한탄하고 있다.[52] 전쟁 전에는 여성들이 시장보는 데 1시간이면 충분했던 것이 전시 치하에서는 식품을 구하기 위해 거의 하루를 다 보내야만 했다.

남편이 부재한 여성들이 겪는 고통은 일반 주부들보다 더 극심했다. 당시 파리 지역의 평균 임금은 약 2,500프랑이었고, 비숙련 노동자들과 지방에서는 대략 1,000프랑에서 1,200프랑 정도였다. 남편이 전쟁포로로 독일에 억

51) *Journal de la guerre d'une institutrice monmartroise, 2 septembre 1940 à février 1942*, Archives IHTP. Jean-Pierre Azéma et François Bédarida (sous la direction de), *Le Régime de Vichy et les Français*, p.631에서 재인용.

52) *La France Libre* (15 septembre 1941), Jean-Pierre Azéma et François Bédarida (sous la direction de), *Le Régime de Vichy et les Français*, p.631에서 재인용.

류되어 있는 프랑스 가족들은 1942년 7월 파리의 경우 하루에 20프랑의 지원금을 지급받았고, 여타 지역에서는 10프랑에서 15프랑을 지급받았다. 특히 인플레가 심했기 때문에 젖먹이가 있는 여성들의 경우는 이 지원금으로 살아간다는 것은 불가능했다. 따라서 그녀들은 급료가 적은 세탁부나 재봉 일을 할 수밖에 없었다. 비록 전시이기는 했지만 가장 행복한 여성들은 남편이 월급을 매달 가져다주는 경우였다.[53]

1942년부터 물자 부족, 박해와 억압 강화, 유대인 체포, 프랑스 전역이 독일 점령지로 바뀌는 현실은 나치 독일의 점령 정당화나 비시 정권의 여성들에 대한 공식 담론과는 엄청난 격차가 있었다. 따라서 이러한 격차에 대한 여성들의 반응을 살펴볼 필요가 있다. 여성들은 남성들에 비해 공적 생활에서 활동하는 경우가 적었지만, 수에 있어서는 여성들이 남성들보다 더 중요했던 것이 사실이며, 피에르 라보리(Pierre Laborie)가 여성들이 '연대 저항' 또는 '이웃 저항'이라고 부른 것에서처럼 중요한 역할을 수행한 것이 사실이다. 프랑스 주부들은 239번이나 비시 정권에 저항적인 행동을 보였다. 주로 대도시와 노르의 광산 지역 여성들은 박해받거나 추적당하는 사람들을 적극적으로 보호하고 지원했다. 이러한 행위는 비시 체제에 전적으로 반대를 의미하는 것은 아니지만 비시 정치의 가장 강압적인 측면에 대한 거부를 의미하는 것이었으며, 프랑스 전체 유대인들의 4분의 3의 생명을 구하는 행위로 이어졌다. 이는 덴마크를 제외하면 독일의 지배를 받았던 유럽에서는 유일한 경우이다.

---

53) Dominique Veillon, "La vie quotidienne des femmes", pp.635-636; Helene Eck, "Les françaises sous Vichy. Femmes du désastre citoyennes par le désastre?", *Histoire des femmes en occident, tome 5 : Le XXe siècle*, Georges Duby, Michelle Perrot et Françoise Thébaud (sous la direction de), (Académique Perrin Editions, 2002), p.201. 신행선, 〈프랑스 비시(Vichy) 정부 시기 가족정책과 여성〉, 《서양사론》 92호(2007. 3), 172쪽에서 재인용.

비시 정권 아래에서 여성들의 저항 중 가장 대표적인 것으로는 몽뤼송(Montluçon)의 경우를 들 수 있다. 1943년 1월 6일 임시 수도 비시가 소재한 알리에에서 가장 큰 도시인 몽뤼송에서는 청년노동자의 독일 이송에 항의하는 대대적인 시위가 벌어졌다. 이날 아침 몽뤼송의 청년노동자들을 태운 기차가 독일로 출발하려고 하자 1,500여 명의 여성들이 철로에 누워 기차의 출발을 막았던 것이다. 몽뤼송 기동 타격대가 출동했으나 속수무책이었고, 결국 클레르몽 페랑에 주둔해 있던 독일군이 출동했으나 기차에 타고 있던 청년들은 이미 기차에서 탈출하여 인근 숲으로 도주해버린 뒤였다.[54]

비시 정권에 대한 여론은 시간의 변화와 함께 지지, 관망, 지지 철회의 단계를 거치게 된다. 1942년에서 1943년 겨울 비시 정권과 나치 독일에 대한 여론이 극히 나빠졌다. 특히 1943년 5월 1일에 노동절을 폐지하고 강제노동국(STO)을 신설한 것이 노동자들의 반감을 사게 되었다. 강제노동국이 신설된 직후 도시 청년노동자들을 대상으로 징용이 이루어졌다. 식량을 충원하기 위해 또 농촌이 기반인 비시 정권의 기본 이념을 지키기 위해 농촌 청년들은 강제노동국의 동원에서 제외되었다. 그 결과 농민층은 마레샬과 비시 정권을 지지하고 보호해주는 역할을 하게 되었다. 하지만 독일의 노동 수요가 증대되자 징용은 농촌 청년들을 포함한 프랑스의 모든 청년을 대상으로 하게 되었다. 이로 인해 비시 정권 지지자들의 주요 구성원들이 이탈하게 됨으로써 비시 정권의 지지 기반은 산산조각 나게 되었다.

최근의 연구로 STO에 징집당한 청년들 중 극소수가 레지스탕스 운동에 가담한 것으로 나타났지만, 그들의 존재는 비시 정권을 근본부터 흔드는 역할을 했다. 나치 독일에 대항해 무기를 들었거나 그렇지 않았거나 명백히 대독협력을 거부하는 입장을 취하는 것은 위험한 행동이기 때문에 나치 독일

---

54) 이학수, 〈임시 수도 비시와 비시 주민들〉, 《역사와 경계》 63호(2007. 6), 77~78쪽.

과 적당한 관계를 유지하는 기회주의와는 완전한 단절을 의미했다. 레지스탕스 진영은 예기치 못한 후원군을 얻은 셈이었고, 이들을 전투원으로 조직화했다. 이 시기에 레지스탕스 조직은 협력 조직망들을 구축하기 시작했으며, 그 결과 활동 지역이 각 지방으로 확대되었고, 중계 지점들도 늘어나기 시작했다.

비시 정권이 시도하는 대중 동원 강연회에도 청중들이 보이지 않게 되었다. 비시 정권 지지자나 프랑스인민당(PPF) 정당 당원들을 포함한 극소수만이 강연장을 찾았다. 필리프 앙리오(Philippe Henriot)가 가톨릭 성지 루르드와 타르브에서 강연했을 때 모인 청중은 70여 명 정도에 불과했다. 과거 신앙심이 깊은 가톨릭 여성들이 대규모로 동원되었던 것과 비교하면 격세지감을 느끼게 했다. 말기로 오면서 대독협력과 관련되는 모든 것에 대해 조직적 거부현상이 나타나기 시작했으며, 프랑스 국민 90%가 대독협력에 반대 입장을 취했다. 특히 전쟁의 결과가 독일에 불리하게 진행되자 당시까지 관망하던 기회주의자들마저 반독일 진영으로 돌아서기 시작했다. 1943년 2월 28일 파울루스(Paulus) 군대가 스탈린그라드 전투에서 항복하자 여론이 끓어오르다가 1943년 5월 북아프리카가 해방되면서 프랑스 땅에서 독일군의 존재를 더 이상 허용하지 않는 분위기가 팽배해지게 되었다.

그럼에도 불구하고 비시 정권에 참가한 프랑스 남부 지역 여성들은 국민들의 일반 정서와는 달리 페탱에 대한 지지를 계속 보내고 있었다. 그 이유는 1943년 초만 해도 페탱에 대한 기대를 저버리지 않고 있었기 때문이다.[55] 비시 정권과 페탱 경배는 별개의 일로 간주되었고, 마레샬 페탱은 여전히 신비에 쌓여 있었다.[56] 장관들이 업무 보고를 하면 마레샬은 87세 고령의 나이

55) 1943년 7월 25일자, Hautes-Pyrenees, RG, AD HG 1945-16. Pierre Laborie, *L'opinion française sous Vichy*, pp.290-291에서 재인용.

때문에 종종 졸고 있다거나, 주변 사람들에게 영향력을 행사하기 위해 과도한 비용을 지출한다는 정도의 비난만 있을 뿐이었다. 비시 주변에서는 여전히 마레샬 흉상 제막식이 거행되고 있었고, 그가 거처하는 비시의 호텔 앞 공원에서는 마레샬에게 충성과 지지를 보내기 위해 전국 각지에서 몰려드는 '교회의 딸들'과 여성 지도자들의 행렬이 끊이지 않았다. 1943년 11월이 되어서야 페탱이 전쟁포로로 잡힐지 모른다는 소문이 퍼지기 시작했다. 결국 일상의 무게, 식량 결핍과 의복 문제 등은 인간이 인간다운 삶을 영위하는 데 필수적이었고, 비시 정권이 이 문제를 해결하지 못하자 지금까지 페탱을 지지하고 대독협력자들에게 호의적이었던 여성들마저 비시 정권으로부터 이반하는 모습을 볼 수 있다.

6. 비시 정권 젠더정치의 한계

비시 정권은 출발 시기에는 복고적이고 가톨릭 종교에 편승한 전통적인 여성 정책을 추진했으나, 후기에는 기존 정책에서 180도 선회하여 여성들을 경제 활동에 동원하고 체제에 적극적으로 참여시키는 모순성을 보이고 있다. 따라서 비시 정권의 여성 정책을 선언이나 법령에서 찾기보다 실제 당시에 존재했던 여성 단체의 활동과 여성들의 구체적인 삶을 재현한 뒤 이를 젠더 프리즘을 통해 여성과 독재 정권과의 관계를 재해석할 경우 우리는 비시 정권 시기의 여성들이 사회 참여 활동 과정에서 일부가 부분적으로 정권 지지와 정권 저항이라는 양면을 체험했음을 관찰할 수 있었다.

하지만 근본적으로 비시 정권의 대여성 정책은 반여성주의에 입각했으며,

---

56) 이학수, 〈페탱. 비시 정권의 '르 마레샬' 신화 만들기〉, 권형진 이종훈 엮음, 《대중독재의 영웅 만들기》, 휴머니스트, 2005, 420~481쪽.

비시 정권에 참여한 여성들은 여성의 권리 신장이나 여성의 해방과는 거리가 먼 보수적이고 가부장적인 사고에서 벗어나지 못하고 있었으며, 이 틀 안에서 그들은 여성 지도자라는 사실에 자부심을 가지고 있었을 뿐이다. 더구나 비시 정권에 적극 참여한 여성 지도자들은 모두가 가톨릭 신자들로서 종교적 임무와 종교교육을 중시했다. 따라서 비시 정권의 젠더정치는 여성 해방과는 거리가 먼 것이었음을 알 수 있다. 따라서 비시 정권에 적극적으로 참여한 일부 여성 지도자들은 결국 비시 정권의 공범자였다는 평가에서 벗어나기 힘들 것이다.

비시 정권의 반여성주의와 그 결과들은 복잡하고 모순적이기까지 하다. 하지만 비시 정권기에 일부 여성 지도자들의 활동이 시민의식의 성장과 여성의 자립심에 기여했고, 여성 해방으로 나아가는 길을 열어준 것은 사실이지만 그것은 지극히 제한적이었다. 왜냐하면 비시 정권의 반여성주의가 해방 이후에도 청산되지 않고 아직도 프랑스 사회에 끈질기게 뿌리를 내리고 있기 때문이다. 비시 정권 아래에서 여성들의 진정한 정치 참여와 그 속에서 여성의 권리와 여성성의 구현은 불가능했다. 비시 정권의 진정한 국민이나 시민권의 모델은 남성에게 있었기 때문이다. 비시 정권은 성취할 수 없는 약속을 여성들에게 제시하면서 그들을 체제에 동원하고자 했다는 점을 지적해야 할 것이다. 비시 정권에 동원되었던 여성들 스스로도 자신들이 희구하는 바를 비시 정권이 제공해주지도 그럴 능력도 없다는 것을 잘 알고 있었음이 분명하다.

IV

제국의 남성성과 국민이 된 여성

I

‘병사 길들이기’ :
아시아 태평양전쟁기 일본 군인의 젠더정치

안연선

안연선

영국 위릭대학교에서 여성학을 전공하고, 위안부 문제로 박사 학위를 받았다. 일본 동경대학교 일본사학과 초청 연구원, 독일 라이프치히대학교 동아시아 인스티튜트 연구원을 역임했다. 저서로는《성노예와 병사 만들기》, 논문으로는 〈위안부 문제 기억하기: 망각에서 기억의 붐으로〉, "Japan's 'Comfort Women' and Historical Memory: The Neonationalist Counterattack" 등이 있다.

1. '총력전'을 위한 병사의 재사회화

전쟁은 훈련된 군인들을 필요로 해왔다. 아시아 태평양전쟁(1931~1945)[1] 동안 일본제국의 군인들은 '총력전'을 수행하기 위해 집중적인 군사훈련과 정신훈련을 받았다. 이 훈련은 단순한 신체적·정신적 단련을 넘어 이들 군인들의 남성성과 성을 통제하고 재구성했다. 이 글에서는 일본제국 군대의 군인들이 '총력전'을 수행하기 위한 병사로서 재사회화되는 방식에 대해 살펴보고자 한다. 구체적으로 전체주의 체제 아래에서 젠더정치가 성 정체성, 민족 정체성, 성을 어떤 방식으로 재구성하여 체제 내로 편입시키는가를 검토하기 위한 것이다. 일본제국의 군인들에게 부과된 남성 정체성과 민족 정체성의 헤게모니적인 형태에 주로 초점을 맞춤으로써, 군인들을 재사회화하기 위해 어떻게 젠더가 이용되었는지를 알아볼 것이다. 특히 전적으로 남성 지배적인 제도인 군대 내에서 군인들의 남성성을 조장하기 위해 성의 제공 목적이었던 '위안부' 이용에 주목할 것이다. 이 글에서 제기하고자 하는 주요 논점은 다음과 같다.

---

1) 전쟁 기간 동안 발행된 일본 문서들은 '대동아전쟁(大東亞戰爭)'이라는 용어를 사용했다. 이 개념은 일본의 지도 아래 아시아 국가들을 서구 제국주의로부터 독립시켜 대동아공영권을 이룬다는 의미를 내포하고 있다. 일본이 패전한 후 연합군이 일본을 점령한 기간 동안 공식 문서에 '대동아전쟁'이라는 용어를 사용하는 것이 금지되었다. 이후 일본에서는 '태평양전쟁'이라는 용어가 사용되었다. 그러나 이 용어는 서구 연합군의 전쟁만을 포함할 뿐 중국에서의 전쟁은 간과하고 있다. 따라서 1931년 만주사변에서부터 1945년까지 일련의 전쟁을 일컫는 '아시아 태평양전쟁' 혹은 '15년 전쟁' 등의 용어가 등장했다.

첫째, 일본제국 군대 내에서 어떠한 종류의 성 정체성과 민족 정체성이 형성되었는가에 주목할 것이다. 즉 군인들에게 부과된 군사적인 형태의 남성성과 민족 정체성을 검토할 것이다. 둘째, 군에서의 일상생활, 즉 내무반 생활과 군사 및 정신 훈련을 통해 군인들은 어떻게 통제되고 훈련되었는가를 분석할 것이다. 이를 위해 일본군 내에서 행해진 엄격한 통제와 혹독한 훈련에 대해 살펴볼 것이다. 셋째, 군대 내 재사회화 과정에서 강화된 공격성과 복종이라는 양극단 사이에 존재하는 모순과 긴장이 어떻게 위안부제도를 통해 상쇄되었는가에 대해 알아볼 것이다. 특히 군인들을 상사와 군 당국에는 복종적이고, 적에게는 공격적이 되게 하기 위해 위안부제도를 어떻게 이용했는지에 대해 검토할 것이다.

마지막으로 군인들은 전체주의 사상의 주입과 엄격한 통제 아래에서 어떻게 대처하고 자기 자신을 자리매김했는가에 대해 논할 것이다. 군인들이 군대 내 재사회화 과정을 통해 경험한 규율과 감시와 통제의 체제를 복합적이고 다양하게 대처해나간 방식에 대해 살펴볼 것이다. 이러한 분석을 위해 옛 군인들과 옛 위안부들의 구술자료, 일본제국 군대가 발행한 군사자료 등을 이용할 것이다. 구술자료의 대부분은 필자가 옛 일본 군인들 또는 옛 위안부들과의 인터뷰를 통해 수집한 것이다. 또한 이미 간행된 증언집과 그들의 생애사에 나타난 개인 내러티브도 함께 이용할 것이다.

2. 성 정체성과 민족 정체성의 강화

군복무 특히 전투는 흔히 남성성의 강화와 완성에 중요한 역할을 하는 것으로 여겨진다. 이는 전쟁 시기 일본군에서도 역시 마찬가지였다. 전시에 일어나는 약탈, 강간, 방화는 군인들의 힘 혹은 용맹함을 나타내는 것으로 해석되기도 했고, 심지어는 이를 위해 암묵적으로 이용 혹은 조장하기도 했다.[2]

전시 일본의 군사적 남성성은 폭력적인 형태로 성애화되었다(sexualised). 이와 같이 성적인 형태를 띤 폭력이 일본제국 군대에서만 나타난 유일한 현상은 아니라고 하더라도 이는 일본군에서 본질적인 것이었다. 위안부들은 군인들로부터 성행위를 강요당했을 뿐만 아니라 일상적으로 폭력이 수반된 성을 강요당했다고 증언했다. 군인들의 지배적인 남성성은 여성의 의사를 거스르고 폭력을 동반하는 성을 통해 과시되곤 했다. 성행위를 구성하는 요소가 다름 아닌 공격이라는 것은 당시 군 당국이 배포한 콘돔을 칭하는 '돌격 1호'라는 이름을 통해서도 분명하게 드러난다.[3] 성행위를 공격 행위에 비유하는 군사적 은유는 군인과 위안부와의 접촉에 대한 규율에서도 드러나 있다.

인터뷰에 응했던 일본제국 군대의 장교 출신 요시오카 다다오[4]는 자신이 통솔한 군인들이 외출하기 전에 다음과 같은 주의사항을 지시했다고 한다. "공격 전에는 반드시 헬멧을 쓰고, 발사 후에는 총기를 소제하라고 지시했습니다. 헬멧을 쓴다는 것은 성행위시 콘돔을 사용하라는 것이고, 발사 후 총기를 소제하라는 것은 성행위 후 소독을 실시하라는 의미입니다." 이런 주의사항에는 전쟁터에서 일어나는 행동과 태도가 성을 묘사하는 언어 속에 중첩되어 있음이 명백히 드러난다. 전쟁 시기 일본 군대의 군사적 남성성이 여성과의 성행위를 '진짜 사나이'에게 주어지는 하나의 권한으로 보았다면, 여기서 여성은 단지 성적 대상으로 취급될 뿐이다. 그들이 '진짜 사나이'이기 때문에 여성을 상대할 권한이 주어지는 것이고, 그리고 이 권한은 '진짜' 남성임을 나타내는 증거로 여겨졌다. 여기서 성은 권력, 지배, 통제의 의미로

---

2) 니시노 루미코(西野留美子), 《從軍慰安婦: 元兵士たちの證言》(東京: 明石書店), 1992, p.78.
3) 앞의 책, 85, 88쪽.
4) 요시오카 다다오는 1996년 6월 동경에서 두 차례 인터뷰했다. 한국말에 능했고, 전쟁시 군인들의 생활에 대해 담담하고 솔직하게 이야기해주었다. 그는 1998년 7월에 사망했다.

해석된다. 일군제국 군대의 군인이었던 와다는 성이 남성성에서 갖는 중요성을 다음과 같이 이야기했다. "나를 포함해서 많은 군인들이 남자로 태어나서 여자를 한 번도 경험해보지 못하고 죽는다는 것은 대단히 유감스러운 일이라고 생각했습니다. 여자를 경험해보지 못했다면 진짜 남자라고 할 수 없지요"(와다, 1996년 동경에서의 인터뷰).

성적인 형태를 갖는 폭력은 여성적인 것을 거부하고 여성을 경멸하는 여성 혐오(misogyny)와도 밀접히 연관되어 있다. 특히 거칠고 성적인 군인들의 은어는 여성 경멸적인 남성성을 조장하기도 한다. 이러한 언어적 실천의 한 가지 예는 여자를 '맛본다'는 비유를 사용하는 것이다. 한 군인의 진술에 따르면 "여자들이 위안소에 새로 도착하면 장교들이 먼저 '맛을 보았다'"고 한다[5](저자 강조). 여기서 여성은 식욕을 채우기 위해 '먹을 수 있는 음식'으로 표현되고 있다. 이와 같이 군대 언어 혹은 은어들은 성적인 표현을 포함하고 있는 경우가 많다. 군대에서 통용되던 이러한 성적인 비유는 여성을 평가절하하고, 공격적이고 여성 혐오적인 남성성을 조장한다. 이러한 형태의 남성성은 여성을 타자화하고 이를 유지시킨다.

더 나아가 일본 군인들의 정체성은 맹목적인 애국주의를 동반했다. 여기서 애국자라는 의미는 외국인 혐오(xenophobia)와 일맥상통한다. 일본 식민주의 담론이 일본만의 독특한 민족 정체성과 애국심을 강조함으로써 일본인이 아닌 타자를, 특히 일본인을 제외한 다른 아시아인을 인종차별주의적으로 배제하는 결과를 낳았다. 일본제국 군대의 군의관이었던 유아사 켄은 필자와의 인터뷰에서 자신이 성장기부터 외국인 혐오에 얼마나 깊이 물들어 있었는가에 대해 이야기했다. "한국인을 포함한 아시아의 다른 민족에 대한

---

5) 從軍慰安婦110番編集委員會 編,《從軍慰安婦110番: 電話の向こうから歴史の聲が》(東京: 明石書店, 1992), p.69.

비하감과 천황제 이데올로기는 교육을 통해 어린 시절부터 내 안에 깊이 자리잡았다"(1996년 동경에서의 인터뷰). 인종적인 우월감에 기반한 일본 군인들의 정체성은 성적인 형태를 통해 위안소에서 다른 아시아 출신 위안부들에게 표현되었다. 외국인 혐오와 여성 혐오는 위안부에 대한 일상화된 성적인 형태를 띤 폭력 속에 녹아 있었다. 이는 고도로 성적인 형태를 띤 외국인 혐오이기도 했다.

다른 한편으로 전시 일본제국 군대의 군인들은 군내 내 위계질서에서 상관에게 절대적인 복종을 하도록 되어 있었다. 자기희생은 군사적인 남성성의 또 다른 특징이다. 일본 군인들은 국가를 위해서 그들 자신의 이해관계, 욕구, 편안함, 심지어는 목숨까지도 버려야 한다고 교육받았다. 일본제국 군대의 군인이었던 요코타는 나라를 위해 죽을 자리를 찾는 것, 그리하여 부시도(武士道)를 완수하는 것은 "강렬한 열망이었고, 오랫동안 간직해온 자신의 꿈"이었다고 한다.[6] 군사적인 형태의 남성성에서는 공격성, 파괴, 성애화, 외국인 혐오와 더불어 복종, 희생의 덕목이 동시에 발견된다. 전쟁 시기 일본군 내부의 군사적 형태의 성 정체성은 이와 같이 남성화와 여성화가 동시에 강조되었다는 점에서 모순적이다. 물론 남성성과 여성성의 특성에는 중첩된 면들이 존재한다. 더불어 고정 관념화된 성의 정형화가 특정한 사회 문화에서 형성되는 남성성과 여성성의 복잡성을 포괄하기에는 너무나 단순하다는 사실도 잘 알고 있다.

이에 고정관념적인 여성성과 남성성의 대조를 필자의 분석 틀에 끌어들이고자 한다. 여기에는 두 가지 이유가 있다. 첫째는 고정관념적인 남성성과 여성성의 상호 의존성을 견주어 보이기 위한 것이고, 둘째는 젠더라는 개념

---

6) Haruko Taya Cook, Theodore F. Cook, *Japan at War-An Oral History*, (New York: The New Press, 1992), p.309.

이 위안소제도에 의해 어떻게 한 개인 속에서 구체화되었는가를 보이기 위한 것이다. 또 이와 함께 군사주의적 형태의 남성화 과정에서 남성화와 여성화가 동시에 실행되어 형성되는 모순적인 면을 보이기 위해서이다. 군인들의 성 정체성 속에는 공격성, 파괴성, 성애화 등 극단적인 마초적 특성과 더불어 복종, 순종, 자기희생, 순응 등 주로 전형적인 여성적 덕목이라고 여겨지는 특성들이 공존했다. 요약하면 전쟁 시기 일본 군대 내에서 형성되고 강화된 남성 정체성과 민족 정체성은 파괴적이고 성애화되어 있으며, 여성 혐오적이고 위계적이며, 순종적이고 외국인 혐오적이었다.

3. 병영의 일상을 통한 통제와 훈련

다음으로 이러한 군사적 형태의 남성성과 민족 정체성을 형성하기 위해 전쟁 시기 일본제국 군대 내에서 일상생활을 통해 행해진 통제와 훈련에 대해 살펴보도록 하자. 사실 모든 남성이 죽고 죽이는 전쟁에 기꺼이 참여하고 싶지는 않을 것이다. 일반적으로 사회적·정치적·교육적, 그리고 때로는 경제적인 조건이나 변수가 참전하는 군인들의 동기를 형성한다. 남성성과 군사주의 사이에 밀접한 연관성이 있다고 하더라도 신시아 인로(Cynthia H. Enloe)가 지적한 것과 같이 남성성이 본질적으로 군사주의적인 것은 아니다.[7] 남성성과 군사주의가 동일한 것이 아니라는 그녀의 견해는 남성들을 통제하고 '길들이기' 위해 군대에서 실시하는 규율과 훈련에 대해 관찰할 필요성을 제기한다. 군사주의적인 공격성은 항상 세련된 통제, 체계적인 훈련과 정치적 선전을 필요로 한다.[8] 따라서 이 글에서는 군인들이 일본제국 군

---

7) Cynthia H. Enloe, "Feminists Thinking About War, Militarism, and Peace", *Analyzing Gender: A Handbook of Social Science Research*, Beth B. Hess, (London: Sage, 1987), pp.531-532.
8) Lynn Segal, *Is the Future Female?*, (London: Virago, 1987), pp.162-203, cited in Steedman, 1988: 271.

대 내 일상생활의 재사회화 과정을 통해 어떻게 통제되었는가에 대해 살펴보려고 한다. 이러한 군대 내 재사회화 과정에서 군인들에게 공격성과 복종의 두 가지 덕목 모두를 주입시키고 증진시키기 위해 실행한 남성화와 여성화의 과정에 주목할 것이다.

전쟁시 일본 경제의 발전 단계는 그 당시 형성된 군사주의적 남성성과 깊은 연관이 있다. 당시 서구 제국주의 국가들과 비교해볼 때 일본은 상대적으로 전쟁을 치르기에 충분한 산업적·기술적 자원이나 확고한 산업적 기반을 갖추고 있지 못했다. 피터 듀스(Peter Duus)는 이처럼 전쟁을 치르기에 부족한 점이 많았던 당시 일본의 상황을 다음과 같이 서술하고 있다. "일본산업은 곳곳에 널리 퍼져 주둔해 있는 군대를 지원할 생산 능력이 부족했다. 처음 전쟁을 시작할 때는 경제적으로 우세했으나, 전쟁이 지속될수록 점점 그 기반을 잃어갔다. 미국이 새로운 무기를 발전시킴에 따라 일본의 군사기술은 뒤처지기 시작했다."[9]

서구의 권력과 비교해서 일본은 전쟁을 치르기 위한 자원과 기반이 부족했으므로, 인력 자원에 지나치게 의존할 수밖에 없었을 것이다. 다시 말하면 전쟁 수행을 위한 산업적 기반의 결여를 보충하기 위해 '사무라이 정신', 즉 전투를 위한 '사기'나 정신력이 지나치게 강조되었다. 그래서 정신교육을 통해 '죽을 준비와 각오'를 모든 군인들에게 내재화시켰는데, 이러한 정신은 '전사(戰士)의 길'이라고 하는 '부시도' 전통에 그 뿌리를 두고 있었다. 이 '전사의 길'이란 '죽을 각오와 결심'을 뜻하는 것으로, 1868년 이전의 사무라이 계층에서 지켜오던 전통이다.[10] 개정된 〈보병 훈련서〉에 의하면 일본

---

9) Peter Duus, *The Rise of Modern Japan*, (Boston: Houghton Mifflin Company, 1976), p.230.
10) 山本常朝, 1965, p.23; Kazuko Tsurumi, *Social Change and the Individual-Japan Before and After Defeat in World War II*, (Princeton, New Jersey: Princeton University Press, 1970), p.81에서 재인용.

군인들은 적(敵)의 '물질적인 우세'를 '정신력'으로 극복할 것을 강조하고 있다.[11] 정신교육은 일본의 당시 상황에서 전사를 길러내기 위한 가장 중요한 과정 중 하나였다. 〈보병 훈련서〉에는 다음과 같이 적혀 있다. "무기와 군사력이 적보다 열세지만, 전선에서 영광된 승리를 얻기 위해서는 우리 자신을 강하게 만들어야 한다. 우리는 이런 상황에 대비해야 하기에 정신교육이 더 필요하다는 것은 당연하다."[12]

군사적인 형태의 남성성을 형성하고 단련하기 위해 일본제국 군대 군인들은 공식적이고 비공식적인 훈련 과정에 동원되었다. 군사훈련과 정신교육을 통해 기강을 강화하는 것은 일선에서 전쟁을 수행하는 당사자인 군인들로부터 '총력전'에 대한 동의를 얻어내고, 그들의 순응과 지지를 굳히기 위해 매우 중요했다. 군대 내 훈련과 교육은 한편으로는 강하고 공격적인 군인을 육성하기 위한 것이었고, 다른 한편으로는 복종과 자기희생을 주입시키기 위한 것이었다. 혹독한 대우, 굴욕감, 강제, 처벌 등 군사훈련에 동원된 방법들은 늘 폭력을 동반했다. 이와 같이 폭력의 사용은 절대적인 복종과 순응, 그리고 공격성을 강화하기 위한 주요 실천 관행이었다. 상관으로부터의 구타를 통해 군인들에게 강도 높은 공격성을 주입했다.

일본제국 군대에서의 군복무는 체계적으로 폭력과 조합되어 있었다. 일본제국 군대의 특이성 중 하나는 아무 이유 없이 또는 사소한 이유로 신체적인 처벌을 가하는 것이다. 소위 말하는 '지옥훈련' 스타일의 군사훈련에서 자주 나타나는 자의적인 구타가 그 대표적인 예이다. 굴욕감을 가하는 것 역시 일상적이었다. "신병들은 군대에서 부리는 말보다도 가치가 없다고 생각할 정도로 굴욕감을 느꼈다."[13] 이러한 혹독한 대우는 군인들을 외부의 적에 대해

---

11) 후지와라 아키라(藤原彰), 《天皇制と軍隊》(東京: 青木書店, 1977), p.111.
12) 앞의 책, 111~114쪽.
13) 앞의 책, 119쪽.

서는 공격적이면서 내부의 상관에게는 복종적으로 만들기 위해 고안된 것이었다. 폭력의 사용은 노예처럼 충성하는 병사를 만들어내기 위한 도구인 동시에 구타당하는 이로부터 폭력을 끌어내기 위한 수단이었다. 이러한 강도 높은 구타를 행한 결과 군인들은 상관에게는 복종하고, 적이나 점령지 주민들과 군대 내에서 그들보다 지위가 낮은 하급 병사에 대해서는 더욱 폭력적이고 잔인하게 대응했다. 군인들을 혹독하고 잔인하게 다루는 이러한 전체 훈련 과정은 이들 내부에 분노를 형성하게 했고, 자율성과 자신에 대한 결정권 부재로 인해 이들 스스로를 취약하고 좌절하게 만들었다. 그러므로 군인들은 자신의 분노와 좌절을 해소할 길을 구하고자 했다.

한 일본 군인은 이러한 혹독한 군대 내 재사회화 과정이 군인들에게서 인간성을 박탈하여 인간의 형태를 한 '악마'를 만들기 위한 과정이라고 진술했다.[14] 전체주의 체제 아래의 병사로서 목적지향적인 집단 정체성을 형성하기 위해 개인성, 사생활, 인간성, 심지어는 병사들의 생명에 대한 존엄성까지도 부인되었다. 전체주의적 헤게모니는 사생활에 대한 감시와 통제를 통해 군인들의 사생활 영역에까지 침투했다. 예를 들어 군대 생활 중 군인들의 대화는 도청되어 보고되었으며, 군인들의 일기, 메모, 다른 개인적인 기록들은 철저히 검열당했다. 특히 군인들이 쓴 편지는 엄격하게 검열당했다. 이와 함께 군대 내에서 정치적인 사안에 대해 토론하는 것은 금기로 여겨졌다. 사회학자 쓰루미 가즈코는 이러한 '유아화' 과정이 "사생활의 부재, 굴욕감, 구타, 불안과 두려움을 갖게 함으로써 의존하고 복종하는 아동기의 행동을 불러일으키게 했다"고 보았다.[15]

이러한 통제와 감시는 위안소에서도 적용되었다. 군 당국이 정한 규정에

---

14) 니시노, 1992, 63쪽.
15) Tsurumi, *Social Change*, pp.96-97, 123, 124.

의하면 위안부와의 개인적인 관계는 금지되어 있었다. 오키나와에 주둔했던 야마 3475부대에서 1944년 12월에 발표한 규정에 따르면 이들 '여성 부원'들에 대한 공동 소유의식을 강조했고, 개인적 소유의 감정을 엄격하게 금했다.[16] 당시 일본 군 당국이 우려했던 점은 군인들이 개인적인 관계에 있는 위안부들에게 군사 이동 등과 같은 군사기밀을 누출시킬지도 모른다는 것이었다. 아울러 군인들이 위안부와 함께 탈영하거나, 위안부가 상대 군인의 군에 대한 충성심을 저하시킬지도 모른다고 우려했다. 그 결과 한 군인이 특정 여성에게 계속해서 '단골'로 가게 되면 방문 횟수가 군에 보고되어 통제되었다고 유엔 법률위원 우스티나 돌고폴(Ustinia Dolgopol)이 보고한 바 있다.[17]

군대 내 위계질서는 위안소에서도 그대로 유지되었다. 장교와 일반병이 상대하는 위안부는 서로 달랐다. 일반병을 상대하는 위안부는 대개 조선인 위안부이거나 일본군 점령 지역의 여성들이었고, 장교를 상대하는 위안부는 대개 일본인 위안부였다. 큰 도시에 있는 위안소는 대부분 장교와 일반병의 방이 분리되어 있었지만, 따로 위안소를 둘 수 없을 때는 하나의 위안소를 장교와 일반병이 시간대를 나누어 이용했다.[18] 또한 더 흥미로운 사실은 이들이 같은 위안소를 사용할 경우 출입구가 서로 다른 경우도 있었다.[19] 군대의 위계적인 계급에 따른 차등화가 위안소에서도 구체화되어 나타난 것이다. 이외에도 오직 장교들만이 '처녀'들을 차지할 수 있었다. 옛 위안부 문필기 할머니의 증언에 의하면 장교들이 위안소에서 사용하는 군표는 일반병의 것보다 가격이 더 비쌌다고 한다(1992년 서울에서의 인터뷰). 앞에서 살펴본 바

---

16) 가와타 후미코(川田文子), 《赤瓦の家: 朝鮮から來た從軍慰安婦》(東京: 筑摩書房, 1987), p.81.
17) Ustinia Dolgopol, and Snehal Paranjape, *Comfort Women-An Unfinished Ordeal*, (Geneva: International Commission of Jurists, 1994), p.125.
18) 강정숙, 〈일본군 위안소의 지역적 분포와 그 특징〉, 한국정신대문제 대책협의회 엮음, 《일본군 위안부 문제의 진상》, 역사비평사, 1997, 221쪽.
19) 요시미 요시아키(吉見義明) 編·解説, 《從軍慰安婦資料集》(東京: 大月書店, 1992), p.69.

와 같이 위안소 규칙에 의하면 위안부와 개인적인 연애관계는 금지되어 있었지만, 상당수의 장교들에게는 그들이 마음에 들어하는 '단골' 위안부가 한 명씩 있었다고 한다.

한편, 군대 내 엄격한 위계구조 속에서 상관은 천황의 대리인으로 여겨졌다. 그러므로 상관의 명령은 천황으로부터 내려온 것이라 생각하고, 그들의 명령이 무엇이든 절대적인 복종을 하도록 훈련받았다.[20] 또한 상관과 부하 간의 위계적인 관계는 의사(擬似) 가족 이데올로기(pseudo-familistic ideology)로서 은폐되거나 혹은 기꺼이 수용되었다. 병영의 사령관은 마치 가족 내 아버지의 위치에 비유되었고, 하사관은 어머니, 신병은 그들의 자녀로 여겨졌다.[21] 이러한 위계적 질서는 당시 일본 사회 조직의 기본이 되었던 가족제도인 '이에(家)제도' 내의 부모자식 관계를 모델로 한 것이다. 이로 인해 군대 내 지배 복종의 관계는 자발적인 효의 형태로 위장되었다. 이러한 가족-국가 체제의 또 다른 이데올로기적인 기능은 국가를 위한 희생과 봉사의 사회적 에토스를 제공한다는 것이다. 가족-국가 체제 이념은 국가의 기반으로서 그리고 국가의 지배 질서의 기본 단위로서 가족에 특별한 의미를 부여한다.

국가는 하나의 가족으로 상상되었다. 효는 천황에 대한 충성과 일치하는 것으로 보았고, 가족-국가 내에서 천황은 모든 일본 신민의 유일한 '신성한 아버지'로 칭송되었다.[22] 실제로는 강제에 의해 행동하는 것임에도 불구하고, 자신들이 마치 자율에 의해 행동하는 것처럼 느낄 정도로 위계구조와 가족주의라는 두 가지 사상을 군인들에게 반복적으로 주입하여 내면화하도록

---

20) 스즈키 유코(鈴木裕子), 《從軍慰安婦‧內鮮結婚: 性の侵略‧戰後責任を考える》(東京: 未來社, 1992), p.68; Cook, 1992, p.74.

21) 일본 사회의 당시 가족주의 이데올로기에 대해서는 다다시(1989)와 이즈카(1950)를 참조하라.

22) Kathleen S. Uno, "The Death of 'Good Wife, Wise Mother'?", *Postwar Japan as History*, Andrew Gordon ed., (Berkeley, Oxford: University of California Press, 1993), p.297.

만들었다고 이즈카 고지는 지적했다. 군대 내 상관이 부하에게 강도 높은 폭력을 행사하는 것은 마치 부모가 자비로운 선의의 마음으로 자녀에게 교육시킨다는 구실로 정당화되었다.[23] 그러므로 군사적 남성성에서 강조되는 복종과 희생의 덕목은 의사가족 이데올로기를 강화하고, 또한 역으로 이에 의해 강화되기도 한다. 이러한 담론들은 위계적인 질서에 순종하게 하기 위해 개인의 욕구와 이해관계를 억압하는 기제를 제공한다. 엄격하지만 자애로운 아버지와의 관계에 있는 자녀의 위치에 군인들을 자리매김함으로써 가족 이데올로기를 토대로 군인들을 '여성화', '유아화'했다. 더 나아가 전시 일본제국의 '극단적 민족주의(ultra-nationalism)'는 전체 신민들에게 애국, 단결, 가족주의적인 충성, 자기희생적인 행동을 요구했다.

이러한 사회적 기대와 강도 높은 통제의 한 결과는 패전 후 일본군 내에서 목격된 집단 자살에서도 드러난다. 패전 직후 특히 군 장교들 사이의 집단 자살 행위는 널리 보도된 바 있다.[24] 한 옛 일본 군인은 집단 자살의 순간을 다음과 같이 회상하고 있다. "'만세' 삼창이 있은 뒤 빵! 빵! 빵! 하는 귀가 찢어지는 듯한 총소리가 연이어 들렸고, 혹은 폭탄이 터지는 소리가 들렸다."[25] 일본 군인의 명예와 남성적인 명예에는 승리 아니면 죽음의 양자택일만이 존재했다. 1941년 1월 15일 도조 히데키가 발표한 '야전병 규칙'에도 이와 같은 내용이 여실히 드러나 있다. "살아남아 전쟁포로가 되는 굴욕을 겪지 마라. 죽을 때의 잘못된 행동으로 인해 자신의 이름을 수치스럽게 하지 마라."[26] 그러므로 적에게 항복하는 것은 일본 군대와 남성성에 대한 지대한

---

23) 이즈카 코지(飯塚浩二),《日本の軍隊》(東京: 東大協同組合出版部, 1950), pp.43-45; Tsurumi, social change, p.98에서 재인용.

24) 예를 들면 위안부였던 강순애는 패전 후 일본 군인들의 집단 자살에 대해 보고했고, (Dolgopol, 1994, p.89) 야마이치 다케오 역시 이에 대해 증언했다. Cook, Japan at War, p.289.

25) 니시노, 1992, 74쪽.

훼손이자 명예 손상으로 여겨졌다. 패전에 이르러 일본 군인들의 자발적인 혹은/그리고 강요된 집단 자살은[27] 천황을 위한 명예로운 죽음으로 생각되었고, 이로 인해 패배의 굴욕을 지울 수 있다고 여겨졌다.

한편, 군대 내 지독한 훈련에 대한 보상 체계도 존재했다. 군대 내 절대적인 위계질서에서 유아화와 탈남성화(demasculinisation) 과정의 실행을 보상하기 위한 가장 일상적인 관행은 군인들에게 위안부를 제공하는 것이었다. 위안소에 제공된 위안부들과의 관계를 통해 군인들이 성적인 지배감을 누릴 수 있게 했다. 또한 위안소에서의 성적인 경험은 남성성을 공유하는 같은 남성으로서의 연대감을 공유, 강화시켰다. 다시 말하면 약자, 즉 위안부를 지배함으로써 그리고 위안부와의 성경험을 공유함으로써 일본제국 군대의 일원 및 남성으로서의 연대감이 형성되고 강화되었다.

또한 군인들이 성적인 욕구를 느끼는지 또는 상대 여성에게 어떤 감정을 갖는지에 상관없이 여성과 성관계를 하는 것은 이들 군인들에게 주어진 하나의 '권리'인 동시에 성을 통해 남성성을 증명해야 하는 일종의 '압력'이었다. 성행위를 통해서 남성다운 행동의 기준에 합치됨을 증명해 보여야 한다는 강한 압력이 존재했다. 사토라는 가명으로 인터뷰에 응한 한 옛 군인의 이야기는 이를 확인해주고 있다. "하사관이 된 이후에도 위안소에 가지 않으면 이상한 남자라는 소문이 따라다닐 테니까……. 나는 군대 내에서 동료나 고참에게 따돌림받고 싶지 않아서 여자를 만나러 위안소에 갔어요"(1996년 동경에서의 인터뷰). 성적인 관행은 일본군 내에서 남성성을 구성하고 재확인하는 장이었다. 일본제국 군대의 일원으로서의 남성성은 위안부에 대한 성

---

26) Tojo Hideki, Army Minister, *Senjinkun* (Field Service Regulations), (Tokyo: The Army Ministry, 1941), (reprinted by Boei mondai kenkyukai, Tokyo, 1972), (Cook, 1992), p.164에서 재인용.

27) 패전 후 집단 자살은 일본 군인들 사이에서뿐만 아니라 오키나와인을 비롯한 일반인들 사이에서도 실시 혹은 강요되었다.

적인 지배로 이전되었고, 이러한 성경험은 성적인 대상이 된 이 여성들을 통제하고 비하하는 하나의 방식이었다. 여성 혐오적이고 성애화된 측면을 갖는 군인들의 남성성은 여성을 향한 멸시와 성적인 지배를 통해 형성, 강화되었다.

남성의 성을 '촉진'함과 동시에 '규제'하는 것은 전시 일본의 전체주의 체제에서 군인들에 대한 젠더정치의 가장 주요한 핵심이었다. 군인들의 성은 위생 검사를 통해서도 통제되었다. 몇몇 전방 지역에서는 이들에 대한 건강 검진이 정기적으로 실시되었다. 일반 군인이 성병에 걸리면 자신 이외에도 그들의 상급자까지 함께 처벌받았다. 성병에 감염되는 것은 일본제국 군대의 군사력에 손실을 입히는 것일 뿐만 아니라 일본군의 불명예로 여겨졌다.[28] 위안소에 대한 규제와 위생검사 그리고 콘돔의 분배 역시 군 당국에 의해 행해졌다. 어떤 경우이든지 위안소 시설과 위안부에 대한 위생검사는 일차적으로 군인들을 위한 것이었다. 군사적 성의 정치는 군인의 건강관리 정책이라는 명목으로 위장되었다.

한편, 일상적인 실천을 통해 일본 군인들에게 민족 정체성을 끊임없이 주입시키며 되풀이되었다. 예를 들면 군인들의 하루는 '군인칙유'의 전체 텍스트를 암송하는 의식을 통해 애국심을 주입하는 것으로 시작되었다. 천황에 대한 충성과 상관에 대한 복종을 강조하는 이 텍스트는 군인이 지녀야 할 다섯 가지 덕목으로 충성, 예의, 성실, 용맹, 단순성을 제시했고, 이 중에서 충성이 가장 중요시되었다. "충성의 의무를 다하라. 의무는 산보다 무겁고, 죽음은 새의 깃털보다 가볍다."[29] 이 텍스트는 아래에서 위로 향하는 일방적인 충성만을 요구하고 있다. 이러한 충성에 대한 담론은 당시 사회 내 널리 퍼

---

28) 從軍慰安婦110番編集委員會 編, 1992, p.57; 니시노, 1992, pp.96, 104.

29) William T. de Bary et al., eds., *Sources of Japanese Tradition*, II, (New York: Columbia University Press, 1958), pp.198-200; Tsurumi, *Social Change*, pp.122-123에서 재인용.

져 있었으며, 정체성 형성 혹은 재형성의 실천 과정에서 중요한 부분을 차지하고 있었다. 이는 천황과 국가를 위해, 특히 전쟁이라는 민족적인 위기 상황에 처해 있는 국가를 위해 헌신해야 할 동기를 제공해주었다. 군대 병영 내에서 이러한 충성의 교리를 주입시키는 방법 중 하나는 이 텍스트의 글자 하나하나를 반복적으로 매일매일 암송시키는 것이었다. 이는 일본 남성의 정체성에 핵심적인 요소가 되는 민족적인 남성 윤리, 즉 천황을 위해 죽을 각오가 된 신하를 만들기 위한 이데올로기적인 도구였다.

군대 내에서는 정기적인 '정신교육'을 통해 계속적으로 국가의 위기의식을 강하게 불어넣었고, 집단적인 자기희생을 촉구했다. 전쟁 말기의 '가미카제'나 인간 어뢰였던 '가이텐'과 같은 자살 공격대는 군인들에 대한 이러한 정신교육의 최종적 산물이라고 할 수 있다. 민족이나 국가를 위한 자기희생은 일본인으로서 '가장 고귀한 소명' 혹은 가장 '명예로운 봉사'로 칭송되었다.[30] 또한 절대적인 충성과 죽음을 각오한 용기로 무장된 전투정신이 강조되고 높이 칭송되었다. 민족을 위해 목숨을 바친 군인들은 조국의 수호신이 될 것이고, 도쿄의 야스쿠니 신사에 모셔져 숭배될 것임을 강조했다. 이는 국가의 영웅에게 주어지는 특별한 명예였다. 쓰루미 가즈코는 사실 당시 일본 남성들에게는 그들의 '운명'을 받아들이는 것 이외에 다른 선택의 여지가 없었다고 보았다.[31] 실상 죽음에 직면하여 나약한 모습을 보인 군인들도 있었다. 한 위안부는 "군인들이 전투에 나가는 것이 너무 두려워 위안소에 와서 우는 이도 있었다"고 전하고 있다.[32] 요약하면 일본제국 군대 내 병사들

---

30) Leonard A. Humphreys, *The Way of The Heavenly Sword-The Japanese Army in the 1920's*, (Stanford: Stanford University Press, 1995), p.49.
31) Tsurumi, *Social Change*, p.133.
32) 한국정신대연구회, 한국정신대문제대책협의회 편, 《강제로 끌려간 조선인 군대위안부들》 1편, 한울, 1993, 46, 75쪽.

을 전체주의적 틀의 젠더정치 안에서 '길들이기' 위해 병영 내 일상생활에서 폭력, 굴욕, 감시가 따르는 공식적이고 비공식적인 훈련이 실시되었고, 여기서 남성의 성은 규제됨과 동시에 조장되었다.

4. 공격성과 복종 사이에서

다음으로 전쟁기 일본 군인의 재사회화 과정에서 동시적으로 주입되었던 남성적인 공격성과 여성적인 복종 사이의 모순과 역설이 해결되는 방식에 대해 살펴보기로 하자. 병영의 일상생활을 통한 재사회화 과정은 적을 향한 공격성과 더불어 상급자를 향한 절대적인 복종을 강화했다. 군의 당국자들은 군인들이 처한 극단적인 통제 상황에서 일어날 수 있는 잠재적인 문제에 대해 우려했다. 전쟁터에서 군인들의 신체적·심리적인 건강은 군 당국의 중요한 부분이었다. 전쟁과 관련된 심리적·정신적 질환은 군의 사기와 후방에 있는 일본인들이 군에 대해 가지는 신뢰와 존경에 부정적인 영향을 미치는 것으로 생각되었다. 그러므로 군사훈련과 정신훈련은 단순히 신체와 군사기술을 단련하는 것에만 초점을 맞추지 않고 특히 정신적인 무장도 중시했다.[33]

일본인이 정신적으로 우세함은 당시 정부의 프로파간다에서 강조되었다. 이 프로파간다에서 일본인만의 유일한 특징은 전쟁의 어려운 상황을 견디어내는 데 도움이 된다고 선전했다.[34] 군은 부대 내 화합과 조화에 크게 의존하므로 군사교육을 통해 군인들의 분노나 개인적인 감정을 절제할 것을

---

33) Janice Matsumura, "State Propaganda and Mental Disorders: The Issue of Psychiatric Casualites among Japanese Soldiers during the Asia-Pacific War", *Bulletin of the History of Medicine*, 78, (2004), pp.807, 821.

34) *Ibid.*, p.808, 816.

강조했다.[35] 그러나 대만 출신 정신과 의사 린 쫑이는 일본 군인들 사이에 전쟁과 관련된 정신질환이 급격히 증가했다고 지적했다.[36] 신체적·정신적으로 혹독한 전장의 실상은 한 장교의 일기에도 잘 나타나 있다. "오늘 처음으로 내 지휘 아래에 있는 병사 두 명을 잃었다. 운이 없었거나 운명이었거나, 아니면 내 지도력 부족 등 어떤 이유에서든지 우리는 이들을 돌보거나 다시 뒤돌아보지 않고 그냥 전진해갔다. 이것이 전쟁의 진면목이다. 만약 그곳에서 단 1초 동안이라도 멈추어 섰다면 정서적으로 주체할 수 없었을 것이다."[37]

이러한 맥락에서 군인들에게 심리적이고 성적인 탈출구를 마련해주기 위해 위안소를 제공했다. 군인들이 병영 내에서 상급자에게 복종과 순종을 강요당하고 전쟁터에서 모든 감정을 억제해야 했던 것에 반해, 위안소에서는 위안부들을 통제하고 지배할 수 있었다. 또한 자신들의 감정을 표현할 수 있었으며, 이를 통해 남성의 권력을 회복할 수 있었다. 여성들의 의지와는 상관없이 성행위를 하는 것은 자기통제와 지배라는 남성의 권력을 경험하게 했다. 군인들은 위안부를 성적으로 대상화시킴으로써 남성적인 주체성을 회복하게 되었고, 이들 '열등한' 여성과의 관계에서 다시 지배적인 남성의 위치로 돌아갈 수 있었다.

위안부는 성적인 대상으로서뿐만 아니라 모성의 역할을 하기도 했다. 이는 위안소라는 '안전한' 환경에서 군인들의 정서적인 배출구를 마련하기 위한

---

35) Military Intelligence Service, "Soldiers Guide to the Japanese Army", (Washington D.C.: Army Military History Institute, 1994), p.7.

36) Tsung-yi Lin, "Neurasthenia Revisited: Its Place in Modern Psychiatry", *Culture, Medicine and Psychiatry*, 13, no.2, (1989); p.110, Matsumura, "State Propaganda", p.815에서 재인용.

37) Tokyo: Boeicho boei kenkyujo: Hamazaki Tomizo, "Nisshi", (2, 11 Dec., 1937), cited in Aaron William Moore, "Essential Ingredients of Truth: Soldiers' Diaries in the Asia Pacific War", *Japan Focus*, (27 August, 2007), http://www.japanfocus.org/products/topdf/2506).

것이었다. 군인들은 전쟁터에서 겪는 취약함, 죽음에 대한 불안감과 두려움 등의 감정을 위안소에서 노출시킬 수 있었다. 전후 일본의 대표적인 사상가 마루야마 마사오는 군대조직과 같은 엄격한 위계질서가 존재하는 곳에서 일어나는 '억압의 전이'를 설득력 있게 지적하고 있다. 억압받는 군인들은 하급자에게 자신들이 받는 억압을 투영시켜 이전시키고, 이러한 억압의 연쇄반응은 위계구조에서 최하층에 이르기까지 전이된다.[38] 여기서 필자는 이러한 군대 내 위계구조에서 나타나는 성애화에 주목할 필요가 있다고 본다.

일본 군대 내 위계질서에서 가장 하위를 차지하고 있던 것은 일반 사병이나 신병이 아니다. 이들 보다 더 하층의 지위에 위안부들이 존재하고 있었다. 위안부들은 군인들이 군 생활을 통해 경험하는 억압을 안전하게 전이할 수 있는 최하층 '부하'로서의 역할을 부여받았던 것이다. 마치 어린 자식들이 분노와 절망감을 느낄 때 어머니에게 하소연하거나 퍼붓듯이 혹은 기대거나 의지하면서 위안과 관심받기를 원하듯이 이들 위안부들은 군인들을 위한 '위안'의 원천으로서 존재하기도 했다. 그러므로 이들 여성들은 전쟁기 일본 군인들에게 동시적으로 주입되었던 남성적인 공격성과 여성적인 복종 사이의 역설을 해결하기 위한 하나의 완충제로서의 기능을 해야 했다.

위안소제도를 통해 이러한 군 생활과 전투에서 오는 스트레스를 해소하고자 하는 전략은 의도적으로 고안된 것이었고, 군인들의 전투 사기를 높이는 데 중요한 역할을 했다. 당시 일본군의 정신과 의사였던 하야오 도라오는 1939년 〈전장에서의 특수 현상과 그 대책〉이라는 보고서에서 전쟁터에서 남성들을 위안하기 위해서는 여성을 공급해주는 것보다 더 좋은 방법은 없다고 기록했다.[39] 또 군의관이었던 유아사 켄은 필자와의 인터뷰에서 "군인에

---

38) Maruyama Masao, *Thought and Behaviour in Modern Japanese Politics*, p.18; Tsurumi, "State Propaganda", p.95에서 재인용.
39) 요시미 요시아키(吉見義明) 編·解說, 《從軍慰安婦資料集》, 大月書店, 1992, p.216.

게 성은 자동차의 휘발유와 같다"고 비유했다. 일본군 당국은 전시 군인들에게 군복무에 대한 대가로 여성의 몸을 접할 권리를 제공함으로써 그들의 전시 스트레스나 심리적인 위기를 해소시키고자 했다. 일본군 문서에 의하면 군인들에게 성을 제공하는 것은 긴장 이완과 위안의 수단으로서 이는 군기를 강화할 수 있게 해주며, 군인들의 불만을 환기시키고, 전장에서의 두려움을 피할 수 있게 해주는 배출구라고 보았다.[40] 즉 성적인 대상인 동시에 모성적인 역할을 강요받은 위안부들은 군인들의 심리적인 안정을 증진시키는 도구에 불과했다. 더불어 위안부는 손상된 남성성을 회복하는 다양한 수단을 제공했다. 실제로 군인들은 위안부들을 그들에게 '위안'을 제공해주는 모성적 존재인 동시에 인간 이하의 '더러운 창녀'로서의 이중적 존재로 생각했다. 결과적으로 병영 내 재사회화 과정에서 동시적으로 나타나는 남성화와 여성화의 모순과 역설은 위안소에서 해결할 수 있었다.

성은 공격적인 남성성을 완화함과 동시에 이러한 공격성을 표출하는 하나의 방법이었다. 위안부의 역할은 전투에 나가기 전에는 공격성을 강화시키고, 전투에서 돌아온 후에는 절정에 달한 그들의 공격성을 다시 누그러뜨리는 것이었다. 이러한 패턴은 위안부였던 황금주와의 인터뷰에서도 확인할 수 있었다. "군인들은 잔인하고 야만적이었는데, 특히 곧 전투에 나가게 될 이들은 더욱 심했다. 도저히 참을 수 없을 정도였다"(1996년 서울에서의 인터뷰). 위안부 문제를 다양한 방면에서 조사해온 니시노 류미코에 따르면 동료가 전투에서 전사한 경우 전투에서 돌아온 군인들의 공격성은 극에 달했다고 한다. 이들은 전투 후 귀대하는 길에 어떤 중국인이든 눈에 띄기만 하면 당장 살해했다고 한다.[41] 이렇듯 군인들의 공격성이 극에 달한 순간 이를 경

---

40) 요시미 요시아키(吉見義明), 《從軍慰安婦》, 岩波書店, 1995, p.53.
41) 니시노, 1992, 77쪽.

감하기 위해 위안부가 제공되었던 것이다. 위안소가 공격성과 잔인성 강화와 완화라는 두 가지 상반된 기능을 동시에 하도록 고안되었음은 매우 흥미로운 점이다.

인도네시아에서 복무한 고위 장교 미야모토 시즈오는 인터뷰에서 인도네시아 현지인들을 통치하는 데 위안부의 중요성을 다음과 같이 지적했다.

> 위안소제도는 두 가지 면에서 매우 훌륭한 발상이었다고 생각합니다. 하나는 군인들이 강간을 저질러 감옥에 가는 것을 방지해주었고, 또 다른 하나는 주둔 지역 주민들이 자신의 여자들이 강간당함으로써 품게 될 반일 감정을 유발시키지 않았다는 점입니다. 만약 위안소가 없었다면 많은 군인들이 감옥에 가게 되었을 것이고, 주둔지 지역민들은 일본 군정에 크게 저항했겠지요. 그러니까 위안부는 일본군 내에서 가장 중요한 사람들이었어요. 그들 덕택에 주둔 지역 주민에 대한 군정이 무리 없이 이루어질 수 있었으니까요. 그런 의미에서 나는 이들 여성들에게 지금도 감사하다고 생각해요 (1996년 동경에서의 인터뷰).

실제로 전쟁에서 위안부제도가 핵심적인 역할을 했다는 것은 다시 말하면 군대의 여성에 대한 의존성을 드러내는 것이다. 위안부제도는 일본의 전쟁 준비와 수행에서 그리고 일본제국 군대의 유지와 통제에 중요한 요소로 간주되었다. 신시아 인로는 미국 군사주의에 대한 연구에서 군대가 남성에게 남성성을 조장하기 위해 성애화된 여성을 필요로 하고, 이는 군인들에게 군복무의 난관을 견딜 수 있게 하는 수단을 제공한다고 지적했다.[42] 앞에서 언

---

42) Cynthia Enloe, *Does Khaki Become You? The Militarization of Women's Lives*, (London: Pandora, 1988), p.214.

급한 것과 같이 위안부들은 전장에서의 죽음이라는 극단의 상황에 처한 군인들에게 안전핀 역할을 했다. 그러나 다른 한편으로 군 당국은 위안부들이 잠재적으로 배반의 가능성이 있다고 의심하여 우려를 나타내기도 했다. 따라서 한 군인이 동일한 위안부를 지속적으로 방문하는 경우 이를 보고하게 하고, 방문을 제한시키기도 했다. 요컨대 총력전을 수행하기 위해 그리고 궁극적으로는 군인들에게 전장에서의 죽음을 대비하게 하기 위해 군인을 통제하는 두 가지 축이 있었는데, 바로 구타와 위안부였다.

이상과 같이 한국 위안부와의 관계에서 성 특정적인 정체성이 일본 군인에게 부과되고 강화되었다. 이들 군인의 남성성은 위안부와의 관계에서 사회적으로 구성되고 강화되었다. 예를 들어 위안부에게 부과된 '불결한 창녀'의 이미지는 일본 군인들의 여성 혐오적인 남성 정체성을 구성, 강화했고, 또 위안부들에게 강요된 순종적이고 열등한 여성성은 일본 군인의 우월한 남성성과 민족 정체성을 강화했다. 여기서 남성성 대 여성성, 식민주의자 대 피식민주의자라는 기존의 이원론적인 개념은 상호 배타적이면서도 상호 의존적이다.

5. 일본 군인들 스스로의 자리매김

끝으로 군대 내 재사회화 과정에 직면하여 일본 군인들은 자신들을 어떻게 자리매김했는지에 대해 살펴보자. 군인들이 병영 내 일상생활을 대처해 나가는 다양하고 복합적인 방식에서 유동적인 군인들의 정체성을 관찰할 수 있다. 예를 들면 순응, 동의, 방관, 저항, 자살, 탈영에 이르기까지 전시 전체주의 체제에 대한 군인들의 대처방식은 매우 복합적이고, 또한 한 개인이 이러한 다양한 스펙트럼의 방식을 동시에 사용하기도 했다. 사실 일본제국 군대의 군인과 장교들은 일본 식민주의 팽창을 위해, 일본 전체주의 체제 유지를 위해 핵심적인 역할을 담당했다. 사회학자인 쓰루미 가즈코는 학생 출신 군인과 농민 출신 군인 사이에 차이가 있다고 보았다. 그는 학생 출신 군인들은 군대 생활에 부정적이었던 반면, 농민 출신 군인들은 마치 자신의 부모와 아내, 자식을 위해 일해야 하는 것이 당연하듯이 천황을 위해 목숨을 바쳐야 한다는 것에 아무런 이의를 제기하지 않았다고 보았다.[43] 이러한 순응 방식의 이면에는 천황 이데올로기의 내면화와 앞에서 살펴본 군대 내에서의 재사회화를 통한 강제가 모두 작용했다고 볼 수 있다. 실제로 일본제국 군대에서 상관에 대한 불복종은 반역죄와 사형까지도 가능했다.[44]

1941년 1월 도조 히데키에 의해 발포된 '전진훈(戰陳訓)'은 군인들에 대한 기강과 통제를 더욱 강화하기 위한 것이었다. 전쟁 말기, 특히 중국전선에서의 주둔이 장기화됨에 따라 불복종, 탈영, 저항 등의 현상이 증가했다.[45] 전쟁 말기인 1943년 이후에는 무기, 식량 등 군수물자 부족이 현저화되었는데, 이는 군인들의 전투 사기에 많은 영향을 미쳤다. 공식 통계에 의하면 일본 군대 내에서의 반란, 불복종 등의 저항 건수가 7,994건에 이르렀다.[46] 이는 러일전쟁 기간에 비하면 2배에 이르는 숫자이다. 그러나 이 저항의 숫자는 1945년 600만 명 이상에 이르던 일본제국 군인 전체 수에 비하면 소수에 불과하다. 그러므로 어떤 의미에서 대부분의 일본 군인은 자의와 강제에 의해 전체주의 체제에 순응하거나 동의하고 협력했다. 그 이유는 다른 선택의 여지가 적었기 때문이기도 하지만, 군인으로서 전체주의 체제 '핵심' 역할을 함으로써 그들이 얻을 수 있는 유형 혹은 무형의 보상과 권력에 대한 욕구 때문이었을지도 모른다. 군 생활에 비판적이었던 한 학생 출신 군인 역시 일선

43) Tsurumi, "State Propaganda", pp.126, 133.
44) Ibid., p.97, 150.
45) 후지와라, 1977, pp.96-97.
46) 오에 시노부(大江志乃夫), 《徵兵制》, 岩波新書, 1981, pp.155-156.

에서 목격한 '조국을 지키는 영웅'들에 대해 다음과 같이 기록하고 있다.

> 군인들은 너무나도 순진하게 자신들이 조국을 지키는 영웅이라고 믿고 있
> 다. 이들은 조국의 수호자가 된다는 것에 자부심을 느끼고 있다. 이는 느슨
> 한 감상주의이다. 그러나 그들의 감정은 거기에 고정되어 있다. 이를 위해
> 그들의 젊은 에너지를 기꺼이 쏟는 것은 정신적인 자위 행위나 마찬가지이
> 다. …… 이는 슬픈 일이다. 그들은 그들의 마음 상태를 비판적으로 볼 수
> 있는 충분한 이성을 지니고 있지 않다. 아마도 그들이 이러한 믿음을 저버
> 리게 된다면 자신들이 처한 역경을 이겨낼 아무런 힘도 남아 있지 않게 될
> 것이다.[47]

이 학생 출신 군인의 내러티브는 자기희생, 복종, 충성의 가치를 반복적으
로 군인들에게 주입시킨 결과, 제국주의적 팽창 전쟁에 대한 아래로부터의
지지를 보여준다. 이와 같은 적극적인 전쟁 참여의 또 다른 예는 가미카제 조
종사였던 하야시 이치조가 전쟁 말기인 1945년에 원산에서 자신의 어머니에
게 보낸 편지에서도 찾아볼 수 있다. "저는 도코타이 조종사로서 떠나는 것이
기쁩니다. …… 저는 (적의) 수송선 위에 멋지게 떨어질 것입니다."[48] 옛 일
본제국 군인 중에는 지금까지도 아시아 태평양전쟁이 다른 아시아인을 서구
제국주의로부터 해방시키기 위한 정의의 전쟁이었다고 믿는 이들이 있다.

---

47) Wadatsumi-kai, ed., 1963, Senbotsu Gakusei no Isho ni Miru Jūgonensensō (The Fifteen Years'
   War Seen Through the Messages of the Students Who Died in the war), Tokyo, Kōbunsha Nihon
   Senbotsu Gakusei Kinen-Kai (Japan Memorial Society for the Students Killed in the War-Wadatsumi
   Society), comp. 2000. *Listen to the Voices from the Sea: Writings of the Fallen Japanese
   Students*, Trans. Midori Yamanouchi, Joseph L. Quinn, (Scranton: University of Scranton Press,
   1963), pp.139.
48) *Ibid.*

어느 일본 군인은 "전쟁의 목적은 인도네시아, 베트남, 버마 등 아시아 국가를 서구 제국주의로부터 해방시키기 위한 것이었다"고 회고하기도 했다.[49] 일본군 장교였던 요시오카는 인터뷰에서 "당시 일본 남자로 태어났으면 전쟁에 나가 목숨을 바치는 것 외에 다른 선택의 여지가 없었다. 나 역시 징병되었을 때 죽을 각오를 하고 있었다"고 했다(1996년 동경에서의 인터뷰).

앞에서 언급한 것과 같이 쓰루미에 따르면 일본제국 군대 내 학생 출신 군인과 농민 출신 군인들 사이에는 전쟁을 보는 시각에도 차이가 있었다고 한다. 그는 대부분 학생 출신 군인들이 군대 생활과 경험에 대해 더 비판적이었던 반면, 농민 출신들은 대부분 전쟁에서 목숨을 바쳐야 한다는 국가 이데올로기를 기꺼이 수용했다고 지적했다.[50] 대다수가 학생 출신이었던 가미카제 조종사들 중에도 전쟁에 대해 비판적인 반응을 보이는 이들이 있었다. 오누키 에미코가 가미카제의 글을 분석한 것에 의하면 어떤 조종사는 그들의 일기와 편지에서 자신의 분노, 죽음에 대한 거리낌과 두려움, 가족에 대한 그리움, 전쟁에 대한 회의와 반대를 표현했다고 한다.[51]

이와 같이 아시아 태평양전쟁에 참전한 일본 군인들은 일본 전체주의 체제의 지지자인 동시에 폭력, 강제, 굴욕, 정치적 선전을 통해 이 체제를 위해 동원되고 통제당했으며, 결국은 목숨을 잃은 가시적·비가시적인 피해자이기도 하다. 실제로 250만 명 이상의 일본 군인이 전장에서 사망했고, 이외에도 상당수의 인원이 부상당하거나 실종되었으며, 7,500명이 전쟁포로가 되었다.[52] 물론 모든 군인들을 하나의 동일한 범주로 볼 수는 없다. 총력전 체

49) 1992年 京都 おしえてください! 慰安婦 情報電話 報告集編集委員會編, 1993, 《性と侵略: 〈軍隊慰安所〉84か所 元日本兵らの證言》, 社會評論社, pp.307-308.

50) Tsurumi, "State Propaganda", p.126.

51) Emiko Ohnuki-Tierney, *Kamikaze Diaries-Reflections of Japanese Student Soldiers*, (Chicago: University of Chicago Press, 2006).

제의 비용과 혜택은 불공평하게 분배되었다.

유아사 켄은 인터뷰에서 다음과 같이 군인들의 입장을 방어했다.

> 일부 페미니스트들은 군인들을 비난합니다. 그러나 그때는 전쟁 상황이었다는 것을 고려해야 합니다. 그 당시의 상황에서 보면 이것은 남성 대 여성의 문제라기보다는 전쟁터에서 사느냐 죽느냐의 문제이지요. 전쟁 중에는 상관이 어떠한 명령을 내리든 복종해야만 했어요. 군인 개인들이 나빴던 건 아닙니다. 당시 군인들은 복종을 거부하거나 혹은 자신의 의지대로 행동할 아무런 권리가 없었습니다.

그의 내러티브에서 군인들은 적극적인 지지자 또는 협력자라기보다는 강요된 혹은 수동적인 동의자로 재현되고, 따라서 군인들은 피해자로 묘사되고 있다. 역사학자 후지와라 아키라는 일본 군인들의 애국심은 강제로 부과된 것으로 보았다. 그는 "군대는 명령, 강요, 강제에 기반했고, 이에 의해 군인들은 국가의 방어를 위해 자율적으로 참여하기보다는 명령에 복종해야만 했으므로 노예가 되었다"고 했다.[53] 이러한 유아사와 후지와라의 견해는 군인들의 주체성(agency)에 대한 질문을 제기하게 한다. 실제로 일본 군인들은 전장에서 싸울 것을 강요당한 동시에 국가를 위해서 스스로 자신의 목숨을 기꺼이 바칠 정도로까지 자기희생으로 전쟁의 역경을 이길 준비를 하고 있었다.

어떤 군인들은 특히 가미카제 대원들에게는 '성전(聖戰)'에 적극적으로 참여해 싸우는 것이 자신의 죽음을 명예롭게 하기 위한 이성적인 계산과 판단에 의한 것이기도 했다. "어쨌든 우리는 죽게 되어 있다. 그러므로 전쟁에서

---

52) "Imperial Japanese Army", Wikipedia, http://en.wikipedia.org/wiki/Japanese_Imperial_Army.
53) 후지와라, 1977, p.28.

자살 공격대로 죽는 것은 우리의 죽음을 가장 의미 있게 하기 위한 유일한 젊음의 자부심의 표현이다."[54]

　사실 이들 군인들의 전체주의 체제에 대한 '강요된' 지원과 '자발적인' 협력은 한 개인 안에서도 중첩되어 나타나기 때문에 이들 사이에 이분법적으로 정확한 선을 긋기는 어렵다. 이들 군인들은 식민주의적인 팽창 정책을 위한 전쟁에 본인의 의지와 무관하게 국가에 의해 동원되었을 뿐만 아니라, 나라를 위해 자신의 목숨을 바칠 정도로 자기를 희생할 준비가 되어 있었다. 그리고 그들의 이 전체주의 체제에 대한 동의는 내면화된 강제, 강요된 동의, 수동적인 순응에서 자발적인 협력에 이르기까지 실로 다양한 양상을 띠고 있다.[55] 총력전의 피해자로서뿐만 아니라 가해자, 수혜자로서, 그리고 전체주의 체제에 순응하는 행위자로서 일본 군인들의 경험의 복합성과 시기 및 경우에 따른 유동성을 고려해야 할 것이다. 그러므로 젠더 정체성 혹은 민족 정체성의 단일한 개념으로는 전체주의 체제에 대항하기도 하고, 협력하기도 한 일본 군인들의 자기 자신에 대한 자리매김의 복합성을 수용하기 힘들 것이다.

---

54) Shunpei Ueyama, *The Meaning of the Great Asiatic War* (Dai Tōa Sensō no Imi), (Tokyo: Chūōkōronsha, 1964), pp.2-3; Tsurumi, "State Propaganda", p.136에서 재인용.

55) Lim, Jie-Hyun, "Historical Perspectives on 'Mass Dictatorship'", a paper delivered at the RICH international conference Mass Dictatorship Between Desire and Delusion, Hanyang University, Seoul, 17-19, (June, 2005).

제국의 어머니: 식민지 후기 전시 체제의 일상과 여성들의 징병제 담론

마이클 김

우리 제일선 장사의 분투 뒤에는 황국 어머니의 위대함이 새로이 인식되고 있는 이때, 반도 2,400만의 반을 차지하고 있는 반도 여성이 전시하에 짊어진 책임이 얼마나 크다는 것은 새삼스럽게 말할 필요도 없을 것이다.

〈총력운동육대중점〉, 《조광》, 1942. 5.

마이클 김

연세대학교 국제학대학원 조교수. 미국 하버드대학교 동아시아학과에서 카터 에커트 교수 지도 아래 〈이상적인 대중의 출현〉으로 박사 학위를 받았다. 최근에는 관심 분야를 식민지 시기 문예 비평, 문화 생산, 도시 문화, 일상생활의 변천사로 넓히고 있다.

1. 여성들의 징병제 담론으로 본 젠더정치

　20세기의 전쟁은 젠더정치학에 다소 역설적인 영향을 미쳤다. 여성들은 격렬한 전쟁 기간 동안 공적 임무를 띠고 전선에 파견되는 남성들을 대신할 노동력으로 전락하는 경우가 늘어남에 따라 종종 새로운 사회적 역할에 뛰어들게 되었다. 제2차 중일전쟁(1937~1945) 발발 후 식민지 조선의 젠더정치학 역사는 많은 면에서 다른 지역의 전시 흐름과 유사했다. 조선 여성들은 공장에 들어가고, 일본제국 군대로 징병된 조선 군인의 어머니와 아내들에게는 그들의 임무를 이행하게 함으로써 일제에 대한 충성이 요구되었다. 또한 조선 여성들은 남성들이 군 임무를 위해 멀리 출병한 동안 후방 전선을 지원하기 위해 결성된 각종 단체들에 적극적인 참여가 장려되었다. 식민지 후기의 남성 주도 공개 담론은 가부장적 젠더 역할을 강화시켰지만, 전시 동원에 참여한 여성들이 반드시 기존의 사회적 관습 안에서 활동한 것은 아니었다. 조선 사회에서 여성이 활동할 수 있는 새로운 기회가 전쟁으로 인해 대두되었는데, 여성 청중들 앞에서 연설을 하거나 신문과 잡지에서 징병에 대한 토론을 하는 식민지 후기 여성들의 수많은 담론은 이러한 변화의 중요성을 시사한다.

　어떤 면에서 특히 그 시기의 강제성을 고려할 때 전시 동원에 참여한 여성들은 조선 남성들과 똑같이 행동했을 가능성이 있으며, 여기서 젠더에 관한 요소는 그다지 중요하지 않은 것으로 보일 수도 있다. 그러나 징병제에 관한 여성 담론을 주의 깊게 살펴보면 사실 여성들이 젠더에 따라 그들의 역할과 임무를 다르게 정의했다는 흔적을 찾을 수 있다. 이러한 현상은 전시 체제 아래 일상의 변화를 고찰하지 않으면 명확하게 파악하기 힘들다. 특히 전쟁 기간 동안 일제가 도입한 애국반(愛國班)은 조선 사회에서 여성이 활발히 활동할 수 있는 새로운 사회적 공간을 마련했다. 그러므로 여성들의 징병제 담론을 단지 선전용으로 간과할 수도 있겠지만, 피식민지 여성들을 겨냥한 이 담론은 이 시기 젠더정치학의 총체적인 이해에 도움을 줄 수 있다.

2. 식민지 조선의 작인성 문제와 일상의 변화

전시 동원에서 여성의 역할은 식민지 조선의 역사적 작인성(agency)에 대한 다양한 문제의식을 제기한다. 현존하는 식민지 시기에 대한 연구가 식민지 지배자의 수탈이나 식민지 질서에 저항하다 희생된 피지배자에 초점을 맞추는 경향이 있기 때문에, 식민지 질서를 공공연하게 지지했던 협력자들에게는 작인성이 부여되지 않았다. 일본인들이 어떻게 식민지 정책을 시행했고, 조선인들이 어떻게 독립운동에 참여했는지에 관한 연구는 상당히 축적되었지만, 식민지 체계에 적극적이었던 소수의 협력자들 혹은 식민지의 현실 생활과 타협하면서 침묵한 많은 사람에 관해서는 상대적으로 관심이 적었다.[1] 그러나 단순히 협력 행위를 비난하거나 해명하기보다는 식민지 시기의 어떠한 정황에서 그들이 지배자의 요구에 저항하지 않고 오히려 순응하게 되었는지, 그리고 그 과정에서 그들의 작인성이 어떻게 표현되었는지

---

1) 식민지 기간 동안 한국인의 작인성을 탐구하려는 초기의 시도 중 하나로 카터 에커트의 《Offspring of Empire》가 있는데, 이 책은 조선인 산업가들이 식민지 경제 체제 아래에서 적극적인 역할을 했다고 주장함으로써 상당한 비판을 받았다. 하지만 이 책에 대한 논쟁은 대부분 식민지 지배를 당한 조선인들이 식민지 체제의 복잡성을 통해 그들의 길을 모색하고 교섭하는 방법에 대한 에커트의 주제를 간과하고 있다. Carter J. Eckert, *Offspring of Empire-The Koch'ang Kims and the Origins of Korean Capitalism 1876-1945*, (Seattle: University of Washington Press, 1991).

그 맥락을 고찰하며 식민지 질서 아래에서의 사회발전 과정에 대한 탐구의 시도가 필요하다.

식민지 조선의 전시 동원의 젠더정치학에서는 식민지 피지배자들의 복합적이고 다층적인 저항과 순응의 역학관계를 명확하게 찾아볼 수 있다. 여성들은 전 식민지 시기를 걸쳐 많은 새로운 정체성을 창출했으며, 그들의 사회적 역할을 정의하기 위해 분투했다. 이러한 맥락에서 식민지 시기에는 조선 여성들이 가부장적인 식민지사회에서 자유를 쟁취하기 위해 1920년에서 1930년대 유행한 여성 잡지에 등장하는 신여성을 지향했지만 협소한 증진밖에 이룰 수 없었다. 식민지 후기까지 새로 설립된 교육기관과 현대적인 전문직의 출현이 현존하던 젠더의 경계를 무너뜨리는 기반을 마련했지만, 신여성은 미심쩍은 도덕성과 화려한 소비로 집중적인 사회적 비판의 대상이 되었다. 식민지 후기의 미디어는 개인주의적인 신여성 대신 사심 없이 후방 전선을 지키는 애국심 강한 '국군의 어머니'와 '총후부인(銃後婦人)'이라는 대안적인 여성 정체성을 제공했다.[2]

기본적으로 조선 여성들이 현모양처의 가부장적 정의를 받아들이는 현상은 남성의 지위적 우세에 의한 것으로 설명할 수도 있다. 그러나 일부 조선 여성들이 식민지 지배자 편에 서서 전쟁터로 떠난 조선 병사의 애국심이 투철한 어머니와 아내로서 자신을 동일시하는 행위를 이해하려면 새로운 접근 방법이 필요할 것이다. 도로테 비얼링(Dorothee Wierling)은 차별화된 기술 (記述)이 필요하기 때문에 사회를 단순히 가부장적인 해석으로 보는 것은 젠더역학의 복잡성을 완전히 포착하기 어렵게 만든다고 주장한다. "남성과 여성은 확실히 간단한 종류의 지배 구조로 맺어진 것은 아니었고 오히려 억압, 저항, 동의, 상연, 의식(儀式)의 복잡한 관계였다."[3] 따라서 그녀는 젠더 역

---

2) 권명아, 〈총후부인, 신여성, 그리고 스파이〉, 《상허학보》, 2004년 2월, 251~282쪽.

사와 일상사의 통찰이 결합된 시각으로 역사를 바라보면 젠더관계의 복합성을 이해할 수 있다고 주장한다. 가부장적 관계의 기능과 일상생활의 중요성의 이해가 식민지 상황에 적용되면 식민지 질서를 유지하는 데 있어서 여성참여를 고찰할 수 있게 된다. 그러므로 식민지 시기 조선 여성의 일상은 한국사에서 드물게 연구되는 부분임에도 불구하고, 이 문제를 탐구하는 것은 조선 여성들이 서로에게 전통적 젠더 역할을 권장하고 그들의 아들과 남편을 압제적인 식민지 체제에 희생시키는 행동을 격찬하는 사료의 상징적 의미를 해석하는 데 적절한 '중층기술'을 제공한다고 할 수 있다.

3. 젠더정치학과 전시 동원의 사회적 의미

젠더정치학과 전쟁의 관계와 관련해 많은 면에서 식민지 후기의 여성사는 세계 각지에서 발견되는 전개와 유사하다. 전쟁이 지속됨에 따라 여성들은 후방 전선을 유지하는 데 필요한 직업에 동원되었다. 이것은 궁극적으로 그들이 경제적 활동과 사회 참여를 할 수 있는 새로운 기회를 마련해주었다. 또한 전시 여성 동원에 대한 연구는 전쟁을 위한 노동이 장려됨과 동시에 모성에 대한 전통적 관념이 종종 강화되었던 사실에 중점을 둔다. 여성 동원에 관한 일부 연구에서는 사회운동에 참여하는 여성의 결정권을 설명하고 있는데, '정치적 기회 구조'의 중요성을 강조한다.[4] 권력에 접근하는 방식의 변화나 지도 구조의 움직임이 여성들에게 그들의 위치를 향상시키는 기회로

---

3) Dorothee Wierling, "Everyday Life and Gender Relations", *The History of Everyday Life-Reconstructing Historical Experiences and Ways of Life*, Alf Lüdtke, ed., (Princeton: Princeton University Press, 1995), p.158.
4) R. Ray and A. C. Korteweg, "Women's Movements in the Third World: Identity, Mobilization, and Autonomy", *Annual Review of Sociology*, 25, (1999), pp.47-71.

인식되는지의 여부는 여성운동의 성패를 결정짓는다. 그러므로 성공적으로 여성을 전쟁에 동원하는 것은 종종 여성들의 집단 이익을 추구하기 위한 대중운동에 그들의 참여를 유도하는 새로운 사회적·정치적 조정을 포함한다.[5]

역사적 망각은 과거 전쟁에서 여성의 역할을 상기하는 것에서 흔히 볼 수 있다. 태평양전쟁 기간 동안 조선 여성의 사례에서도 찾아볼 수 있다. 식민지 국가에 의해 많은 조선 여성이 동원되었던 사실은 근대 한국사에서 가장 드물게 분석되는 문제 중 하나이다. 전쟁 말기에는 많은 여성 노동이 동원되었고, 각종 전쟁을 지원하는 단체에 여성 참여가 장려, 강요되기도 했다. 또한 전시 동안 공장 노동에 많은 여성이 동원되었는데, 이것은 현대 한국어에서 정신대와 위안부를 혼용하는 결과를 낳기도 했다. '정신대'라는 용어는 처음에는 남성과 여성 노동자 모두를 지칭했지만, 1943년 이후에는 남성 노동력 부족으로 인해 군수공장에 동원되어 일하는 여성만을 의미하게 되었다.[6] 하지만 현재 한국인들은 일반적으로 두 용어를 혼동하여 사용하고 있으며, 전시 조선 여성의 노동에 대한 기억은 거의 사라지고, 단지 강요된 매춘에 대한 집단 기억만이 남아 있을 뿐이다.

또한 조선 여성들은 일본제국 군대에 징집된 남성의 충실한 어머니와 아내로서 본분을 다해 전쟁에 기여했다. 여성들에게는 남성들이 전쟁에 출병한 동안 가정을 유지하고 지키는 임무가 맡겨졌다. 식민지 후기 연구자들은 식민지 미디어에서 빈번하게 창출했던 새로운 여성 정체성에 대한 연구를

---

5) 여성들이 전쟁에 적극적으로 참여하게 된 많은 역사적 사례들은 높은 수준의 여성 참여가 달성된 것을 암시하지만, 이 사실은 종종 역사적 기억에서 잊혀진다. Mady Segal이 언급했듯이 "전쟁의 여파로 '남자는 군대에, 여자는 가정에'라는 신화가 지속되는 문화를 인정하면서 여성들의 전쟁 활동이 중요치 않은 것으로(또는 아예 존재하지 않는 것으로) 재구성되었다." Mady Wechsler Segal, "Women's Military Roles Cross-Nationally: Past, Present, and Future", *Gender and Society*, 9, (Dec. 1995), p.761.

6) 강정숙, 〈위안부, 정신대, 공창, 성노예〉, 《역사비평》, 2006년 봄, 316쪽.

실행했다.[7] 이러한 후기 식민지 시기의 최근 연구는 여성 참여를 촉진시키기 위해 식민지 국가가 여성을 동원한 수단과 새로운 젠더 역할을 제공한 면에 조명을 비추는 데 크게 기여했다. 하지만 현존하는 여성 동원 연구는 전시 동원 체제 아래에 적극적으로 참여한 조선 여성의 논리의 뉘앙스를 한층 더 심도 있게 파악하는 관찰이 추가되어야 이 시대의 젠더사를 더욱 명확하게 탐구할 수 있을 것이다. 더불어 일부 연구자들이 조선 여성들의 협력의 논리문제를 제기했지만, 총체적인 기회 구조와 여성들이 전시 동원에 참여한 동기 역학관계에 대한 더 많은 연구가 필요하다.[8]

그러나 조선 여성이 전쟁 지원에 참여한 논리를 밝히기 전에 우선 일본과 협력을 유도한 이적 행위의 전체적인 논리에서 젠더적인 측면을 분리시키는 것이 필요하다. 부일협력자들이 가장 갈망했던 목표는 내선일체의 실현이었

---

7) 후기 식민지 조선에서 후방 전선의 어머니와 아내로서의 여성의 정체성에 대한 종합적인 개요는 다음을 참고하라. 권명아, 《역사적 파시즘: 제국의 판타지와 젠더정치》, 책세상, 2005; 안태연, 〈일제 말기 전시체제와 모성의 식민화〉, 《한국여성학》 제19권 제3호, 2003; 이상경, 〈일제 말기의 여성동원과 '국군의 어머니'〉, 《페미니즘 연구》 제2권, 2002.

8) 가와 가오루는 전쟁 동원에 참여한 여성의 수가 많았음에는 주목하나 이 현상이 기회 구조에 대한 조선 여성의 반응으로 해석될 수 있다는 주장에 대해서는 회의적이다. 그녀는 조선의 식민지 통치에서 조선인을 위한 투표는 실행되지 않았으며, 일본 페미니스트인 이치카와 후사에(市川房枝, 1893~1981)의 경우와 같이 여성의 정치 참여를 위한 실제적인 기회도 없었다고 지적한다. 가와 가오루, 김미란 옮김, 〈총력전 아래의 조선 여성〉, 《실천문학》, 2002년 가을, 311쪽. 하지만 전쟁 참여를 통해 마침내 투표권을 획득하고 식민지의 불평등을 제거하는 가능성에 대해서는 조선인 협력자들이 염두에 두고 있었으며, 또한 조선 여성들이 참정권에 대한 갈망과 전혀 관련 없다고 보기에는 심층적인 조사가 더 필요할 것이다. 현영섭은 지원병제도와 참정권 관계를 다음과 같이 주장한다: "지금 조선은 外地의 취급을 받고 있으나, 영원히 外地가 되는 것이 아니오. 어느 시기에는 내지와 동등한 지위를 가지게 될 것을 우리는 예상하고 있다. 지원병제도가 징병제도로, 소학교가 의무교육으로 발전하고, 참정권이 확대(보통 참정권을 代議士제도로만 생각하지만, 조선인이 지사가 된다든지 中樞院의 參議가 된다든지, 道나 府의 協議員이 된다는 것도 광의의 참정이다)되는 날에는 內地와 조선이 지리적으로 상이할 뿐이오, 절대로 內地 外地의 구분이 없게 되고, 만일 內鮮人이 滿洲에 가서 생활한다고 가상하면 朝鮮, 內地, 北海島를 통합하여 內地라고 칭할 수밖에 없다. 그런 까닭에 나는 조선이 제2의 內地가 된다고 생각하고, 조선이 제2의 內地가 되어야만 內鮮이 合體融和하여 渾然一體로 신일본을 건설하리라고 믿는다." 玄永燮, 〈志願兵士諸君에게, 十萬突破의 報를 듣고 全朝鮮青少年諸君을 激勵하는 書〉, 《삼천리》 제12권 제7호, 1940년 07월 01일.

다. 그들은 일본의 전쟁을 지지함으로써 일본제국의 은혜에 보답하며, 내지인과 동등한 대우와 팽창해나가는 대동아공영권 내에서 특혜를 누릴 수 있는 특권을 기대했다.[9] 조선인들이 일본제국 내에서 전쟁 기간 동안 실제로 동등한 대우를 받았는지에 대해서는 논란의 여지가 많다. 다카시 후지타니는 일제 아래에서 조선인들의 상황은 일본인들이 미국에서 사회적 평등을 달성하기 위한 욕구에 의해 군에 입대했던 것과 견줄 만하다고 주장한다.[10] 식민지 기간 동안 얻은 실제적 이익은 개개인에 따라 극명한 차이를 보인다. 많은 부일협력자들이 전쟁에 참여함으로써 일본인 식민지 지배자들에게 보상을 기대했다는 사실에는 의문의 여지가 없다. 일제와 협력한 조선 여성들 역시 전쟁을 통해 평등한 사회를 급진적으로 달성할 수 있을 것이라 믿었겠지만, 더 주목할 만한 부분은 전시 이전에는 여성의 사회 활동 범위는 가부장적 한계로 인해 그들이 기여할 수 있는 영역이 극히 제한되어 있었다는 데 있다. 그러나 전시 동원 체제는 여성 어용조직의 설립과 애국반 결성을 통해

---

9) 조선인 협력자에 관한 관점은 1917년 W.E.B. DuBois가 "만약 흑인이 독일 황제를 무찌르기 위해 싸울 수 있었다면…… 그는 후에 고마운 백인 미국 때문에 지불 청구서를 내놓을 수 있었을 것이다"라고 표현한 것과 같은 관점에서 비교될 수 있다. Stephen E. Ambrose, "Blacks in the Army in Two World Wars", *The Military in American Society*, Stephen E. Ambrose, James A. Barber, Jr., eds., (New York: Free Press, 1972), pp.178-179.

10) 다카시 후지타니는 일부 일본인들이 조선인을 외국인으로 계속 언급했으며, 식민지와 군 관계관은 조선인을 동원하기 위한 평등 전략을 도입한 결과 통제 불능이 되는 것을 두려워했다고 지적한다. 그러나 후지타니는 식민지와 군 관계관이 조선인 동원이 엄격한 공식적 태도에만 효과가 있을 것이라고 결론지었으며, 평등 정책을 군대의 실생활에 적용시킬 노력의 필요성을 인식했다고 강조한다. 일본군 교범에는 장교들이 조선인은 대동아의 주도적 인종의 일원이라고 조선인 신병을 훈련할 것을 상기시키는 내용도 있었고, 일본은 1945년 4월 마침내 25세 이상 최소 15엔의 직접세를 내는 조선인에게 제국 하원선거에 투표할 권리를 주는 법률 두 개를 공표했다. Takashi Fujitani, "Right to Kill, Right to Make Live: Koreans as Japanese and Japanese as Americans During WWII", *Representations*, (Summer, 2007), pp.18-19. 1946년 조선인 참정권 법령이 실행되었으면 재산에 의해 투표 자격이 엄격하게 규제된 것으로 인해 실제로 투표 가능한 인구가 총 조선인 인구의 2.3%로 제한되었을 것이다. 최유리, 《일제 말기 식민지 지배정책 연구》, 국학자료원, 1997, 245쪽.

여성의 참여에 중요한 여지를 마련해주었다. 이 글에서 각종 여성협력자 단체는 논외에 두었지만, 이 시기의 여성사에서 반드시 주목해야 할 현상이다. 그러나 그러한 공식적인 여성 조직보다는 일상생활의 변화를 재구성하며, 여성들의 사회 참여를 추적하는 것이 전시 기간 동안 대다수 여성들의 사회 활동에 새로운 길이 열렸다는 사실을 더 명백하게 밝히는 데 도움이 된다고 생각한다. 이러한 현상은 일제의 총동원 운동이 의도하지 않은 결과 중 하나일 것이다.

4. 애국반과 전시 동원의 일상

일제가 한반도에서 전시 동원을 실시한 것은 제2차 중일전쟁 발발 직후인 1937년 7월 7일부터였다. 일본 내에서의 적지 않은 논란에도 불구하고 제국의회는 1938년 4월 국가총동원법을 통과시킴으로써 국가 관료기관에 법안 제정과 전시경제 규제 등의 전례 없는 권한을 부여하게 되었다.[11] 또한 국가총동원법의 시행은 곧 일제의 식민 정책에 상당한 변화를 불러일으켰다.[12] 1939년에는 조선민사령의 개정으로 인해 창씨개명이 강행되었다. 또한 조선 남성들은 1938년부터 지원병제도의 도입으로 일본군 복무가 가능해졌으며,

---

11) 일본에서 국가총동원법은 정계와 기업인들로부터의 반대 여론이 있었으나, 중일전쟁이 확장될 시에만 고노에 후미마로(近衛文麿, 1891~1945) 수상이 본 법령을 실행할 수 있는 특별 권한을 부여하는 수단으로 통과되었다. Richard Rice, "Economic Mobilization in Wartime Japan: Business, Bureaucracy, and Military in Conflict", *The Journal of Asian Studies*, (August, 1979), p.695. 국가총동원법은 신체제와 1940년 12월 모든 정당의 대정익찬회로의 통합에 대한 전조였다. 일본 정당과 기업은 여전히 자율적으로 기능했고, 전시 수단의 결과로 메이지 헌법은 개정되지 않았다.

12) 최유리, 《일제 말기 식민지 지배정책 연구》, 국학자료원, 1997. 총동원 기간 중 식민지 조선에 초래된 주요 사회 · 경제적 변화에 대한 논의는 다음의 책에서 찾아볼 수 있다. Carter J. Eckert, "Total War, Industrialization, and Social Change in Late Colonial Korea" *The Japanese Wartime Empire, 1931-1945*; Peter Duus, Ramon H. Myers, Mark R. Peattie, eds., (Princeton: Princeton University Press, 1996), pp.3-39.

그 후 1942년 5월 발표되고 1944년 실행된 징병제를 통해 징용되었다.[13] 대다수의 조선인들은 부당하게 침략전쟁에 강제 동원되었지만, 일제는 '황민화' 운동을 통해서 제국의 신민으로서 모든 의무를 수행하면 평등한 대우가 가능하다는 논리를 전파함으로써 많은 조선인 지도층을 적극적인 협력의 길로 유도했다.

1938년 7월 7일 미나미 지로(南次郎) 총독이 제2차 중일전쟁 1주년을 기념하기 위해 국민정신총동원 조선연맹을 조직함에 따라 한반도의 전시 동원이 본격적으로 실시되었다. 후에 이 단체는 1940년 반관반민(半官半民) 운동 기구인 국민총력조선연맹으로 개편되었다. 일제의 동원 목표는 약 10호 단위로 구성된 애국반을 말단 세포조직으로 규정하는 자발적 민간운동에 모든 조선인을 포함시키는 것이었다.[14] 국민총력조선연맹은 《총동원(總動員)》이라는 일본어 기관지과 언문 자매지인 《새벽》을 35만 부 이상 발간하여 애국반에 배포하기도 했다.[15] 애국반은 1939년 그 수가 31만 8,924개, 반원이 425만 9,755명에 이르러 조선인의 상당 비율이 이 조직적 구조에 포함되기에 이르렀다.[16] 애국반은 각 반에 소속된 호(戶)에서 매달 의무적 반상회를 갖고, 각 호에서는 이 모임에 참석할 대표를 보내도록 강요했다. 결국 애국

---

13) 1938년 2월 22일부로 일본군의 조선 지원병 수용이 시작되었다. 초기에는 그 수가 적었지만 1943년에는 6,300여 명에 이르렀다. 1942년 5월 8일 일본은 징병제를 발표하고, 1944년 이를 실행에 옮겼다. 신병 훈련에 소요되는 기간으로 인해 조선 징집병은 1944년 9월 전까지는 일본군에 입대할 수 없었다. 따라서 소수의 조선병만이 1945년 8월 일본이 항복하기 전까지 전선에 파병되었다. 미야타 세츠코, 이형남 옮김, 《조선민중과 황민화 정책》, 일조각, 1997, 154~157쪽.

14) 지역 범위에서의 조직 구조는 전시 동원 체제에 기저조직이 없었던 일본보다 조선에서 먼저 선을 보였다. 일본에서는 약 10호로 구성된 지역 단체인 도나리 구미가 1940년 11월에 도입되었다. 반장은 지역장으로부터 임명되거나 부담을 덜기 위해 각 호에서 교대로 맡는 방식이었다. Ralph J. D. Braibanti, "Neighborhood Associations in Japan and their Democratic Potentialities", *The Far Eastern Quarterly*, (1948), pp.136-164. 애국반의 잔재인 정기적 모임인 반상회(班常會)가 오늘날 한국 사회에 존속한다.

15) 이종민, 《도시의 일상을 통해 본 주민동원과 생활 통제》. 다음 책에 인용되었다. 방기중, 《일제 파시즘 지배정책과 민중생활》, 혜안, 2004, 418쪽.

반은 세대(世帶)의 동원뿐만 아니라 생활양식 개선의 확산, 노동력 동원, 식량 배급, 그리고 소방과 방공의 결정적인 기저조직이 되었다.[17] 처음에는 애국반의 참여율이 저조하여 이를 개선하기 위한 방법이 주로 논의되었다. 그러나 1940년과 41년 사이 애국반이 쌀을 비롯한 생필품 배급의 책임을 맡게 되자 참여율은 눈에 띄게 증가했다.[18] 애국반의 날인 없이는 각 세대에 배급된 식량을 구입할 수 없었기 때문에 각 반장은 구성원들에게 반상회 참여를 강요할 수 있는 권한을 가지게 되었다.

초기에는 원칙적으로 각 호주의 출석이 명시되었는데, 많은 경우 부인이나 자녀, 혹은 부유한 집안의 경우에는 하인이 반상회에 참석했다. 점차 반상회는 주부들의 모임 성격을 띠게 되었다. 여성들의 높은 참여율은 곧 여성들이 반장을 맡는 경우로 이어졌다. 이 현상은 결국 문제점으로 간주되어서 1942년 3월 국민총력조선연맹 신의주 지도부의 경우에는 호주가 나오지 않고 부녀가 나오는 가정에 대해서는 배급과 모든 물자의 전표를 주지 않겠다고 경고하기도 했다.[19] 1942년 12월 국민총력조선연맹의 경서 지도부는 도시 내 애국반의 70%가 여성에 의해 주도되고 있으나, 곧 원료 배급을 앞두고 있는 상황이므로 주동적 역할을 남성이 대신해야 한다고 강조했다.[20] 애국반의 방공과 생필품 배급에 대한 책임이 증가함에 따라 더 많은 남성들이 지도자의 책임을 맡아야 한다는 요구가 이어졌다. 그러나 여성들, 특히 상대적으로 고등교육을 받은 전업주부들이 지도력을 발휘하는 것은 여전했다.[21]

---

16) 윤해동, 《지배와 자치》, 역사비평사, 2006, 376쪽. 전시 중 애국반의 실수(實數)는 단정지을 수 없으나 《경성일보》에 따르면, 1942년 12월까지 서울에만 1만 1,000개의 애국반이 있었다고 한다. 《경성일보》 1942년 12월 14일자. 다음의 책에 인용되었다. 이종민, 앞의 책, 420쪽.

17) 윤해동, 앞의 책, 379쪽.

18) 《경성일보》, 1942년 12월 14일자. 다음의 책에 인용되었다. 이종민, 앞의 책, 444쪽.

19) 《每日新報》, 1942년 3월 12일.

20) 가와 가오루, 《총력전 아래의 조선 여성》, 293쪽.

그러나 조선인 특히 여성들의 애국반 참여에 대한 동기를 단지 강요와 생필품 배급만으로 볼 수는 없을 듯하다. 당시의 다양한 자료에서 애국반 참여를 통해 자신의 지도력을 발견한 개인들의 이야기와 새로운 단체 활동을 통해서 구성원들의 융합이 이루어졌다는 증언들을 종종 발견할 수 있기 때문이다. 1942년 7월 《대동아》에 게재된 여류 작가 최정희(崔貞熙)의 방송 소설 〈장미의 집〉에서 여주인공 성희는 전시에 식모를 두는 것은 불필요한 사치라 여기고 집안 살림을 자신이 맡기로 결정한다. 낯선 사람들과 만나는 것을 싫어했던 그녀는 식모를 두었을 때는 반상회에 한 번도 나가지 않았지만 식모를 두지 않기로 한 후 처음으로 모임에 참석하게 되고, 그 시점을 계기로 애국반에 활발히 참여하기 시작한다.

> 어쨌든 성희는 식모가 있을 때에는 애국반에 나가본 적이 없었다. 사람 모
> 든데 나가는 것을 덜 좋아하는 그는 식모를 자기 대신으로 애국반에 내보
> 내었다. 그러다가 식모를 내보낸 뒤엔 친히 자기가 나가게 되였는데, 나가
> 서 본즉, 자기가 지금까지, 식모를 대신 내보낸 것이 매우 잘못된 일인 줄
> 깨닷고 그뿐만 아니라, 몇 번 나가보는 사이에, 구장이며, 반장이며 또 애
> 국반원들 사이에 곤치지 않으면 안 될 일이 많은 것도 느끼였다. 그래서 성
> 희는 종종 반회에서 자기의 의견을 말해보는 때가 있었다. 사람 모든 자리
> 에서 말하는 것은 더구나 싫어하는 그였으나 철없는 행동이나 철없는 말을
> 보고 듣게 되는 때는 견딜 수가 없었다.[22]

---

21) 이종민, 앞의 책, 447~448쪽. 전쟁이 종료될 때까지 식민지 언론에서는 여성들이 지속적으로 애국반 반장으로 등장한다. 예를 들어 1944년 5월의 《國民總力》에서는 허영순이라는 여성 반장이 반공 주제로 진행된 좌담회에 참여한다. 〈防空救護に愛國班の心構へを聽く〉, 《國民總力》, 1944년 5월, 9~11쪽.
22) 최정희, 〈장미(薔薇)의 집〉, 《대동아》, 1942년 7월, 149~150쪽.

반상회 활동에서 거침없는 리더십을 발휘하는 성희는 결국 반장이 되어달라는 부탁을 받는다. 앞에서 소개한 내용이 비록 소설이라 할지라도 처음에는 애국반 참여를 꺼리다가 점차 활발한 활동을 하게 된 여성들의 이야기는 이 시기의 다른 여러 자료에서도 찾아볼 수 있다.

《신시대》는 1942년 2월 서울 내 애국반 반장 다섯 명을 주목하여 다룬 기사를 발행했다. 기사의 내용은 이들이 반상회를 주관하면서 겪었던 어려움과 처음에는 모임에 참석하기 싫어했지만 나중에는 즐겨 참여하게 된 이야기 등을 다루었다. 여러 반장의 증언은 반상회가 주로 여성의 모임으로 운영되었다는 점을 증명하고 있다. 그 중 한 여성은 애국반 반장으로서 자신감을 가지게 되었고, 반상회 활동으로 인해 이웃 전체를 하나로 이끌 수 있었다며 다음과 같이 이야기했다.

> 부끄런 말씀이지만 애국반 반장이 될 때엔 어떠커나 하는 생각밖엔 없었습니다. 한 번 반회를 열고, 두 번, 세 번 깊어 갈수록 이웃과 친해지고, 반회도 차츰차츰 자미가 나갔습니다. 짐장도 같이 삽시다. 장작도 모개 삽시다. 새우젓도 몰아 사봅시다 — 하여서 반원과 반원들 사이에 친근해진 점이 퍽 큽니다. 또 실제 살림살이에도 서로서로 도움이 된 경험이 퍽 많습니다. 전에는 남남이던 것이 이제는 일가처럼 가깝게 되었습니다. 불과 다섯 달 동안의 경험이지만 애국반은 지금 사변이 나서 나라가 총동원해가지고 싸우니까 필요한 것이 아니라, 언제나 이런 법도가 있으면 더 좋겠다는 생각입니다. 그런데 생활 정도가 너무 현격한 분과는 사괴기가 어려운 것이 시방 남아 있는 걱정입니다. 큰 부자 댁 같은 곳은 아직도 반회에 주부가 나오질 않고 대리를 보내는 건 여간 섭섭한 일이 아니라고 생각합니다.[23]

---

23) 〈愛國班은……자란다〉, 《신시대》, 1941년 2월, 143쪽.

이 반장은 일부 부유한 가정에서 여전히 주부가 직접 나오지 않고 하인을 호(戶) 대표로 참석시키는 것은 매우 유감스러운 일이라는 말과 함께 발언을 마쳤다. 앞에서 인용한 것과 같은 증언은 일부에서 부유층과 빈곤층이 한 애국반 일원이 될 수 있었고, 여러 사회계급 사이에 어느 정도의 사회적 상호작용도 있었음을 보여준다. 그 결과가 반드시 사회적 융합으로 발전되지는 않았지만 애국반이 여러 사회계급이 상호작용할 발판을 마련했다고 보아도 과언이 아닐 것이다. 또한 이 기사가 분명 선전 목적으로 발행되었다는 것을 감안하더라도 이를 통해 애국반원들이 함께 거리에서 운동을 하거나, 라디오 체조 방송을 듣는 등의 사회 활동을 하기 위해 매일 반 단위로 모였음을 알 수 있다. 그리고 이러한 도시 내 활동이 주민들에게 미친 여러 긍정적인 변화들은 일찍이 애국반이 결성되었어야 했다는 발언으로 이어지기도 했다.[24]

5. 식민지 여성들의 징병제 담론

여성의 고조된 사회적 참여는 전시 동원 체제에 일상생활의 변화가 초래한 여파였다고 볼 수 있다. 이러한 현상은 여성들의 징병제 담론 분석을 통해 더 명확해진다. 1938년 일본군의 조선 지원병제도 시행은 식민지 미디어로 하여금 이들에 대한 상당한 논의를 이끌어냈다. 그러나 1942년 5월 7일 발표된 징병제에 대한 식민지 언론의 관심은 과거 1938년의 조선 지원병에 대한 관심의 정도를 훨씬 뛰어넘었다. 국민총력조선연맹은 징병제를 성공적

---

24) 〈우리 愛國班의 자랑〉, 《半島の光》, 1941년 7월, 23~25쪽. 애국반 공식 직무 외적 지역 활동이 대체로 장려되었다. 애국반 모임 진행방식에 관련하여 1940년 11월에 발간된 독본은 애국반 공식 직무가 끝나면 반원들이 함께 모여 영화와 일본 음악 감상, 라디오 청취, 서예 시범과 장기자랑 개최 등을 함께 할 것을 제안하고 있다. 이종민, 앞의 책, 439쪽.

으로 시행하기 위해서 부인운동에 주목했으며, 부인지도위원회를 조직하기도 했다.[25] 징병제 발표 이후 수개월 간 여러 신문과 잡지에 실린 기사와 논설 그리고 좌담회에서는 조선 여성들이 징병제 시행과 관련하여 앞으로 2년 동안 스스로를 어떻게 대비해야 하는지를 집중적으로 다루었다.[26] 이러한 담론의 가부장적인 징병제에 관한 언사는 주로 조선 여성들에게 가사의 책임을 받아들이고 남편과 아들을 성심껏 내조하여 전쟁에 희생할 준비를 요구하는 것이었다.

징병제와 여성의 역할에 대한 논의는 표면적으로는 여성들이 전시 중 자신의 역할을 수용하고, 남성들의 부재로 인한 가사에 대한 책임을 질 것을 장려하는 것이었다. 그러나 미디어를 통해 실제 여성들의 담론을 신중히 살펴보면 이들에게 전적으로 새로운 의무가 주어졌고, 그들은 이에 대한 대책을 강구하면서 일종의 새로운 자아발견을 하는 현상도 있었음을 알 수 있다. 〈장미의 집〉의 작가 최정희는 징병제가 실시된 날인 1942년 5월 9일《반도지광(半島の光)》잡지에서 "정말 이로부터서야 우리도 사람 갑을 하게 되엿고 이제로 부터서야 세상에 낫든 보람이 잇다고 할 수 잇게 되엿습니다"라고 하며, "우리의 아들을 훌융하게 만드는 힘도 우리 손에 잇고 그 비결도 방법도 우리 어머니한태 잇고 우리나라 일본을 세계에 빗나게 하는 것도 우리 국민을 굿세게 자라나게 하는 힘도 우리에게 잇습니다"라고 언급했다.[27] 최정희의 소설 〈장미의 집〉주인공의 이야기와 징병제와 관련된 직접적인 발언에서 나타나는 이러한 감동의 표현은 그동안 가부장적인 식민지 조선 사회

---

25) 우에다 다치오(上田龍男), 〈징병제와 조선 어머니에게〉, 《조광》, 1942년 6월, 34~37쪽.

26) 앞의 책, 34~37쪽: 〈徵兵令과 半島어머니의 決意〉, 《조광》, 1942년 6월, 38~44쪽: 〈徵兵制와 家庭의 動員! 國軍의 어머니 座談〉, 《춘추》, 1942년 6월, 100~108쪽: '국군의 어머니 열전', 《매일신보》, 6월 23일~24일자: 〈우리도 國軍의 어머니〉, 《半島の光》, 1942년 7월, 16~17쪽.

27) 〈우리도 軍國의 어머니〉, 《半島の光》, 1942년 7월, 16쪽.

에서 여성들의 주도적인 역할이 금지되어왔지만, 마침내 징병제 실시를 통해 여성들의 진가를 일상생활에서 보여줄 수 있게 되었음을 시사한다. 또한 이러한 시도에서 여성들의 힘만으로 충분히 나라를 살릴 수 있고, 결국 여성도 사회의 정회원이라는 사실을 증명하려는 열망 또한 엿볼 수 있다.

여기서 염두에 두어야 할 점은 조선 여성들이 전시 식민지사회의 새로운 분위기와 테두리 안에서 자신들의 작인성을 표출함으로써 '국군의 어머니'가 될 도전을 받아들일 준비가 되어 있어야 했다는 것이다. 전쟁 발발 이전 식민지 조선에서 공공 집회를 위해 많은 여성들이 모여 있는 모습은 극히 보기 드물었으나, 전시 동원의 일환으로 이러한 여성들의 대거 응집이 허용되고 이에 대한 합법성도 부여되었다. 1942년 3월에 열린 대규모 여성 공공 집회에서 한 여성 지도자는 그 집회의 역사적인 의의에 대해 다음과 같이 연설했다.

> 경성에 부민관(府民館)이 생겨서 반도(半島)의 부인만이 이처럼 많이 모힌 광경은 처음입니다. 이것만 보더라도 아마 오늘이란 이때는 남자에게는 물론이고 여자에게도 무슨 심상치 안은 사태가 버러진 것만은 사실입니다. 가정에서 아이나 기르고 시부모 공경이나 잘 했으면 부녀자로서의 할 일은 다 했다고 볼 수 있겠는데 이렇게 한 장소에 모혀 가지고 이렇게 하자 저렇게 하자 하고 전에 없든 생활의 새 강령이 작고 나오고 있습니다. 이게 웬일입니까? …… 어떻게 생각하면 우리 반도부인(半島婦人)에게 큰 변이 이러난 셈입니다. 큰 어려움이 생긴 셈입니다. 그러나 다시 한 번 잘 생각해보면 이런 변이 생긴 까닭으로 해서 이 시대에 난 우리 반도부인은 산 가치를 발휘할 수가 있지 않은가 합니다.[28]

28) 〈半島指導層婦人의決戰報國의大獅子吼!〉, 《朝鮮臨戰報國團》, 대동아, 1942년 3월, 112쪽.

이렇듯 처음으로 여성들이 대거 응집한 광경을 보고 표출되는 경탄은 그 자체로 한국 여성운동사에 지표가 될 순간으로서 중요성을 가진다. 그러나 더 중요한 점은 여성들이 단지 가족을 돌보는 역할뿐만 아니라 생활양식의 지침을 마련하는 데도 적극적 임무를 맡아줄 것을 기대했다는 것이다. 즉 식민지 시기에는 여성들이 생활 개선의 주체가 되어야 한다는 담론이 점차 형성되었는데, 전시 체제 아래에서는 생활 개선운동의 실천을 달성하기 위해서 주요 여성협력자들이 앞장서기도 했다.[29] 식민지 후기의 이 생활 개선운동은 여성들이 정치화된 정도와 전시 동원을 위해 자율적 계획을 세우는 임무를 위임한 범위를 보여주기도 한다. 이러한 과정을 통해서 조선 여성들이 사회 활동에 적극적으로 참여할 수 있는 기회가 생겼고, 전시 상황은 여성들의 조직적 단결에 합법성을 부여했다.

1942년 6월 《조광》에는 네 명의 여성 지도자들의 좌담회가 실렸다. 새로 발표된 징병제에 대한 주제를 다룬 이 글은 전시 중 여성의 역할이 어떻게 변화했는지를 잘 보여주고 있다.[30] 그들은 여성의 정신교육을 강화하고, 강인하게 자란 아들이 국가에 대한 의무감을 갖도록 교육시키는 운동의 중요성에 대해 논의했다. 그리고 조선인들에게 전사(戰死)에 대한 두려움을 갖지 않을 것을 강조했다. 또한 그들은 조선인들이 곧 참전하게 되는 사실에 대한 자부심을 표현했는데, 그 중 한 명은 아들이 없어 전쟁에 자신의 몫을 다할 수 없는 것에 대한 수치스러움을 나타내기도 했다. 하지만 아들이 없는 여성들은 최고의 명예를 누릴 수 없다는 사실을 인정하는 반면, 단순히 아들을 헌납하여 전쟁에 기여하는 것을 넘어서 여성들이 전쟁에 적극적으로 기여할 수 있는 여러 방법을 모색했다. 가정생활 개선에서 여성들이 특별한 의무를

---

29) 소현숙, 〈'근대'에의 열망과 일상생활의 식민화〉, 이상록·이유재 편, 《일상사로 보는 한국 근현대사》, 책과함께, 2006, 119~173쪽.
30) 〈徵兵令과 半島 어머니의 決意〉, 《조광》, 1942년 6월, 38~44쪽.

가지게 된 것을 재차 언급하며, 미래에 군인이 될 아들을 키우는 어머니의 가사 처리는 모든 면에서 국가의 기준에 합격해야 할 정도가 되어야 한다고 주장했다.

> 우리는 이제부터 자식은 내 개인 것이 아니라 나라의 보구를 잠간 맡아 기루는 것이며, 나라에서 소용 되는 날 질겨 내어놓을 것이란 것을 깨달아야 하겠습니다. 우리는 그러니만치 연약한 청년을 만들지 말고 사치하고 음식 가리는 사람을 본받지 말고 제 할일은 제가 하고 능히 국가의 천성으로 설 수 있도록 힘을 기루고 마음을 닦는 청년을 만들어야겠습니다. 만일 징병 시에 검사에 합격치 못한다면 이것이 개인의 불명예인 것은 말한 것 없고 더 나아가서는 한 가정 동네의 수치인 줄까지 알아야 되겠습니다.[31]

'군인의 어머니'는 여성들이 전통적 분야인 육아에 집중하며, 주저 없이 아들을 제국에 바쳐야만 징병제 실시가 가능하므로 그 업무를 중대한 사회의 의무로 변화시키기 위해 탄생한 것이었다. 그리하여 징병제와 관련된 여성 담론은 조선의 어머니들에게 개인의 업무뿐만 아니라 사회적인 임무가 부여되었다는 의식을 주입시켰다. 그러나 이러한 담론이 결국 탁상공론으로만 존재했다면 아무 효과가 없었겠지만, 바로 여기에 여성들이 지도력을 새롭게 발휘할 수 있는 기회가 마련되어 있었다.

좌담회의 내용은 전국의 여성들이 정신운동을 성공적으로 시행할 수 있는 방법을 집중 토론하는 것이었다. 전사를 최고의 명예로 여기는 부시도와 일본 정신을 조선 가정에 전파하여 교육할 방법에 대한 주제에 이르자 그 방안으로 라디오와 신문을 통한 다양한 미디어 캠페인이 제안되었다. 그러나 교

---

31) 앞의 책, 41쪽.

육을 받은 여성은 그러한 미디어를 통해 메시지를 쉽게 받아들일 수 있지만 영화, 기관지, 신문 등을 접할 수 없는 교육받지 못한 여성들이 문제라는 지적이 나왔다. 이러한 문제의 해결책으로서 모든 조선 여성을 접촉할 수 있는 수단이 바로 애국반이었다.

> 朴: 제 생각으로는 총력동맹(總力同盟)에서 그런 책을 만들든지 어떠한 방법을 정해가지고 그것을 애국반에 다주어서 상회 때마다 강연을 하든 좌담회를 하든, 또 반중에는 지도 계급이 있으니까 그런 사람들을 통해서 인도해 나가는 것이 조을 것 같애요.
>
> 一同: 대단히 좋습니다.
>
> 朴: 애국반을 통치 않고는 무슨 일이든지 아니 되니까요. 이렇게만 하면 삿삿치 들어갈 겁니다.[32]

이들은 전국에 막대한 애국반 조직이 망라되어 있었기 때문에 자신들의 정신운동이 급속히 조선 여성들에게 전달될 수 있을 것이라고 생각했다. 그리고 자신들이 속한 애국반이 효과적으로 운영되자 이 제도를 통해 필요한 정보를 담은 책자를 배포하면 미디어에 대한 관심 부족과 문맹의 문제를 성공적으로 극복할 수 있을 것이라고 결론지었다.[33] 여성 주도 아래 운영되는 애국반 조직의 존재와 여성들의 지도력이 함께 발휘되면 일상생활의 개선이 이루어질 수 있을 것이라는 인식은 이러한 여성운동자들의 발언 배후로 작

---

32) 앞의 책, 43쪽.

33) 이 시기에 수많은 독본(讀本)이 발행되었으며, 애국반용 책자가 널리 배포되었다. 권명아, 〈해제〉, 방기중 편, 《일제파시즘기 한국사회 자료집 6》, 선인, 2005. 예를 들면 1941년 발행된 독본은 공습에 대처하는 방법을 다루었다. 신시대 편집부, 《(애국반가정용) 언문방공독본》, 박문서관, 1941. 이 독본은 정보의 분포를 최대화하기 위해 독본이 닳도록 애국반에 유포할 것을 권하고 있다.

용하고 있었다. 따라서 식민지 후기에 활동했던 여성들은 새로 조직된 애국반이라는 일상 세계와 친근했기 때문에 그들이 정신 개선운동에 집중하면 결국 위력을 발휘할 수 있을 것이라고 믿었을 것이다.

6. 전시 아래 일상생활의 변화가 미친 조선 사회 여성 역할의 변화

징병제에 대한 논의에서 명백하게 드러나는 주요 문제 중 하나는 식민지 조선 사회에서 여성의 역할 변화가 전시 동원의 실행으로 인한 일상생활의 급진적인 변화를 현저하게 반영한다는 것이다. 식민지 피지배자의 세계 안에서 가능한 행동반경이 크게 확장되었는데, 이것은 국가적 동원망이 확립되고 일상생활에서 개개인이 정기적으로 소통하기를 종용한 것에서 기인한다. 애국반의 참여 수준을 높이는 것에서 보고된 최초의 문제점들은 대다수 한국인들이 식민지 질서에서 이탈된 상태였고, 식민국가의 요구에 순응하지 않는 길을 모색하기 위해 고군분투했음을 시사한다. 그러나 조선인 중에는 애국반에 참여하고 전쟁을 지원함으로써 작인성을 적극적으로 표현한 사람도 속속 나타나고 있었다. 이렇게 동원에 참여하는 조선인들의 동기는 전시체제 아래에서 생필품 조달과 공동체 오락 행사를 즐기기 위해 반상회에 출석하는 등 무수한 일상생활의 예에서 발견할 수 있을 것이다.

그러나 저항과 순응의 역학관계의 최종 결과는 수백만 명의 조선인이 자의 또는 타의에 의해 전시 동원 체제에 편입되었고, 이것은 통제와 감시 면에서 지배자들의 전례 없는 위력을 창출했다. 많은 저명한 남성과 여성 식민지운동가들의 전시 동원 참여는 해방 이후 한국인 세대에게 협력자 문제에 대한 고통스러운 논란을 남겼다. 이러한 협력 행위를 심층적으로 탐구하면 선전을 효과적으로 전파하고 모든 조선인을 일제의 요구에 종속시키는 강압적이고 보편적인 애국반이라는 망상 조직이 존재했기 때문에 그들의 협력에 의한 영향력이 확대되었고, 그들의 사회적인 위치 또한 신장되었다는 사실을 발견할 수 있다.

마지막으로 우리는 이 문제의 식민지적·젠더적 측면을 관찰해야 한다. 식민지 역사에 적용되는 가해자와 피해자의 이분법적 논리는 많은 연구자들이 이미 지적해왔지만 만족스러운 설명을 하지 못하고 있다. 왜냐하면 식민 정책의 선천적 기질은 상당수의 이적 행위를 요구하기 때문이다. 식민지체제에서 이적 행위를 발견하는 것은 그리 놀라운 일이 아니다. 그러나 전시 기간 동안 진행된 조선 여성들의 징병제 담론에서의 특이성은 그들에게 인간으로서의 존엄성을 부여한 전시 동원 체제 내에서 자신들이 의미 있는 역할을 한다는 강력한 희망의 표출일 것이다. 가부장제와 식민지 체제의 근본적인 불평등에 위압받던 식민지 조선 여성들은 이론의 여지가 있겠지만, 그들이 가장 많은 사회적 장벽에 직면했고, 또 가장 철저한 변화를 갈망했기 때문에 그들을 억압하면서도 역설적으로 기회를 함께 부여하는 체제를 영속시키는 데 적극적으로 참여하게 되었는지도 모른다.

한국 식민지사의 이러한 복잡한 문제들을 독재 정권과 파시스트 정권의 지배 아래에서 '이름 없는 대중'이 항상 고통받고 지배당하지만은 않았던 다른 사례와 비교하면 중요한 점들을 포착할 수 있을 것이다.[34] 이 현상을 이해하는 실마리는 일상생활의 실상과 전시 동원 및 점령의 동인에 더 많은 관심을 갖는 것이다. 왜냐하면 전쟁 시기는 중대한 발전을 유발했으며, 개개인의 일상 세계에 나타나는 급진적인 변화를 통해 일반 사회에서 가장 소외된 자들이 궁극적으로 그들에게 사회 해방을 가져다줄 것이라고 믿었던 가능성을 배제할 수 없기 때문이다.

---

34) 여기서 임지현의 대중독재론이 이 문제의 복합성을 잘 드러낸다. 임지현, 〈'대중독재'의 지형도 그리기〉, 임지현 외 편, 《대중독재1: 강제와 동의 사이에서》, 책세상, 2004, 17~55쪽.

3

대중독재와 대중민주주의
−20세기 초 영제국의 남성성 훈육 과정

김상수

김상수

한국외대학교 영어통번역학부(영미지역학) 조교수. 영국 케임브리지대학교 역사학과에서 영국 근대사를 전공했다. 저서로는 《보수와 진보: 이념을 넘어선 영국의 현실정치》와 번역서로는 《20세기 포토다큐 세계사 2: 영국의 세기》가 있으며, 논문으로는 〈영국의 '자치도시 사회주의'의 허상, 1901~1905〉, 〈토니 블레어의 이미지 정치〉 등이 있다.

1. 근대의 양면 : 독재와 민주주의

민주주의, 영국, 남성성 등의 단어는 얼핏 보면 '대중독재' 프로젝트와는 잘 어울리지 않는 주제인 듯하다. 그도 그럴 것이 대중독재는 나치 독일, 파시스트 이탈리아, 스탈린 체제의 구소련, 프랑코 체제의 스페인과 같은 서양의 독재 정권을 주요 연구 대상으로 삼아왔으며, 비교 대상으로서도 영국이나 미국 등 민주주의 체제보다는 박정희 체제의 한국과 같은 비유럽 지역의 독재 정권을 주로 거론해왔기 때문이다.

영국이 대중독재의 연구 대상이 될 수 있는 경우로는 두 가지 예를 들 수 있다. 첫 번째는 체제로서의 독재가 아닌 운동으로서의 독재에 대한 연구로서, 1930년대에 오스왈드 모슬리 경(Sir Oswald Mosley)을 중심으로 설립된 '영국파시스트연합(British Union of Fascists:BUF)'과 같은 파시스트 단체들의 활동이 주요 분석 대상이 될 수 있다.[1] 이러한 성격의 연구에서는 영국인들도 비록 독재 정권의 수립을 허용하지는 않았으나 사상적·사회적인 차원에서는 파시즘을 간접적으로 경험했다는 주장을 제기할 수 있을 것이다.

두 번째 가능성은 영국에서 독재 정권이 출현하지 않은 이유에 대해 분석함으로써 독재 정권이 출현했던 다른 나라들과의 비교 연구를 시도하는 것이다. 기존의 연구들은 이 질문에 대해 명확하기는 하지만 단순한 해답을 제

---

1) 국내의 대표적인 논문으로는 다음을 참조하라. 김명환, 〈영국 파시즘 연구: 대륙 파시즘과 구별되는 모슬리 파시즘의 특징들〉,《영국연구》, 11(2004), 151~178쪽.

시하는 데 그치고 있다. 이를테면 영국은 세계 최초의 산업국가로서 국가 주도의 급격한 산업화 및 근대화 과정을 거칠 필요가 없었다든가, 오랜 전통의 의회와 굳건한 양당 체제로 인해 극단적인 성향의 정치사상 또는 세력이 발전할 여지가 없었다는 등의 설명이다. 물론 이러한 설명방식들도 나름대로 설득력이 있기는 하지만, 영국을 근대화에서 예외가 아닌 모범으로 간주한다는 점, 그리고 결과론적인 관점에서 해답을 찾고 있다는 점 등에 문제가 있다. 다시 말하면 이러한 논리는 영국인들은 태생적으로 온건한 의회민주주의를 선호하여 파시즘과 같은 극단적인 형태의 독재를 결코 수용하지 않았을 것이라고 가정하는 동시에, 독일인이나 이탈리아인들은 태생적으로 민주주의보다는 독재를 선호하는 경향이 있다고 가정하고 있다. 이보다 더 심각한 근본적인 문제점은 이러한 논리가 민주주의는 근대의 모범적인 산물로, 독재는 근대에 역행하는 비정상적인 현상으로 간주하는 단순한 이분법적인 인식론에서 벗어나지 못하고 있다는 사실이다.

이 글은 기본적으로 두 번째의 가능성, 즉 영국에서 독재 정권이 출현하지 않았던 이유에 대해 분석하는 작업과 더 큰 연관이 있다. 대중독재 프로젝트의 중요한 특징 중 하나는 각국의 다양한 사례들을 비교, 분석하는 공동 연구라는 사실이다. 본 연구가 대중독재 프로젝트에 기여하고자 하는 바가 대중독재의 적용 범위를 무한대로 확장시켜 영국의 파시스트 활동까지도 대중독재의 일환으로 볼 수 있다고 주장하는 것은 아니다. 오히려 정치적 스펙트럼에서 독재의 맞은편에 위치지워진 민주주의에서의 체제와 대중과의 관계에 대해 분석함으로써 대중독재의 직접적인 적용 대상이 되는 여타 국가들과의 비교를 가능케 하는 것이 주요 목적이다. 그런데 지난 몇 년 간 이러한 비교작업을 진행하면서 점차 확연하게 드러난 사실은 독재와 민주주의의 간극이 생각보다 넓지 않다는 점이다. 이 점을 좀더 명확하게 하기 위해서는 지금까지 대중독재 프로젝트가 어떤 길을 걸어왔는지에 대해 간략하게 설명

할 필요가 있다.[2]

지금으로부터 약 5년 전 대중독재 프로젝트는 '대중이 독재 체제에 동의
했다는 점을 중시하면서 체제가 어떻게 그러한 동의를 이끌어낼 수 있었는
지에 대해 역사적으로 분석'하기 위해 출범했다. 그렇다고 해서 독재에 대한
대중의 저항이 전혀 존재하지 않았다고 주장하는 것은 결코 아니다. 오히려
동의와 저항은 항상 동시에 존재해왔으며, 둘 사이에는 회색지대가 넓게 퍼
져 있었기 때문에 이 문제를 이분법적으로 다루어서는 곤란하다는 것을 대
중독재 연구자들은 인식하고 있었다. 다만, 독재에 대한 지금까지의 연구가
체제의 억압과 대중의 저항을 지나치게 강조했다는 점을 드러내려다 보니
동의에 대한 이들의 강조가 마치 억압과 저항은 전혀 존재하지 않았다고 주
장하는 것처럼 오해를 받는 경우가 발생하고는 했다. 하지만 수년 간에 걸친
연구와 논쟁을 통해 대중독재의 진정성(특히 독재의 폐해를 몇몇 독재자들의 탓
으로만 돌린다면 미래에 비슷한 상황이 발생할 경우 대중은 또다시 힘없이 끌려가고
말 것인가 하는 문제의식)이 인정을 받기 시작했고, 비록 논쟁의 불씨가 아직
남아 있기는 하지만 이러한 오해는 상당 부분 해소되었다고 할 수 있다.[3]

대중독재론은 이제 동의와 저항의 문제를 넘어서는 새로운 차원의 문제를
제기하는 단계에 이르렀다. 독재에 동의하는 대중의 모습을 발견한 대중독
재 연구자들이 대중민주주의의 속성에 대해 관심을 기울이기 시작한 것은
어떻게 보면 매우 자연스러운 현상이라고도 할 수 있다. 즉 대중의 동의가

---

2) 대중독재 프로젝트에 대한 소개는 다음의 내용에 상당 부분 기초하고 있음을 밝힌다. 김상수,
〈2006년 춘계 대중독재 학술토론회 참관문〉, 장문석·이상록 편, 《근대의 경계에서 독재를 읽다: 대
중독재와 박정희 체제》, 그린비, 2006, 425~440쪽.
3) '대중독재(mass dictatorship)'라는 용어 역시 서구의 개념을 수입한 것이 아니라, 대중독재 프로젝
트의 연구책임자인 한양대학교 비교역사문화연구소의 임지현이 국내외의 연구자들과 논의한 끝에
주창해낸 것이다. 국내에서는 주로 박정희 체제와 연관되어 사용되는 바람에 정치적으로 논란이 되
기도 했지만, 원래 이 개념의 주요 적용 대상은 유럽이었다.

더 이상 민주주의의 전유물이 아니라는 사실이 밝혀진 이상, 민주주의에 대한 정의는 동의나 합의 이외의 그 무엇이 필요하게 된 것이다. 바로 이 지점에서 대중독재론은 다시 한 번 이분법적 사고를 뛰어넘기 위한 시도를 하게된다. 독재나 민주주의는 모두 근대의 산물이며, 동전의 양면과도 같다. 다시 말하면 독재와 민주주의는 개인의 차이를 무시하고 계급과 인종, 또는 국민과 같은 인위적인 범주화를 추구한다는 점에서 모두 근대의 산물이라는 것이다. 그렇다면 이제 독재와 민주주의를 선악을 기준으로 구별하거나, 근대와 전근대를 기준으로 구분하는 것은 불가능해질 수밖에 없다.

이러한 인식의 근간에는 '범주화(categorization)'가 자리잡고 있으며, 바로 이 점 때문에 대중독재는 제국주의(더 넓은 의미에서 식민주의)와 자연스럽게 연결된다. 임지현에 의하면 독재와 민주주의는 모두 근대의 산물임에도 불구하고 역사주의를 비롯한 서유럽 중심의 사고방식으로 인해 민주주의는 서유럽의 '근대적이고 정상적인 영역'에, 그리고 독재는 '전근대와 일탈의 영역'에 속하는 것처럼 이해되어왔다. 동시에 그는 독재와 민주주의를 근대라는 뿌리에 연결시켜주는 고리로서 식민주의에도 주목하고 있다. 즉 영국과 프랑스 등 대규모 식민지를 건설했던 경우와 그렇지 못했던 독일과 이탈리아 등의 경우를 비교해보면, 전자가 식민지의 피지배인들을 타자화의 대상으로 삼았던 반면 후자는 국내의 소수 집단을 겨냥했다.

바로 이 지점에서 독재와 민주주의가 두 갈래로 갈라진 것이다. 그렇다면 결국 역사주의와 식민주의의 담론을 해체하는 것만이 독재와 민주주의의 근원인 '근대'를 직접 문제 삼을 수 있는 길이 될 것이다. 이러한 문제의식이 드러내는 바는 대중독재론의 목표가 단순히 대중이 독재에 동의했다고 주장한다든가 또는 여러 다양한 체제들을 '대중독재'라는 제목 아래 하나로 묶을 수 있는 거대 이론을 정립하려는 데 있는 것이 아니라, 오히려 동의와 저항, 독재와 민주주의, 그리고 근대와 전근대와 같은 이분법적 사고방식을 해체하는 데 있다는 점이다.

이처럼 대중독재의 문제의식이 민주주의와의 관계로 확대된 이상 영국을 비롯한 민주주의 국가들과의 비교는 매우 중요한 점을 시사해줄 수 있을 것이다. 이 글이 대중독재 프로젝트의 일환으로 영국을 다루는 이유가 바로 여기에 있다. 즉 대규모의 제국을 소유하면서 의회민주주의를 유지했던 영국인들의 경험을 살펴봄으로써 그와는 정반대의 경험을 한 국가들의 경우와 비교할 수 있는 부분을 찾아내고자 하는 것이다. 영국과 관련된 여러 주제 중에서 특히 영제국(British Empire)에 주목하는 이유는 민주주의와 독재의 표면적인 차이를 근대라는 뿌리로 연결시켜주는 고리 중 하나가 바로 제국주의이기 때문이다.

2. 영제국과 젠더 담론

대중독재론이 젠더 문제에 주목하기 시작한 이유는 먼저 20세기 대부분의 독재국가들이 대중을 동원하는 과정에서 남성성과 여성성을 구분하여 성 역할을 부여하는 젠더 담론을 적극적으로 활용했기 때문이다. 전통적인 견해에 의하면 20세기 대부분의 독재 체제는 반(反)여성적인 성향의 가부장제를 특징으로 하고 있으며, 이러한 체제 아래에서 여성들은 정치·경제·사회·문화 전 분야에 걸쳐 엄격한 차별과 지배의 대상이었다. 이러한 상황에서 여성들은 독재 체제에 어쩔 수 없이 순응하거나, 체제의 젠더 담론에 포섭되고 세뇌되어 협조하는, 즉 희생자이거나 공범자일 수밖에 없었다는 것이다.[4]

---

4) 이에 대한 자세한 내용은 다음을 참조하라. Claudia Koonz, *Mothers in the Fatherland-Women, the Family and Nazi Politics*, (New York: St. Martin's Press, 1987); Linda Gordon, "Review of Mothers in the Fatherland", *Feminist Review*, 27, (1987), pp.97-105; Tim Mason, "Review of Mothers in the Fatherland", *History Workshop Journal*, 26, (Aut., 1988). pp.200-202.

하지만 대중독재 연구자들은 "그렇다면 실제로 상당수의 여성들이 독재 체제에 가담하고 지지를 보낸 이유는 무엇인가?" 하는 문제의식에서 출발하여, 독재 체제에서 오히려 여성들이 권력에 참여하기 시작했던 과정에 주목하고 있다. 즉 비록 독재 체제들이 남성성과 여성성을 구분하고 이를 공적·사적 영역과 결부시키려 했음에도 많은 여성들이 해방감을 느끼고 여성으로서의 주체성(subjectivity)을 복원시킬 수 있었던 과정을 분석하고자 하는 것이다.

그런데 영국의 경우는 비슷한 방식의 젠더 담론이 이미 19세기 중반에 제국의 팽창과 더불어 발달하기 시작했다. 영제국의 발전에서 남성성과 여성성 담론, 즉 젠더 담론이 매우 중요한 역할을 했다는 것은 이미 잘 알려진 사실이다.[5] 영국의 제국주의에 대한 기존의 연구들이 영제국은 기본적으로 남성의 영역이었고, 여성은 이로부터 철저히 배제되었다는 점을 강조한 것에 반해, 최근의 연구 중에는 여성도 실제로는 제국의 유지와 발전에 크게 기여했다는 점을 부각시키는 경우도 있다.[6] 그런데 이러한 여성의 적극적인 활동에도 불구하고 영국 본토와 식민지를 각각 남성과 여성의 영역으로 구별하여 식민지 지배를 정당화하고 강화하려는 제국주의 담론이 발전하면서 여성은 제국을 위한 적극적인 활동보다는 '가정의 수호자'와 같은 수동적인 역할을 담당해야 한다는 인식이 확산되었다. 제국주의 담론은 영국의 식민지

---

5) Clare Midgley, "Gender and Imperialism: Mapping the Connection", *Gender and Imperialism*, Clare Midgley, ed., (Manchester: Mancheter University Press, 1998), p.6. 제국주의와 남성성의 관계에 대한 주요 연구 주제들은 다음을 참조하라. 박형지·설혜심, 《제국주의와 남성성: 19세기 영국의 젠더 형성》, 아카넷, 2004.

6) N. Chaudhuri, M. Strobel, eds., *Western Women and Imperialism* (Indiana University Press, 1992), pp.57-59. 반대로 남성들의 활동 역시 철저히 공적 영역에 한정되어 있었던 것은 아니며, 사적 영역에서도 중요한 역할을 했음을 밝히는 연구들도 있다. 이러한 연구 사례들은 다음을 참조하라. Martin Francis, "The Domestication of the Male? Recent Research on Nineteenth- and Twentieth-Century British Masculinity", *The Historical Journal*, 45-3, (Sep., 2002), pp.637-652.

지배뿐만 아니라 남성의 여성 지배까지도 정당화했던 셈이다.

특히 '인도 항쟁(세포이 항쟁1857~1859)' 이후 영국 정부가 인도를 직접 통치하기 시작하면서 이러한 성격의 젠더 담론은 본격적으로 발달하기 시작했다. 영국의 인도 통치방식이 강압적인 형태로 바뀌자 인도에 거주하던 영국 남성들은 이러한 변화에 발맞추어 식민지 지배자에 합당한 '강인하면서도 합리적인' 이미지를 연출하기 시작했다. 반면, 인도 남성들은 신체적으로 나약하고 정신도 이성보다는 감성의 지배를 받는 매우 여성적인 사람들로 규정되었으며, 따라서 진정한 남성성을 갖춘 영국 남성들의 지배를 받는 것이 당연하다는 논리가 성립되었다. 인도 남성들의 비정상적인 여성성은 치료와 개혁의 대상으로 여겨졌던 반면, 영국 여성의 여성성은 자연스럽고 보호받아야 하는 것으로 간주되기도 했다. 즉 제국주의자들은 식민지 지배자와 피지배자 사이에 명백한 위계질서를 확립하기 위해 영국에는 강력한 남성의 이미지를, 인도에는 연약한 여성의 이미지를 부여했던 것이다.

더욱 중요한 사실은 이러한 남성성 담론이 인도인들뿐만 아니라 영국인들에게도 큰 영향을 끼쳤다는 점이다. 박형지는 《제국주의와 남성성》에서 인도에 주둔하던 영국 남성들이 일상생활에서 '퍼포먼스(performance)'의 형태로 남성성 담론을 내면화하기 시작했다고 주장한다. 즉 "강인한 남성성에 바탕을 둔 식민 지배자의 이상적인 정체성 퍼포먼스는 식민 피지배자들에게 과시하기 위한 것일 뿐만 아니라, 지배자 스스로의 자기훈육(self-embodiment)을 목적으로 하고 있었다"는 것이다.[7] 이러한 담론은 영국 본토에도 영향을 미쳐서 "식민지에서나 본토에서 영국 남성들은 다양한 층위의 남성다운 태도와 행위를 수용하고 따르도록 요구받았으며, 인종이나 성별, 그 밖의 여러 가지 사회적 위계질서 속에서 자신들만의 위치를 명확히 구분짓기 위해 가

---

7) 박형지·설혜심, 앞의 책, 50쪽.

면을 쓴 채 연기를 했던 것이다."[8] 결국 영제국의 강화를 위해 탄생한 남성성 담론은 제국이 발전해가면서 영국인과 인도인, 그리고 남성과 여성 모두의 정체성 형성에 큰 영향력을 행사했다. 특히 이러한 담론을 창출해낸 장본인인 영국의 남성 역시 예외일 수는 없었다.[9]

이처럼 영제국의 사례를 통해서 젠더 담론과 관련된 여러 가지 사실들을 확인할 수가 있다. 몇 가지만 짚어보면 우선 젠더 담론은 단순히 여성과 남성의 성 역할 구분에만 한정된 것은 아니었다는 점이다. 영제국의 팽창 시기에 젠더 담론이 발달하기 시작한 이유는 영국인들이 자신들의 식민지 지배를 정당화할 필요가 있었기 때문이다. 물론 영국 남성을 정점으로 하여 식민지 남성이 가장 낮은 곳에 위치하는 영제국 내의 계서제(階序制)가 반드시 젠더 담론으로 표출되어야 하는 것은 아니었지만, 성별 또는 인종별 차이와 같은 가시적인 차이점들이 당시 발전하기 시작한 '생물학적' 담론에 의해 정당화되면서 젠더 담론은 영제국을 정당화하는 가장 효율적인 방편으로 활용될 수 있었다.

둘째로, 영제국의 경우 젠더 담론을 창출해낸 행위자(agent)는 영국의 남성이었으나, 이들 역시 자신들이 만들어낸 담론으로부터 자유로울 수 없었다는 점에도 주목할 필요가 있다. 물론 앞에서 언급한 퍼포먼스와 자기훈육 등은 역사학보다는 문학 이론에서 주로 사용되는 개념들로서, 역사적 사료를 통해 이러한 행위나 현상들을 밝혀내기란 매우 어려운 것이 사실이다. 그럼에도 불구하고 인간은 문명이 시작된 이래 문학작품 속 인물들과 같은 가

---

8) 박형지·설혜심, 같은 책, 72쪽.

9) 남성성과 여성성이 영국 남성과 여성, 그리고 인도 남성과 여성에 각각 어떤 식으로 적용되었는지, 그리고 이 네 그룹은 젠더 담론을 통해 서로를 어떤 식으로 타자화하고 있는지는 다음을 참조하라. Sang Soo Kim, "Engendering Empire or Engendered Empire?: Influence of the Discourse of Femininity/Masculinity upon Colonisers and Colonised", Paper for The Fourth International Conference of Mass Dictatorship: Mass Dictatoship and Gender Politics, (July, 2006).

상의 존재와 자신을 비교하면서 때로는 추종하거나 자신과 동일시하고, 때로는 타자와 동일시하면서 정체성을 형성한다는 것을 우리는 경험을 통해서 잘 알고 있다. 그리고 그런 식으로 형성된 자신의 정체성을 기반으로 사물을 인식하고 현상을 해석하며 행동에 나선다는 것 또한 잘 알고 있다. 따라서 비록 문학작품이나 문학 이론이 역사가들이 말하는 '역사적 사실(historical fact)'을 규명해줄 수는 없다고 하더라도 과거의 사람들이 무슨 생각을 하고 살았는지, 또 스스로를 어떻게 규정했는지를 짐작하기 위해서는 매우 유용한 도구가 될 수 있다. 젠더 담론 역시 정체성이나 주체성과 직결된 문제이기 때문에 이를 역사적으로 분석할 때는 이러한 측면을 고려할 필요가 있다. 결국 영제국에서의 젠더 담론은 단순히 영국 남성으로 대표되는 지배계급의 이데올로기였던 것이 아니라, 제국의 영토에 거주하는 모든 사람들의 정체성 형성에 영향을 끼쳤던 담론으로 보는 것이 옳을 것이다.

마지막으로, 젠더 담론은 독재 체제에서만 발생했던 것이 아니라는 점 역시 중요하다. 애초에 대중독재가 젠더 문제에 주목하기 시작한 것은 젠더 담론이 독재 체제의 매우 유용한 선전 수단 중 하나였다는 점과 그동안 주로 이러한 담론의 희생자로만 인식되어왔던 여성들이 오히려 적극적으로 이를 활용해 해방의 기회로 삼은 경우가 많았다는 점에 주목했기 때문이다. 하지만 영국과 같은 의회민주주의 체제에서도 제국의 통치와 같이 서열화를 통한 질서 유지가 중요한 이슈가 되는 경우에는 젠더 담론이 적극적으로 활용되었음을 확인할 수 있다. 이러한 사실은 젠더 담론이 여성뿐 아니라 남성의 정체성과 주체성 형성에도 영향을 행사할 수 있다는 사실과 함께 대중독재 연구자들에게 시사하는 바가 있다. 즉 성과 인종 등 정체성과 관련된 '타자화(otherization)'와 범주화는 독재 체제에서만 발생하는 것이 아니라, 민주주의 체제 아래에서도 발생하는 것이기에 두 체제의 근간에 흐르는 근대의 본질에 대해 더욱 깊이 연구할 필요가 있다는 점이다.[10]

3. 남성성의 훈육 : 반장제도

영제국이 발전하면서 젠더 담론은 더욱 강화되었으며, 영국인들의 '퍼포 먼스'와 '자기훈육' 과정 역시 지속적으로 진행되었다. 이 글에서는 이러한 과정을 좀더 명확하게 드러내기 위해 1920년대 영국의 초등학교에서 유행처 럼 번졌던 '반장제도(prefect system)'를 하나의 사례 연구로 제시하고자 한 다. 이 제도는 영제국의 운영을 담당할 엘리트들의 리더십을 배양하기 위한 목적으로 19세기 중반 잉글랜드의 퍼블릭 스쿨(the Public School)에서 시작 되었다.[11] 그런데 20세기 초 몇몇 초등학교에서 이를 도입하기 시작해 1920 년대에는 상당수의 초등학교가 이 제도를 운영하게 되었다. 초등학교에서 이러한 제도를 도입했다는 것은 남성성 담론과 관련하여 매우 중요한 의의 가 있다. 퍼블릭 스쿨이 중간계급 이상, 특히 상층계급과 귀족 가문의 자제 들에 한정되어 있었던 반면, 초등학교 교육은 1870년 교육법(Education Act, 1870) 이후 전 국민에게 확대된 상태였기 때문에 엘리트 교육의 상징이라고 할 수 있는 반장제도가 초등학교에 도입되었다는 사실은 영국교육 전체가 영제국의 지배자를 육성하는 데 초점을 맞추기 시작했다는 것이다. 즉 영국 남성들의 '강인하고 합리적인' 남성성에 대한 흠모가 사회 상층부의 영역을

---

10) 실제로 대중독재의 다음 연구 주제는 '대중독재와 모더니티'이며, 이미 2007년도 국제학술대회를 통해 국내외의 연구자들이 이 문제에 대해 논의한 바 있다. 다만, 본 논문은 모더니티 연구 이전 단계인 '대중독재와 젠더정치'의 일환이므로 근대에 대한 더 자세한 논의는 하지 않기로 한다.

11) 잘 알려져 있듯이 잉글랜드의 퍼블릭 스쿨은 수업료를 학생이 부담해야 하는 사립학교를 지칭한 다. 이 명칭의 기원에 대해서는 다양한 견해가 있지만, 귀족과 상층계급 자제들이 원래는 가정에 서 개인(private)교사로부터 교육을 받다가 점차 공공(public)시설에 모여서 교육받게 되면서 생겨 났다는 견해가 가장 설득력 있다. 현재의 정식 명칭은 '독립학교(independent school)'이며, 국가 에서 수업료를 부담하는 '국립학교(state school)'나 지방 정부에서 부담하는 '공립학교(local authority school)'와 대조되는 개념이다. 물론 '퍼블릭 스쿨'이란 용어는 지금도 '독립학교'를 일 컫는 비공식적 용어로 잉글랜드에서 통용되고 있다. 스코틀랜드의 경우에는 해당되지 않는다.

넘어서 사회 전반으로 확대되었다는 방증이라고 할 수 있다.

1) 퍼블릭 스쿨의 반장제도

우선 반장제도에 대해 정확히 이해하기 위해서는 그 진원지인 퍼블릭 스쿨에 대해 간략히 살펴볼 필요가 있다.[12] 반장제도는 19세기 초부터 본격적으로 발달하기 시작했는데, 이는 간단히 말해서 상급생에게 학생들의 규율을 책임지게 하는 일종의 자치(self-governing)제도였다. 학생들은 6년 동안이러한 제도 안에서 생활하며 권위에 대한 복종과 함께 지도자로서의 자질을 익혔다. 퍼블릭 스쿨에서 반장을 맡은 상급생의 가장 중요한 임무는 학생들의 규율을 단속하는 것이었다.[13] 반장은 대개 교사(master)가 선발했지만학생들이 선출하는 경우도 있었다. 반장들은 일단 최고 학년(sixth form)이어야 했고, 육체적·지적으로 우수해야 했으며, 그리고 무엇보다도 규율 단속의 임무를 수행하기에 적합한 성격이어야 했다.[14]

반장의 역할이 강화되기 시작한 것은 18세기 말로, 이는 귀족 가문의 자제들이 퍼블릭 스쿨에 대거 입학하기 시작하면서 나타난 현상이었다. 교사의정원을 늘리는 데는 한계가 있었기 때문에 교사들이 점점 더 거만해져가는학생들을 통제하기란 매우 어려웠다. 학생들은 비슷한 사회적 배경 출신인경우가 많았기 때문에 19세기 초 학생들의 결속력은 더욱 강화되었고, 이는다시 교사들의 권위에 심각한 도전이 되었다. 이런 조건 아래에서 학생들에대한 통제력이 교사로부터 상급생에게로 넘어간 것은 어쩌면 매우 자연스러운 현상이었다. 결국 19세기 중반에는 상급생이 하급생을 체벌할 수 있는 권

---

12) 퍼블릭 스쿨의 반장제도에 대한 자세한 내용은 다음을 참조하라. Paul Nash, "Training an Elite", *History of Education Quarterly*, 1-1, (Mar., 1961), pp.14-21.
13) 이 점에서 본다면 'prefect'는 '반장'보다는 '규율 반장'으로 번역하는 것이 더 적합할 수도 있다.
14) 퍼블릭 스쿨은 6년제로 운영되었으며, 'form'은 '학년'을 의미한다.

한과 그들을 심부름꾼(fag)으로 부릴 수 있는 권한까지 부여받게 된다.

잘 알려진 사실이지만 이러한 반장제도가 정착하는 데 가장 큰 기여를 한 인물은 럭비 스쿨(Rugby School)의 교장이었던 토머스 아널드(Thomas Arnold)이다. 19세기 잉글랜드 퍼블릭 스쿨의 반장제도는 기본적으로 아널드가 마련한 기반 위에서 발전한 것이라고 할 수 있다.[15] 아널드가 가장 중시했던 것은 학생들의 소속감(esprit de corps)이었으며, 이를 강화하기 위해 반장들에게 최대한 많은 권위를 부여하여 학생들을 통솔할 수 있게 했다. 그는 마치 전쟁터의 총사령관이 젊은 장교들을 이끄는 것처럼 반장들을 대했다. 그가 다른 교사들과는 달리 학생들의 반항을 잠재우고 일종의 충성심을 이끌어낼 수 있었던 것은 자신의 카리스마 때문이기도 했지만, 반장들을 신뢰하고 책임감을 부여했기 때문이다. 그는 교사들에게도 최고 학년 학생들을 대할 때는 마치 성인 남성을 대하듯이 매우 정중한 태도를 취할 것을 요구했다. 반장들은 귀족으로서의 의무, 즉 사회(학교) 전체 구성원의 신뢰를 바탕으로 그 사회의 도덕적 가치를 유지하는 역할의 수행을 요구받았으며, 이를 성공적으로 수행했다.

반장은 하급생을 체벌할 권한까지 부여받았는데, 이러한 조치는 오히려 학생들 사이에서 도를 넘어선 구타를 방지하는 효과가 있다는 것이 아널드의 생각이었다. 반장들의 권한이 이 정도까지 강화되었기 때문에 만약 어느 하급생이 학교 전체가 강조하는 도덕적 가치에서 벗어나는 행위를 하거나, 독특한 취향을 갖고 있거나 독특한 사고방식을 발전시키려고 한다면 반장들에 의해 끊임없이 교정을 받아야만 했다. 학생들은 이러한 과정을 통해 영제국을 통치하는 강력한 지배계급으로 성장해갔던 것이다. 실제로 이러한 방식의 반장제도가 영국의 엘리트 교육에 크게 기여했다고 보는 견해는 영제

---

15) *Ibid.*, p.16.

국이 해체된 이후인 1960년대까지도 지속되었다.

이처럼 반장제도는 19세기 잉글랜드 퍼블릭 스쿨 학생들의 일상에서 매우 중요한 역할을 했으며, 영국 엘리트 집단의 심성에 큰 영향을 끼쳤다. 하지만 비록 학생들이 이처럼 자율적인 규율제도 속에서 성장하면서 엘리트로서의 자질을 습득하기는 했으나, 이들은 어디까지나 어린 학생들이었다. 때문에 반장으로서의 책임감이 때로는 지나친 부담으로 작용하기도 했으며, 심부름꾼으로서의 힘든 역할을 견뎌내지 못하는 경우도 많았다. 이튼(Eton)에서 반장을 맡았던 로렌스 존스(Lawrence Jones)는 학교를 졸업한 후 옥스퍼드에 진학했을 당시의 심정을 자서전에서 다음과 같이 밝힌 바 있다. "기쁨의 분출…… 드디어 다시 평범한 사람이 되다니 …… 책임질 일이 없다는 것은 원기회복에 대단히 도움이 된다. 소년 시절을 벗어나니 5년은 더 젊어지는 것 같았다. (대학에서) 나는 아무 일도 책임질 필요가 없었고, 위엄을 유지할 필요도 없었으며 그저 나 스스로 즐기면 되었다."[16] 대학을 졸업하고 사회에 진출해서 진정한 엘리트로서의 책임을 져야 했을 때 이런 학생들은 그것을 결코 달가워하지 않았던 것이다.

또한 아무리 반장이지만 스스로도 어린 나이에 하급생들에게 체벌을 가한다는 것은 교육적으로 바람직하지 못한 결과를 낳을 수도 있었다. 버나드 쇼(Bernard Shaw)는 반장제도의 목적을 "교사들에게 보수를 지불하면서 하라고 맡겨놓은 일을 어린 학생들에게 떠맡기려는" 것이라고 일침을 가하기도 했다.[17] 즉 교사들은 반장제도를 엘리트적 자질을 함양하기 위한 목적보다는 학교 전체의 규율을 유지하기 위한 편리한 수단으로 이용했던 측면이 있다. 1930년에는 14세의 퍼블릭 스쿨 학생이 방학이 끝나고 학교로 돌아가기

---

16) L.E. Jones, *An Edwardian Youth*, (London 1956), p.12.

17) Bernard Shaw, "Sham Education", *The Collected Works of Bernard Shaw* Vol XXII, (New York, 1932), p.359.

가 무서워서 자살하는 사건이 발생하기도 했다.

2) 초등학교의 반장제도

반장제도가 초등학교 단계로까지 도입되기 시작한 것은 20세기에 들어서면서부터였다. 이때에는 이 퍼블릭 스쿨의 반장제도가 교사와 학부모 사이에서 이미 명성이 자자했다. 1921년 워릭셔(Warwickshire) 주의회(County Council)의 교육위원회(Education Committee)는 초등학교의 반장제도에 대한 보고서를 출판했는데, 그 속표지에 볼튼 킹(Bolton King)이라는 교육부서 담당자가 작성한 다음과 같은 내용의 글이 실려 있었다. "이 팸플릿은 원래 1903년에 출판되었다. (그동안의) 경험은 반장제도의 가치에 대한 믿음을 강화했을 뿐이다. (특히) 지난 8년 동안 그것(반장제도)은 멀리 그리고 널리 퍼져나갔다."[18] 반장제도가 1900년대 초 초등학교에 도입되어 1920년대에 상당히 많이 보급되었음을 짐작할 수 있게 해주는 대목이다.

또한 이 보고서는 보이스카우트의 창시자인 베이든 포웰(Robert Baden-Powell)이 작성한 서문을 포함하고 있는데, 초등학교의 반장제도 도입을 적극 지지하는 내용이다. 초등학교에 반장제도를 도입하고자 하는 목적을 잘 드러내고 있는 글이므로 그 일부를 소개한다.

> 나는 얼마 전에 오스트레일리아에 있는 어느 농업학교를 방문해서 교장에게 그의 교육 방침에 대해 간략하게 설명해달라고 부탁했습니다. "품성(character)이 우선, 농업은 그 다음"이 그의 대답이었습니다.
> 품성은 어떤 인생의 경로를 택하든 성공하는 데 있어서 필수적인 요소입니다. "읽기, 쓰기, 셈(Three R's)보다 훨씬 더 중요하답니다. 그럼에도 불구

---

18) Bolton King, Inner Cover of *Educational Essays*, 8, (Warwick, 1921).

하고…… 지금까지는 초등학교에서 품성에 대해 교육할 수 있는 실질적인 방법이 없었습니다. 반드시 그러한 방법을 찾아야 하겠지만 현재로서는 어린이의 품성교육은 가정에 맡겨져 있는 상황이며, 이는 결코 최선의 선택일 수가 없습니다.

품성교육은 어릴 때 시작되어야 하며…… 가장 중요한 두 가지 목표는 바로 훌륭한 시민이 되기 위해 요구되는 다른 모든 자질의 근본이라고 할 수 있는 '의무감'과 '책임감'을 발달시키는 것입니다. …… 한 국민의 우수성은 무장(armaments)이 아니라 품성입니다.

보이스카우트에서는…… (이러한 목표를 달성하기 위해) 여섯 명으로 구성된 '반(Patrol)'을 조직해서…… 반장(Patrol Leader)이 그가 선택한 부반장(Second)의 도움을 받아 반에서 발생하는 모든 일에 책임을 집니다. 결과는 기대 이상으로 좋았답니다.

지금 워릭셔의 몇몇 초등학교에서는 이와 원리가 아주 비슷한 '반장제도'를 시험 중에 있습니다. 다음의 보고서들을 보면 알 수 있듯이 아주 고무적인 결과들이 나오고 있습니다. 나는 이러한 시도가 "우리의 초등학교에서 어떤 식으로 품성교육을 할 수 있을까" 하는 물음에 하나의 해답을 제시할 것이라고 믿습니다.

만약 이것을 시작으로 교사들이 이러한 품성교육 방법론을 채택하기 시작한다면 나는 이것이 우리 국민에게 가장 높은 가치를 지닌 방향으로 진일보하는 것이라고 확신합니다.[19]

이 서문에 나타나 있는 '품성'은 '엘리트로서의 자질'을 일컫는 것이며,

---

19) Sir Robert Baden-Powell, 'Introduction', W. Jewsbury (Headmaster of Glascote Boys School), "The Prefect System in Elementary Schools: Summary of Head Teachers' Report on Prefect Systems in Warwickshire Elementary Schools", *Educational Essays*, 8, (Warwick, 1921).

'의무감', '책임감', '국민의 우수성' 등이 함께 강조되는 것은 반장제도의 도입이 영국의 엘리트 양성을 목표로 삼고 있었음을 명백히 드러내고 있는 것이다.

글라스코트 남학교(Glascote Boys School)의 쥬스베리(W. Jewsbury) 교장이 작성한 본문은 먼저 아널드가 개발한 퍼블릭 스쿨의 반장제도에 대해서 칭송한 후 초등학교에 반장제도를 도입해야 하는 이유를 설명하고, 이미 도입한 학교들의 사례를 보여주는 방식으로 구성되어 있다. 쥬스베리가 제안하고 있는 반장제도의 가장 큰 특징은 학생들로 하여금 '자발적으로(self-development, self-training)' 엘리트로서의 품성을 키워나갈 수 있게 해준다는 데 있었다. 즉 반장제도의 목표는 "옳고 바른 것을 잘 판단하고, 옳고 바른 일을 기꺼이 수행하는 남자다운 소년들(manly boys)"을 길러내는 데 있었다.[20] 학생들로 하여금 스스로를 단련하여 진정한 남성으로 거듭나게 하기 위해서 반장제도는 몇 가지 세부 목표를 가져야 했다. 그 중에서 가장 특이한 것은 '교장이 개인적인 영향력을 최대한 활용하여 학생들로 하여금 본받도록 하는 것'이었다. 좀더 구체적으로 이야기하면 성경을 읽어준다든지, 역사적으로 훌륭한 인물들의 일화를 소개한다든지, 또는 훌륭한 선배들의 최근의 일화 등을 학생들에게 소개함으로써 스스로 본받게 한다는 것이다. 반장제도가 정착될수록 교장이 직접 이러한 영향력을 행사하는 경우는 점점 줄어들고, 반장들이 교장의 뜻을 스스로 잘 파악하여 학생들에게 전달한다는 것이 쥬스베리의 경험이다.[21]

반장들 사이에서도 일종의 계서제가 존재하여 반장 대표(Head Prefect ; 반장회의 주재, 교장과 학생들 사이의 창구), 구역 반장(District Prefect ; 거주 지역의

---

20) Jewsbury, "The Prefect System", p.4.
21) Ibid., p.6.

학생들을 책임지는 역할), 학교 반장(School Prefect ; 다양한 활동 영역별로 나뉘어 규율 단속), 학급 반장(Class Prefect), 예비 반장(Reserve Prefect) 등이 서로 협력하는 체제가 갖추어져 있었다.[22] 교사들은 반장들의 회의에 참석하기는 하지만 가능하면 학생들 스스로 의사를 결정하도록 도왔으며, 과오를 저지른 학생들의 처벌 수위도 반장회의에서 결정되었다. 과오를 저지른 학생은 반장회의에 출석하여 일종의 재판을 받아야 하는 경우도 있었다. 퍼블릭 스쿨과 비교해보면 업무가 다양하게 분산되어 있어서 많은 학생들이 스스로 학교를 운영하는 경험을 골고루 할 수 있었던 듯하다. 하지만 반장들이 일반 학생들의 과오를 처벌할 수 있었다는 점은 엄격한 규율 습득과 상명하복의 질서를 중시하는 퍼블릭 스쿨의 교육방식과 크게 다르지 않았다고 할 수 있다. 이러한 사실은 반장들이 누리는 특혜를 보아도 잘 알 수 있다.

1. 모자나 외투에 특별한 배지를 착용한다. 워릭셔 교육위원회가 제공하는 금속 또는 천으로 만든 배지에는 주(County)의 문장(Arms)이 새겨져 있고, '프리펙트(Prefect)' 또는 '모니터(Monitor)'라는 글귀가 새겨져 있다.
2. 반장 대표의 이름은 명예의 전당에 새겨진다.
3. 졸업할 때 임명 확인서를 발급한다.
4. 반장들은 다른 학생들보다 먼저 학교 건물 내로 들어올 수 있으며, 그들이 원할 때면 언제든지 학교에 오랫동안 머물 수 있고, 벽장과 도서관을 마음대로 이용할 수 있다.
5. 줄을 서지 않아도 되거나, 따로 장소를 마련해준다.
6. 학생 전체가 모일 때 특별한 장소를 제공한다.[23]

---

22) *Ibid.*, pp.6-10.
23) *Ibid.*, p.15.

어릴 때부터 이러한 방식의 생활에 익숙해진 학생들이 어떤 성격의 인생관과 사회관을 형성했을지는 쉽게 짐작할 수 있다.

물론 반장의 선출 과정이나 학생회의의 진행 과정 등을 살펴보면 영국의 반장제도는 확실히 독일의 히틀러청년단(Hitler Youth, 1922~1945)이나 사회주의학생연맹(Socialist Schoolchildren's League, 대략 1929~1933)보다 훨씬 더 민주주의적이었다. 독일과는 달리 반장제도는 국가의 지시나 주도로 운영된 것이 아니었다. 하지만 반장제도가 영제국이라는 사상 최대의 차별적 정치 제도를 운영하는 데 핵심적인 역할을 수행했다는 점이나 이 제도가 군국주의적인 색채를 띠고 있었다는 점 등에 주목한다면, 이 시기 영국과 독일의 교육 정책 사이에는 상당한 유사성이 존재했다는 사실을 알 수 있다. 쥬스베리는 보고서의 마지막 부분에서 키플링(L. Kipling)을 언급하면서 제국 변방의 미지의 세계에서 예상치 못한 위험에 빠졌을 때 영국의 나이 어린 청년들이 성인 남성처럼 행동할 수 있는 힘의 원천은 어디에 있는지를 물으며 다음과 같이 대답하고 있다.[24] "그들은 어릴 때 이미 학교에서 통치하는 방법과 타인을 이끄는 방법을 배웠습니다. 그들은 어리지만 인내하고 책임지는 법을 배웠습니다. 그들은 의무를 인식하고 그것을 수행하는 것을 배웠습니다. 그리하여 턱수염 기른 베테랑 군인이나 목쉰 선원들조차도 가녀린 목소리를 지닌 프리펙트 출신 청년의 지휘를 믿고 따르는 것입니다."[25] 영국의 어린 소년들은 이렇게 진정한 '남성'으로 다시 태어나 영제국을 지배할 운명이었던 것이다.

마지막으로 반장제도와 남성성의 관계를 좀더 명확하게 이해하기 위해서는 여학교의 경우와 비교해볼 필요가 있다. 비슷한 시기의 여자 초등학교에

---

24) 키플링(L. Kipling, 1865~1936)은 정글북(The Jungle Books)의 저자로 유명한 영국의 대표적인 모험 소설 작가이다.

25) Ibid., p.18.

서도 반장제도와 유사한 제도를 시도한 사례가 있다. 1923년 옥스퍼드에 위치한 위치우드 스쿨(Wychwood School)의 교장 제럴딘 코스터(Geraldine Coster)는 학부모들을 위해 학교에서 시행하고 있는 '자치제도'에 대한 안내책자를 발급했다.[26] 남학교의 경우와 비교했을 때 가장 큰 차이는 교사나 학부모 모두 '반장제도'라는 용어 자체에 거부감을 표시했다는 점이다. 즉 학생들 스스로 학교를 운영하는 경험을 쌓게 한다는 점에서는 남학교의 경우와 큰 차이가 없었지만, 퍼블릭 스쿨의 반장들처럼 큰 권한을 행사하게 하는 것에는 반대한 것이다. 실제로 이 안내 책자는 이 학교의 자치제도가 퍼블릭 스쿨의 반장제도와는 다르다는 점을 강조하는 글로 시작하고 있으며, 교사들이 항상 학생들을 감시하거나 도와준다는 점을 반복해서 강조하고 있다. 반장의 명칭도 '프리펙트' 대신 '최고 여학생(Head Girl)', '상담자(Councilor)', '대표(Deputy)'와 같은 용어로 대체했다.[27]

교육의 주안점도 의무와 책임감보다는 질서와 타인에 배한 배려였다. 어릴 때부터 반장직을 수행함으로써 얻을 수 있는 효과에 대해서 설명할 때에도 남학교의 경우와는 사뭇 다른 모습을 보이고 있다. "12세부터 14세 사이에 만약 당신이 (반장으로서) 지나치게 거드름을 피운다면 당신의 학우들이 이와 손톱을 날카롭게 세우고 당신에게 달려들 것입니다. 이러한 경험은 아주 중요한 훈련입니다. 만약 더 늦은 나이에 막중한 책임을 져야 하는 큰 권력을 쥐고 비슷한 행동을 한다면 그때의 학우들은 속으로만 당신의 행위를 증오할 것이고, 교사도 즉각 핀잔을 주지는 못할 것이기 때문입니다."[28] 남학교와 비교하면 책임감, 의무감, 상명하복 등의 습득보다는 타인과의 관계

---

26) Geraldine Coster (Prinicipal of Wychwood School, Oxford), *Self-Government in Schools-A Pamphlet for Parents*, (Oxford, 1923).

27) *Ibid.*, p.13.

28) *Ibid.*, p.9.

를 잘 만들어나가 조직을 안정적으로 유지할 수 있는 방법을 배우는 것이 더 중요했던 것이다.

이렇듯 남학교와 여학교 모두 비록 비슷한 시기에 반장제도를 도입했지만, 그 목적이나 운영방식에서는 약간의 차이를 보였다. 물론 여학교의 경우도 영국 국민으로서, 또 영제국의 지배자로서 자신들의 우월성을 교육을 통해 재확인하려는 의도를 가지고 있었다는 점은 남학교와 다르지 않았다. 코스터의 안내 책자를 보면 영국 여성이 참정권을 획득한 직후여서 "자치를 경험해보지 못한 국민들은 볼셰비즘과 같은 비극적인 결과에 직면하게 되기 때문에 어릴 때 자치를 경험하는 것은 이러한 비극을 모면하게 해주는 중요한 밑거름이 된다"는 내용을 발견할 수 있다.[29] 그럼에도 불구하고 남학생들의 경우는 장래 무대가 드넓은 영제국이었던 반면, 여학생들의 경우는 그 무대가 영국 본토로 한정되어 있다는 느낌을 지울 수 없다.

4. 남성성의 훈육을 통해 만들어진 사회적 제국주의

이처럼 영국의 남성들은 영제국의 지배자에 어울리는 품성을 습득하도록 교육받았으며, 퍼블릭 스쿨에서 시작하여 초등학교로까지 확대된 반장제도는 그 과정을 매우 잘 보여주는 사례라고 할 수 있다. 앞에서의 사례를 통해 살펴보았듯이 초등학교 수준에서부터 시작되는 남성성의 훈육은 영국 남성들의 자기 인식, 즉 정체성에 큰 영향을 끼칠 수밖에 없었고, 이러한 성격의 교육은 영제국의 발전과 결코 무관하지 않았다. 즉 비록 영국 사회 내부에서는 경제적 · 정치적 · 문화적으로 계급 간의 차이와 서열이 명백히 존재했음에도 불구하고, 영제국 전체 통치자로서의 영국 남성은 그 누구보다도 '강인하

---

29) *Ibid.*, p.11.

고 합리적인' 남성성을 보유하고 있다는 믿음을 모든 계급이 공유하고 있었다. 제국의 발전이 국내의 사회 갈등을 무마하는 역할을 했다는 이른바 '사회적 제국주의(social imperialism)' 현상이 남성성의 훈육 과정을 통해 촉진되었다고도 볼 수 있을 것이다. 결국 영국의 의회민주주의가 1920년에서 1930년대의 위기를 극복하고 생존할 수 있었던 데에는 이처럼 유럽 본토의 이웃들과는 달리 내부의 심각한 분열을 겪지 않고서도 영국인 또는 영제국인의 정체성을 안정적으로 확립했던 것이 핵심적인 역할을 했으며, 그 밑바탕에는 거대한 영제국이 자리잡고 있었다.

---

* 이 글은 2007년 2월 21일 비교역사문화연구소와 대구사학회가 공동으로 개최한 학술대회 "대중독재와 젠더정치"에서 발표되고, 《대구사학》 92집(2008년 8월)에 게재된 글을 수정, 보완한 것이다.

대중독재와 여성

동원과 해방의 기로에서

비교역사문화연구소 기획
임지현 · 염운옥 엮음

1판 1쇄 발행일 2010년 2월 26일

발행인 | 김학원
편집인 | 선완규
경영인 | 이상용
기획 | 정미영 최세정 황서현 유소영 유은경 박태근 김은영 김서연
디자인 | 송법성
마케팅 | 하석진 김창규
저자 · 독자 서비스 | 조다영(humanist@humanistbooks.com) 함주미
스캔 · 출력 | 이희수 com.
조판 | 홍영사
용지 | 화인페이퍼
인쇄 | 청아문화사
제본 | 정민제본

발행처 | (주)휴머니스트 출판그룹
출판등록 | 제313-2007-000007호(2007년 1월 5일)
주소 | (121-869) 서울시 마포구 연남동 564-40
전화 | 02-335-4422 팩스 | 02-334-3427
홈페이지 | www.humanistbooks.com

ⓒ 비교역사문화연구소, 2010

ISBN 978-89-5862-305-2 03900

만든 사람들

기획 | 선완규(swk2001@humanistbooks.com) 유은경
편집 | 박민애
디자인 | 송법성

* 이 책은 2005년 한국학술진흥재단의 지원에 의해 연구되었음(KRE-2005-079-AM0012)